Karl Valentin · Sämtliche Werke
Band 3: Szenen

Karl Valentin
Sämtliche Werke in acht Bänden

Herausgegeben auf der Grundlage
der Nachlaßbestände des Theatermuseums
der Universität zu Köln,
des Stadtarchivs und der Stadtbibliothek München
sowie des Nachlasses von Liesl Karlstadt
von Helmut Bachmaier und Manfred Faust

Band 3

Piper
München Zürich

Karl Valentin
Sämtliche Werke
Band 3
Szenen

Herausgegeben von Helmut Bachmaier
und Stefan Henze

ISBN 3-492-03403-9

Gesetzt aus der Janson-Antiqua
Frontispiz: Valentin macht Maske
Vorlage und Aufnahme: Staatsarchiv Freiburg,
W 134 Sammlung Willy Pragher, Bild-Nr. 8754
Gesamtherstellung: Kösel, Kempten
Printed in Germany

Inhalt

Szenen

Bruchstücke

Zweifelhaftes

Anhang

Szenen

Zither-Solo. Die Rasenbank

Val. kommt mit Zitherkasten auf das Podium. -- Bemerkt sofort, dass sich kein Tisch auf dem Podium befindet -- er sucht mit Blicken umher -- Zither kann man bekanntlich nur spielen, wenn sie auf einem Tisch liegt – er legt den Kasten auf den Fussboden, macht den Kastendeckel auf, holt die Zither heraus, kann aber auch die Zither nirgends hinlegen, weil das eben ohne Tisch nicht möglich ist. Er ruft den Theaterdiener. Fragt denselben auf englisch »Tisch«, dieser bringt ihm einen kleinen Tisch, stellt ihn mitten auf das Podium -- Val. legt die Zither nun auf den Tisch. Im Stehen kann man aber nicht Zither spielen, er macht nun ohne Stuhl eine sitzende Stellung -- bemerkt aber, dass das nicht längere Zeit auszuhalten ist und ruft den Theaterdiener: »Stuhl« – der Theaterdiener bringt nun einen Stuhl. Val. setzt sich auf diesen und nun könnte das Spiel losgehen aber leider wackelt der Tisch -- es muss etwas unter das Tischbein gelegt werden -- aber was?. Er entnimmt seiner Westentasche die Taschenuhr -- hackt dieselbe aus der Kette, legt sie unter das Tischbein -- knacks das Uhrglas ist kaput -- die Uhr ist zu dick -- ein zusammengelegtes Papier wäre vorteilhafter aber er findet keines -- er hat nur sein Notenbuch dabei -- er überlegt nicht lange, reisst aus dem Notenbuch ein Blatt, legt dasselbe einige male zusammen schiebt dasselbe unter das Tischbein und siehe der Tisch steht fest. Ein zusammenlegbarer Notenständer wird ebenfalls aus dem auf dem Boden liegenden Kasten herausgeholt, auseinandergezogen aber zu weit, deshalb wird er wieder zusammengeschoben, aber der Finger des Zithervirtuosen wird mit eingezwickt. Die Zwickwunde schmerzt und ist somit später beim Spiel Anlass die Wunde öfters zu betrachten. Nun wird der Notenständer ebenfalls auf den Tisch plaziert, aber die Stütze des Ständers hat ein leichtes Gelenk -- der Ständer will absolut nicht stehen bleiben und fällt immer wieder um, weil auf dem Tisch auch nicht mehr viel Platz ist -- aber endlich steht er doch -- und das Notenbuch soll nun auf den Ständer kommen aber zuerst muss das Stück welches zum Vortrag kommt aufgeschlagen werden – – aber die Seite mit dem annoncierten Stück fehlt. Der Virtuos Val. blättert nervös alle Seiten durch – – es ist nicht zu finden – – wo ist das Blatt[?] Ah so – – er hat es ja selbst ausgerissen und unter das Tischbein gelegt. Das Blatt wird wieder vom Boden heraufgeholt aber es ist ganz zerknüttert – Das ganze Notenbuch wird nun unter das wacklige Tischbein gelegt und nun kann das Spiel beginnen. Der Virtuos sagt zum Puplikum: Zithersolo »Die Rasenbank«. – – aber beim Vorspiel merkt jeder dass die Zither nicht stimmt – – das Stimmen beginnt – – statt der Stimmgabel hat der Virtuos eine Speisegabel, dieselbe wird von dem Virtuosen auf den Tisch geschlagen und dann abgehorcht – – will dann die Gabel weglegen, weiss aber nicht wohin – – steckt dieselbe in das äussere Seitentäsch[ch]en seines Rockes, bemerkt aber selbst dass die Gabel hier sehr gefährlich ist, dreht den Kopf auf die Seite, kommt aber zur Einsicht dass es besser ist die Gabel wieder aus der Tasche zu nehmen, legt sie wieder auf die Zither, das geht natürlich nicht, weil er auf derselben spielen soll – – vor Wut nimmt er die Gabel und stösst sie in die Tischplatte, dass sie stecken bleibt, aber hier bildet die Gabel ein grosses Hindernis beim Spielen – er muss ausserhalb der Gabel den Arm schlingen um das Griffbrett der Zither zu betätigen – – kurz entschlossen nimmt er die Gabel und wirft sie ins Puplikum (hat natürlich die richtige Gabel mit eine[r] aus Papier vertauscht) oder er steckt die richtige Gabel in die Hosentasche. Nun kann das Spiel beginnen. Er steht auf verbeugt sich, sticht sich aber bei der Verbeugung in den Bauch, kurz entschlossen legt er nun die Gabel in die Tischschublade und beginnt das Spiel. »Die Rasenbank«[.]

Zithersolo »Die Rasenbank«
Original Vortrag von Karl Valentin 1905

(Ein Zithertisch steht auf der Bühne – im Hintergrunde Valentin)

VALENTIN: *(annonciert)* Als Nächstes trag' ich Ihnen einen Tisch vor! *(trägt den Tisch vor, setzt sich nieder, richtet seine Zither, sucht nach seinen Noten, findet dieselben endlich in seiner Hosentasche, aber ganz unleserlich verknittert)* Die Noten schaun schön aus, das kommt aber nur davon her, weil ich's schon a paar Jahr lang in der Tasch'n umananander trag' und wegen einem Blatt mag ich mir auch keine Mappen machen lassen. Zum Vortrag gelangt »Die Rasenbank« Zithersolo auf der Zither mit Zitherbegleitung aus der Operette »Kunigunde weint Zuckerwasser«! *(Zither stimmt noch nicht)* – A – *(zwickt mit den Fingerspitzen die Nase zusammen)* – A! – »Die Rasenbank« *(siehe Notenblatt – beim ersten falschen Ton schreit im Puplikum jemand)* »Falsch!«

VALENTIN: Ich hör's schon selber *(beim zweiten falschen Ton schreit wieder jemand)* »Falsch!«

VALENTIN: Dös täuscht! *(Bei einem Schleifton – siehe Noten – fährt Valentin über den gewünschten Ton hinaus mit den Worten):* »Oha jetzt bin i z'weit 'naufkemma« *(zieht seinen Meterstab aus der Tasche, misst die Noten ab und vergleicht das Mass auf dem Griffbrett der Zither)* »Um 10 Centimeter hat's mi' verriss'n« *(spielt nun weiter bis zum Schluss – wiederholt aber den Schluss 5–10 mal und öfter, kommt aber immer wieder in dieselben Schlussakkorde hinein und ruft ängstlich)* »I find' nimmer heim«! *(Orchester hilft ihm aus der Klemme, indem es einen kräftigen Schlussakkord macht).*

Ein verhängnisvolles Geigensolo

Von Karl Valentin.

VALENTIN: Erlaube mir, Ihnen ein Geigensolo zum Vortrag zu bringen, »Am Meer« von Schuckert. Ah so – d' Geig'n! *(Holt sie, sucht den Schlüssel)* Geh, sind'S so gut und bringen mir das kleine Schlüsserl raus!

DIENER: Was für a Schlüsserl?

VALENTIN: Das kleine – in meinem Schilee – im Westentascherl ist's drin. Schickens Ihnen, weil d' Leut warten! *(Zum Publikum)* Einen Moment, bitt' schön! Er holt mir nur an Schlüssel raus.

(Wartet) Jetzt hat die Kälten auch wieder ein wenig nachgelassen. – Ja, was is denn, ich weiss ja nimmer, was ich mit de Leut reden soll. Da steht man herauss wie ein Aff –

DIENER: *(bringt riesengrossen Schlüssel)*

VALENTIN: Ja was ist denn dös? Das seh ich am ersten Blick, dass der net neigeht, dös brauch ich gar net probieren. – A so a kloans Schlüsserl – war denn der in mein' Schilee drin? Also, der passt amal net, da schaun S' nur noch einmal nach. Also, was mancher Mensch für ein Augenmass hat! Das kann er sich doch denken, dass man zu so an kleinen Kasten *(probiert es)* ...... halt! – brauch ihn nimmer, ist sowieso schon auf! ––––– Ein Violinsolo »Am Meer« .... *(ruft hinaus)* An Notenständer, Sie wissen doch, dass i an Notenständer brauch! Soll ich ihn vielleicht selber reintragen!?

DIENER: *(bringt ganz hohen Notenständer)*

VALENTIN: Höher geht's nimmer! Also, wenn man sich nur alles selber herrichten tät. Wiast halt einen andern Menschen brauchst *(Ständer fällt ihm auf den Kopf)* .... Wie man nur da lachen kann, wenn einem andern was nauffällt. D' Noten san a net da!

DIENER: *(bringt Noten)*

VALENTIN: *(Noten fallen ihm alle hinunter)* Jetzt bin ich schon aufgeregt auch. Ah – 's Leisterl ist abgebrochen! *(Zum Diener:)* Hams kein Nagel und an Hammer da?

DIENER: *(bringt enorm grossen Hammer und Nagel)*

VALENTIN: Einen Moment! Ich nagelt nur dös Leisterl da an, ich hab's gleich! – Au!!! Jetzt hab' ich mich am Finger naufg'haut! – *(Zum Diener:)* Hams keine Binde?

DIENER: *(bringt Tinte)*

VALENTIN: Eine Binde!!! – *(Zum Pianist:)* Sie seh'n doch, dass ich mich verwickelt hab! Jetzt bräucht ich nur mehr an Traller! Grad heut .... »Am Meer« ...... So! .... Jetzt ist die Seit'n auch noch ab! ..... *(Zum Diener:)* Hams keine E-Seite da? – Keine Nähseide, eine E-Seite! .... Auch nichts! –

Schluss-Szene.

(Gerichtsvollzieher tritt durch das Publikum auf).

VALENTIN: Ruhe, was ist denn da los? Halt, halt, da dürfen Sie nicht herauf, das ist ja die Bühne!

GER. VOLLZ.: Das weiss ich schon selber, ich bin ja dienstlich hier.

VALENTIN: Ja aber das geht doch nicht, wenn Sie was von mir wollen, dann können Sie mich ja in der Garderobe .... besuchen, aber doch nicht hier vor dem Publikum.

GER. VOLLZ.: Das ist mir egal, also passen Sie auf: Sind Sie der Geigenspieler Julius Bliefenkranz?

VALENTIN: Ja, der bin ich.

GER. VOLLZ.: Ich komme hier in Sachen Maria Kuhberger wegen Alimente, wissen Sie etwas davon?

VALENTIN: Ja freilich, aber ich geh' schon vier Jahr nicht mehr mit ihr.

GER. VOLLZ.: Das geht mich nichts an! – Haben Sie etwas Pfändbares bei sich?

VALENTIN: Ja woher!

GER. VOLLZ.: Na, da wollen wir mal sehen! – *(Untersucht seine Taschen vorne und hinten)*

VALENTIN: *(Zuckt zusammen)*

GER. VOLLZ.: Na!!! *(Sieht die Geige)* Gehört die Geige Ihnen?

VALENTIN: Ja die gehört mir, aber die dürfen Sie mir nicht nehmen, denn das ist mein Zweig!

GER. VOLLZ.: Was ist das?

VALENTIN: Mein Zweig!

GER. VOLLZ.: Ja, was für ein Zweig?

VALENTIN: Mein Erwerbszweig, mit dem verdien' ich mir mein Brot, meine Semmeln, Weckerln, Salzstangerln, Bretzen, Keks.

GER. VOLLZ.: Also die Geige gehört Ihnen?

VALENTIN: Ja, die gehört mir ... *(Gerichtsvollzieher nimmt sie weg)* ... sie hat mir gehört!

GER. VOLLZ.: *(besieht die Geige und klopft sie ab)*

VALENTIN: Herein!

GER. VOLLZ.: Unterlassen Sie den Unsinn!

VALENTIN: Das ist ja auch ein Unsinn, wenn Sie da hinklopfen und Sie wissen ganz genau, dass da gar niemand drin wohnt.

GER. VOLLZ.: *(deutet auf den Geigenbogen)* Das hier ist der Bogen?

VALENTIN: Der Ellenbogen.

GER. VOLLZ.: Ach, *den* mein ich! *(Nimmt den Geigenbogen, – sieht den Geigenkasten)* Und das hier ist der Kasten?

VALENTIN: Das sehn S' ja!

GER. VOLLZ.: Unterlassen Sie Ihre Bemerkungen!

VALENTIN: *(murmelt etwas)*

GER. VOLLZ.: Was haben Sie gesagt?

VALENTIN: Beim Fuss können S' mich nehmen!

GER. VOLLZ.: Bitte – keine Beleidigungen! *(Legt die Geige und den Bogen neben den Kasten).*

VALENTIN: *Hinein* g'hörts!

GER. VOLLZ.: Ach, das weiss ich selber!

VALENTIN: Sie schau'n nicht aus danach!

GER. VOLLZ.: Was erlauben Sie sich!? Sind Sie ruhig! *(Klebt die Marke auf den Kasten).* -- So, – habe die Ehre!

VALENTIN: Was habn S'?

GER. VOLLZ.: Habe die Ehre!

VALENTIN: Ja ja, is schon recht!

GER. VOLLZ.: *(ab)*

VALENTIN: Ja, was is denn dös!? Der is guat, der geht da herein und nimmt mir mei Geig'n weg vor'm Publikum, dös derf ma doch net machen! Im Theater vor'm Publikum derf er mir mei Geig'n net nehma! – Jetzt is aus mit'm Geigensolo! -- Wär' so schön ganga, – aber ohne Geig'n kann man nicht geigen und ohne Violine kann man nicht violinen! – *(Steht umständlich auf der Bühne herum)* ---- Also, entschuldigen S' bitte!! *(Ab).*

Ein Mitternachtsständchen!

Original Scene von Karl Valentin.

Erlaube mir, ein Drama »Mitternachtsständchen« zum Vortrag zu bringen: Mit eigenen Requisiten und eigenen Dekorationen, Kostüme und Dekorationen aus der Brockensammlung, München, Kohlstrasse 2. Das Stück spielt zwischen Karfreitag und Römerschanze bei Grünwald Ende des vorigen Jahrhunderts, nachmittag gegen 1/3 Uhr. Die Rollen liegen in den Händen des Herrn Ich und – also –– ist vielleicht jemand da, der als Gast mitwirken möchte? – Geh sag'n s' die Frau Ding soll reinkommen, die hat schon öfters Teater g'spielt! – Bitte, tragen s' meine Kostüme herein und eine spanische Wand dazu! – *(Diener bringt das Verlangte) (Valentin zieht sich an, stellt eine Kulisse auf, die Ritterburg. Mitwirkender Gast kommt auf die Bühne.)*

VAL. *(Zum mitwirkenden Gast)* Also, Sie brauchen nichts zu tun, als bei einem Fenster herausschauen, Sie gehen jetzt in das Haus hinein und wenn ich dreimal pfeif, dann schaun Sie zum Fenster raus! Sagen brauchens nichts, als wie: Ich lieb dich nicht mehr, ich liebe einen andern? *[(] Val. setzt ihm ein Nachthäubschen auf, geht mit ihm hinter die Spanische Wand, zieht ihn an und pudert ihn ganz weiss!) zum Beleuchter:* Sie sind so gut und beleuchten alles recht grell und farbig. Zum Beispiel, wenn ich von der Sonne sing, beleuchten s' hell, wenn ich von der Nacht sing, beleuchten s' dunckel, und wenn ich vom Morgenrot singe, beleuchten s' Morgenrot. Jetzt fangen wir an. *[(]Val. singt mit der Guitarre ein Ständchen, siehe Noten – Bühne finster.)* Leise, leise, wie ein Schatten schleich ich mich auf D. Nacht beim Mondenschein Mondenschein – Mondenschein *(schreit zornig zum Beleuchter)* Mondenschein – ja, hörn denn Sie net?

BELEUCHTER: *(beleuchtet ganz grell weiss)*

VAL. Ach das ist ja die Sonne, – beim Mondenschein hab i' gelb –

BELEUCHTER: *(macht gelb)*

VAL. So is recht! *(singt)* Zu meinem lieben Schätzelein, die wohnt in diesem Haus, Haus No. 9 Herz ––, mein Herz, erhör' mein Flehn! ich bitte Dich, du kleine süsse Maus, schau' doch zum

Fenster raus! *(Liebchen schaut raus)* Nicht rausschaun, erst, wenn ich dreimal pfiffen hab *(pfeift dreimal) (Liebchen schaut raus)*

VAL. *singt:* Da bist du ja, mein Engel.
Du bist mein Himmelreich,
Was ist mit dir geschehn?
Du bist ja furchtbar bleich. *(Beleuchtung rot)*

VAL. *(schimpft)* bleich! Dö hat ja an Rotlauf dö schaut aus wia a Blutarorangen! *(singt)*

Ich wollte Dich besuchen,
Schon am Gründonnerstag *(grün)*
Doch war es mir nicht möglich,
Weil krank ich im Bettchen lag,
Ich glaub, ich hab dirs ja schon g'sagt,
Ich hab erst kurz die Gelbsucht g'habt *(gelb)*
Doch heut bin ich gekommen
Zu dir mein Schätzlein,
Und bring dir Liebeslieder
Beim goldenen Mondenschein! *(Regenbogenfarben)*

VAL. Jetzt macht der an Regenbogen! Habn Sie schon an g'schekkat'n Mond g'seng? *(zum Liebchen)* jetzt sag'n s, Ich lieb dich nicht mehr, ich liebe einen andern?

LIEBCHEN *(sagt den Satz mit hoher Stimme)*

VAL. *(ganz baff)* Was? du liebst einen andern??? Wia kannst denn du dös toa, – du Rufa!???

(singt) Du liebest einen andern!
Das machst Du mir nicht weiss, *(weiss)*
Ich kann es gar nicht fassen,
Mir wird ums Herz so hoass heiss
An mir, da nagt der Kummer,
Mein Haar wird langsam grau! *(blau)*

(spricht zum Beleuchter) Blaue Haare gibts do net! grau hab i gsagt.

Ich kann's nicht überleben,
Ich sterb' hier auf grüner Au! *(gelb)* – grüner Au!
vergess' nie dass in finsterer Nacht *(weiss)*

(spricht) finsterer Nacht finsterer Nacht – geh was is denn mit der Nacht? Ich kann mi do net beim Tag umbringen?

(schwarz) singt

Da lieg ich nun als Leiche
Vor deinem Fenster tot!
Am Horizont, da leucht mir
Das letzte Morgenrot. *(blau)*

(steht zornig auf) I mag nimmer, i lass mi net dablecka! I lass mir do' net die schöne dramatische Scene verpatzen! Wenn Sie das Morgenrot blau beleuchten, dann tuns mir leid – jetzt grad am Schluss, wo alles geweint hätt, verpatzen Sie alles – und s Liebchen, dös Rindviech lacht, wenn ich stirb – mit solche Leut kann ma nix mach'n!

(Zum Publikum) Wissen s wenn zum Beispiel im Hofteater so was passiert, dann lassens wenigstens einen – so eisernen Vorhang runter, – dann sieht das Publikum nicht, was auf der Bühne los ist, – aber da!

hat man ja nichts auf der Bamberlbühne! – Man könnt schon einen anmachen, – sehn s, wenn man *(erklärt dem Publikum von eisernen Trägern und Rollen und sagt [)]:*

Also, – entschuldigen s – vielmals!

Beim Tiefsee-Taucher

Original-Komödie von Karl Valentin, München.

Die Komödie spielt in zwei Szenen v o r und i n der Taucherbude.

1. Szene.

Auf der Bühne steht s c h r ä g die Aussenkulisse (Aussenansicht) einer Taucherschaubude (siehe Zeichnung). Auf kleinen Antritten vor der Bude steht die Kapelle, bestehend aus drei Blechmusikanten, einem Clown, welcher die grosse Trommel schlägt und dem Ausrufer. – Die Musik beginnt. Nach der zweiten Musikpiece erscheint der Taucher selbst, tropfnass von der letzten Vorstellung. Der Ausrufer hält nun seine Ansprache:

AUSRUFER: Zutritt, Zutritt!, meine Herrschaften! – Soeben beginnt eine neue Vorstellung! Sie haben heute Gelegenheit, die Tätigkeit eines Tiefseetauchers zu bewundern. In einigen Minuten ist Anfang der Vorstellung! *(Erklärung der Ausrüstung)* Sie sehen also hier einen Tiefseetaucher! Wie ein Packträger auf dem Lande arbeitet, so hat ein Taucher die Pflicht, unter dem Meere zu arbeiten. Damit dem Taucher das möglich ist, benötigt er einen Taucher-Anzug und die entsprechende Ausrüstung dazu *(zeigend)*. Dieser besteht aus einem wasserdichten Gummianzug, der an den Armen und an den Schuhen mit Gummiringen abschliesst, um das Eindringen des Wassers zu verhindern. An dem Taucherhelm befinden sich runde Fenster, damit der Taucher herausschauen kann. – Dem Taucher wird jetzt der Taucherhelm wieder auf den Kopf gesetzt. Vorläufig atmet er noch die irdische Luft ein, sobald aber dem Taucher die Verschlusschraube eingeschraubt wird, ist der Taucher von der Athmosphäre abgeschlossen und muss ihm durch die Taucherpumpe Luft zugeführt werden. Der Taucher wäre nun tauchfertig ausgerüstet, wäre aber noch nicht imstande, in die See hinunterzutauchen, weil er noch nicht die nötige Schwere besitzt. Um dieses zu bewerkstelligen, muss dem Tiefseetaucher das sogenannte Taucherherz umgehängt werden. Dieses Taucherherz hat den Zweck, den Taucher in die Tiefe zu ziehen. Dieses Taucherherz hat ein Gewicht von 30 Pfund; ausserdem hat der Taucher noch an beiden Füssen die sogenannten Taucherschuhe aus Blei im Gewicht von 80 Pfund, welche ebenso dazu bestimmt sind, die Schwere des Tauchers zu vermehren. – Das hier ist der Luftschlauch, welcher dem Taucher die Luft aus der Pumpe zuführt, und das hier ist das Seil, an welchem der Tiefseetaucher in die grauenhafte Tiefe des Meeresgrundes hinabgelassen wird. Ausserdem erhält der Taucher die elektrische Taucherlaterne, die ihm in angezündetem Zustande Licht gibt und auch unter Wasser brennt. Der Tiefseetaucher ist somit völlig ausgerüstet und die Vorstellung kann beginnen! – Also Zutritt, Zutritt, – damit Sie sich einen schönen Platz sichern können! Die Kapelle gibt das letzte Zeichen und die Vorstellung beginnt!

Der Ausrufer geht nun mit dem Taucher und den Musikanten in die Bude hinein. Ihnen folgen verschiedene Personen, die vor der Bude die Rede mit angehört haben. Nach dem Publikum erscheint vor der Bude Karl Valentin und Lisl Karlstadt als komisches Ehepaar. Vor der Bude sitzt nur noch die Kassierin.

KARLST.: Da schaug her, Alter, der Taucher is a wieder auf der Wies'n herauss, – ah fein – da geh'n ma eini, geh weiter!

VALENTIN: A, mir gangst, dös war net vui interessant, da geh i schon liaber zum Riesenmädchen, die hat solchene Hax'n, da sieghst wenigstens was!

KARLST.: I gib dir glei Hax'n! Wennst Hax'n sehg'n willst, dann schaugst de mein' o, dös merkst dir!

VALENTIN: Hab i koa Interesse!

KARLST.: Wennst scho positiv a seltens Frau'nzimmer sehg'n willst, nacha geh'n ma halt zur »Dame ohne Unterleib«.

VALENTIN: Die hat ja koane Hax'n net, geh'n ma halt zum Riesenmädchen!

KARLST.: Stad bist jetzt, jetzt geh'n ma grad extra zum Taucher nei! – Zahl'n tua i – gib 's Geld her!

VALENTIN: Säh – ja Du, hast g'hört, wart ma halt, bis der Taucher wieder ausser kimmt, dann schaug'n ma'n uns heraussen o – dös war doch a Blödsinn, wenn ma neigeh' tat'n.

KARLST.: Dumm's Mannsbild, dumm's, herauss taucht er doch net unter.

VALENTIN: Wo nacha?

KARLST.: Ja drinna!

VALENTIN: Wo drinna?

KARLST.: Ja, im Wasser!

VALENTIN: Jaaaaa – is in dera Bud'n lauter Wasser drinna?

KARLST.: Wahrscheinlich!

VALENTIN: Mir gangst! – Na dersauf' ma ja!

KARLST.: Jetzt geh'n ma amal nei, – gib Obacht – da kommen 4 Stufen, dass d' di net derfallst!

VALENTIN: Ja ja, kümmer' di net um mi! *(Fällt auf der Stiege, schlägt sich die Nase auf)*

KARLST.: Hab i's net g'sagt, mit dem Kletzenkopf kannst nirgends hingeh'n, höchstens ins Kasperltheater!

(Beide zahlen an der Kasse und gehen in die Taucherbude hinein.)

2. *Szene.*

Bude von innen. Die Bude muss auf der Bühne so gestellt sein, dass das Publikum die äussere und die innere Vorstellung ohne weitere Verwandlung vor Augen hat. – Die Vorstellung der Bude nimmt durch Aufziehen eines kleinen Vorhanges ihren Anfang. – Rekommandeur und Taucher (ohne Helm) betreten das Innere der Bude.

REKOMMANDEUR: *(Zum Publikum)* Sehr geehrte Damen und Herren! Sie sehen also einen Original-Tiefseetaucher in voller Ausrüstung. Wie ein Packträger auf dem Lande arbeitet, so arbeitet der Original-Tiefseetaucher auf dem Meeresgrunde. Damit dem Taucher das möglich wird, benötigt er eine Taucherausrüstung. Dieselbe besteht aus einem wasserdichten Gummianzug und zweitens aus dem Taucherhelm......

VALENTIN: Sie entschuldigen's, kann der anstatt dem Taucherhelm an Wilhelm a braucha?

REKOMMANDEUR: Bitte mich nicht zu unterbrechen! – ..... An dem Taucherhelm befinden sich runde Fenster, damit der Taucher heraus schauen kann.......

VALENTIN: Wer schaut denn nacha nei?

REKOMMANDEUR: Ja, der andere Taucher.

VALENTIN: Ja, is im Meeresgrund noch a anderer Taucher drunt?

REKOMMANDEUR: Nein, aber wenn halt grad einer drunten wär, dass der andere dann hineinschau'n kann, ob da wirklich einer drin ist.

VALENTIN: Ja, was tut nacha der drinnere, wenn der draussere von heraussen hineinschaut?

Rekommandeur: Dann schaut der raus, ob der andere wirklich hineinschaut.

Valentin: Wenn aber der net neischaut?

Rekommandeur: Dann schaut der andere net raus.

Valentin: Aha – dös is ganz praktisch, – in dem Fall bräuchten dann gar keine Fenster drin sein.

Rekommandeur:...... Wie Sie sehen, meine Herrschaften, atmet der Taucher jetzt noch die irdische Luft ein, sobald aber dem Taucher die Verschlusscheibe eingeschraubt wird, wie Sie hier sehen, ...

Valentin: Na derstickt er!?

Rekommandeur: Reden's doch nicht so saudumm drein, der erstickt eben nicht, der kann nicht ersticken, weil ihm künstliche Luft zugeführt wird aus der kompromierten Luftflasche. *(Zeigt dieselbe)* Der Taucher ist nun tauchfähig und geht ins Wasser. *Imitation Wassergeplätscher*

Valentin: Aus Liebesgram?

Rekommandeur: Nein – er steigt in diesen tiefen Wasserbassin hinunter[.]

Valentin: Ja – warum?

Karlstadt: Warum!, – also du kannst saudumm frag'n! Warum stehst denn du da?

Valentin: Dass i an Taucher siehg!

Karlstadt: Na also!

Rekommandeur: Sie sehen, der Taucher ist jetzt unter Wasser und wird jetzt unter Wasser arbeiten.

Karlstadt: Arbeitet der am Sonntag a?

Rekommandeur: Aber nein, am Sonntag geht der Taucher in die Kirche wie jeder andere Mensch auch.

Valentin: In dem Taucherg'wand?

Rekommandeur: .... Ich gebe nun dem Taucher eine leere Schiefertafel. Der Taucher wird unter dem Wasser etwas auf die Tafel schreiben.

Karlstadt: Da bin i g'spannt, was der draufschreibt!

Rekommandeur: *(Die nasse Tafel zeigend)* Der Taucher hat auf die Tafel geschrieben: »Ich habe grossen Durst!«

VALENTIN: Im Wasser drin hat er Durst!

REKOMMANDEUR: Nun wird sich der Taucher unter Wasser schneuzen, wozu er ein wasser-dichtes Sacktuch benützt. Es wäre natürlich unanständig, wenn ich Ihnen dieses gebrauchte Taschentuch zeigen würde.

VALENTIN: Ja, Sie – Herr Taucherbesitzer, wenn aber der Taucher unterm Wasser hinaus muss?

KARLSTADT: Der muass doch net naus, drum hat er ja a wasserdicht's G'wand o.

REKOMMANDEUR: Sehen Sie jetzt, meine Herrschaften, genau hinunter in die Tiefe. – Eben hat der Taucher unter Wasser mittels einer Taucherlaterne Licht gemacht.

ALLE: *(lehnen sich stark über das Geländer)* Wir seh'n kein Licht!

REKOMMANDEUR: Bitte die Herrschaften, sich nicht zu weit über das Geländer zu beugen, damit das Geländer nicht bricht!

(Alle Zuschauer fallen in das Wasserbassin und plätschern darin herum).

REKOMMANDEUR: Das war der Schluss unserer kleinen Vorstellung!

Ende.

Oktoberfestschau

Zutritt, Zutritt, meine Damen und Herren, soeben ist Anfang – Beginn einer neuen Vorstellung. Niemand soll den Festplatz verlassen, ohne unserer Vorstellung beigewohnt zu haben. Das mus mann gesehen haben! Fragen Sie die Leute, die herauskommen, was sie gehört und gesehen haben. Das Attraktionsprogramm mit Fräulein Lilly Wiesi-Wiesi; das grösste Weib, das je in Europa gezeigt wurde. Die Dame ist 2–3 m gross und wiegt 280 Pfund. Fräulein Wiesi-Wiesi ist keine Figur, keine Puppe, sondern ein lebendes Wesen.

In der zweiten Abteilung sehen Sie »Tafit«, den Mann mit den Riesenohren. – Herr Tafit ist ein medizinisches Rätsel – er ist normal gebaut bis auf die Ohren – es sind Riesenohren mit 1 m Durchmesser.

In der letzten Abteilung – Valentin WAU, das Muskelphänomen, – der Mann mit dem Eisenmagen – der unverwundbare Fakir. – Er wird schwere eiserne Gegenstände wie Eisenbahnschienen – Betonpfeiler – schwere Artilleriesäbel auf seinen Armen und Muskeln krummbiegen. Versäumen Sie nicht, unserer Vorstellung beizuwohnen. Zur Kassa – die Kapelle gibt das letzte Zeichen – Sie brauchen nicht lange zu warten – die schönsten Plätze sind noch zu haben. – Sie bezahlen heute ermässigte Preise, – also zur Kasse – – Zutritt, – die Künstler begeben sich in das Theater – die Kapelle gibt das letzte Zeichen und die Vorstellung beginnt. – –

1. Ansprache (Riesendame)

Sie haben heute das seltene Vergnügen, die Riesendame Fräulein Lilly Wiesi-Wiesi persönlich kennenzulernen. Sie wurde im Jahre 1908 geboren und vollendete am 31. Februar 1892 ihr 45stes Lebensjahr. Ihr Papa, ehemaliger Direktor einer Schmalznudel-Verleih-Anstalt in Thalkirchen an der Ruhr, scheute keine Kosten, seiner Tochter die Abnormität erlernen zu lassen. Die Dame ist gegenwärtig 2,30 m gross und wiegt 320 Pfund. Im Verhältnis zu ihrem Alter ist die Dame furchtbar unreinlich und dumm. Die Mutter der Dame ist normal und hat nicht das geringste Talent zu einer Riesin. Im Leipziger Panoptikum in Berlin, wo die Dame heute vormittag um 11 Uhr ein kurzes Gastspiel gab, hatte sie die hohe Ehre, sich vor dem Grossherzog von Kleinhesselohe sehen zu lassen. Der Kurfürst Esendlcupeztl von der Menterschwaige liess der Riesin erfurchtsvoll ein Paket Kunstdünger überreichen zur weiteren Entwicklung. Die Dame ist militärfrei und spielt mit Vorliebe gern Grammophon und Schneider, leih mir Dei' Scher'.

Um die Grösse beizubehalten, isst die Dame nur längliche Speisen, wie Stangenspargel, Makkaroni, Rhabarber und Salzstangerln. Getränke muss sie sprudelnd heiss trinken, da die im Munde eingenommenen heissen Flüssigkeiten infolge der langen Speiseröhre meistens eiskalt in den Magen kommen und zu einer Magenerkältung führen könnten. Fräulein Lilly Wiesi-Wiesi ist sehr vermögend, besitzt eine schöne Villa, 5 Paar Schuhe, einen Hofhund, 10 Dtzd. Taschentücher und eine Hängelampe. Die Dame hat noch eine ganz kindische Stimme. – Fräulein, sagen Sie mal den Herrschaften schön, wie Sie heissen!

FRL. LILLY: Mein Name ist Lilly.

REKOMMAND.: Wie alt?

FRL. LILLY: 35 Jahre alt.

Damen und Herren! Sie haben sich überzeugt, dass das, was Sie hier sehen, keine Figur, keine Puppe, sondern ein lebendes Wesen ist, denn sonst könnte sie nicht sprechen. Um alle Zweifel zu heben – – denn verschiedene von den Herrschaften glauben vielleicht die Dame steht auf einem Ständer – das ist nicht der Fall – die Grösse der Dame ist echt – das will ich Ihnen jetzt beweisen.

Fräulein Lilly wird sich jetzt ins Publikum begeben und ihre Postkarten verkaufen.

DIREKTOR: Das haben wir nicht ausgemacht – nein – das gibt es hier absolut nicht, – Postkarten dürfen unter keinen Umständen verkauft werden.

KARLST.: Damen und Herren! – Sie haben meinen guten Willen gesehen, aber die Direktion gestattet es leider *nicht*. Ich danke für Ihre Aufmerksamkeit. – Das war der Schluss der ersten Abteilung.

2. *Ansprache (Tafit)*

Hier sehen Sie »Tafit«, den Mann mit den Riesenohren. Er ist geboren in dem Jahr, als der Komet am Himmel war. Im Alter von 12 Jahren und 16 Monaten kam er in die Lehre eines neapolitanischen Schuhmachermeisters in Ceylon. In seiner 40jährigen Tätigkeit als Schusterjunge, in welcher er sich durch Faulheit, Frechheit und Liederlichkeit auszeichnete, war seinem Meister Gelegenheit gegeben, ihn in unaufhörlicher Art und Weise bei den Ohren zu ziehen, auf deutsch – zu beuteln. Infolge dieser jahrelangen Ausdehnung der Ohrmuscheln haben dieselben solch ungeheure Dimensionen angenommen, wie Sie heute Gelegenheit haben, bewundern zu können. Durch die ungeheure Bauchung der Ohrmuscheln hat sich bei Herrn Tafit die Schallaufnahme-Fähigkeit dermassen verstärkt, dass Herr Tafit, wie ein Sprichwort sagt, das Gras im Finstern wachsen hört. Das Zerdrücken eines Flohes erschallt bei Herrn Tafit wie ein Böllerschuss. Bei Sturmwind kann sich Herr Tafit nicht auf die Strasse wagen, da die Ohrmuscheln Wind fangen würden und ihn vor Unglück nicht schützen könnten. In seinen Riesenohren erzeugt Herr Tafit jährlich 12 Ztr. Ohrenfett, welche er stets an einen Wagenschmierfabrikanten abgibt, und an dem Erlös desselben einen ganz schönen Nebenverdienst zu verzeichnen hat. Herr Tafit ist der Liebling sämtlicher Damen. -- Er ist vollständig normal gebaut bis auf die beiden Ohren – es ist keine Illusion – kein Schwindel – alles echt. – Das einzige, was Sie frappieren könnte, ist dieses Gummiband hier, aber das muss da sein, damit die Ohren einen festen Halt haben, denn sonst würden sie ja bei der geringsten Berührung wackeln oder wegfallen. Aber nicht, dass Sie glauben, die Ohren von Herrn Tafit sind nur von vorne zu sehen. Herr Tafit wird sich umdrehen und Sie sind überzeugt, dass man die Ohren auch von hinten anschauen kann. – Das war der Schluss der zweiten Abteilung.

3. Ansprache (Valentin Wau)

Hier sehen Sie Valentin Wau, den Mann mit dem Eisenmagen. Er ist im Stande, ganz gewöhnliche Steinkohlen zu essen. – Richtige, unverfälschte Salzsäure wird er trinken *(trinkt und zittert)* – das ist das gewöhnliche Nervenzucken, das muss eintreten nach dem Genuss von Gift, aber es wird in wenigen Minuten wieder vorüber sein. Er wird sich Ihnen zeigen als Muskelphänomen, – indem er schwere eiserne Gegenstände auf seinen Muskeln krumm biegt.

VALENTIN: »Das Krummbiegen von Eisenwaren«.

KARLST.: *(nach dem Trick)* Das sind Leistungen. – Valentin Wau, der unverwundbare Fakir, er ist im Stande, sich spitze Gegenstände wie Nadeln, Nägel usw. durch irgendeinen Körperteil mit aller Gewalt stossen zu lassen. Eine Hutnadel wird ihm nun durch die Nase gestochen, gestossen. Natürlich muss dieselbe vorher von Bazillen und Bakterien befreit und gereinigt werden. Und jetzt wird er sich diese Nadel, ohne mit einer Wimper zu zucken, durch die Nase stossen lassen.

VALENTIN: Den Schmerz werde ich unterdrücken! *(Trick)* Raus!

[KARLST.:] In seiner Schlussattraktion wird sich Herr Valentin Wau auf den Boden legen und sich von einem Wagen, besetzt mit 5 Personen, überfahren lassen. Haben Sie Angst, Herr Wau?

VALENTIN: Nicht im geringsten! *(Autohupen)* – Vorsicht – *(Trick)* bravo! bravo! bravo! –––

Der billige Jakob

Verkaufsstand mit großem Schirm.
Melodie: Ich bin eine Witwe, eine kleine Witwe.

As G'schäft geht heut flau da heraus auf der Dult. Wenn dös lang so furt geht, dann wer i no wuid. Beim billigen Jakob, da steh'ns alle rum, aber kaffa teans nix'n, bloß schaung recht saudumm? *(zeigend)* A Wetzstoa, a Sofa, a feins Briefpapier, a Goldbronz, an Huatlack, a prima Stiefelschmier, dös alles a Mark heut – wer kriagt's jetzt noamal? – *(lang warten)* – naa – so a schlechter G'schäftsgang! Dös is wirkli a Skandal!

Naa – i tua's enk glei schenka –
Dös – dös könnt's Euch denka! –
I muaß's ja aa kaffa, i hab aa mei War net g'stohl'n!
D'Leut san grad wia Affen,
Kaffa nix, nur gaffen!
's ganze G'schäft dös soll von mir aus glei der Teufi hol'n.

Naa naa, d'Leut ham wirkli gar koan Charakter mehr im Geldbeutel drin! – A so an Haufa Sach um a Markl!!!? – Wenn Euch dös aa no z'teuer is? – Ja – a Schlafzimmereinrichtung mit an goldenen Himmelbett kann i Euch net geb'n um a Markl! – Aber Leut, i kann's Euch net für Übel nehmen – alles is so teuer, jetzt geht's amal her – jetzt wer i Euch zoag'n, daß i aa was für meine Mitmenschen tua! – Paßt's auf Leut, was i Euch alles mitbracht hab! –

Kinder druckt's Euch net so her – geht's auf d'Seit'n, daß die großen Leut auch was seh'n! –

Leut schaut's her, – da hab ich das Universalwaschpulver »Fix – Fix«! Die Hausmuatta hat große Wasch dahoam, sie ziagt sich an, geht zum Kramer oder in eine Drogerie und kauft um 5 Mark a Kernsoafa, a Persil, a Wasserglas, an Borax – geht mit dem G'lump hoam, fangt's Waschen an und siehe da – die ganzen Waschmittel san viel z'wenig – hint' und vorn g'langt's net! Die Hausmuatta tuat aus der Schatull'n no amal zwei Mark 'raus und fangt noamal 's Einkauf'n an! – Das teure Geld und die ganze Lauferei hätt' sich die Hausmutter erspart, wenn sie sich bei mir a Packl Universalwaschpulver »Fix« um eine Mark mitg'nomma hätt'. Es ist konstatiert und von Sachverständigen nachg'wiesen wor'n, daß man mit einem einzigen Packerl Universalwaschpulver »Fix-Fix« sämtliche Sacktücher vom ganzen Deutschen Reich waschen kann. Damit Sie aber nicht meinen, ich mach Ihnen da ein Larifari vor, werde ich Ihnen eine kleine Probe von der frappanten Wirkung des Universalwaschpulvers F. F. vor Augen führen. Vielleicht ist einer von den Herrschaften so freundlich und gibt mir ein recht dreckates Taschentuch *(Bekannter gibt eines her)* – dös is recht – so oans hab i woll'n. Seht's Leute, man nimmt das Taschentuch, woacht es ein, fügt dem Wasser etwas von dem Universalpulver »Fix-Fix« zu, rüppelt das Taschentuch mit zwei Fingerspitzen hin und her – und das Taschentuch ist gereinigt. – So, schöna Herr, da hab'ns eahna Taschentuch wieder z'ruck.

Dös war ja nur ein kleines Beispiel, meine Herrschaften! – Sie können aber mit dem Universalpulver »Fix-Fix« nicht bloß Taschentücher, sondern alles Erdenkliche reinigen, wie z. B. die Betten, die Vorhänge, das Geschirr, den Fußboden, den Hof, das

Klosett, den Keller, den Speicher usw. Wenn man in das Innere eines Menschen hineinkönnte, könnten Sie sich damit sogar Ihre schmutzige Seele reinigen. – Also greifen Sie zu, meine Herrschaften – für dieses Waschpulver »Fix-Fix«, für das Sie in jedem Bamberlgeschäft 8–10 Mark hinlegen müssen, zahlen Sie bei mir heute – sage und schreibe – den kindischen Preis von 1 Mark. Wer will's jetzt noch amal haben?? Dazu bekommen Sie noch den preisgekrönten Familienzahnstocher aus Aluminium=Stahl. Jahrelang haben Sie die unpraktischen Holzzahnstocher um's teure Geld gekauft – oder in einer Wirtschaft mitgehen lassen! – Das haben Sie aber alles nicht mehr nötig, wenn Sie im Besitze eines Aluminiumzahnstochers sind – denn dieser Zahnstocher ist zu gebrauchen von Mann, Weib und Kind. – Er paßt für alle Zähne – er paßt für Alt und Jung. – Er paßt für jede Speise! – Und Sie haben damit nur eine einmalige Ausgabe, denn dieser Aluminiumzahnstocher nützt sich im Gebrauch überhaupts niemals ab und selbst wenn er von einer zwölfköpfigen Familie tagtäglich benützt wird. Dann hab ich aber gleich wieder was anders! – das patentierte Wunderpapier »Perplex«.

Die vielseitige Verwendbarkeit des »W. P.« ist epochemachend und hat seit kurzer Zeit die Welt in Staunen versetzt. Ich werde Euch jetzt die praktischen Vorzüge des »W. P.« darlegen, net, daß, wenn Ihr Euch das Papier kauft's und wenn's ös dahoam auspackt's, kennt Ihr Euch net aus – oder wia ma sagt, ös steht's dann da wia's Kind vorm Dreck. Nicht, daß Ihr das »W. P.« nur allein zum Schreiben verwenden könnt's, nein, das »W. P.« dient Euch auch als Hausmittel – und ebenso als Heilmittel.

Sagen wir, der Großvater dahoam tuat Holzhacken und haut sich, weil er a Rindviech ist, mit'n Hackl auf'n Finger 'nauf und 's Unglück ist ferti; die Wunde klafft, der Schmerz tut weh, der Großvater nimmt sein »W. P.«, reißt ein Stück herunter, streckt die Zunge raus, schleckt es ab und pappt es auf die Unglücksstelle – und siehe – die Wunden sind verschwunden.

Oder die Mutter hat sich beim Milchholen erkältet, sie hat einen rauhen Hals bekommen, sie nimmt das »W. P.«, macht sich davon ein paar Kügelchen, gurgelt sich damit, und in einigen Monaten ist das Leiden verschwunden. Oder sagen wir, die Tochter hat im Antlitz direkt unter der Nase einen kleinen Schönheitsfehler zu verzeichnen – ein sogenanntes Wimmerl, nicht zu verwechseln mit Wammerl, des möcht a jeder gern unter der Nase hab'n. Sie nimmt ein Stückchen »W. P.«, klebt sich dasselbe auf die betreffende Stelle, und das Wimmerl ist im Nu verdeckt.

Oder sagen wir, dem Vater ist der Hut zu groß geworden, er nimmt ein paar Blätter vom »W. P.«, rollt dieselben kunstgerecht zusammen, draht sie in den Hut hinein und der Hut sitzt wieder wie ein neuer.

Oder Sie machen einen Ausflug. Die Sonne brennt herunter, man hat keinen Sonnenschirm dabei und die Augen tun weh. Man greift in die Tasche, nimmt ein Blatt »W. P.«, macht sich einen provisorischen Augenschirm, und die Wirkung der Sonnenstrahlen ist gebrochen und ist zugleich auch das Auftauchen von Sommersprossen aus der Welt geschafft.

Oder Sie sind gezwungen, mittags um 11 Uhr über den Marienplatz zu gehen, Sie machen sich aus dem »W. P.« zwei Papierstopseln – stecken den einen rechts, den andern in's linke Ohr – und Sie hören das Glockenspiel am Rathausturm nicht.

Oder bei naßkalter Witterung ist ein Katarrh unausbleiblich. Das Taschentuch ist patschnaß überfüllt – man hat sein »W. P.« in der Tasche – dreht sich einige Pfropfen – und verstopft sich damit die tröpfelnden Nasenlöcher. – *(Schutzmann kommt.)* – Ein anderer hat eine böse Schwiegermutter zuhause, die schimpft den ganzen Tag, die schimpft die ganze Nacht. – Er weiß sich nicht mehr zu helfen, er kennt sich nicht mehr aus – er nimmt das Wunderpapier »Perplex«, macht davon einen Knaul, stopft ihn der bösen Schwiegermutter ins Maul – die kann nichts mehr sagen! – weil's nicht mehr reden kann!!! – Ah – der Herr Schutzmann kommt – also nehmen S'Ihnen nur gleich was mit – Ihre Frau hat die größte Freud damit.

SCHUTZMANN: Wer hat Ihnen erlaubt, daß Sie da verkaufen dürfen, Sie wissen doch ganz genau, daß Sie hier Ihren Stand nicht aufstellen dürfen, – dös können S' drauß' auf der Dult machen, aber nicht hier.

FRAU: Was woll'n S' denn?? Mir leid's ja kein Warenhaus, ich bin auf das Standl da angewiesen, tean S' ma fei' ja net mei' G'schäft vermasseln.

SCHUTZMANN: Also räumen Sie sofort Ihren Stand hier weg, oder ich schreib Sie auf.

FRAU: Das ist mir gleich, jetzt bin ich schon so oft aufgeschrieben worden, jetzt geht's auf das Einemal auch nicht drauf z'samm, aber weggehen tu ich nicht.

SCHUTZMANN: Sie heißen??

FRAU: Fanny!

SCHUTZMANN: Wie noch??

FRAU: Hichinger!

SCHUTZMANN: Geboren?

FRAU: Natürlich!

SCHUTZMANN: Wo Sie geboren sind?

FRAU: In der Bettstatt!

SCHUTZMANN: Also vorwärts, wo sind Sie geboren?

FRAU: In Haidhausen!

SCHUTZMANN: Straße?

FRAU: Landsbergerstraße!

SCHUTZMANN: Nummero? – Ja, schneller – meinen Sie, ich hab so lang Zeit, ich muß heut' noch mehr aufschreiben! – Also diktieren Sie mir schneller!

FRAU: Was? Schneller? – So schnell könna ja Sie gar net schreiben wie ich reden kann!

SCHUTZMANN: Das wär traurig! – Also schneller! – Sie heißen??

FRAU: Ich heiße Fanny Hichinger, geboren den 22. Januar 1898 zu München, Landsbergerstraße 17/4 Rückgebäude II. Aufgang, bei Frau Katharina Reitmoser, Taglöhnersgattin aus Geiselgasteig.

SCHUTZMANN: Halt, halt, nicht so schnell, da komm ich ja nicht mehr mit.

FRAU: Ich hab's Ihnen doch gleich g'sagt, daß Sie net so schnell schreiben können, wie ich reden kann, – überhaupt, meinen Sie, von Ihnen laß ich mir mei' Geschäft vermasseln, wenn ich schon nichts verkaufen darf, dann nimmst as, das ganze Graffl, – da hast as!!! *(wirft ihm alle Schachteln 'nauf)* – und das alles zusammen auch eine Mark!!!

Das Clownduett oder die verrückten Notenständer

Valentin und Karlstadt treten auf, von beiden Seiten der Bühne, kommen zusammen, und sagen »Ah da sind sie ja« *und schütteln sich die Hände – sagen zugleich:* Wie gehts Jhna denn immer? *(zugleich)* Danke gut.

KARLSTADT Da hams recht – da kann man nichts machen[.]

VALENTIN Was [sagns]?

KARLST Nein ich hab blos gsagt, da kann man nichts machen.

VALENT So so, das hab ich auch schon amal ghabt.

Beide schauen sich schweigend an.

KARLSTADT Sie – könnt ich sie einen Moment sprechen?

VALENTIN Um was handelt sichs denn?

KARLST Jst nur eine Kleinigkeit, ist fast gar nicht wert, dass man davon red.

VALENTIN Privat oder geschäftlich?

KARLST Nein – beides nicht – sagen sie, sind sie beleidigt, wenn ich sie auf etwas aufmerksam mache?

VALENT Nein, absolut nicht[.]

KARLST Jch möcht sie nur ersuchen, ob sie meine Hand nicht wieder auslassen möchten, die ham sie noch vom Grüssgott sagen, in der Hand.

VALENT *(Lässt aus)* Da hab ich ganz vergessen drauf. Entschuldigens bitte.

KARLST Macht nichts.

Beide legen [i]hre Notenbücher auf den Tisch, gehen mit den Trompeten vor.

VALENT Anlässlich des Einzuges Kaiser Ludwig des Bayern zum

Jsartor im Jahre 1312 gestatten wir uns nachträglich noch ein Duett zu blasen, auf zwei Trompeten, ein sogenanntes halbes Quartett, wir beginnen mit dem Anfang. *(Beide blasen die erste Stimme.)*

VALENT Halt, jetzt ham wir alle zwei die erste Stimme geblasen, bei einem Duett muss doch einer die erste und der andere die zweite Stimme blasen.

KARLST Das ist doch klar – da[s] hättens aber vorher schon wissen können.

Beide blasen die zweite Stimme. hören wieder auf. Jeder sagt: Jetzt blast er auch die zweite.

VALENT Jch hab doch ausdrücklich gesagt, einer die erste und der andere die zweite.

KARLST Ja ist ja recht, und da hab ich den einen gmacht[.]

VALENT Den einen hab ich gmacht, sie hätten den andern machen solln. Mir ists gleich, ich kann die erste und die zweite blasen.

KARLST Ja – dann kann ja ich heimgehn, dann brauchens mich überhaupt nicht[.]

VALENT Nein ich mein so, ich kann die erste und kann aber auch die zweite blasen.

KARLST Das ist eben bei mir leider auch der Fall.

VALENT Sinds doch froh[.]

KARLST Ja also was wollns denn jetzt für eine blasen?

VALENT Ah wissens was, blas ma gar nicht. Oder blasen die erste und ich die zweite – oder umgekehrt?

KARLST Oder mach mas so, wie sie wolln.

VALENT Ja so gehts auch – ja – wie willn sie?

Beide streiten noch lange – herum, dann sagt Karlstadt, wissen sie was, Sie blasen jetzt die zweite, dann brauche ich nur mehr die erste blasen.

VALENT Ja, so mach mas.

KARLST Können sie sichs merken?

VALENT Nein, merken kann ich mir gar nichts – da kann ich eher noch blasen.

KARLST Da brauchen sie sich auch gar nichts merken, sie blasen einfach die zweite Stimme, und das was ich tu, das geht sie gar nichts an.

VALENT So, dann geht sie das auch nichts [an], was ich tu, merken sie sichs.

Beide blasen, aber gleich falsche Töne[.]

KAPELLM Hörns doch auf, das ist ja ganz falsch[.]

VALENT Das hörn wir schon selber, mischens Jhna nicht in andre Leut nein, mischens sie sich lieber in sich selbst nein – sie sind der allerjüngste, schämen sie sich, dass no so jung sind.

KAPELLM Ham sie denn keine Noten?

VALENT Freilich, aber nach Noten können wir doch nicht auswendig blasen.

KAPELLM Das braucht es auch gar nicht, nehmen sie doch Noten[.]

Beide nehmen jhre Noten. Valentin das kleine – Karlstadt das grosse Buch[.]

KARLST *(kann das grosse Buch nicht halten, Valentin hilft halten, beide blasen. Valentin bläst aber nur immer den gleichen Ton.[)]*

KARLST Sie blasen ja immer den gleichen Ton[!]

VALENT Jch kann ja nicht mehr blasen, weil ich nicht auf die Klapperl hindrücken kann.

KARLST Warum könnens da auf einmal nicht mehr hindrücken?

VALENT Weil ichs Buch in der Hand habe, *(lasst es aus.)* Jch hab eine andere Jdee schauns her, ich häng Jhnen mein Buch da hinten nauf, und sie hängen Jhr Buch ihm nauf – mir.

KARLST Ah, sie meine wahrscheinlich so, dass einer dem andern hint neinschaun kann.

Beide wollen blasen – Valentin sagt: Da müssen sie vor mir stehen[.]

KARLST *stellt sich vor ihm auf* – jaaa – jetzt ists falsch, sie müssen vor mir stehn, sonst kann ja ich nicht dahinten neinschaun.

VALENT Jaso – da war ich jetzt im Jrrtum ..... ja jetzt ists wieder nichts wie kommt jetzt das. – das ging schon, aber das geht nicht.

THEATERM Jetzt möcht ich blos wissen, wie lange sie den Blödsinn noch machen wollen, glauben sie, das Publikum schaut Jhnen noch lang zu?

VALENT Fünftens ist das kein Blödsinn – wir wolten da was machen, wir haben zwei Trompeten, zwei Notenbücher, wir sind zu zweit, und keiner kann dem andern hintneinschaun, wie kommt das?

THEATERM Wissen sie, was sie brauchen? Notenständer[.]

VALENT Wir haben aber keine[.]

THEATERM Aber ich hab welche[.]

VALENTIN Ja, gebns uns a paar[.]

THEATERM Sie können dann gleich a paar haben, von mir[.]

KARLST Dann teilen wirs zusammen. Jetzt können sie das Buch wieder runter tun, wenn der Notenständer bringt, das hat sie so nicht gut gekleidet, da hams ausgschaut, wie a Segelflugzeug.

THEATERM *bringt einen ganz grossen und einen ganz kleinen Notenständer h[e]rein.* So – da ham sie einen, und da sie.

VALENT *nimmt den grossen Ständer, sein kleines Buch fällt immer durch[.]*

KARLST *nimmt den kleinen Ständer, aber das grosse Buch hat nicht Platz.*

MEIST So geht das freilich nicht – sie müssen doch die beiden Ständer tauschen.

[(]Beide tauschen die Notenständer, aber blos betreffs Platz, jeder hat wieder seinen gleichen Notenständer. Alles fällt wieder durch, wie vorher)

MEIST Jetzt gehts ja wieder nicht – sie müssen doch tauschen[.]

KARLST Das haben wir doch getan.

MEIST *(zu Karlst)* Sie haben das grosse Notenbuch, sie nehmen den grossen Notenständer. *zu Valent:* Sie haben das kleine Notenbuch, sie nehmen den kleinen Notenständer[.]

VALENT Das ist doch klar, da wärn wir aber selber auch drauf kommen, da hätt sie nicht braucht dazu.

KARLST *(Kann das schwere Buch nicht auf den Ständer hinaufbringen)*

VALENT Da werdens Jhna aber schwer tun mit dem Buch[.]

KARLST Natürlich, wenn nur wenigstens einer da wäre, der mir helfen könnte.

VALENT Es ist schon niemand da auch –

KARLST *Hebt das Buch hinauf, sagt* Danke[.]

VALENT Bitte bitte.

Beide wollen blasen .... Valentin fällt der Hut immer nach vorn hinunter. Karlstadt fällt der Hut nach hinten nunter.

VALENT Sie das geht nicht, der Notenständer ist für mich zu nieder, wenn ich da blas, fällt mir immer der Hut vorn hinunter[.]

KARLST Bei mir ists grad das Gegenteil, wenn ich da hinauf schaue, dann fällt mir der Hut immer hinten nunter, und bei mir ists noch dazu, furchtbar unapettilich, mir lauft der Saft von der Trompete immer so runter..... Möchten nicht sie daher gehen tauschen mit dem Platz. *Karlst: setzt sich zum kleinen Notenständer auf den Boden ...... Valent. sieht das setzt sich auch auf den Boden zum grossen Notenständer.*

MEISTE *(holt die beiden Ständer und schimpft)*

Beide schauen ihm nach. Jetzt ham ma gar nichts mehr, der hats uns nur leihweise geliehen. *Beide stehen auf........*

MEIST *(bringt hupfenden Notenständer)* So, da hams jetzt an andern[.]

KARLST Der ist für sie zu klein, den kann man höher machen, da brauchens nur das Ding da raustun *(hupft hinauf)* Sie da ist was passiert[.]

VALENT Der ist hinauf gfalln.

THEATER So – ganz von selbst?

KARLST Ja, wir ham nur naufgschaut, dann ist er schon davon ghupft[.]

MEISTER Sie müssen doch alles kaput machen – da hams an andern *(bringt den kleinen wackligen[)]*

BEIDE Sie, den kann man nicht brauchen, der ist zu weich.

MEIST *(bringt elektrischen) Beide blasen[.]*

KARLST Blasens doch nicht immer daher, da ziehts ja[.]

VALENT Jetzt hab ichs gsehn, mitn Fuss hams hingstossen. *Beide versuchen immer wieder zu blasen, aber Ständer dreht sich immer, beide laufen um den Ständer herum .....* Sie der fliegt davon.

MEIST Ach Unsinn – da hams an andern *(bringt den doppelten Ständer)*

Beide blasen, Ständer wird immer länger – Beide holen sich einen Stuhl, steigen hinauf, blasen weiter, Orchester spielt auch weiter.

VALENT *Schreit* so hörns doch auf, sehns denn nicht, dass er wachst.

BEIDE *z. Publikum* Haben sie das gesehen, wir haben jetzt da geblasen jetzt ist der Notenständer immer länger geworden, wenn wir jetzt keinen Stuhl hätten, könnten wir gar nicht mehr auf unsere Noten schauen. *(Währenddessen ist der Notenständer wieder klein geworden. Beide steigen wieder vom Stuhl herab, und sagen* »Jetzt weil wir am Stuhl droben gstanden sind, jetzt ist der Notenständer wieder ganz herunte, jetzt brauch ma kein Stuhl mehr.......[«] *Während dessen ist der Ständer wieder gross geworden* ....

Beide schauen ganz erstaunt – KARLST: Sie da herin spuckts[.]

VALENT *(spuckt aus)* Karlst: *sieht die Schnur*.... Ahhhhhh jetzt hab ichs gsehn, gehns her, ich sag Jhnen was, können sie sich das denken, [wie das] geht mit dem Notenständer?

VALENT Ja, der hat vielleicht an Kunstdünger hingschmiert, und dadurch wachst der Ständer[.]

KARLST Nein, ein Schnürl hat er hinghängt, und da zieht er immer an, dadurch wird der Notenständer immer länger und kürzer.

VALENT Dem schneiden wir das Schnürl ab – *(Während der Zeit hat Theaterm. den Ständer geholt, und eine andern dafür hingestellt, beide haben nichts bemerkt, weil sie auf der Seite gestanden sind,* .....

KARLST Passens auf, da muss ein Schnürl liegen, obacht tretens nicht drauf, so ein kleines längliches Schnürl ists.

VALENT *(sieht das Schnürl am Notenständer – zieht an, Ständer schiesst und fällt herunter).*

Beide schreien auweh *und laufen ab.*

2.

VALENT Als nächstes erlauben wir uns ein Duett vorzutragen auf zwei den verschieden artigsten Jnstrumenten der Welt – hier – die kleinste Mundharmonika – und hier die grösste Trommel der Welt.

KARLST *(bringt Trommel)*

VALENT Die kleine Mundharmonika hat 60 Pfennig gekostet – die haben wir bar bezahlt – die grosse Trommel kostete 600.– Mark, auf diese sind wir noch einige Mäuse schuldig[.]

KARLST Raten.......

VALENT Zum Vortrag gelangt »Fridericus Rex Marsch«. Wir ersuchen bei diesem Vortrag um die grösstmöglichste Ruhe, dass man die Trommel gut hört.

Beide blasen »Fridericus Rex Marsch« ohne Orchester und zwar 3 Takte Vorspiel mit Mundharmonika, dann setzt grosse Trommel ein, spieln 18 Takte Marsch Verbeugen sich ....

VALENTIN Wir erlauben uns noch einen Vortrag vorzutragen, betitelt Da capo.

KARLST *(stellt Notenständer so hin, dass er baumelt und wackelt[)]*

Beide schauen zu – lachen.

VALENT Variationen über das bekannte Volkslied Lang lang ists her, für Klarinette und Pomperton. *(setzt sich auf Stuhl, rutscht mit Bombardon über Stuhl nach vorwärts[)]*

KARLST *(hilft – er fällt nach links – dann nach rechts – Dann hustet er in den Bombardon hinein – schaut zum Mundstück hinein – steckt Taschentuch wie ein Geiger in den Kragen .....[)]*

Beide blasen C dur Akkord[.]

VALENT *hält tiefen Ton aus – imitiert das Brummen des Zeppelins – sagt:* Zeppelin.

Beide blasen: [»]Lang lang ists her« bis zum vorletzten Ton ....

VALENTIN *blättert um – Beide blasen ...... den letzten Ton.*

Bahnhofszene

(Nach der Abfahrt des Zuges).

Portier steht allein auf der Bühne und putzt sich die Brille.

FRAU *(kommt schwitzend, atemlos mit vielen Koffern gelaufen):* Bitt schön, sagens mir schnell, ich hab höchste Zeit, wo muß ich einsteign nach Italien?

PORTIER: Grad is er weggfahrn.

FRAU: Jeß Marand Josef!!!!!

PORTIER: Wärns drei Minuten früher komma, hättens ihn noch erwischt.

FRAU: So, dann geh ich nochmal heim und komm drei Minuten früher.

Portier: Dann kommas ja noch später.

Frau: Naa, sagns, warum ist denn der Zug grad ausgerechnet heut drei Minuten früher weggfahrn?

Portier: Naa, der Zug ist net drei Minuten früher weggfahrn, Sie san drei Minuten z'spät komma.

Frau: Das kommt eben daher, wenn man nicht genau weiß, wenn der Zug abfährt.

Portier: Hättens ins Kursbuch neigschaut, dann hätten Sie 's g'wußt.

Frau: Da hab ich ja neigschaut, aber da stehts nicht drin.

Portier: Freilich stehts drin.

Frau: Ja, wissens, ich hab eben kein Kursbuch daheim, jetzt hab ich in mein Kochbuch neigschaut. Und da stehts nicht drin.

Portier: Ja, im Kochbuch steht freilich kein italienischer Zug, höchstens der italienische Salat.

Frau: Drum hab ich ihn auch nicht g'funden, ja nicht einmal im Telephonbuch ist er drin gstanden.

Portier: Sie kunnten ja glei im Katechismus nachschaun.

Frau: Meinas?

Portier: Nein, ich mein nur.

Frau: Ja, ich mein auch nur. Aber ich kanns nicht glauben, daß der Zug schon weggfahrn ist.

Portier: Freilich ist er weggfahrn.

Frau: Ist der einfach weggfahrn und hat die Reisenden alle da gelassen?

Portier: Nein, die sind alle mitgfahrn.

Frau: Ja, warum ham denn die den Zug nicht versäumt?

Portier: Weil die nicht zu spät komma sind.

Frau: Wenn aber die auch zu spät kommen wärn, wär dann der Zug auch weggfahrn?

Portier: Ja, aber rentiert hätte er sich dann nicht.

Frau: Was hätten dann die Reisenden alle gemacht, wenn sie alle den Zug versäumt hätten?

Portier: Auch so dumm dreigschaut hättens wie Sie.

Frau: Kann ich jetzt gar nichts machen?

Portier: Das müssen Sie wissen.

FRAU: Ich mein, was ich jetzt tun soll? Denn wenn ich noch a Zeitlang wart, dann versäum ich ihn immer noch mehr.

PORTIER: Fahrns halt mit dem nächsten Zug.

FRAU: Wann geht denn der?

PORTIER: Morgen früh.

FRAU: Ja, das nutzt mich nichts – morgen um die Zeit bin ich ja gar nimmer hier, da bin ich ja schon lange in Italien.

PORTIER: Ja, wie könnens denn da morgen in Italien sein, wenns heut den Zug versäumt haben?

FRAU: Ja, da fahr ich ihm halt nach mit der Trambahn.

PORTIER: Da geht keine Trambahn hin.

FRAU: Dann lauf ich ihm zu Fuß nach, das geht auch, das hab ich schon einmal in einem Kino gsehn.

PORTIER: So schnell wie der Zug fahrt, glaub ich, können Sie nicht laufen, außerdem Sie schicken sich recht.

FRAU: Ja, ich muß nach Italien, ich freu mich schon darauf, warn Sie schon in Italien? Da muß es doch wunderschön sein. Sie, da ist doch der große Vatikan, der immer so speibt?

PORTIER: Verschonens mich mit Ihrer Lava. – Sie sind da im Irrtum, der Vatikan kann doch unmöglich speibn, das ist ja ein Gebäude, und ein Gebäude kann doch nicht speibn.

FRAU: Nein, das ist bestimmt der Vatikan, denn mit V geht er an und dann hab ich ihn schon auf Ansichtskarten gesehn, der ist so groß und oben geht der Dampf naus.

PORTIER: Dann meinen Sie wahrscheinlich den Vesuv.

FRAU *(geht der Koffer auf und fällt ihr alles Unmögliche heraus):* Jessas, jessas, so ein Pech wie ich heut habe, zuerst versäum ich den Zug und jetzt fallen mir meine ganzen Reiseutensilien heraus, wenn das jemand sieht, Sie glauben gar net wie ich mich geniere.

PORTIER: Ja, mit *dem* Zeug derfens Ihna freili genieren.

FRAU *(alles einpackend):* Ich reise nämlich so selten, Sie glauben gar nicht, wie unbeholfen ich bin.

PORTIER: Dös seh ich schon, jetzt schauns, daß mit dera Brockensammlung bald zum Teufel komma.

FRAU: Mein Gott, der Wecker ist, glaub ich, auch kaputt. Horchens amal.

PORTIER: *Horcht (wirft ihn dann am Boden).*

FRAU: Ja, wenn Sie's so machen, dann muß er ja hin werden *(wirft ihn auch hin).*

PORTIER: Ja, mei Frau, je öfters daß'n nunter werfen, desto hiher wird er.

FRAU: Ach Gott, wenn man keinen Menschen hat, ich reis' nämlich ganz allein.

PORTIER: Sie ham doch vier Koffern dabei.

FRAU: Nein, ich mein, wenn eine Frau allein reist, ist es überhaupt nichts, wissens ich bin eine Witwe, ich stehe jetzt 30 Jahre ganz allein am Bahnhof – – ah auf der Welt wollt ich sagen.

PORTIER: Mir waars ja gnua, wenn Sie 30 Jahre am Bahnhof stehen würden, mir glanga schon die 3 Minuten.

FRAU: Wissens, ich war auch verheiratet, aber mein Mann ist als Bub mit 14 Jahren nach Südamerika ausgewandert und ist seit der Zeit nie mehr zurückgekommen. Ich hab ihn nie wieder gesehn – – – Verschollen, aber nicht vergessen.

PORTIER: So fangas ma 's weina auch noch an, tröstens Ihna nur, schauns ich war auch 30 Jahre in Südamerika, bin auch wieder zurückgekommen, der kommt schon wieder, wenns a G'scheidter ist.

FRAU: Oh, das war ein braver Mann, aber ein böser Mann – – aber kommen tut er nicht mehr mein Xaver.

PORTIER: So, Xaver hat er g'hoaßen, ich heiß auch Xaver.

FRAU: So – ja, mein Xaver hat immer zu mir g'sagt: Wally ich komm wieder, aber gekommen ist er nicht mehr.

PORTIER: Was, Sie heißen Wally?

FRAU: Ja, Wally Rembremerdeng –

PORTIER: Und ich heiß Xaver Rembremerdeng.

FRAU: Nein, ich heiß Rembremerdeng.

PORTIER: Und ich auch und in Südamerika war ich auch.

FRAU: Ja, bist *Du* der Xaver? Nein?

PORTIER: Und *Du* d'Wally?

FRAU: Ja, Xaver!!! *(Umarmt ihn und wirft ihm den Koffer auf den Fuß.)*

PORTIER: Ja, Rindviech!!!!

FRAU: 30 Jahre ham wir uns nicht mehr gsehn, hast mich denn nimmer kennt?

PORTIER: Drum ist mir Dein Hut glei so bekannt vorkomma.

Petersturmmusik

Sonntag Morgen Stimmung, noch dunkel, allmählich heller werdend. 4 Musikanten kommen nacheinander schwer schnaufend die Treppe herauf und betreten die Galerie des Turmes.

Vogelgezwitscher. Der erste Musiker kommt mit Laterne und Musikinstrument (spricht) ich glaub, da bin i no z'früh komma, weil no koaner da is, no is g'scheiter, als wenn i z'spät komma wär. Jetzt wart i auf die andern 3 und wenn dö net komma, na geh ich auch wieder, na is vielleicht gar koaner mehr da. *(schnupft)*

2. MUSIKER *kommt:* So da wärn ma – bist a scho da?

1. MUSIKER. Dös siegst ja.

2. MUSIKER. Was siegst.

1. MUSIKER. I moa dös siegst ja das i da bin.

2. MUSIKER. Bin neugierig wo die andern bleiben?

1. MUSIKER. Dö lassen sich Zeit.

2. MUSIKER. Aha da kimmt scho wieder oana daher gschnauft.

3. MUSIKER *kommt.* Herschaft sappramest is dös a Steigerei bis darauf, mit dö 2676. Staffeln, war scho bald Zeit, das uns der Magistrat an Lift reibaun lasset.

2. MUSIKER. Dö brauchas zu was andern, dö müssn zsamm sparn, das im Jahr 2000. endlich a mal die Lichtreklame einführn könna, wie sichs für a fortschrittliche Stadt gehört.

1. MUSIKER. Also fang ma an.

2. MUSIKER. Was willst denn mit'n anfangen, mir könna doch net zu dritt a Quartett blasen, zu an Quartett g'hörn doch viere.

3. MUSIKER. Was viere is erst? Na san ma ja a Stund z'früh dran.

1. MUSIKER. Na i moan viere san ma – 4 Stuck Mann[.]

2. MUSIKER. Woher – mir san doch erst zu dritt.

1. Musiker. Na 3. san ma – viere wern ma erst, wenn der andere da ist.

3. Musiker. *(zählt)* 1-2-3-ja, ja da fehlt ja no oaner.

2. Musiker. Ja der is ja no net da.

1. Musiker. Noja, drum müss ma no warten.

2. Musiker. Also dann wart ma halt auf eahm.

3. Musiker. Auf wem?

2. Musiker. No ja aufn vierten.

1. Musiker. Dös is sgscheitere was ma toa kenna.

4. Musiker *kommt.* Jetzt war i bald z'spät kemma.

1. Musiker. Du bist scho spät kemma.

2. Musiker. Dös is er halt no von der Schul her gwohnt.

3. Musiker. Bist in d'schul a scho mitn Bombardon ganga?

4. Musiker. Na mit der Schiefertafel.

3. Musiker. Da hast ja net blasen könna damit.

4. Musiker. Aber schreiben – verschlafen hab i – weils ma mein Wecker pfändt ham, und auf mei Alte kann i mi net verlassen.

3. Musiker. Warum net.

4. Musiker. Weils selber no schlaft um halb 5. Uhr und unterm Schlafen kanns mi net aufwecken.

(Turmuhr schlägt 5. Uhr).

1. Musiker. Also fang ma an – *haben während der Gespräche die Instrumente ausgepackt und Noten verteilt (Quartett) 1 & 2 Trompete – Althorn – Bombardon spielen sehr schön* »Tag des Herrn«.

Nach Schluss des Liedes schaut einer nunter und sagt:

Da schaugts nunter am Marienplatz, steht koa Mensch mehr drunt – vor 10. Jahren hat no alles gewimmelt vor lauter Leut und grad zuaghorcht hams und die Ohrwascheln hams g'spitzt, wenn mir blasen ham – grad a Freud wars, wie's so andächtig zughört ham.

2. Musiker. Ja die Zeiten ändern [s]ich, wie lang werds no dauern, na kündigt uns der Magistrat, denn an die schönen alten Volksbräuche hat koaner mehr ein Interresse.

3. Musiker. Mir könna doch net da heroben Fussball spieln – oder uns mit dö Boxerfäustling ana[n]der s'Gsicht dahaun.

4. Musiker. Na dös brauchts net aber unser Repetoar wern mir

halt noch ändern müssen, die schönen alten Lieder wolln's nimmer hörn, na spiel'n ma halt die neuen Schlager »Was macht der Meier am Hymaleia«.

2. MUSIKER. Da ham mir ja koane Noten dazua?

3. MUSIKER. Zu dem Glump brauch ma doch koane Noten, dös könn ma im Schlaf auswendig blasen.
Also. (*blasen:* Was macht der Meier[])]

2. MUSIKER. Da schau nunter, dö Haufen Leut dö drunten z'sammglaffa sind und tanzen teans mitten am Marienplatz dö narrischen Gwachser – da blas ma halt no oans.

blasen (Valencia)

3. MUSIKER. Siehst bei dem müss ma bleiben, dös gfallt eahna – und unsere alten schönen Volkslieder könn ma uns einsalzen.

1. MUSIKER *singt traurig.* O, du alter Petersturm, o du grüner Isarstrand, is denn dös mei Münchner Stadt, dort wo meine Wiege stand.
Von der Gemütlichkeit koa Spur, wo ma hinschaut sieht ma nur.
Andere Gsichter andere Leut.
Pfüat die Gott – du alte Zeit.

Eine fidele Münchner Stadtratssitzung anno dazumal

STADTRAT OBERBERGER: Ich eröffne die heutige Sitzung und heiße Sie alle herzlich willkommen. Es liegen heute ausgerechnet 13 Punkte vor, die ihrer Erledigung harren. Und diese 13 Punkte will ich Ihnen, meine Herren, zwecks Begutachtung bezw. Genehmigung bei der heutigen Sitzung vorlegen. Ich beginne mit meinen Ausführungen:

Punkt 1. Neupflasterung des Speiselokals unseres Herrn Bürgermeisters.

Punkt 2. Erneuerung des unkündbaren Vertrages des Uhrmachers am Karlstor.

Punkt 3. Impfung sämtlicher Eisenfiguren unserer Denkmäler gegen Verrostung.

Punkt 4. Erhöhung der Hundesteuern von dreißig Mark auf zwanzig Mark.

Punkt 5. Antrag auf Erteilung einer Konzession zur Abhaltung von Jugendspielen, wie – »Schneider leih mir dei Scher« – »Fürchtet ihr den schwarzen Mann?«

Punkt 6. Neubau einer historischen Schweißtropfensammlung mit Erfrischungsraum – der Dienstmann-Institute Münchens.

Punkt 7. Neubau einer Entlausungsanstalt der Münchener Lausbuben.

Punkt 8. Das Ersetzen der Petersturmmusik durch Grammophon oder Lautsprecher.

Punkt 9. Entfernen der Straßenbahnschienen in den verkehrsreichen Straßen der Stadt.

Punkt 10. Verlegung der Auer Dult in den Hofgarten.

Punkt 11. Erlassung eines Verbotes »Kinder unter acht Jahren dürfen nicht als Mitglieder im Veteranenverein aufgenommen werden.«

Punkt 12. Fällt aus.

Punkt 13. Vorlage zur Genehmigung eines Männergesangvereinerholungsheimes im Zentrum der Stadt.

Nun bin ich mit meinen Ausführungen dieser Ausführungen zu Ende und bitte Sie, zur freien Diskussion übergehen zu wollen. Kollege Stadtrat Huber hat das Wort.

Stadtrat Huber: Meine Herren! Ich sehe in den dreizehn Punkten eine riesige Aufgabe, deren wir in einer einzigen Sitzung nicht gewachsen zu sein scheinen. Ich denke, wir nehmen zuerst den Punkt 13 in die Hände, damit wir wenigstens die Unglückszahl 13 umgangen haben. Mit den anderen 12 Punkten werden wir dann schon ins Klare kommen. Meine Herrn! Punkt 13. Vorlage zur Genehmigung eines Männergesangvereinerholungsheimes im Zentrum der Stadt.

Meine hohen Herrn! Es war vorauszusehen, daß eine konjunktive Resignation aller gegenwärtigen Handelsabkommenschaften mit beschränkter Anzahl eintreten sollte. Obwohl die Ferienkolonie mit Grundbesitzungen allerorts, aus dem Terrain und Trust – Emanzipationen mit Disziplinarstrafen und Verkehrsanstalten in gegenseitigen Meinungsaustäuschen sich kreuzten.

Es konnte nur seitens der Neuregelung in Packträgerkreisen und Roten Radlerinstituten keine Einigung erzielt werden. Es sei denn, daß die wirtschaftlichen ökonomischen Bedingungen das einzige Hindernis in der Hemdknöpflindustrie den geplanten Weg sperren würden, so würden sich dennoch mit vereinten Kräften Mittel und Wege finden, die Überproduktion im Zacherlinhandel im Keime zu ersticken, und auf dem 45000 Quadratmeter großen Grundstück des Realitätenbesitzers N.N. ein Männergesangvereinerholungsheim erstehen zu lassen. – Als Amerika im Jahre 1855 die Ausfuhr von gestöckelter Milli auf ein Minimum beschränkte, da war es König Barbarossa der 66., welcher damals dem Erfinder des Zweiräderkarrens den Auermühlbachorden überreichte. Ja, gerade er war es, welcher hinsichtlich der verkürzten Geschäftsinteressen die prinzipielle Entscheidung in den Abgrund stellte. Großmütig drückte damals der Zitherklub »Gut Klang« seine Meinung gegen alle diese verzweifelten Ansichten aus, und als wahre Wohltat entstanden damals die vielen Bedürfnisanstalten, um die sich die Stadtverwaltung Lorbeeren und herzliche Anerkennungen aus allen Kreisen der Bevölkerung errungen hat. Mit aller Energie griff die Presse um sich und schleuderte seitenlange Artikel gegen das ekelerregende Orangenschalenwerfen auf den Straßen aus und im Nu war der Christbaumhandel in den Sommermonaten aufgehoben. Der chinesische Armenpflegschaftsrat Tschin Tschin setzte sich mit der Nürnberger Lebkuchenindustrie in Verbindung und bezweckte damit, daß im Prozesse der Römischen Briefmarkensammlungsgesellschaft mit elektrischem Kraftbetrieb gegen die schwedische Turteltaubenzüchterei eine einigermaßen zustande gekommene Einigung erzielt werden konnte.

Die Beiseitelegung des Handelsvertrages mit der sizilianischen Straßenreinigungsaktiengesellschaft, welche mit 120% des Grund- und Hausbesitzervereins im Kegelklub Alt-Heidelberg eine abermalige Verzinsung der Reichskassakontosteuer zu Allach

(Bezirksamt Berlin) in Anrechnung brachte, konnte kraft seines 300jährigen Bestehens des afrikanischen Perlacher Knabenhortes zur nochmaligen Submission herangezogen werden.

Nach meiner Ansicht steht also der Erbauung eines Männergesangvereinerholungsheimes nicht mehr das geringste im Wege und gebe hiermit das Wort Herrn Stadtrat Westermeier.

STADTRAT WESTERMEIER: Meine Herrn! Die Worte meines Vorredners waren Mist! *(Pfuirufe).* Niemals soll diese Schundansicht zur Durchführung kommen. *(Pfeifen, allgemeines Gemurmel.)* Das Übereinkommen des chinesischen Schaukelbudenbesitzers mit der Nürnbergerlebkuchenfabrikationsgesellschaft ist erbärmliche Lüge!!! *(Hört, hört.)* Das Kleinhesseloherseegeschwader war ja von dem Großhesseloher Kirchweihfest gar nicht eingeweiht. *(Lüge – Schiebung.)* Das sind ja elende Lausbubengerüchte!!! *(Bravo Bravo – Ha ha ha ha – anhaltendes Hohngelächter.)*

Wie konnte seine Exzellenz der Großkaufmann Plieventans seine Grundbesitzungen zur Erbauung eines Männergesangvereinerholungsheimes reserviert halten – er mußte doch wissen, daß der Grund- und Hausbesitzerverein beim Magistrat, Abteilung für Schmetterlingsammlung III. Stock Zimmer Nr. 00, noch gar nicht vorstellig geworden war. *(Empörung.)*

Wie konnte die Münzenzeltgießerei den Antrag zur Erbauung eines Männergesangvereinerholungsheimes stellen, ohne – nicht den geringsten Einblick in den Laubsägeholzlagerplatz zu haben. Das sind ja direkte Erpressungen *(Ausrufe – Das ist Mumpitz – das ist Humbug).*

Die Anisloabi- und Mohnweckerlkommission hat mit Recht sämtliche Zweiräderkarren des Dienstmanninstitutes konfiszieren lassen, denn gerade durch das Schifferlfahren am Starnberger Bahnhof waren die Geleise derart stark beschädigt, daß das betrügerische Einschänken in und außerhalb der heißen Jahreszeiten im Hofbräuhaus nicht zu-, sondern abnimmt. *(Pfui – Gemeinheit – Schluß!!!!! Hinaus mit dem Kerl!!! – Furchtbarer Tumult.)*

Glockenzeichen BBBBBrrrrrr!!!!!!!!!

Meine Herren! Meiner Ansicht nach steht also der Erbauung eines Männergesangvereinerholungsheimes nichts mehr im Wege, ich schließe die heutige Sitzung mit der Bitte an alle anwesenden Herren Stadträte........

Auf in den Ratskeller!!!!!!!!

»Der Wilddieb« oder Die blutige Begegnung in der Höllenschlucht

Drama aus den bayr. Bergen von K. Valentin und L. Karlstadt.

Mutter sitzt allein in der Stube, draussen zieht ein furchtbares Gewitter vorbei. Es blitzt und donnert unaufhörlich.

MUTTER: *(schaut zum Fenster hinaus und spricht)* Jessas Maria und Josef steh mir bei, a so a stark's G'witter und mei Sohn da Hias is no net z'haus. Er werd wohl net grad in dös G'witter neikomma sei, er hat's G'wehr mitgnomma, dös hat nix Guats zu bedeut'n. J moan allaweil, i moan allaweil er is wieder auf die schmale Wand nauf zum Wildern, weil er gar so stad aussi is zum Häusl. Gar net konn er's lass'n 's wildern und dös is no amal sei Unglück denn der Oberförster hat glaub i, scho a bisserl an Verdacht auf eahm und dass *er* an Oberförster auf der Latt'n hat, dös woass scho' 's ganze Dorf. Was hör i? Jessas, da kummt er scho', ja grüass di Gott, mei Bua.

HIAS: Grüass di Gott Mutter! Da schau her was i heut g'schoss'n hab, an Adler, weil mir heut nix anders vor d'Büchs'n kumma is. *(Hat Adler samt Brett in der Hand)*

MUTTER: Mei Bua, i hab scho so vui Angst g'habt um di....

HIAS: Um mi brauchst koa Angst hab'n, i wisst net warum.

MUTTER: Hias, i hab scho a bisserl Angst g'habt, weil, weil....

HIAS: Was weil ......

MUTTER: Weilst heut wieder mit'm G'wehr furtganga bist.

HIAS: Mit'm G'wehr furtganga, ja mit'm Schmetterlingsnetz oder mit a Mausfall'n kann i koane Reh fanga.

MUTTER: Du woasst doch, dass s'ganze Dorf scho munkelt, der Mooshammer Hias is a Wilderer.

HIAS: A Wilderer, ja a Wilderer bin i a – weil is net begreifa konn dass unser Herrgott die Gams und die Reh nur für die Jaga und Förster erschaffen hat, de derfas schiass'n und mir arme Teufi könna Kartoffe fress'n…

MUTTER: Aber Hias, denk doch ans Zuchthaus …

HIAS: Ja 's Zuchthaus hab'ns für uns Arme, dös stimmt, aber blos für de, de wo's dawischt hab'n.

MUTTER: Hias, Bua, schau mi o, du redst so g'spassi daher, dass i diam glei moana kunnt, du hättst was ogstellt.

HIAS: *(geht auffallend auf und ab)*

MUTTER: *(erkennt daraus dass da etwas nicht richtig ist und schreit ihn an, indem sie ihn umklammert)* Hias, du hast mit'm Oberförster was g'habt, i kenn dir's an … dein Todfeind …. du hast'n …. um Gotteswill'n ……

HIAS: Ja i hab'n ….

MUTTER: Daschoss'n?

HIAS: Daschoss'n – der kummt nimmer!

MUTTER: *(sitzt weinend am Tisch)*

HIAS: Mutter horch auf, i erzähl dir, wias kemma is. Wia i heut in da Fruah aussi bin, hab i mi mit'm G'wehr durch's Gebüsch durch schlich'n und bin über'n Jägersteig auffi. J geh kaum 100 Meter wer steht vor meiner – mei Todfeind, der Försterlenz. J nimm an Stutz'n, leg o – a Schuss – a Krach – und da Förster stürzt blutüberströmt zusammen.

MUTTER: Hast'n troffa?

HIAS: J? Dös woass i net g'wiss, denn im selben Moment wo i an Stutz'n oleg und schiass, fahrt a Blitzstrahl vom Himmel runter und jetzt woass i net, hab i an Förster troffa oder da Blitz? Oahna von uns zwoa hat'n troffa.

MUTTER: No ja, dös werd sich bei der Verhandlung scho rausstell'n.

HIAS: Aber Muatta, i hab jetzt höchste Zeit dass i verschwind. Da Grenzschandarm is ma auf da Spur und wenn der mi da herin dawischt, dann is aus mit mir, dös kost mi an Kopf.

Mutter: Bua bleib bei mir, bei deiner Muatta. J woas an Ausweg – ziag di o als dei Schwester in de da Schandarm so verliabt is. Tua dir dein Bart schnell wegrasiern und wenn da Schandarm kimmt tuast bitten um dein Bruadan sei Leb'n und gibst ihm dei Hand und alles is wieder guat.

Hias: Ja Muatter, i dank dir für dein guat'n Rat *(rasiert sich und zieht der Vroni ihr G'wand an)*

Mutter: *(zur Vroni)* Du schaust aus wie die Greta Garbo, denselben Blick.

Es klopft[.]

Beide: Herein!

Schandarm: *(kommt herein)* Wisst ihr schon das Neueste?

Beide: Na – was is denn passiert?

Schandarm: Vor oaner Stund hat ma an Förster von einer Wildererkugel durchbohrt im Jägergrab'n g'fund'n und mei Pflicht is jetzt dös als Schandarm dass i den Mörder ausfindi mach der unserm Förster an Graus g'macht hat und i glaub in dera Hütt'n herin bin i von dem Mordg'selln net weit weg – moan i wenigstens. Na Vroni – wo is denn heit dei Bruada?

Vroni: Da Hias?

Schandarm: Ja da Hias – der heut so schnell mit'm G'wehr auf sei Hütt'n zuglaffa is, dems heut scho so pressiert hat.

Vroni: Um Gotteswill'n Schandarm, du werst wohl auf mein Bruadern koan Verdacht hab'n, dass er ....

Schandarm: –– der Mörder is – Ja – Verdacht glaub i is da überflüssig wenn ma an der Mordstelle 2 Corpus delicti g'fund'n hat – und zwar a Bleikugel die i dem Förster aus der Brust raus hab und de wo *(nimmt Gewehr welches unter dem Tisch liegt und steckt die Kugel in den Lauf)* – de passt aber genau – is dös a Zufall? Und noch ein Corpus delicti – der oane wenn 600 Meter runterstürzt von an Berg bricht sich d'Füass der andere vielleicht d'Händ – aber dös is no koa Beweis denn d'Füass und d'Händ schaun alle gleich aus von de Menschen – aber de Bärt net und dös is an Förster sei Vollbart, da gibt's koan Zweifel. – Aber wenn du mir dein Herz schenkst auf dös i scho seit Jahren hoff'n tua, dann tat i halt wegen dem Mordverdacht den i auf dein Bruadan hab a Aug zuadrucka – wennst aber na sagst – dann werd halt dei Bruada Hias binnen sechs Wochen um einen Kopf kürzer sein.

VRONI: *(fällt ihm um den Hals)* Ja i will dei Weib werd'n ums Leben von mei'm Bruader.

MUTTER: Meinen Segen hab'ts dazua.

Beide knieen sich nieder und die Mutter gibt ihren Segen (Bengalisches Licht rot)

BEIDE: *(singen im Duett – Melodie: Waldeslust.)*

Wir beide sind vereint
so lang die Sonne scheint
und nach dem Traualtar
wird alles klar.

Vorhang.

Allotria!

Bräutigam und Braut kommen auf dem Parkett hereingerutscht, als wenn man auf einem Glatteis rutscht.

ER: Sakra, in Allotria is ja dasselbe Glatteis wie bei uns in München. Da muass ma ja auf alle viere kriacha, wia a Schildkröt'n.

SIE: Ja bei uns in München san wenigstens Sandkästen in jeder Strass'n. Jessas, da dort is ja a oana, geh hin und hol a Hand voll Sand zum aufstreun, dass ma geh kenna.

ER: *(kriecht auf allen Vieren zum Sandkasten)*

SIE: *(bleibt stehen)* Brauchst dö net scheniern vor die Leut', dös san ja lauter narrische.

ER: *(öffnet den Sandkasten und nimmt eine Handvoll Sand heraus)*

SCHUTZMANN: *(kommt auf ihn zu)* Wer hat ihnen erlaubt, hier städtischen Sand zu stehlen?

ER: Ja bei diesem Glatteis kann man doch nicht gehn, ihna gehts ja selber so, in München ist es erlaubt, hier lesens dös …

SCHUTZMANN: *(liest)* Jeder sein eigener Sandstreuer! Die zahlreichen Unglücksfälle bei dem letzten Glatteis, haben zu einer begrüssenswerten Neuerung geführt. Jedem Fussgänger, der zu seiner Sicherheit Sand vor sich herstreuen will, ist nun der Sand freigegeben; es ist also nun polizeilich erlaubt, was jahrelang polizeilich verboten [war.] Mir san jetzt net in München, mir san jetzt in Allotria, mir san net so freigibig, dass jeder Bürger sich da a Hand voll Sand nehma derf, wo kommat ma denn da hin?

ER: Ja dann bricht ma sich ja 's G'nack!

SIE: Also seh'ns, in München ist es erlaubt.

SCHUTZMANN: 's G'nack könnas eahna brecha, aber an Sand lassens lieg'n. No ja, i bin a verständiger Schutzmann, na nehmas eahna halt a Handvoll und streun's auf.

ER: *(streut Sand auf)*

SCHUTZMANN: Wo woll'n denn sie überhaupt hin in dem Hochzeitsstadium?

SIE: Nach Allotria!

SCHUTZMANN: *(deutet auf ihn)* Sie a, warum machas dann a so a traurig's Gsicht?

ER: Weil i heut g'heirat hab[.]

SCHUTZMANN: Aus Liebe?

ER: Na, nur weg'n de 1.000.-Mark[.]

SCHUTZMANN: Ueberhaupts habts denn ihr zwoa scho euer Jntelligenzprüfung g'macht?

SIE: Na, was is'n dös?

SCHUTZMANN: Also, ich stell an euch vier Fragen, wenn ihr die beantworten kön[n]t dann seid ihr nicht schwachsinnig und könnt ungeniert heiraten, wenn nicht, dann werdet ihr sofort standrechtlich erschossen, auf der Stell.
(zu ihr) Wieviel ist eins und eins?

SIE: *(besinnt sich)* Eins und eins ist drei.

SCHUTZMANN: Auweh, schwachsinnig! *(zu ihm)* Was ist das Gegenteil von schwarz?

ER: Dunkel!

SCHUTZMANN: Schwachsinnig! *(zu ihr)* Wer bringt die Kinder?

SIE: Der Klapperstorch!

SCHUTZMANN: Enorm schwachsinnig! *(zu ihm)* Wer ist das grösste Rindvieh der Welt?

ER: Sie!

SCHUTZMANN: Schwachsinnig und frech dazu. So schwachsinnige Leute dürfen nicht heiraten, sofort standrechtlich erschiessen!

SIE: Bitte erst nach der Brautnacht.

ER: Warum nach der Brautnacht?

SIE: Noja, dös kannst dir doch denken.

SCHUTZMANN: Also vorwärts zur Exekution.

SIE: Ja wenns nicht anders geht, dann bitte; aber schnell muass gehn, weil ma net viel Zeit ham. Komm Karl, lehn deine Wang an deine Wang *(beide lehnen sich Arsch an Arsch)*
Spiel'ns halt noch sein Lieblingsmarsch!
(Soldat macht Trommelwirbel)

SCHUTZMANN: Leckts mich – ah legts an – gebt Feuer!

SOLDAT: *(gibt ihm Feuer)* Schiessen sollt's – gebt Feuer[!]
(Soldaten schiessen ihre Stopselgewehre ab)

ER: Ach wie schiesst ihr schlecht!

SIE: *(läuft davon, er ihr nach, tritt ihr dabei den Rock herunter.[)]*
(a tempo wird es dunkel im Saal).

Jm Schallplattenladen

Original – Scene von Karl Valentin.

Personen:
Ein Kunde: Karl Valentin
Eine Verkäuferin: Käthe Schürzinger
Deren Mann: Josef Rankl.

(Vorhang geht auf, auf der Bühne stehen die Verkäuferin und deren Mann und beschäftigen sich.)

VALENTIN: *(tritt auf)* Guten Tag! Jch krieg eine Schachtel III. Sorte.

VERKÄUFER: Ja bei uns gibt es keine Zigaretten zu verkaufen.

VALENTIN: Was gibts denn dann?

VERKÄUFER: Bei uns gibt es nur Schallplatten und Gramaphone.

VALENTIN: So? Dann geb'ns mir halt ein' Gramaphon!

VERKÄUFERIN: Nun, dann schauens Jhnen den da mal an, das ist ein sehr schöner Apparat.

VALENTIN: Aber der ist ja kaputt, der hat ja ein Loch! *(deutet auf die Schallöffnung)* Und dann möcht ich einen, der da vorne einen Reissverschluss hat.

VERKÄUFERIN: Einen Reissverschluss gibt es doch an einem Apparat nicht!

VALENTIN: So ein Apparat ist aber recht unpraktisch. Wenn man da den Finger hintut und fällt der Deckel zu, dann kann man sich leicht einzwicken.

VERKÄUFERIN: Ja da muss man halt Obacht geben.

VALENTIN: Wenn man aber nicht Obacht gibt? Und dann sticht man sich auch sehr leicht an dem Stachel da! Hättens nicht einen solchen mit einem Trichter?

VERKÄUFER: Nein, mit Trichter gibt es keinen Apparat mehr. Die sind ja unmodern.

VALENTIN: Aber grad so einen möcht ich haben.

VERKÄUFERIN: Ja warum denn?

VALENTIN: Wissens, ich hab nämlich noch eine ganze Flasche Sidol zu Haus und die möcht ich aufbrauchen.

VERKÄUFERIN: Nun, da werden Sie doch einen anderen Zweck dafür finden.

VALENTIN: Ja freilich, ich hab so Schnallen z'haus.

VERKÄUFER: Wie meinen Sie? Was für Schnallen?

VALENTIN: So Türschnallen halt!

VERKÄUFER: Ach so!

VERKÄUFERIN: Also wie steht es mit dem Gramola da? Der wäre sehr billig und gar nicht teuer.

VALENTIN: Also unteuer! Was kostet denn der?

VERKÄUFER: Wir könnten Jhnen den Apparat sehr preiswert überlassen. Jch mache Jhnen ein günstiges Angebot. Sie bekommen den Apparat zum Preise von Mk. 85.–– Also sehr billig! Und dabei verdienen wir hier an diesem Apparat nur 5.– Mark, denn der kostet uns selbst im Einkaufspreis 80.– Mark.

VERKÄUFERIN: Du Josef! Der Apparat hat uns aber nur 30.–– Mark gekostet.

VERKÄUFER: Aber nein! Der doch nicht!

VERKÄUFERIN: Du irrst Dich, der hat uns nur 30.– Mark gekostet.

VERKÄUFER: Nein, wenn ich Dir sage, der hat uns immer schon 80.– Mark gekostet *(stösst sie mit dem Fuss)*

VERKÄUFERIN: Warum stösst Du mich denn?

VALENTIN: Die harmoniern auch net z'samm.

VERKÄUFER: Weil der immer schon 80.– Mark gekostet hat.

VALENTIN: Natürlich, Frau, sonst müsst er doch 55.–– Mark daran verdienen. Sagens mal, haben Sie den Apparat nicht mit Dampfbetrieb.

VERKÄUFERIN: Mit Dampfbetrieb gibt es keinen, aber mit elektrischem Betrieb, z. B. der hier, das ist ein ganz moderner Apparat mit Lautverstärker.

VALENTIN: Was kostet denn der?

VERKÄUFERIN: Ja der ist eminent teuer.

VALENTIN: Der ist mir auch zu eminent teuer.

VERKÄUFER: Wissen Sie denn, was der Apparat kostet?

VALENTIN: Nein!

VERKÄUFERIN: Der kostet 500 Mark[.]

VALENTIN: Mit der Nadel?

VERKÄUFERIN: Wollen Sie sich mal das Reisegramola ansehen? Das wäre sehr billig, das kostet nur 20.– Mark.

VALENTIN: Mit Reise?

VERKÄUFERIN: Nein, natürlich ohne Reise.

VALENTIN: Aber ich reise ja fast selten nie, ich bin noch ganz selten gerissen.

VERKÄUFERIN: Sie können ja den Apparat zu Hause auch spielen lassen.

VALENTIN: Geht der zuhause auch?

VERKÄUFERIN: Natürlich!

VALENTIN: Und auf der Reise?

VERKÄUFERIN: Und auf der Reise!

VALENTIN: Zu gleicher Zeit?

VERKÄUFERIN: Nein, entweder zu Hause oder auf der Reise.

VALENTIN: Ah, dann ist das ja ein Entweder Apparat. Sagen's amal, kann man den Apparat auf der Strassenbahn auch spielen lassen?

VERKÄUFERIN: Aber auf der Strassenbahn wäre doch die Strecke zu kurz.

VALENTIN: Auf der Ringlinie?

VERKÄUFERIN: Jn der Strassenbahn spielt doch kein Mensch Gramola.

VALENTIN: Na also, dann werd ich mich zu einem von den drei beiden entschliessen.

VERKÄUFERIN: Und dann machen wir auch Reparaturen.

VALENTIN: Bevor man schon einen kauft? Das muss ja ein gutes Fabrikat sein.

VERKÄUFERIN: Nein, falls mal irgendwie Bedarf wäre an Reparaturen.

VALENTIN: Ja, Sie, ich habe einen bekannten Freund, der hat auch so einen Apparat und der gibt jetzt immer so unreinliche Töne. Wissens, der wohnt schon 3 Jahre im Waschhaus und da ists so feucht und da ist ihm der Zacken da eingerostet.

VERKÄUFERIN: Die Nadel? Ja und was soll man da machen?

VALENTIN: Ja, da hat er gmeint, ob man die Nadel da nicht spitzig machen könnt.

VERKÄUFERIN: Nein, das geht nicht. Da soll sich halt Jhr Freund ein Schächterl neue Nadeln kaufen.

VALENTIN: Ja das hab ich ihm auch gsagt[.]

VERKÄUFERIN: Und dann hätten wir noch sehr schöne Sachen in Schallplatten[.]

VALENTIN: Die wären mir eigentlich viel lieber als ein Gramaphon[.]

VERKÄUFERIN: Was sollen das dann für Platten sein?

VALENTIN: So runde dunkelschwarze Platten.

VERKÄUFERIN: Ja, ich meine, wollen Sie Schallplatten mit Musik oder Gesang?

VALENTIN: Nein, nur mit Schall, mit billigem Schall.

VERKÄUFERIN: Gut, wir werden Jhnen mal was vorspielen.

VALENTIN: Ja, sind's so frei!

VERKÄUFER: *(bringt eine Platte)* So, sehen Sie, da ist z. B. ein sehr schöner Marsch[.]

VALENTIN: M – – – arsch *(wiederholt das öfters)*

VERKÄUFER: *(lässt den Marsch spielen)*

VALENTIN: *(pfeift dazu, nachdem die Nadel abgesetzt)* J pfeif auf jede Platten.

VERKÄUFER: Also, was sagens dazu, die ist doch schön?

VALENTIN: Ja das schon, aber das war doch nicht Caruso?

VERKÄUFERIN: Ja, Sie wollen Caruso hören?

VALENTIN: So !!! ???

VERKÄUFER: Wollen Sie denn eine Platte hören von Caruso? Das können Sie natürlich auch *(legt eine Caruso Platte auf)*

VALENTIN: *(hört zu, bis zum Lachen des Bajazzo, [bev]or Nadel abgesetzt wird)* Jetzt lacht er, jetzt freut er sich selber, weil er naufkommen ist.

VERKÄUFERIN: Was sagen Sie jetzt?

VALENTIN: Ja, die Caruso-Platten sind schön, aber man kann doch auf diese Platte nicht tanzen.

VERKÄUFERIN: Auf eine Caruso-Platte tanzt auch kein Mensch[.]

VALENTIN: Nicht auf der Platte, ich mein halt so, so nach der Platte.

VERKÄUFERIN: Ach, Sie wollen eine Tanzplatte haben?

VALENTIN: Mit Schall!

VERKÄUFER: Ach ich verstehe Sie schon, Sie wollen eine Schallplatte hören, nach der man tanzen kann[.]

VALENTIN: Ja!

VERKÄUFER: *(legt einen Ländler auf)*

VALENTIN: *(bevor die Musik schon spielt)* Ja der ist recht. *(hört einige Takte an)* So was mein ich, das ist die Richtige! Was kostet die?

VERKÄUFERIN: 1.50 M das Stück[.]

VALENTIN: Jst mir zu teuer, die Hälfte wäre halt recht.

VERKÄUFERIN: Ja auseinanderschneiden kann ich Jhnen die Platte nicht.

VALENTIN: Nicht von der Platte die Hälfte, vom Preis mein ich.

VERKÄUFERIN: Wir haben schon billigere Platten, wenn ich nur wüsste, was Sie wollen?

VALENTIN: Sagen's amal, haben Sie die Platte von der Freiwilligen Sanitätskolonne, das »Sanitätslos« oder so ähnlich?

VERKÄUFER: Wie meinen Sie, das Sanitätslos?

VALENTIN: Ja, das Sanitätslos!

VERKÄUFER: *(Sieht im Katalog nach)* Wie soll das heissen? Das Sanitätslos?

VALENTIN: Nein, das Sanitätslos – allein[.]

VERKÄUFER: Das Sanitätslos allein?

VALENTIN: Ohne allein[.]

VERKÄUFER: Nur »Das Sanitätslos«?

VALENTIN: Ohne das!

VERKÄUFER: Nur Sanitätslos?

VALENTIN: Ohne Nur!

VERKÄUFER: Also Sanitätslos!

VALENTIN: Ohne Nur und ohne also[.]

VERKÄUFER: Sanitätslos!

VALENTIN: Ja ! ! – Die mein ich!

VERKÄUFER: Nein, eine solche Platte gibt es nicht.

VALENTIN: Doch, ich weiss ja genau.

VERKÄUFERIN: Vielleicht wollen's einmal die Melodie pfeifen oder singen?

VALENTIN: Der Refrain geht so *(singt die letzte Strophe von Seemannslos)*

VERKÄUFERIN: Ach, Sie meinen ja »Seemannslos«[.]

VALENTIN: Ja, stimmt »Seemannslos« heisst's, ja, so heisst's.

VERKÄUFER: Die haben wir natürlich auf Lager, die können Sie haben *(bringt dieselbe herein und gibt sie der Verkäuferin, diese hält Valentin die Platte hin, Valentin schlägt sie mit dem Stocke entzwei)*

VERKÄUFERIN: Um Gotteswillen, was machen Sie denn da?

VALENTIN: Die will ich nicht haben. Die Platte spielt meine Hausfrau seit Jahren jeden Tag, zum Hals wächst mir die Platte raus, Hemmungen hab ich bekommen, dem Jrrsinn war ich schon nahe. Diese Platte rotte ich aus, die kauf ich überall auf, Rottiwürfel mach ich daraus.

Verkäuferin: Aber beruhigen Sie sich doch. Nehmen Sie doch Platz!

Verkäufer: Aber Sie brauchen diese Platte doch nicht zusammenschlagen.

Valentin: *(hat sich gesetzt)* Sie, sagen Sie mal, wo ist denn jetzt eigentlich die Lehne?

Verkäuferin: Wie meinen Sie? Was für eine Lehne? Bei uns war noch nie eine Lehne! Vielleicht in unserem Hauptgeschäft, bei Häring, ich glaube, da ist eine Lehne, so ein grosses schwarzes Fräulein?

Valentin: *Die* Lehne mein ich!

Verkäuferin: Ach, die Stuhllehne!

Valentin: Der Stuhl ist hier und die Lehne ist im Hauptgeschäft! Haben Sie vielleicht diese Himbeer – Heidelbeer – Brombeer – Preisselbeer Platten?

Verkäufer: *(wiederholt)* Himbeer – Heidelbeer – Brombeer, Preisselbeer Platten? Nein, die gibts nicht!

Valentin: Halt – Meyerbeerplatten meine ich.

Verkäuferin: Nein, die haben wir z. Z. nicht mehr, die sind ausgegangen.

Valentin: Wohin?

Verkäuferin: Kommen Sie mal hier an den Tisch, dann zeig ich Jhnen noch verschiedene Platten.

Valentin: Gestorbene Platten?

Verkäuferin: Sehen Sie mal hier, da hab ich was für Sie, das sind biegsame Platten in allen Farben. Da hol ich Jhnen noch welche *(ab)*

Valentin: *(allein)* Ja was's net alles gibt, biegsame Gramaphonplatten. So ein Glump erfinden's, aber für'n Katharrh haben's heut noch nix! *(vergleicht die Wachsplatten auf Biegsamkeit, bricht einige Platten, bis die Verkäuferin entsetzt auf die Bühne kommt)*

Verkäuferin: Ja, was machen's denn da? Sie haben mir da 3 Platten zerbrochen?

Valentin: Vier!!!!

Verkäuferin: Aber die sind doch nicht biegsam, das müssen Sie doch sofort bemerkt haben[.]

VALENTIN: Sofort !!!!

VERKÄUFERIN: Aber das geht doch nicht! Kommen Sie mal da rüber, dann zeig ich Jhnen was anders *(nimmt eine Platte, legt sie auf den Hocker auf dem Valentin gesessen ist, führt ihn an den Tisch rechts)* Sehen Sie, das hier, das sind Kristallplatten!

VALENTIN: Um Gotteswillen! Die sind ja noch empfindlicher *(Geht zurück zum Hocker und setzt sich auf die dort liegende Schallplatte, welche hörbar zerbricht)*

VERKÄUFERIN: Um Gotteswillen, jetzt haben Sie mir schon wieder eine Platte zerschlagen.

VALENTIN: Was heisst »zerschlagen«. Zersetzt hab ich sie! – Sie sagen Sie mal, früher hat es doch auch so kleine Platten gegeben, ach, da haben's Sie's ja *(nimmt die kleinen Platten in die Hand)* Was kostet denn da das Pfund?

VERKÄUFERIN: Die gehen nicht pfundweise, da kostet das Stück – – –

VALENTIN: *(hat sich mit dem Stock auf den Ladentisch gelehnt)*

VERKÄUFERIN: *(sieht das)* Aber ich bitt Sie, nehmen Sie doch den Stock da weg *(schlägt Valentin den Stock vom Ladentisch, Valentin fällt neuerdings auf eine Schallplatte, die wieder kaputtgeht)*
So – jetzt ist schon wieder eine Platte kaputt!

VALENTIN: Der saudumme Stock *(nimmt den Stock auf und wirft ihn hinter die Bühne, Fensterscheibengeklirr deutet an, dass die grosse Auslagenscheibe zerschlagen ist)*

VERKÄUFERIN: *(eilt hinaus, holt den Stock, Verkäufer kommt mit herein)* Um Gotteswillen, Josef, schau nur, was der gemacht hat. Ja schauen's nur grad. Jetzt haben Sie uns die Auslagenscheibe auch noch zusammengeschlagen!

VALENTIN: Wie wärs mit einer biegsamen Auslagscheibe?

VERKÄUFER: Aber das geht nun doch zu weit. Was wollen Sie denn eigentlich hier im Laden?

VALENTIN: Einen Gramaphon kaufen!

VERKÄUFER: Also, was ist dann mit dem hier?

VALENTIN: Das ist doch der, bei dem Sie nur 5 Mark verdienen, das will ich nicht.

VERKÄUFER: Und mit dem da, wie stehts da *(Reisegramola)*?

Valentin: Ja ich reise ja nie!

Verkäufer: Ja was wollen's denn dann? *(wird wütend)*

Valentin: Wieso dann? Haben Sie Kaufzwang?

Verkäufer: Was heisst hier Kaufzwang?

Valentin: Jch kann mir doch in einem Laden einen Gramaphon ansehen und kann ihn erst zu Weihnachten kaufen. Das kann ich doch machen, wie ich will!

Verkäufer: Ja das können Sie. Aber Sie haben kein Recht, mir einen derartigen Schaden zuzufügen, haben Sie mich verstanden?

Valentin: Das ist vergessen! Und übrigens, heute ist die Zeit nicht mehr, dass man in einen Laden hineingeht und kauft sich ganz einfach einen Gramaphon, heute kommt zuerst die Magenfrage!

Verkäuferin: Dann hätten Sie in einen Wurstladen gehen müssen!

Valentin: Das kann Jhnen wurst sein!

Verkäufer: Nein, das ist nicht der Fall. Wo kämen wir denn hin, wenn wir lauter Kunden hätten, die uns einen derartigen Schaden anrichten?

Valentin: Dann gingen'S zu Grund!

Verkäufer: Na also! Wie stehts jetzt, was wollen'S nun hier im Laden?

Valentin: Ja wie gesagt, das liebe Geld halt. Was kostet eine Schallplatte?

Verkäufer: 3 Mark!

Valentin: Ja schaun's, um 3 Mark, da krieg ich schon einen Hut! Und was kosten Gramaphonnadeln?

Verkäuferin: *(zeigt ihm verschiedene Arten von Nadeln)* So ein Schachterl kostet halt 60 Pfennig[.]

Valentin: Eine Nadel bräucht ich eigentlich nur. Gebsn Sie's nicht stückweise her?

Verkäufer: Nein, das geht dann doch schon nicht, das wären nette Geschäfte!

Valentin: Also so ein Schächterl kostet 60 Pfennig. Und der *(deutet auf den grossen Gramaphon mit Lautverstärker)* der kostet 500 Mark?

VERKÄUFER: Ja !!!!!

VALENTIN: *(Sieht am Tisch Kataloge, nimmt einen und frägt)* Sie, was kostet denn so ein Katalog?

VERKÄUFERIN: Der kostet nichts!

VALENTIN: Wie, der kostet nichts?

VERKÄUFER: Nein! Den bekommen Sie gratis, umsonst!

VALENTIN: Umsonst? So? Dann nehm ich einen Katalog! *(Geht ab)*

VERKÄUFER: *(ihm nachgehend, während Vorhang fällt)*: Da hört sich doch Alles auf!

München, 12. VII. 35
Rankl Josef.

Um das braune Band

Originalszene von Karl Valentin und Liesl Karlstadt 1938

WERNER UND TRAINER: *(laufen aufgeregt über die Bühne)*

WERNER: Unglaublich – ja gibt's denn dös a – in der letzten Minute sagt ma der ab –

TRAINER: Um Gotteswillen was ist denn los Herr Werner – –

WERNER: So was is mir no net passiert in meiner ganzen Laufbahn, in meiner ganzen Rennbahn – in meiner ganzen Rennlaufbahn[.]

TRAINER: Ja was ist es denn – hat denn die oberste Stelle das Rennen verboten?

WERNER: Was verboten – die oberste Stelle bin ich da heraussen, mir kann neamands was verbieten. Da lesen's – *(gibt ihm Telegramm)* Da ham ma den Salat[.]

TRAINER: Ich kann mir gar nicht denken was Sie so in Aufregung versetzt[.]

WERNER: Redens net lang – lesen's[!]

TRAINER: *(Liest)* Hochwohlgeborener Herr Rennstallbesitzer Werner! – Leider bin ich gezwungen, das heutige Rennen wegen

Krankheit absagen zu müssen. Ein Furunkel, welches gerade an einer kritischen Stelle sitzt, macht mir das Reiten unmöglich. Hoffentlich findet sich zur Not ein Ersatz, der die Northruth reitet.

WERNER: Ersatz – Ersatz – wo soll ich in 10 Minuten vor dem Rennen an Ersatz kriag'n, das ist ja unmöglich. Wegen so einem kleinen Wimmerl so ein grosses Rennen absagen.

TRAINER: Verzeihung Herr Werner – es ist nicht wegen der Grösse des Furunkels, sondern wegen der Stelle an dem es sich befindet[.]

WERNER: Was für a Stelle?

TRAINER: [W]egen dem Platz meine ich[.]

WERNER: Was für an Platz?

TRAINER: No das können Sie sich ja denken[.]

WERNER: Na, dös kann i mir net denken – ich hab noch nie a Furunkel g'habt.

TRAINER: Ich mein so, Herr Werner – als Vergleich, wenn ein Trompeter an den Lippen ein Furunkel hat, dann kann er doch nicht blasen[.]

WERNER: Was genga denn mich dem Trompeter seine wehen Lippen an[?]

TRAINER: *(sagt ihm leise was ins Ohr)*

WERNER: Ah so – ausgerechnet da! *(schaut auf die Uhr)* 5 Minuten hats noch und wir ham noch kein Jockey – so mag ich's.

TRAINER: Herr Werner, da schaun's hin, der bringt jetzt die Nortruht.

WERNER: Ah ah, und so in Form ist das Pferd – aber was nützt mich das schöne Pferd wenn ich koan Jockey dazu hab *(schreit hinaus)* Wo führst as denn hin? *(pfeift)* Gscherta Lump, da geh rei[!]

JOCKEY: *(Valentin) (kommt herein)*

WERNER: Ja sag amal, wo warst denn jetzt hinganga mit dem Gaul?

JOCKEY: Am Sattelplatz ummi, weil's Rennen glei angeht[.]

WERNER: In Stall, kannst 'n wieder neiführn, weil ma koan Jockey ham. Alles is verlorn, die 100.000 Mark kann i mir am Nabel naufschreiben[.] Jessas jetzt fallt ma was ein – du kannst ma aushelfa *(zum Trainer)* heb amal den Gaul *(zieht Jockey weg)* Du muasst ma aushelfa.

JOCKEY: I, Eahna aushelfa? *(macht mit Finger Bewegung)* dann bin i falsch unterrichtet – ich hab g'hört dass Sie 10 facher – – –

WERNER: Ah, i moan ja net mit'n Zwuns – Zwuns hab i gnua – 's Rennen muasst reiten –

JOCKEY: I – – warum i?

WERNER: Weil der – – – – – – – – – krank ist[.]

JOCKEY: Was fehlt ihm denn?

WERNER: Ein Furunkel!

JOCKEY: Fehlt ihm?

WERNER: Na, fehl'n tuats eahm net, aber ham tuat er oans[.]

JOCKEY: Wo?

WERNER: Dös woass i a net[.]

TRAINER: *(liest aus Telegramm den beiden vor)* Ein Furunkel, welches gerade an einer kritischen Stelle sitzt, macht mir das Reiten unmöglich.

JOCKEY: I versteh dös net, dass ma wegen einem Furunkel ein Rennen absagt.

WERNER: Wegen dem Furunkel hat er ja net abg'sagt[.]

JOCKEY: Aber zu mir haben Sie g'sagt wegen dem Furunkel[.]

WERNER: Ja schon wegen dem Furunkel, aber es kommt doch schliesslich drauf o, wo er dös Furunkel hat[.]

JOCKEY: Ja meistens sitzt[s] hinten am Gnack[.]

WERNER: Am Gnack hat er's net[.]

JOCKEY: Auf der Nas'n?

WERNER: Na – a net!

JOCKEY: Auf'n Hirn?

WERNER: Na, erst recht net, am Hirn werd no koana a Furunkel g'habt ham[.]

JOCKEY: Am Hirn? Dös glab i, a Freund von mir der hot do drunter oans g'habt a so a Trumm, dass eahm 8 Tag der Huat nimmer passt hat[.]

WERNER: Also Schluss jetzt mit dem Furunkel, Du reitest mir jetzt dös Rennats[!]

JOCKEY: Ja i bin ja no net oft g'ritten[.]

WERNER: Du brauchst doch net vui reiten, der Gaul lauft ja ganz alloa.

JOCKEY: Alloa? Ja wenn er alloa lauft, dann brauch ja i net mitreiten[.]

WERNER: Geh red doch net so saudumm daher – na, na – – – muass der ausgerechnet an Furunkel ham!

JOCKEY: Ja wo hat er denn eigentlich, des Furunkel?

Klingelinggeling! (Vom Startplatz herüber ertönt die Glocke, das Rennen hat begonnen – Werner – Valentin und Trainer horchen erstaunt, alle 3 schreien zusammen) 's Rennen is oganga[.]

WERNER: Jessas, jessas, jessas, jetzt haben wir wegen dem saudummen Furunkel 's Rennen versäumt.

JOCKEY: Weil Sie mir dös net g'sagt ham, wo der dös Furunkel hat[.]

WERNER: *(wütend)* Am Arsch hint hat as!

JOCKEY: A, so – –! Ja da kann er freili net reit'n – – *(Besinnt sich)* Ja! – grad da hätt er reiten soll'n – dann wärs aufganga!

Umzug in Giesing

Dramatische Szene von Karl Valentin

ALOIS GREININGER *(zu seiner Frau):* Anni, schaug amal zum Fenster no, ob unser Möbelwag'n scho drunt steht.

FRAU GREININGER: Oiwei steht er scho drunt und a Haufa Neugierige a, dö müassens natürli genau wissen, wer da heut auszіagt, und grad wichtig hams es, aber am allernotwendigsten hat's natürli wieder d' Gruaberin, de oit Millibritsch'n!

ALOIS GREININGER: Anni, reg di net auf, mach du die anständigere und tua's ignorier'n.

FRAU GREININGER *(schreit zum Fenster hinunter):* Es neugierige Bande da drunt'n, habts es scho wieder g'rocha mit euera Hundsnas'n, daß mir heut ausziagn, weil's alle vor der Haustür stehts und zareißts enk 's Mai über unsere Übersiedlung in d' Schwanthalerhöh'.

Frau Gruaber *(hinaufschreiend):* Vielleicht brauchen mir a behördliche Erlaubnis, daß mir bei eiern Umzug zuaschaun derfa. Bei eierm Mobilar woaß mas ja a so net, handelt sich's da um a Entrümpelung oder um an Möbeltransport.

Frau Greininger: Du sollst di a no über unser Wohnungseinrichtung aufhalten, sag liaber dein'm chronisch b'suffan Ehegatten, er soll si net oiwei, wenn er bsuffa hoamkimmt, vor unsa Wohnungstür hinflagga! Miet's eich doch a Parterrwohnung, daß er eher hoamfindt mit seine Riesenhepfan.

Frau Gruaber: Reg' de nur grad net auf, du wamperte Krucka, und tua zuerst deine lausigen Kinder a Bildung beibringa, daß s' net oiwei zum Fenster obaspeim, wenn d' Leut vorbeigenga. De ganz Nachbarschaft kanns ja scho gar nimmer dawarten, bis ös ausziagts. A sochene Zigeunerbande hot ja no nie in dem Haus g'wohnt, solang Giesing existiert.

Frau Greininger: Du Mistviech, du rinnaugerts, gell, da war i dir scho recht, daß i dir dein Pfandschein ausg'löst hab für dei Bettstatt, sunst hättst den ganz'n vorigen Summa mit dein'm schelchhaxerten Alisi auf'm Fuaßboden schlummern müassen.

Alois Greininger *(zu seiner Frau):* Anni, Anni, mass'l doch net oiwei, trag liaba die leichten Sachen oba, woaßt as scho, um zehne müaß ma furt sei, bevor der Hausherr kimmt, damit die andere Rasselbinderbande rei ko, woaßt as scho, wenn der Hausherr kimmt, na laßt der an Möbelwagn net eher furtfahrn, bevor mir net an Zins zahlt ham.

Frau Greininger: Der soll uns samt sein Zins in Huat einisteign – Alisi – du werst doch net moana, daß mir dem oan Pfennig zoihn.

Alois Greininger: Was konnst'n da macha, wenn er uns net aufladn laßt?

Frau Greininger: Dann sperr'n man in Kleiderkasten eini und nehma'n mit, und in der neuen Wohnung laß man wieder außa und dünst man auf, dann kann er betrübt wieder hoamwandeln.

Alois Greininger: Da geh her, Anni, tragn ma amal z'erst an Kleiderkastn obi, pack man hochkanti, dann geh i arschlings. – Hast'n zuag'sperrt, net daß unterm Trag'n d' Tür aufgeht?

Frau Greininger: Hab'n scho! –

Alois Greininger: Ho ruck! *(Bums – Glasgeklirr. Türe ist aufgegangen und der Spiegel ist in Trümmer.)*

Frau Greininger: Jessas! Jessas! Jessas!

Alois Greininger: Denkt hab i mas – geh ma aus de Aug'n, sunst wirf i di mitsamt'n Kleiderkasten über d' Stiagn obi, i sag's ja, wer a Holzwoll im Schädel hat statt a Hirn, der is scho von Geburt an dappi! – – Fritzä, geh her, pack du an Kasten!

Fritzä *(hebt Kasten zu hoch und stößt Zimmerlampe ein, daß die Glühbirne zerbricht. – Glasgeklirr)*.

Alois Greininger: Ja, Fritzä, siegst denn net, blöder Hund, haut er mir d'Zimmerlampn oba, du bist genau so hirnrissi wia de Oit.

Fritzä: Ja, trag doch dei Glump na selber owi! Servus!

Frau Greininger: So, jetzt hast as, jetzt is der Fritzä ganga, weilst'n so saudumm o'gredt hast.

Alois Greininger: Ja, der soi se doch schwinga, moanst, daß i eahm nachdepfa tua, dem Hanswurstn, dem beleidigten!

Frau Greininger: Ja, wer hilft uns dann ausziagn, i kann de schwaren Trümmer net schleppn, mir gangst ja, daß i mir an Leistenbruch zuaziag, so groß wia a Kinderköpfi.

Alois Greininger: Tua net lang schnabeln, pack an Kasten, sunst g'lang i dir oane hin an d'Wange, daß d' miau schreist! – Hastn?

Frau Greininger: Ja, habn scho!

Alois Greininger: So geh nur grad zua, b'sinn di net so lang; obacht, daß ma's Stiagnglander net dekratzn, geh no zua, jetzt geh rechts ummi, rechts!!! Woaßt denn net, was rechts und links is – mehra links! – – So, und jetzt schutz man nauf auf'n Zwoarä-derkarrn – he ruck! Genga S', Herr Nachbar, halten S' den Karr'n a weni, daß er uns net umschnappt, wenn ma an Kast'n auffileg'n.

Fremder: Hab koa Zeit, i muaß in d'Arbat geh, i bin so scho spät dran.

Alois Greininger: Aba zuagaffa kost scho, da hast scho d'Zeit dazua, gscherts Ruamloch, schwing di, sunst speib i dir a Aug aus! – Da geh her, Kloaner, heb an Karrn! – So, Anni, jetzt schutzn nauf, an Kastn – he ruck – so – drobn war er.

HAUSHERR *(kommt und ist erstaunt über den heimlichen Auszug):* Ja, wia ham mas denn da mit der heimlichen Übersiedlung! – Da werd nix aufgladn, z'erst muaß i mein Zins ham für den Monat und der Kasten kimmt eiligst oba, aber im Berliner Tempo, sunst is in fünf Minuten 's Schutzmanndä do, oder i hanteln selber oba vom Karrn.

ALOIS GREININGER: Der Kastn kimmt net oba, der bleibt am Karrn drobn. Bloß oglanga tuan, nur oglanga, na glang i di a o und in a Stund drauf kriagst de Letzte Ölung, da garantier i dir dafür.

(Neugierige haben sich angesammelt. – Gemurmel.)

HAUSHERR: Der Kasten kummt oba!

FRAU GREININGER: Du stinkata Hausherrnprotz, den letztn Zins kannst dir auf dein Nobe auffischreibn; den san ma ja gar net schuldi, weil mir des Jahr scho um 45 Mark Insektenpulver kauft ham, denn die Wohnunga in dein Haus des san ja lauter Filialen vom Zoologischen Garten.

HAUSHERR: Meine Wohnungen san einwandfrei und sauber, und wenn Wanzen drin war'n, dann habtas es selba mitbracht! – runter mit dem Kasten!

ALOIS GREININGER *(zum Hausherrn):* Wennst die jetzt net sofort schleichst, dann kriagst a solchene Riesenschelln, daß dein baldiges Ende zu erwarten ist.

HAUSHERR: Geh hör auf, oida Feigling, deine Offertn kenn i scho! Gib mir halt a Watschn -- bitte -- da is mei Gsicht, hau her, wennst a Schneid hast!

ALOIS GREININGER: Da brauchst net warten, de kannst glei in Empfang nehma! *(Zuschauer lachen.)*

HAUSHERR: Ja, i bin ja schon zum Empfang bereit, du alta Aufschneider!

ALOIS GREININGER: Dir gib i glei an Aufschneider, no a solchene Bemerkung, nacha hau i dir oane nauf auf dein Rüassel, daß d' moanst a Elefant is dir ins Gsicht neitretn! *(Zuschauer lachen.)*

HAUSHERR: Ja, oita Sprüchbeutl, du hast mir ja die erst no net gebn!

ALOIS GREININGER: Ja, de kriagst scho no, laß dir nur Zeit. *(Zuschauer lachen.)*

Schutzmann *(kommt):* Bitte schön – auseinanda da, was ist denn hier los? Schaun S', daß da weiterkommen!

Hausherr *(zum Schutzmann):* Herr Wachtmeister, einen Moment, die Familie Greininger da möcht hoamlich ausziagn, meuchlings möchten sie sich entfernen, san aber noch zwei Monat Zins schuldi und bevor i mein Zins net hab, kemma mir de Möbe nicht aus mein Haus.

Schutzmann *(zu Greininger):* Sofort die Möbel wieder in die Wohnung hinauftragn! – – Und die Neugierigen da solln sich sofort zerstreuen!

Alle Zuschauer: Gehts weiter – – zerstreun ma uns!

Die Ahnfrau

Scene in der Ritterspelunke v. Karl Valentin – 11. August 1939.

Die Uhr schlägt 12 Uhr Mitternacht – im Saal wird es finster, durch den Lautsprecher fängt der Sturm an zu heulen – dazwischen mischt sich Krähengeschrei und Katzenkonzert etc.

Schlag 12 Uhr erscheint die Ahnfrau in weisser Schleierumhüllung, die Körperform ist durch den Schleier zu erkennen. Mit einer brennenden Kerze und mit blassgeschminktem Antlitz, schwarzen Augenhöhlen betritt sie, (auf weichen Gummisohlen gehend) das Podium. Zu der ganzen Scene spielt ein Harmonium »Morgenstimmung« aus Peer Gynt, oder irgend eine schauerliche Musik, gemischt mit Sturmwind.– – – –

(Dialog der Ahnfrau:[)] Gestatten Sie, dass ich mich vorstelle: Mein Name ist Walburga Wrdlbrmpft, geborene Rembremerdeng. Jch war früher ein Mensch und jetzt bin ich ein Geist. Jch spucke seit Jahrhunderten hier in diesem alten Keller herum; aber ich spucke nicht auf den Boden denn ich bin keine Sau, sondern wie gesagt: ein Geist. Allnächtlich zur Mitternachtsstunde steige ich aus meinen Gemächern und wandle hier herum. Die ersten hundert Jahr' hat mir dös ganz gut g'fall'n; aber jetzt werd's schö stad fad. Mir Geister haben nur das eine Schöne, dass wir keine leibliche Nahrung zu uns nehmen. Wir sind ja nur Erscheinungen; deshalb brauchen wir Gespenster auch keine Nahrung mehr. Wir Geister und Gespenster essen und trinken nichts, drum müssen wir auch nie hinaus – wir sind vollständig stubenrein. Wir Geister gehören eigentlich zum lichtscheuen Gesindel und treiben uns nur in der Nacht im Finstern herum, deshalb passen wir auch so gut in die Jetztzeit. Mein Mann selig war halbedler Ritter, aber trotzdem ein grosser Sauhund –. Jch habe viel mitgemacht mit ihm – er mit mir auch, das muss ich schon sagen; – Hier im Färbergraben 33 an demselben Platz, gleich nach der Gründung Münchens im 11. Jahrhundert, da stand eine Burg – dieselbe war nicht sturmfrei, denn sie stand ganz einsam da, als eines der ersten Häuser in München im Färbergraben. Nur die Burg Herzog Josef des Wamperten stand am Ufer der Jsar, da wo sich heute das Müller'sche Volksbad befindet. Jn dieser Burg, [d]es Herzog Josef des Wamperten war mein Mann Hausmeister und ich war Zugeherin. Jn der Burg des Herzogs gab es viel Arbeit – der Herzog war ein lieber Mann, ich hatte ihn sehr gerne, gerner vielleicht, als ihn seine Frau hatte, aber sie wusste nichts davon, aber ich wusste es; dass die Frau Herzogin meinen Mann auch gern hatte. Dieser gemeine Hund hatte ein Möchteltöchtel mit der Frau Herzogin. Den beiderseitigen schmutzigen Verhältnissen zwischen der Herzogin, meinem Mann und dem Herzog und mir entsprossen eine Menge unehelicher Sprossen, was ich erst nach dem Tode meines geliebten Mannes, dieses Schlawinera erfahren habe. Dem Herzog kam das zu Ohren, denn er hatte solche und liess meinen Mann wegen fortgesetzter Nebenbuhlerei in den Hungerturm werfen, was er auch verdient hatte und später liess er ihn sogar aufhängen. Und zwar am Freitag den 16. Mai im Jahre elfhundertelfundsechzig. Meine Hinrichtung, ebenfalls wegen Nebenbuhlerei, fand 4 Wochen später auf demselben Galgen statt. Wir hauchten unsere Seelen aus und verwandelten uns in Geister. Seit dem 11. Jahrhundert spucken wir nun jeden Tag zur nächtlichen Zeit hier herum, aber nur ich allein. Wo der Sauhund spuckt weiss ich nicht, ich habe ihn in diesen 800 Jahren noch nicht einmal gesehen und hätt' ihm soviel zu sagen, dem Bazi, dem schlechten.

(Schaut auf ihre Uhr) Schon so spät? Nun muss ich wieder verschwinden, ich ziehe mich wieder in meine Gemächer zurück. Also Servus! Auf Wiedersehen!

Schluss!

Das Philharmonische Orchester

Text von Karl Valentin. Gespielt in Karl Valentins Ritterspelunke vom 16. Oktober bis 5. Dezember 1940. [1939]

Auftritt die Musikanten voran ordnen ihre Instrumente, Valentin kommt etwas später., (die Arme verschränkt).

SCHMID: *(erblickt Valentin mit den verschränkten Armen)* Ha, wie kommst denn Du daher?

VALENTIN: Ja ich war etwas kränklich und jetzt bin ich wieder gesünder.

SCHMID: Ja, was magst Du da für ein Gestell mit Deinen Armen?

VAL.: Der Doktor hat gesagt, wenn ich's erste Mal ausgehe, dann soll ich mich recht halten. *(Valentin hält die Begrüssungsansprache)* Wehrter Zuschauerraum – wir waren in Friedenszeiten 80 Mann Philharmonisches Orchester – infolge des eingeschlichenen Krieges haben 76 philharmonische Musikermänner einrücken müssen – wollten – mussten *(zählt zusammen)* sind wir bloss mehr 4 Mann wenig philharmonisches Orchester. Wir leisten aber auch noc[h] etwas, wenn wir auch nurmehr zu einem Bamperlorchester zusammengeschrumpft wird – sind *(Valentin verspricht sich fortwährend und sagt)* reden kann ich nicht gut, auswendig lernen hätte ich es sollen – aber was nützt das Reden: Taten wollen Sie sehen von uns *(zu den Musikern):* fanget an.

(Musiker richten sich auftaktmässig her, Valentin sitzt auf einem Hocker und sagt zu einem anderen Musiker): wo ist denn eigentlich jetzt die Lehne?

SCHMID: Was für eine Lehne – unsere blonde Kassiererin, oder was meinst Du für eine.

VAL.: *(deutet auf die fehlende Stuhllehne an seinem Hockerl)* *(es wird ihm ein anderer Stuhl mit Lehne gebracht)*

VAL.: *(Setzt sich, nimmt den grossen Bombadur zur Hand und rutscht mitsamt dem Instrument vom Stuhl herunter. Die anderen Musiker helfen ihm wieder gerade zu sitzen. Valentin schimpft:[)]*
Ihr seid nette Kollegen lassen einem runter fallen vom Stuhl, da hilft man einem doch und schaut nicht zu, Der derdrückt mich ja. Ihr seids saubere Kollegen, pfui Teufel! Bravo!

SCHMID: Ja Du bist guat – der schimpft uns noch, wir haben Dir doch geholfen.

VAL.: Ja – wie ich runter g'fallen war habs mir erst g'holfen.

SCHMID: Wir können Dir doch noch nicht rauf helfen, wo Du noch garnicht runtergefallen warst, so g'scheit sol[l]st doch selber sein[.]

VAL.: *(grantig)* Na, so g'scheit bin i eben nicht.

SCHMID: Ja, davon sind wir überzeugt.

VAL.: – ach leck .....

SCHMID: Was leck?

VAL.: Leck war das Schiff, dann ging es unter.

VAL,: Zum Vortrag gelangt der Defiliermarsch von Scherzer *(der Marsch wird nun gespielt. Nach Schluss des Marsches stülpt Valentin den grossen Bombadur über Frl. Fischer) (diese schreit in dem Bass um Hilfe.)*

VAL.: *(zieht das Instrument wieder zurück)* Ja Du Milzl, Du bist ja doch immer da drüben gesessen[.]

FISCHER,: Ist nicht wahr, da bin ich immer g'sessen. Is ne Unverschämtheit – ich erstick doch in dem Musikinstrument drin.

VAL.: Das wird nicht so gefährlich sein.

SCHMID.: Na gib halt a wenig obacht.

FRL. FISCHER *(schimpft noch weiter)* Unverschämtheit, eine Rükkensichtslosigkeit[!]

VAL.: Morgen lass ich Fenster im Bombadur nein machen, dass ich seh ob wer drin ist oder nicht.

SCHMID: Wenn Du einen Anstand hättest, dann würdest Du Dich jetzt entschuldigen.

VAL.: *(ganz kurz)* Ich hab keinen!

FISCHER *(tritt vor – spricht das Lied vom munteren Rehlein)* *(bittet das Publikum kräftig mitzusingen)*

VAL.: Lass doch das Publikum in Ruh, die haben doch schliesslich ihren Eintritt bezahlt, die woll'n doch was hören, aber nicht selber mitsingen.

FISCHER *(singt)* Das muntere Rehlein, Text von .... Musik von ......

1.) Am stillen Waldesrand – munter ein Rehlein stand.
Ein braver Jägersmann – sah es und sprach sodann –
Dein junges Leben blüht – wenn das ein Wilddieb sieht –
Dann gib nur acht – denn was über Nacht sonst mit dir geschieht:

Refrain:

Das kannst Du nicht ahnen, Du munteres Rehlein du –
das so ein Wilddieb – das Herzchen Dir bricht im Nu –
Das kannst du nicht ahnen – drum lasse dich mahnen
ein Jägersmann vom Rhein will dein Beschützer sein.

2.) Bald traf ein Rehbock ein – wollte das Rehlein frein –
Der Jägersmann er sass – sinnend im grünen Gras –
dachte ob auch sein Lieb – draussen ihm treu verblieb –
und voller Sorgen – er andern Morgen dem Liebchen schrieb:

Refrain:

VAL.: *(zu Schmid)* Wie gehts denn eigentlich jetzt Deiner Tochter? Hat sie schon entbunden?

SCHMID: Ja, ja.

VAL.: So, so. Was hat sie kriegt?
Ein Kind oder 'n Buben?

SCHMID: Ein Mädel[.]

VAL.: Wann?

SCHMID: Vor drei Tagen.

VAL.: Liegt die Mutter mit 'n Kind noch im Bett?

SCHMID: Klar, wenns vor drei Tagen erst entbunden hat.

VAL.: Ja, ja auf sowas nauf sind die Mütter meistens noch recht mied --- Wenns Dein Tochter siehst, dann sagst einen schönen Gruss von mir und sie soll dieses Jahr recht obacht geben, dass sie keinen Rückfall bekommt.

VAL.: *(zu Klavierspieler)* Du pass auf, Du bist doch ein Musiker, Was ist das für eine Melodie, die ich Dir jetzt vorblase?

MUSIKER: Ist mir unbekannt, das ist scheins ein Choral.

VAL.: Nein, wenn ichs dir schnell vorblase, dann kennst Du's[.] *(Valentin blast es schnell – und dann ist's der Schäfflertanz)*

MUS.: A' der Schäfflertanz!

FISCHER: Jetzt bringen wir den Bummel-Petrus.

VAL.: Da brauchen wir aber nur den Refrain mitspielen.

FISCHER *(singt)*

1. Ueberall herrscht grosse Kohlennot,
Selbst im Himmel ärgern sie sich tot,
Petrus steckt nur zögernd dann und wann
hier und da ein Sternlein an.
Sparsamkeit ist oben auch beliebet
Nur bis neun Uhr Sternenlicht es gibt.
Alle Englein, ob sie gross oder klein,
müssen dann ins Bett hinein.
Nur der Bummelpetrus spricht
von dem Babagehen nicht,
oft schleicht er mit einer Maus,
Abends aus dem Himmel raus
Ja, ja ja ja sich aus dem Himmel rau[s],
Leise sucht er seinen Schlüssel vor
und verschliesst das grosse Himmelstor
dreht die Lampe in dem Mond ganz klein
lachend sagt sein Mägdelein:

Refrain:

Petrus schliesst den Himmel zu, alle Englein haben Ruh
nur der schlaue Petrus wacht, weil der alte Bengel
heut mit einem Engel einen kleinen Bummel macht,

weil der alte Bengel heut mit einem Engel einen kleinen Bummel macht *(8 Takte vom Publikum gepfiffen dann Text weiter)*

Nur der schl[a]ue Petrus wacht, weil der alte Bengel heut mit einem Engel einen kleinen Bummel macht, weil der alte Bengel heut mit einem kleinen Engel einen kleinen Bummel macht.

2. Und so trieb er es tag aus tag ein, endlich merkte es ein Engellein,
dieser hat es schnell herumgebracht, ja selbst der Herrgott hat gelacht,
Eines morgens kam der Petrus dann stark beschwipst mit seinem Liebchen an
Plötzlich schrieh er bleich vor Angst und Schreck,
Schatz mein Schlüssel der ist weg und dann rief er wehmutsvoll,
Was der Herrgott denken soll. Bummelpetrus ist blamiert, weil er nachts herumpousiert.
Ja, ja, ja, ja, weil er herumpousiert.
Lustig schauten aus dem Himmelhaus, hunderttausend liebe Englein raus,
Alle sangen schelmisch dann im Chor, Petrus laut das Liedchen vor:

Refrain wie oben:

(Während des Gesangs der Fischer entstand ein Streit zwischen Val. und Schmid der schliesslich in eine Rauferei ausartet. Der Direktor kommt herein und verbietet sich das und fragt nach der Ursache des Streites.)

VAL.: *(zum Direktor)* Ja, ich lasse mir das nicht bieten, der Schmid hat mich heute vormittag bei der Probe eine Sau geheissen und das lasse ich mir nicht g'falln, weil er die Sau war und nicht ich, denn er war die Sau und ich war derjenige, der sofort den Ventilator aufgedreht hat.

Direktor u. Val. gehen ab[.]

Anschliessend auf diesen Streit singt Frl. Fischer das »Glühwürmchen-idyll[«] von Paul Linke 2. Strophe, Text von Karl Valentin[.]

1. Wenn die Nacht sich niedersenkt,
die Nacht sich niedersenkt auf Flur und Heide
manches Liebespärchen lenkt
ma[n]ch' Liebespärchen lenkt,
den Schritt zum Walde.
Doch man kann im Wald zu zwein
Man kann im Wald zu Zwei'n
sich leicht verirren,
deshalb wie Laternchen klein,
ja, wie Laternchen klein
Glühwürmchen schwirren[.]
Und es weiset Steg und Busch
uns leuchtend ihr Gefunkel,
Da tauchst auf und dort husch, husch
Sobald der Abend dunkel.

Refrain:
Glühwürmchen, Glühwürmchen flimmre – flimm're,
Glühwürmchen, Glühwürmchen schimm're – schimm're
Führe uns auf rechten Wegen, führe uns dem Glück entgegen
Glühwürmchen, Glühwürmchen flimm're – flimm're
Glühwürmchen, Glühwürmchen schimm're – schimm're
Gib uns schützend dein Geleit zur Liebesseligkeit[.]

2. *Text von Karl Valentin: 1939*

Wenns in München Abend wird,
in München Abend wird
die Sterne funkeln
dann tut man, das muss so sein,
das muss so sein
die Stadt verdunkeln
Geht man von zuhause fort
dann von zu Hause fort

sie wer'n das kennen
kannst Dir in der Finsternis,
ja in der Finsternis
das Hirn einrennen
Züntholz und Petroleum
sind hier nicht zu gebrauchen
deshalb tat sich jeder ein
elektrisch Lämpchen kaufen[.]

Refrain:

Glühlämpchen, Glühlämpchen flimm're, flimm're
Glühlämpchen, Glühlämpchen schimmre – schimmre
Führe mich auf rechten Wegen
Füh'r mich sicher nicht daneben
Glühlämpchen, Glühlämpchen flimmre – flimmre
Glühlämpchen, Glühlämpchen schimmre – schimmre
flimmre und erlösche nie, du bist mei letzte Batt'rie.

VAL.: *spielt ein Bombardon. – Solo »Im tiefen Keller sitze ich hier« bis zum letzten Ton. Da kommt plötzlich Schmid herein und übergibt Val. einen Brief mit den Worten, er soll ihn sofort lesen, die Dame wartet auf Antwort. Val. sagt,* die Dame soll warten, bis ich mit dem Solo fertig bin, ich habe nur noch den letzten Ton zu blasen. *Doch der Ueberbringer des Briefes meint, die Dame könne nicht länger warten, er soll sofort den Brief lesen. Val. liest den Brief (Inhalt des Briefes siehe Reportoir Nr. . . . .) und spricht zu Schmid:* Die Dame soll mir heute um 12 Uhr nachts ganz bestimmt warten.

SCHMID: Wo?

VAL.: Das ist mir egal[.]

SCHMID: *(geht mit dem Brief ab, Val. bläst den letzten Ton von dem Lied[)] (im tiefen Keller sitze ich hier. Hierauf folgt der Garde-Offizier.*[)]

FISCHER: *(kommandiert)* Achtung!

VAL.: *trommelt nun acht [T]akte richtigen Militärmarsch, unterbricht aber plötzlich das Trommeln und meint:* so guat darf ich garnicht trommeln, sonst hörts vielleicht einer da herin und dann muss ich auch noch einrücken.

Adie, mein kleiner Gardeoffizier: Text von… Musik: …….

1. Und eines Tages – mit Sang und Klang –
da zog ein Fähnrich zur Garde –
ein Fähnrich, jung und voll Leichtsinn und schlank. –
auf der Kappe die goldene Kokarde. –
Da stand die Mutter – vor ihrem Sohn –
hielt seine Hände umschlungen –
schenkt ihm ein kleines Medaillon –
und sie sagt zu ihrem Jungen:

Refrain:
Adieu, mein kleiner Gardeoffizier, adieu – adieu und vergiss mich nicht und vergiss mich nicht –
Adieu mein kleiner Gardeoffizier – adieu
adieu, sei das Glück mit Dir! – sei das Glück mit Dir! –
Steh' gerade, kerzengerade, lache in den Sonntag –
was immer auch geschehen mag! – Hast Du Sorgenmienen, fort mit ihnen!
ta – ta – tara – ta – ta! Für Trübsal sind andere da!
Adieu mein kleiner Gardeoffizier, adieu – adieu und vergiss mich nicht –
Und vergiss mich nicht!

2. Und eines Tages – um neun Uhr früh –
als er aus Träumen erwachte –
da stand auf dem Hauptplatz die ganze Kompanie –
und die wartet seit d[r]ei viertel achte –
aus blauebn Augen – so tief und schön –
erstaunte Blicke ihn trafen –
er sagte: »Liebling, ich muss geh'n![«]
Da sagt sie noch ganz verschlafen:

Refrain:

3. Und eines Tages war alles aus –
Es ruhten endlich die Waffen –
man schickte alle Soldaten nach Haus –

einen neuen Beruf sich zu schaffen.
Die alte Garde – stand mü[d] und bleich –
um ihren Marschall im Kreise –
man blies den letzten Zapfenstreich –
und der Marschall sagte leise:
Refrain:

Hierauf folgt der Solovortrag »Der 30 jährige Krieg« v. Valentin (siehe Reportoir Nr. 183)

VAL.: *schreit Schmid, ob Wasser, Waschschüssel, Handtuch und Seife habe.*

SCHMID: *(holt dieses)*

VAL.: *(wäscht sich nur zwei Finger, bringt einige Witze über Seifenmangel)*

(hierauf folgt Kunstpfeiffen, ein Marsch mit Kunstpfeifferei)

VAL.: *(bringt als Abschluss das Lied der vier Jahreszeiten (siehe Valentin-Reportoir Nr. . . . . . .)*

Zwischenrein 10 Minuten Pause von Karl Valentin.

Hierauf »Ritter Unkenstein« Schauspiel in zwei Akten von Karl Valentin *(siehe Karl Valentin Reportoir Nr. . . . .)*

wieder 10 Minuten Pause

Humoristische Ansage von Otto Zagler
Annemarie Fischer singt alte Volkslieder
Otto Zagler singt Wiener Lieder
Hierauf lustige Lichtbilder von Karl Valentin.
Die Ahnenfrau erscheint (Valentin-Reportoir Nr. . . . .)
Hierauf Lautsprecheransagen durch Mikrophon: Achtung! Achtung ect. ect.
Führung durch das Lachgewölbe.

Volkssänger in der Ritterspelunke

Die Programmfolge in der Ritterspelunke vom 6. Dezember 1939 bis 5. Juni 1940

ZAGLER: *(Begrüßt. Hinweis auf die vorzügliche Kapelle. Sieht auf die Uhr und entschuldigt sich, dass er seine Rede unterbrechen muß, aber Dienst ist Dienst. Zagler beginnt an der kleinen Trommel zu trommeln.[)]*

SCHMIED: *(Kommt gelassen herein und fragt erstaunt):* Was machst den?

ZAGLER: Trommeln! Hört man das nicht?

SCHMIED: Das schon, aber jetzt schon und ganz allein!

ZAGLER: Schau mal auf Deine Uhr?

SCHMIED: *(Schaut auf die Uhr)* Jööö! Ja was is dees, höchste Zeit. Aber die andern sind auch noch net da!

ZAGLER: Das ist mir gleich. Ich fang an. Ich laß mir nichts nachsagn.

SCHMIED: Nacha fang i auch an. Was spieln ma den?

ZAGLER: Den Doppeladler in K Moll *(Beide trommeln unentwegt)*

VALENTIN: *(Kommt ebenfalls erstaunt mit Zigarette rein. Nimmt den Bombardon wirft die Zigarette oben rein, stoßt sich den Mund an und blast[)].*

ROTH: *(Kommt langsam herein)* Was, is schon Zeit? *(Packt umständlich seine Klarinette aus)*

VALENTIN: *(Ruft durch das Bombardon)* So fang schon amal an, steh net rum do!

PIANIST: *(Kommt wortlos ans Klavier und beginnt zu spielen[)].*

Nach Schluß des Marsches geht Schmied an die kleine Trommel. Zagler steht auf um anzusagen, wird von Valentin angesprochen:

VALENTIN: Was wart's den net bis alle beinand sind, es zwei Stiften. Da fangens mit zwei Trommeln allein an, die Wichtigmacher, nur damit der Wirt sieht da[ß] da sind. Lieber machens den Leut a Saumusi vor mit zwei Trommel!

ZAGLER: Ist das Ernst oder Spaß?

VALENTIN: Das ist Ernst! I mach keine Spaß. Das liegt mir nicht!

Zagler: Ja aber im Vertrag steht zwanzig Uhr dreissig!

Valentin: I richt mich net nach einen Vertrag!

Zagler: *(Zieht seine Uhr)* Hier es ist aber Zeit!

Valentin: I richt mich auch net nach der Uhr. Nach deiner schon garnet. I hab selber a Uhr. I brauch des net was willst den! I wohn in der Nähe vom Isartor, da ist die große Turmuhr drobn und wann ich da in der Früh vorbei geh' merk ich mirs fürn ganzen Tag!

Zagler: Das ist ja eine wunderbare Logik! Ich stell mich hieher, erzähl den Herrschaften wass wir für eine wunderbare Kapelle sind...

Valentin: *(Unterbricht)* Drum soll man vorher keine Sprüch machen!

Zagler: Sprüch machn! Weiß ich da[ß] ihr kommts wenn ihr wollt's?

Valentin: Wolln! Wolln! ... wolln tun wir überhaupt nicht. Meinens, da[ß] i da hergangert wenn i net müßt, wann's net wegen die zwei Mark fuchzig wär. Kein Mensch bringert mich bei der Finsternis raus. I brauch mein Hirn zum Denken und net zun einrennen.

Zagler: Aber der Mensch muß ein Pflichtgefühl haben!

Valentin: Hast du eins?

Zagler: Gott sei Dank!

Valentin: Paß auf dass dirs keiner nimmt, sonst hast auch keines. Was willst den überhaupt? ich hab mich halt verspätet Herr Werkführer.

Zagler: Das haben wir gemerkt Herr Gefolgschaftsmitglied!

Valentin: An was? leicht weil i spät kommen bin?

Zagler: Weil ihr daherschleicht einer nach den andern!

Valentin: Na ja ich war halt beim Mittagessen und da hab ich mich verspätet.

Zagler: Lächerlich! Mittagessen bis um halb neun Uhr auf d'Nacht!

Valentin: Das geht Dich garnix an wie lang i zu Mittag eß! *(Zu Roth)* Weißt i es alleweil da drüben in der kleinen Wirtschaft in der Neuhauser Krone. Schon seit ersten September eß ich dort jeden Tag und alle Tag lauter Semmelknödel. Seit ersten September lauter Semmelknödel!

ZAGLER: Warum lauter Semmelknödel?

VALENTIN: Weil i halt s'Fleisch momentan net so gern mag! *(Zu Roth)* Die Semmelknödel waren immer so schön hell, so gelb, so gelblichhell, schon rund aa, so hellgelblichrund!

ZAGLER: So ein Unsinn! Hellgelblichrund! Wie halt Semmelknödel sind!!!

VALENTIN: Ja so!!! Und heut hab ich welche kriegt, die warn so greußlich, so dunkelfinster, wie die Mauer da. Jetzt hab i den Wirt gfragt warum die Knödel heut so schwarz sind, so unappetitlich, ob er vielleicht a schwärzers Mehl zuteilt kriegt hab, könnt ja leicht möglich sein. Sagt der Wirt nein, er hat noch dasselbe Mehl und die gleichen Zutaten wie früher. Nur die Köchin, sagt er hat keine Seife mehr!

ZAGLER: *(Zum Publikum)* Sie werden inzwischen festgestellt haben, dass wir uns tatsächlich in einer Ritterspelunke befinden und da gehört es dazu, dass wir ein Ritterlied singen. Wir haben eines. Die Melodie ist tausende Jahre alt und der Text neuerer Zeit. Wenn sie wollen können sie beim Kehrreim etwas mitsingen damit...

VALENTIN: *(Unterbricht)* Tuns doch die Leut net aufhetzen. Droben müßens eine Mark siebzig Eintritt zahlen und herunten müßens um eahna eigenes Geld singen.

ZAGLER: Kein Mensch hat gesagt das sie müßen, nur wenn sie wollen!

VALENTIN: Das sehn's ja das net woll'n! Kein Mensch singt!

ZAGLER: Die Leute wissen doch noch gar nicht wass sie singen sollen!

VALENTIN: Das macht nix! Wenn's singen wollen, könnens so auch singen!

ZAGLER: Da ist gar nichts dabei wenn die Leute mitsingen. Da werden wir warm!

VALENTIN: *(Entrüstet zu Ro[th])* Ho Ho hab'ns das g'hört was der g'sagt hat! *(Zu Zagler)* Das dürfens doch net sag'n, sonst bekommen w[i]r wieder Anstände von der Polizei. Mich und den Schwarz Ferdl hab'ns sowieso dick!

ZAGLER: Unsinn! Die Leut solln nur mitsingen, damit wir wach und munter werden!

VALENTIN: Wach! das ist was anders! Aber sie hab'n g'sagt warm!

ZAGLER: Meingott! das darf man nicht so wörtlich nehmen!

VALENTIN: Sie haben's aber wörtlich g'sagt!

ZAGLER: *(Zum Publikum)* Das versteht er nicht!

VALENTIN: Na i werd das net verstehn! Grad i net!

ZAGLER: Da ist nichts dabei wenn die Leute mitsingen! In München wird doch soviel gesungen!!!

VALENTIN: G'suffa! München ist doch eine Bierstadt und keine Gesangsstadt!

ZAGLER: Ja wird da überhaupt nicht gesungen?

VALENTIN: G'sungen wird scho aa, beim Oktoberfest oder beim Salvator. Aber erst bei der dritten Maß wenns b'suffa san. Bei der fünften Maß wird ja schon grafft. Mir Münchner sind net so sangesfreudig, mir habn a schwereres Blut. Die Ding die sind wieder ganz anders die Engländer.. a halt aus die Engländer sagt i ... die Rheinländer wollt i sagn. So a Blödsinn komm i aufeinmal auf d'Engländer... na ja weil man a nix anders mehr hört als wie d'Engländer, d'Engländer! Die Rheinländer mein ich die sind sangesfreudig, die haben ein flockigeres Blut. Wenn die um sechse in der Früh aufstehn so schreins schon Ha! Ha! Junge! Junge! Das werdens bei uns net hör'n. Wenn mir Münchner um sechse aufstehn müßn sind wir scheißgrantig!

ZAGLER: *(Zum Publikum)* Meine Lieben ich werde ihnen nun den Text vorsagen der für sie zum mitsingen bestimmt ist. *(Sagt den Text vor)* Und nun blasen wir mal die Melodie, damit Sie sie ins Ohr bekommen *(Blasen)* Nun singen Sie bitte alle mit. Die Dame welche am schönsten singt, wird nacher von ihm *(Valentin)* zu küssen herumgereicht!

VALENTIN: *(Zum Publikum)* Sie haben falsch verstanden. Nicht ich soll geküßt werden, ich reiche nur jemand zum küssen herum. Ich möcht ja von Ihnen gar net geküßt werden, ja mir wars gnua, i hab mei Sach daheim und auswärts hab i auch noch a wengl was!

(Nun wird das Couplet: Die alten Rittersleut gesungen)

I

Da herunt an diesem Ort
sicherlich mein Ehrenwort
da hab'n edle Ritter g'haust
denen hat von garnichts graust
Ja so war'ns u.s.w.

II

G'suffa hab'ns und das net wia
aus die Eimern Wein und Bier
hab'ns dann als zammgsuffa g'habt
dann sind's untern Tisch drunt g'flackt.
Ja so war'ns u.s.w.

VALENTIN: Die ersten zwei Verse waren mau. Na für den Anfang gehns!

III

Jeder Ritter s'is bekannt
trug a ganz a blechers Gwand
Hat er sich a Loch neingrissen
hats der Spangler löten müaßn!

VALENTIN: Das war ein handwerklicher Vers, der war schon etwas besser.

IV.

D'Ritter die warn lust'ge Leut
in der guten alten Zeit
den das Leben war da schön
es hat noch kein Finanzamt ge'bn!

VALENTIN: Zerst sag'ns die Leut soll mitsingen, das's in Stimmung kommen, und nacher singen sie vom Finanzamt.

V

Und der Ritter Unkenstein
hat gefreit ein Mägdelein
war sie auch nicht reich und schön
ist sie doch rein arisch g'wen'!

VALENTIN: Jetzt kommt er schon ins politische nei! I wissat a a Verserl!

ZAGLER: Also singens sie's halt!

VALENTIN: Ja aber Text, den hab i vergessen! Daheim hab ich ihn noch gewußt, aber i kann doch jetzt net extra heim gehn desswegen. *(Besinnt sich eine Weile)* jetzt weiß ich ihn! Aber er ist ziemlich erotisch. *Beginnt zu singen*[:]

VI

So ein früh'res Ritter Wei'
war dem Manne niemals treu
dem Manne war das einerlei
er war auch nur halbedrei!

ZAGLER: Das soll erotisch sein?

VALENTIN: Der Vers war gut, der war prima! Über den Vers könnt i mich selber z'schnulln so gut war der. *(Singt den selben Vers nochmals)*

ZAGLER: Das ist doch der gleiche Vers!

VALENTIN: I weiß es, aber der is so gut, den können d'Leut öfter hörn. *(Will ihn noch ein drittesmal singen)*

ZAGLER: Jetzt ist es aber genug, das will doch kein Mensch hören!

VALENTIN: *(Zum Publikum)* Jetzt hat er an Neid, das vergönnt er mir net!

VII

ZAGLER: Hat ein Ritter den Karthar
damals warn die Mittel rar
er hat der Erkältung trotzt
er hat g'räuspert, g'schneuzt und g'rotzt!

Valentin: Das war ein medizinischer Vers, aber sehr schleimig!

VIII

Meckerer gabs in früher Zeit
damals nicht soviel wie heut
den das Leben war da schön
es hat noch nichts zum meckern geb'n!

(Schluß des Liedes. Valentin geht an die Trommel und beginnt militärisch zu trommeln, hört aber plötzlich auf)

Zagler: *(Zu Valentin)* Weiter! weiter!

Valentin: Lieber nicht. Wenn i so gut trommel, hörts einer dan[n] muß ich auch noch einrücken!

Zagler: Sie da fällt mir eben was ein!

Valentin: Sie wären ein schlechter Baumeister, wenn ihnen alles einfällt!

Zagler: Wenn Sie mich wieder mal wo zufällig treffen....

Valentin: *(Unterbricht)* Is schon recht!

Zagler: Nein, ich mein wenn Sie mich wieder mal zufällig wo treffen...

Valentin: *(Unterbricht)* Da könnens eahna drauf verlassen!

Zagler: Aber Sie wissen ja noch garnicht was ich meine!

Valentin: I hab keine Ahnung!

Zagler: Aber Sie müßen mich doch ausreden lassen!

Valentin: Also reden wir uns aus. Um was handelt es sich den?

Zagler: Ich meine so: Wenn Sie mich wieder mal wo treffen, da können Sie mich..

Valentin: *(Unterbricht entrüstet)* Sie mich vorher schon!!!

Zagler: Ja sowas! Ist das auch eine Antwort?

Valentin: Das ist auch kein Auftrag!

Zagler: Aber Sie verstehen mich nicht. Ich meine, wenn Sie mich wieder mal wo treffen, dann können Sie mich ungeniert grüßen!

Valentin: Ach so! Grüßen! Ja das ist was anders, das kann ich schon machen, da nehm ich eigens an Hut mit! Gestern hab ich eahna g'sehn auf der Post. Sie sind ganz hinten g'standen in der Reih und ich war ganz vorne an der Schenk... nein am Schalter!

Ich hab eahna schon g'sehn, aber ich kann doch nicht so hintere grüßen, schließlich grüß ich einen den i garnet kenn!

Zagler: Wenn man jemanden grüßen will, spielt das keine Rolle ob der vorne oder rückwärts steht ... wenn man will!

Valentin: Ja wenn man will! – Aber i hab ja net willn! Da warn viel Leut in der Post. Ganzer Haufen Volk, Publikum, Passanten, Menschen. Da hats doch einen Raudau geb'n wie Sie drinn warn.

Zagler: Ja so ein kleiner Wirbel war, das hab ich gehört!

Valentin: Ja dieser Frau die vor Ihnen g'standen ist, dera is s'Handtascherl g'stohlen worden. Ein schönes Handtäschchen mit Schildkrötenpelz!

Zagler: *(Entrüstet)* Ja Sie bringen das so raus wie wenn das ich gewesen wär!

Valentin: Ja g'wiß weiß ich's nicht!

Zagler: Was? G'wiß sollns das auch noch wissen!

Valentin: G'wiß weiß ich's leider nicht, hab i g'sagt!

Zagler: Das ist eine Unverschämtheit!

Valentin: Das war doch nur eine Vermutung!

Zagler: Das ist ja noch schöner! *(Zum Pianist)* Der schaut mich direkt für einen Handtascherlräuber an!

Valentin: Anschaun! Wenn i eahna was erzähl muß ich eahna doch anschaun, i kann doch net an die Wand hinreden.

Zagler: Nein! Rausbringen tun Sie das so als wenn ich das gewesen wäre. Was geht den das mich an! Ich kenn doch die Frau garnicht?

Valentin: I ja auch net! Was wollns den. I kenn doch das Wei' garnet!

Zagler: Die Frau soll aufpassen auf ihr Tascherl!

Valentin: Aufpassen, so ein Schmarrn! Wie die Frau aufpasst hat, wars Tascherl schon lang fort!

Zagler: Vorher hätt's solln aufpassen! Vorher!

Valentin: Vorher! Vorher! ... Vorher hat sie's ja net g'wußt dass ihr g'stohlen wird! Meinens das der Handtaschendieb ihr am Vormittag a Telegramm schickt, dass er ihr am Nachmittag s'Tascherl zwickt!

ZAGLER: Das ist doch lächerlich. Wenn die Frau weiß dass sie in ein Gedränge kommt, so hätt's ja garnicht reingehen brauchen ins Postamt!

VALENTIN: Nacher kriegts keine Briefmarken. *(Zu Schmied)* Mir is auch einmal so gangen am Oktoberfest, am Samstag vor zwei Jahr. Auch im Gedränge. Da hättens mir beinah meine goldene Uhr g'stohln. Beinah!

ZAGLER: Was die schöne Uhr mit den Familienwappen und den Doppeldeckel?

VALENTIN: Ja die. Auch im Gedränge!

SCHMIED: Deine schöne goldene Uhr? Na da wirst ja richtig erschrocken sein?

VALENTIN: Das kannst Dir denken! Gut dass ich's daheim lassen hab!

ZAGLER: Und nun kommt unsere kleine, entzückende Annemie Fischer heraus als Soubrette ... aber ....

VALENTIN: *(Valentin unterbricht)* Sie müßen sagen, dass das keine moderne Soubrette ist u.s.w.

ZAGLER: Ich weiß doch wass ich zu sagen habe.

VALENTIN: Eben net. Sie sagn nur sie kommt raus. [Was] sie macht müßen's sag.

ZAGLER: Das will ich, aber ich kann doch nicht alles auf einmal zu gleicher Zeit raussprudeln.

VALENTIN: Sprudeln's sie's nur raus! Die Leut suchen sich schon raus.

ZAGLER: Das ist doch Unsinn.

VALENTIN: Sie müßen die Leut aufklären! Das Volk lechtz heute mehr den je nach Aufklärung!

ZAGLER: Ich kann ja nicht [a]ufklären. Kaum das ich einen Satz beginne, meckern Sie mir schon wieder dazwischen.

VALENTIN: Blasens mich fein net so an da heroben, sonst sag i eahna was!

ZAGLER: Wissens wass ich Ihnen sag? Die Wahrheit!!

VALENTIN: Das ist ja noch trauriger!

ZAGLER: Es ist eine Unverschämtheit! Wenn jemand auf der Bühne steht....

VALENTIN: *(Unterbrechend)* Bühne! Die zehn z'ammgnagelten Schwartling nennt er Bühne!

ZAGLER: Das steht hier nicht zur Disskusion ob das Schwartling sind oder nicht. Auf jeden Fall ist es eine Ungezogenheit dieses Dazwischenmeckern. Man steht hier vorne wie ein Tepp!!!

VALENTIN: Das wiß'n ma schon!

ZAGLER: *(Zum Pianist)* Hast du das gehört. Ich werde mich beschweren. *(Zum Publikum)* Entschuldigen sie bitte!

VALENTIN: Bitte! Bitte!

ZAGLER: Und nun kommt unsere Annemie Fischer heraus...

VALENTIN: *(Unterbrechend)* Da! da! Jetzt kommt's schon zum drittenmal raus. Die wird ja müd von lauter kommen. Drückens doch net so lang rum. Die steht drausen im Gang. Die ist ja halb nackert die friert ja. Die zittert jetzt schon wie a Schweinssulz!

ZAGLER: Aber nun ist es genug! Solche Ausdrücke! Schweinssulz!

VALENTIN: Das war doch nur ein Vergleich!

ZAGLER: Ein schöner Vergleich. Wie kann man eine Soubrette, so etwas delikates in gleichem Atemzug mit einer Schweinssulz vergleichen?

VALENTIN: Oha! A Schweinssulz is zur Zeit aa was delikates! Mir wär heut a Schweinssulz schon lieber wie aa Soubrette!!!

ZAGLER: Sie sehen meine sehr Verehrten, da kann man sagen was man will, da ist Hopfen und Malz verloren.

VALENTIN: Drum hab'n ma wieder a Dünnbier. I nehms blos zum gurgeln!

ZAGLER: Darf ich nun endlich mal weitersprechen ohne Störung?

VALENTIN: Bitte!

ZAGLER: Es kommt unsere Annemie Fischer herein unsere Soubrette. Aber nicht als moderne Soubrette, sondern so um das Jahr 1895 bis.....

VALENTIN: sechsundneunzig[.]

ZAGLER: Achzehnhunderfünfundneunzig bis....

VALENTIN: *(Unterbricht immer)* sechsundneunzig, i weiß es doch...

ZAGLER: *(Wütend)* 1896 bis 1900!!!

VALENTIN: Ja das is was anders!

Zagler: Also um die Jahrhundertwende. Das Kostüm, die Frisur, der Hut, das stammt alles noch aus der damaliegen Zeit nur…

Valentin: *(Unterbricht)* Nur die Figur net! Die haben wir nimmer auftrieben. *(Zum Publikum)* Wissens früher da hat a Soubrette feist sein müßen. Da war was drann. *(Zeigt mit der Hand auf den Busen)* Die hat wacheln müßen, wacheln. A Soubrette hat schworbat sein müß'n!

Zagler: Das gehört doch nicht hieher!

Valentin: Nein da g'hörts hinein. In alle Theaterbüro sind wir rumbretscht um a feiste Soubrette. Mir habn aber keine g'funden. Lauter so magerne Hülsen habns jetzt. Eine hat sogar den Boanfraß ghabt und solcherne Haxn! *(Zeigt zum Vergleich die Trommelstöcke)*

Zagler: Das sagt man doch nicht! Man muß doch höflich sein zu die Leut!

Valentin: AH! woher!

Zagler: Wenn unsere Annemie kommt, sind Sie bitte recht lieb und nett zu ihr… *(Wir[d] von Sch[m]ied angestoßen)* Was ist den jatzt schon wieder[?]

Schmied: *(Deutet auf Valentin)* A Fliagn hat er g'fressen!

Valentin: Nein a Schab wars!

Zagler: Hoffentlich hats g'schmeckt!

Valentin: Voriges Jahr warns besser! Das war noch Friedensfliegn, dee habn noch Woll zum fressen g'habt. Die heutigen fressen nur Holz!

Zagler: Wie kann man den nur sowas in den Mund nehmen! Sie sind doch kein Frosch!

Valentin: Doch! In einer Stund schon!

Zagler: *(Zum Publikum)* Ich wünsche Ihnen zu unserer Soubrette recht viel Vergnügen, ich bitt Sie, es kommt die fesche Mizzi! Geniesen Sie!!! *(Geht ab)*

Zu improvisierendes Singspiel

Auftritt der Soubrette.

Sie sehen, wie hier Figura zeigt
liebe ich das Gigerltum
und wenn ich auf der Strasse geh,
da dreht sich alles rum.
Für mich ist das ein Hochgenuss
es macht mir Spass fürwahr,
wenn hinter mir die Herren gehn
und laut bemerken gar:

REFR. Ach schaun Sie doch das nette kleine Gigerl
wie zierlich sie das kurze Röckchen heben kann
Drauf tu ich rasch noch mehr
zeig schnell mein Füsschen her
dabei wird jedem Manne ach das Herz so schwer.
Das Taschentuch fällt zufällig mir aus der Hand
man hebt es auf und bringt es mir zurück galant.
Drauf dank ich voller Schick mit einem heissen Blick
durch solche kleine Pikantrien erweckt man Liebesglück.

2. Im Radfahrn bin ich sehr gewandt
so wills die feine Welt
drum hab ich einen Brennabor
aus Nickel mir bestellt.
Und radle ich die Strass entlang
im Flug ganz elegant,
so hör ich wie die Herren sag'n
die Kleine fährt charmant.

REFR.: Ach schaun Sie doch das nette kleine Gigerl an,
wie sicher die am Stahlross sich bewegen kann
drauf mach ich plötzlich kehrt und lieg schon auf der Erd
ein solcher Fall hat sich bei mir schon oft bewährt.
Ein jeder Mann will hilfreich da der Erste sein

drauf such ich mir den Schönsten raus
gar schlau und fein
und leg mich unbewusst gleich an des Mannes Brust[.]

VAL.: Raffiniert.
durch solche kleinen Pikantrien erweckt man Liebeslust.

3. Sollt unter Ihnen meine Herrn vielleicht hier einer sein

VAL. Jetzt sucht's oan

der mit [mir] die Ehe eingehn will, ich willig gerne ein[.]
Sie sehn mein Wuchs ist tadellos – ich bin voll Temperament
ich wett' er wird zufrieden sein, wenn er mich näher kennt.
Ach schaun Sie doch das nette kleine Füsschen an[.]

VAL.: Mi brauchens net anschaun – dera Ihre Füss soll'ns anschauen, oder moanens, dass Sie sie Ihna nachher extra zeigt nach 21 Uhr.

die Fortsetzung sich jeder denken kann
der Arm ist kugelrund – ein winzig kleiner Mund
und auf der Brust da bin ich Gott sei Dank gesund.
Man irrt sich, wenn man glaubt, dass ich ein Schwächling sei
ich bin zwar klein gebaut – doch riesig stark dabei.
Wer wills mit mir riskier'n ???

PROSA. Na! Val. Na!

SOUBR. Is keiner da. Ja so was! Ach Ihr g'fallts mir sowieso alle nicht. Das sind ja lauter Musg'sichter. Ich möcht' ja an richtigen Mann – an Charakterkopf. Wissen's einen mit'm Schnurrbart an solchenem *(macht Bewegung)*. Die da drunt sind alle nichts.

VAL.: Da brauchen sich die Herrn net beleidigt fühlen, wenn Sie sagt mit Eahnane Musg'sichter, denn Sie moant ja net Sie, da moant ja sie die Leut' die vor 40 Jahren hier waren, weil die Soubretten, die ham früher irgendeinen Mann angsungen, der an Schnurrbart g'habt hat. Weil früher ham's ja alle Schnurrbärt getragen die Herren und da hat eine Soubrette von der Bühne aus den

Herrn mit dem schönsten Schnurrbart herausgesucht und den hat's dann ang'sungen. Kommen's mit, was ich Ihnen erklär? Also wenn jetzt diese Herrn, die wo heut hier sitzen, vor 40 oder 50 Jahren in einem Lokal gesessen wären, was wären das nachher gewesen? Entweder lauter Pfarrer oder lauter Schauspieler oder Hoflakaien oder lauter Zuchthäusler, die waren nämlich auch alle bartlos.

SOUBR. So was sagt man doch nicht.

Aber ich glaub, wenn's so weiter geht mit den Rasierklingen, dann krieg ich schon noch einen Mann mit am Vollbart – mit so einer Matratze.

VAL.: Da dürfen's schon lachen, der Witz ist nämlich polizeilich genehmigt. So was feig's.

SOUBR. *singt weiter.*

Mit mir die Eh' probiern,
ich wett' ich werd' ihm sicherlich auch imponiern.

Ab. Verbeugung.

SOUBR. Und jetzt kommt »die fesche Mizzie«. – Seid's so weit *(zu den Musikern gewendet).*

VAL.: Na. Wegen Dir könn' ma uns auch net darenna. I' muss erst das Wasser herauslassen *(lässt das Wasser aus der Posaune heraus) (versucht vergeblich die Posaune wieder in Stand zu bringen)*

SOUBR. Ja mein Gott, da kann ma ja gar nicht zuschau'n!

VAL. Du wirst's wohl noch dawarten könna, bis ich wieder drin bin.

––– *Posaunensolo* –––

SOUBR. Potz Blitz und Element, so tönt es durch den Saal
und lauter Jubel schallt durch's Haus.
Ein jeder ruft, die ist doch wirklich kolossal,
ja diese Kleine die hat's raus.
In meinen Adern rollt ganz heiss Theaterblut
und schnell und schneller schlägt das Herz
ich hab' ja immer frischen frohen Mut
und schwärme für Gesang und Scherz.

REFR. Ein jeder ruft hipp hipp hurrah, die fesche Mizzi die ist da
und lauter Jubel schallt durch's Haus
ein jeder spendet mir Applaus.

Val. stösst an den Po der Soubrette.

Soubr. No.

Rudern und Schwimmen, das ist stets mein Ideal
in jedem Sport, da bin ich gross.
Wenn man im Schwimmbad nur die fesche Mizzi sieht,
dann geht die Schwärmerei gleich los.
Steh ich am Sprungbrett ganz hoch oben im Trikot
gelten die Blicke mir allein.
Mit einem Hechtsprung – plumps – bin ich im edlen Nass
und alle Herren stimmen ein.

Refr. Ein jeder ruft ....

Val. stösst Soubr. wieder am Po[.]

Soubr. jetzt stoss mich doch net immer an Arsch.

Val. Oh, ham' ses g'hört, was sie g'sagt hat. Am Arsch. Des kann ich doch net wissen, dass Du an Arsch hinten hast.

Soubr. Ach geh!

Rudern und auch der Tanz, der ist von jeher mein Pläsier
Tanzen tu ich für's Leben gern.
Und jeder der ein einzigmal mit mir getanzt
der sagt, die Mizzi die tanzt zerm.
Ob es ein Schottisch, ein Mazurka, ein Galopp
das ist mir schliesslich ganz egal
und jeder, der mit mir ein einzigmal getanzt
der sagt, die Mizzi tanzt kolossal.

Refr. Ein jeder ruft ......

2x.

Schluss der ersten Programhälfte.

10 Minuten Pause

Hierauf »Ritter Unkenstein« *(Repertoire 185)*

(Erster Akt in zwei Aufzügen)

Dann: »Moritat von der Strassenbahn« (Frl. Fischer)

Otto Zagler singt Lieder.

Ahnfrau erscheint (spricht einen Dialog[)]

Lautsprecher verkündet die Mahnung an das Publikum, bevor sie Valentin's »Lachgewölbe« besuchen.

Der Gugelmann erscheint und es folgt die Führung durch das Lachgewölbe und der Katabomben.

Der Dreissigjaehrige Krieg

v. K. Valentin
(Ritterspelunke)

V: Verehrter Zuschauerraum! Ich weiss, man soll mehr in die Zukunft blicken als in die Vergangenheit, und wenn man heute einen Vortrag hört oder liest und am Radio hört, so wird nur immer von den letzten zwei Weltkriegen gefaselt, aber – den 30jährigen Krieg haben wir anscheinend schon ganz vergessen. Ich nicht, ich denke noch mit Schaudern an diese Zeit. Nicht deshalb, weil ich dieselbe miterlebt habe, sondern weil mir von diesem Krieg meine Eltern erzählt haben, die denselben auch nicht erlebt, sondern nur in alten Büchern gelesen haben. Nach alten Schriften soll dieser 30jährige Krieg nicht 30 Jahre – sondern nur 29 Jahre gedauert haben. – Nun sei es denn, wie es auch sei. Aber, da bekanntlich alles einen Anfang und ein Ende hat, so war es auch damals mit dem 30jährigen Krieg – und diesem Ende ist mein Gedicht gewidmet – *(ruft den Theatermeister)* Herr Theatermeister! Sie müssen mir bei dem Gedicht behilflich sein.

TH: Bitte?

V: Bringen Sie mir eine grosse Trommel!

TH: Hier eine grosse Trommel mit Schlegel.

V: Danke! Mit dieser Trommel gehen Sie jetzt ganz da nach hinten, so weit Sie können, und wenn ..... *(sagt ihm leise etwas ins Ohr)* Haben Sie mich verstanden?

TH: Jawohl.

V: Gut, gehn Sie! *(Theatermeister geht mit der Trommel durch den*

Zuschauerraum bis in die Mitte) Halt, kommen Sie nochmal her! *(sagt ihm nochmals, was leise ins Ohr)* Verstanden?

TH: Jawohl. *(geht wieder mit der Trommel durch den Saal)*

V: Halt, kommen Sie zurück! *(Theatermeister kommt zurück)* Sie wissen doch, was ich Ihnen gesagt habe?

TH: Jawohl, ich soll dahinten trommeln, wenn Sie mir ein Zeichen geben.

V: Stimmt, mit was wollen Sie denn trommeln?

TH: Mit der Trommel.

V: So – wie machen Sie denn das? Geht die Trommel von allein?

TH: Nein – ach so, den Trommelschlegel habe ich vergessen.

V: Hier haben Sie den Schlegel – jetzt gehen Sie wieder in den Saal!

TH: *(geht. Valentin ruft ihn wieder, Theatermeister bleibt stehen)* Was ist denn schon wieder?!

V: Wieder? Ganz hinter sollen Sie gehn!

TH: Ich weiss schon! *(geht weiter)*

V: Der 30jährige Krieg.

Aus grosser Zeit stammt mein Gedicht,
Ich nenn des Kaisers Namen nicht,
Auf weiten Fluren – auf weiten Auen,
Soweit die Augen konnten schauen,
War Kampf und Schlacht und Schlacht und Kampf,
Mit Schwertgeklirr und Pulverdampf.
So ging das 30 Jahre lang – von Anfang an.
Doch jeder Anfang nimmt ein Ende
Und plötzlich kam des Schicksals Wende.
Von ferne dröhnt der letzte Schuss – *(Trommelschlag)*
Der Krieg war aus – s'war Friedensschluss.

(oder) Friedensschluss.

Es tobte einst ein grosser Krieg,
Ein Volk – es kämpfte für den Sieg;
Nach 30 Jahren kam die Wende:
Der Krieg, er nahm ein tragisch Ende.
Von ferne dröhnt der letzte Schuss – *(Trommelschlag)*

Der Krieg war aus – s'war Friedensschluss. *(verbeugt sich und geht)*

TH: *(bringt schimpfend die Trommel auf die Bühne zurück. Zu Valentin:)* Das ist ja allerhand! Wegen dem einen Trommelschlag hetzen Sie mich mit der grossen Trommel im Saal herum!

V: Sind Sie ruhig! Sind Sie froh, dass Sie eine Beschäftigung haben, für diese kleine Tätigkeit bekommen Sie 5 Mark. Wenn Sie Schutt wegräumen, müssen Sie den ganzen Tag um 5 Mark arbeiten.... u.s.w.

Eine Hinrichtungsszene

(Eine unveröffentlichte kleine Szenenskizze von Karl Valentin)

[(]Diese sollte in Valentin's ehemaliger Ritterspelunke als da capo angehängt werden)

Unter dem Läuten des Armensünderglöckleins, wird der Deliquent zum Schaffott geführt. Die beiden Richter (vermummt) nehmen am Gerichtstisch Platz. (Kerzen brennen) –

DER HOHE GERICHTSHOF: Im Namen des Gesetzes ist an dem Deliquenten das Todesurteil durch das Fallbeil zu vollstrecken. Herr Scharfrichter, walten Sie ihres Amtes.

(Dem blassgeschminkten, zitternden Deliquenten, mit angstvoll weit aufgerissenen Augen, wird eine schwarze Binde vor die Augen gebunden; er wird aufgeschnallt und umgekippt – da flüstert er dem Scharfrichter noch mit letzter Kraft die leisen Worte zu:)

DELIQUENT: Ich bin ja so furchtbar empfindlich!

(Der Scharfrichter meldet dies amtseifrig dem Richter):

SCHARFRICHTER *zu Richter:* Hoher Gerichtshof! Der Deliquent sagte mir soeben, dass er so furchtbar empfindlich sei.

STAATSANWALT *oder* RICHTER: So? Empfindlich ist er? Ja

.... dann allerdings muss man etwas Rücksicht nehmen. – Schnallen Sie ihn sofort herunter und führen Sie ihn wieder zurück in seine Zelle! – Meine verehrten Zeugen! Wegen Ueberempfindlichkeit des Deliquenten kann die Hinrichtung nicht stattfinden. Ich bitte Sie deshalb, die Richtstätte sofort zu verlassen.

(Der Deliquent nimmt selbst die Binde von seinen Augen – lacht befreit und spricht:)

DELIQUENT: Jetzt is' mir wieder wohler! *(wird abgeführt)*

Der Fragebogen

Scenische Einlage zur Fledermaus

von

Karl Valentin u. Richard Nagy.

BL: *(klopft).*

FR.: Herein.

BL.: Ich kann ja nicht hinein.

FR.: Was wollens denn?

BL.: Es ist ja zugesperrt.

FR.: Ein Gefängnis muss ja zugesperrt sein. Wenn da nicht zugesperrt wäre, laufen ja alle Leute herein.

BL.: Machen sie keine Sprüch und lassen sie mich hinein.

FR.: Ja, haben sie einen Ausweis dabei.

BL.: Einen Ausweis habe ich nicht dabei.

FR.: Ja ohne Ausweis kann ich sie nicht hineinlassen, da müssen sie zuerst einen Fragebogen ausfüllen.

BL.: Ich habe aber keinen dabei.

FR.: Das ist ein Fehler. Heutzutage muss man immer einen Fragebogen dabeihaben.... Also entschliessen sie sich. Entweder bleibens draussen oder gehns rein. Rein lasse ich sie auf keinen Fall.

BL.: Wo bekomme ich denn diese leeren Fragebogen?

FR.: Beim Buchbinder.

Bl.: Sie haben keine leeren Fragebogen?

Fr.: Ja mir haben schon leere herin.

Bl.: Sie lassen mich ja nicht hinein.

Fr.: Ich kann sie ja ohne Fragebogen nicht hineinlassen.

Bl.: Ja zum Donnerwetter, wie komme ich denn dann zu diesem leeren Fragebogen, wenn sie mich nicht hineinlassen.

Fr.: Das weiss ich auch nicht........ich muss ihnen halt einen herausbringen.------Nehmens derweil Platz.
(kommt gleich wieder heraus mit Schreibutensilien).
So da habens die Tinte.

Bl.: Aufpassen ja, das sind meine letzten 60 Punkte.

Fr.: Redens nicht soviel. *(Steckt ihm das Lineal in den Mund)* Hier d[ie] Löschwiege und der Federhalter. *(Steckt ihn in die Nasenlöcher.)* Und hier ist der Fragebogen. Den müssen sie jetzt genau ausfüllen. Zuerst das Datum, dann ihren Namen, wo sie geboren, wie oft und warum, dann wie ihre Mutter ledig geheissen hat---

Bl.: Wie mein Vater ledig geheissen hat, brauchen sie nicht wissen?

Fr.: Vom Vater steht nichts da. Dann der Zweck ihres Hierseins. Wollen sie einen Gefangenen Besuchen?

Bl.: Nein, einen Sträfling.

Fr.: Ach so-------ein Gefangener ist ja ein Sträfling.---und dann zum Schluss ihren Namen oder die Unterschrift. Und wenn sie fertig sind, dann klopfens oder schreien sie mir. *(Spielpause des Blind) (Klopft mit dem Fuss an die Tür)*

Fr.: *(durchs Guckerl)* Ja was ist denn? Sind sie denn schon fertig.

Bl.: Kommen sie heraus, ich kann ja nicht schreiben.

Fr.: Ja glaubens denn, dass sie besser schreiben können, wenn ich bei ihnen heraussen stehe. Sie sind ein Rechtsanwalt und können nicht einmal schreiben.? Dann machens halt drei Kreuze.

Blind. Das kann ich ja auch nicht.

Fr.: Dann schamens ihnen, das werdens wohl können. *(Kommt Heraus)*

Fr.: Ja sie soll ich ihnen vielleicht noch einen Schreibtisch herausbringen?

Bl.: Sie, sind sie nicht so frech!

Fr.: Ich bin Beamter! ----- *(Zittert mit den Beinen)*

Bl.: Warum zittern sie denn so?

Fr.: Ich zittere nicht, sondern mich friert.

Bl.: Ja wovon friert sie denn?

Fr.: Ach, das verfluchte Jopaeis.

Bl.: Ja, warum essen sie denn dann Jopaeis? Ihr andrer Kollege hat ja immer Schnaps getrunken.

Fr.: Ja, der hat noch einen gehabt.... Was ist denn, sie hab[en] ihn ja noch nicht ausgefüllt?

Blin. Ich kann ja nicht, sie haben mir ja alle Hände vollgepackt.

Fr.: Schreibens halt im Liegen, stellen tut er sich schon wie der Hund zum Bellen. Schreibens auf meinem Buckel.

Bl.: Ich werde ihnen doch nicht den Buckel herunterrutschen,......

Fr.: Dann schreibens auf meine Schuhsohlen, aber machen sie sie mir nicht dreckig....... Au kitzeln sie mich nicht ---- die Sohlen sind heutzutag so dünn, dass man Schreiben durchspürt ...... Schickens Ihner... lassens die U Häuberln und die I Tüpferl weg... ich krieg ja schon einen Krampf.

Bl.: Hier ist der Fragebogen, Herr Beamter[!]

Fr.: Sie, sind sie nicht zynisch. *(Bl. schlüpft hinein)*.... Jetzt hat mich der Sauhund nausgesperrt und ich habe kein Schlüssel dabei Hö, aufmachen. *(Klopft)*

Bl.: *(d. Fensterl)* .. Herein.

Fr.: Herein sagt der. Machens auf, es ist zugesperrt.

Bl.: Ein Gefängnis muss ja zugesperrt sein, sonst laufens uns ja alle Leute hier herein.

Fr.: Eahm schaug an. Machen s auf, sonst sag ich Ihnen gleich was.

Bl.: Habens einen Ausweis dabei? Wenn nicht müssen sie einen Fragebogen ausfüllen. Habens einen dabei.

Fr.: Wie soll ich denn einen Fragebogen dabei haben.

Bl.: Das ist ein Fehler. Einen Fragebogen soll man immer dabei haben. Aber weil sie vorhin so höflich waren, will ich ihnen ausnahmsweise einen herausbringen. ---- Nehmens derweil Platz.

Fr.: Der kann mich doch nicht anlaufen lassen. Wenn der jetzt den

Fragebogen herausbringt, rutsch ich gschwind wieder hinein und er steht wieder heraussen. So gscheit wie der, war ich schon vor 14 Tag.

BL.: *(d. Fenster)* .. Hier ist der leere Fragebogen und vergessen sie nicht wie oft sie geboren sind.

FR.: Jetzt hat er mich doch überlistet. Und doch nicht. Ich brauch keine Schlüssel und keine Tür, ich lasse das ganze Gefängnis hochgehn ... *(drückt auf Knopf)* Triumpf der Technik.

(Eiserner Vorhang geht hoch.)

Ende.

[Fortsetzung]

DIREKTOR: Frosch! Guten Morgen, gut geschlafen?

FROSCH: *(erhebt sich von seinem Platz, sucht nach seinem Rapportbuch)* Jetz is mir mei Rapportbuch gestohlen worden, dös is eine Unverschämtheit, im G'fängnis herinn wird sogar g'stohln! Solche Kerl gehörn eingsperrt --- Ja so, dö san ja scho herinn.

DIREKTOR: Blase zum Wecken! *(Frosch holt seine Trompete und bläst das Lied »Ueb immer Treu' und Redlichkeit«. Nach dem letzten Ton klingt von der Ferne ein Echo.)*

DIREKTOR: Was war das?

FROSCH: ---- Das Echo! Woll'n Sie's nochmal hör'n?

DIREKTOR: Los!

FROSCH: *(Bläst noch einmal den letzten Ton, aber statt dem gleichen Ton erklingt ein scheussliches Echo, welches mit der Posaune geblasen wird.)*

DIREKTOR: Das war kein schönes Echo.

FROSCH: Dös hat der Wind verweht. *(Geht zwischen den Gummisträngen des Gefängnisses durch. Links ab.)*

Szene Nr.

FROSCH: *(Führt besoffenen Akrobaten auf die Bühne und wirft ihn unsanft auf das Schleuderbrett. Rechts ab.)*

DIREKTOR: Frosch, gibt's was Neues?

FROSCH: Jawohl, Herr Direktor, der Gefängnishäusler auf Nr. 22[.]

DIREKTOR: Was heisst Gefängnishäusler?

FROSCH: No ja, wenn einer im Zuchthaus ist, heisst er Zuchthäusler; wenn er im Gefängnis ist, heisst er Gefängnisler oder Gefängnishäusler, wie Sie meinen.... die deutsche Sprache ist überhaupt verzwickt, der Dieb stiehlt, warum diebt er nicht, da müsst er ja eigentlich Stieler heissen u.s.w.

DIREKTOR: Zur Sache, was ist's mit dem auf Nr. 22?

FROSCH: Ja der ist davon... der ist ausgebrochen[.]

DIREKTOR: Was, der Einbrecher?

FROSCH: Ja, im Bankgeschäft hat er eingebrochen, und bei uns hat er ausgebrochen. Und gar nichts hinterlassen, wo er hin ist. Und auf einen Zettel hat er naufg'schrieben mit Blaustift, ... was meinens, was der gemeine Kerl da naufgschrieben hat? Eine gemeine Beleidigung für Sie in der höchsten Impotenz.

DIREKTOR: *(Sehr neugierig, höchst erregt).* No, was hat er auf den Zettel naufgschrieben?

Uhr (schlägt dreimal)

FROSCH: *(erstaunt)* horchend...... Dreiviertel schon?

DIREKTOR: Ja, es ist dreiviertel Uhr.

FROSCH: Dann werd ich abgelöst ––––ich erzähl's Ihnen dann morgen, Herr Direktor, erinnern's mich dran. *(Geht ab und übergibt dem alten Frosch das Buch, ohne dass er seinen Kollegen anschaut.)*

DIREKTOR: *(sieht das und sagt für sich)* Kameradschaft!

Das Mikrofon ist eingeschaltet

von Karl Valentin 1940.

Nach den Pressemeldungen vergisst der Ansager, das Mikrofon auszuschalten. ---- Jrgend jemand pfeift nun irgend ein Lied, wie z. B. »Du kannst nicht treu sein« etc. etc... in den Mikrofonraum, aber furchtbar falsch. Jm Zuschauerraum hört man natürlich das falsche Gepfeife und anderweitigen Lärm. Der Direktor hört das und ist ganz entsetzt und schreit vor dem Publikum:

Direktor: Was ist denn hier los?

Schmid Peter: Dös muss im Senderaum sein, da hint' – da ist das Mikrofon wahrscheinlich noch eingeschaltet. *(Zum Direktor:)* Geh'ns schnell hinter in den Mikrofonraum und schalten Sie das Mikrofon aus! *(Pause, ungefähr 20 Sekunden, bis Direktor anscheinend hinunter gelaufen ist)*

Direktor: *(Jm Mikrofonraum angekommen, in welchem der pfeifende Arbeiter hämmert, feilt und verschiedene Arbeitsgeräusche macht)* Ja sind sie denn wahnsinnig geworden! Schalten Sie doch das Mikrofon aus; man hört ja die ganzen Geräusche im Zuschauerraum, Sie sind doch das grösste Arschloch, das rumläuft! So schalten Sie doch aus! So schalten Sie doch aus! Sie Jdiot!

Bringen Sie mir eine Waschgelegenheit

Valentin: Ein kleines Dacapo – Herr Theatermeister bringen Sie mir vorher eine Waschgelegenheit.

Theaterm. Einen Moment *(bringt ein Waschgestell mit Waschschüssel Seife und Handtuch)*

Val. Waschen Sie mir bitte die linke Hand!

Theaterm. Ich?

Val. Ja wer denn? Kann ich mir vielleicht mit einer Hand meine linke Hand waschen?

THEATERM. *(Wäscht nun Val. die linke Hand)*

VAL. Besonders diese zwei Finger *(als er fertig ist, sagt Val.)* So jetzt können Sie das Waschzeug wieder hinaus tragen.

TH. *(Trägt es hinaus).*

VAL. *(sagt zum Kapellmeister).* Darf ich bitten? Tell Ouverture – Tusch – *(Val. nimmt die zwei gewaschenen Finger in den Mund und pfeift die Tell-Ouverture oder letzten Teil[.)]*

Schluss.

Eigene Witze über Kunstpfeifen

T. Bitte bringen Sie mir etwas zum Händewaschen, vielleicht zum Fingerwaschen – also eine Waschschüssel (Lavoir) dann ein Stück Handtuch für die linke Hand.

V. No ja was heisst linke Hand – ein Handtuch, also ein Stück Lavoir, ein Stück Handtuch, ein Stück Seife und ein Stück – – – no – – ein Stück – no ich hanbs Ihnen doch schon gesagt und ein Stück – – – no die Hauptsache[.]

T. No die Hauptsache, dös weiss ich nicht was Sie da meinen.

V. No wenn ich mir die Händ wasche was ist da die Hauptsache?

T. Ja die Hände[.]

V. 's Wasser! Können Sie sich die Hände mit etwas anders waschen als mit Wasser?

T. Selbstverständlich!

V. So ? !! Ja mit was denn wenn ich fragen darf, vielleicht mit Leim oder mit Eierlikör?

T. Nein – mit Unschuld!

V. Wieso mit Unschuld?

T. Es heisst ein altes Sprichwort: ich wasche meine Hände mit Unschuld[.]

V. Ja aber da wird man nicht nass, da braucht man sich nicht danach abtrocknen.

T. *(schaut zu wie sich Valentin nur die 2 Finger wäscht)* Ja warum waschen Sie sich jetzt nur die 2 Finger?
V. Weil die sauber sein müssen[.]
T. Und die andern?
V. Was für andere?
T. No die andern Finger?
V. Meine andern Finger?
T. Natürlich nicht die meinen[.]
V. Ja ja die ihren kommen ja gar nicht in Frage, denn wie komme ich dazu dass ich Ihre Finger in mein Maul stecke[?]
T. Was in mein Maul?
V. Nein in mein Maul[!]
T. Ja was haben denn meine Finger in Ihrem Maul zu tun?

Moritaten-Saenger

v. Karl Valentin

Er, der Alte, spielt statt Drehorgel Zugharmonica, Sie, seine Frau, krächzt dazu den Text und zeigt mit einem Stock die Bilder auf der Tafel. (Die Vorbereitungen bis zum Beginn nehmen schon eine längere Zeit in Anspruch: Die Bildtafel muss zuerst aufgestellt werden, der kleine Klappstuhl, auf dem der Alte mit der Zugharmonica Platz nimmt, alles muss zuerst vorbereitet sein. Beide sind zu einander scheisskra[n]tik – nur die Wahl, was für eine Moritat zum Vortrag kommen soll, bereitet den Beiden ebenfalls Schwierigkeiten. Es wird von vornherein noch geschnupft, geschneuzt, geräuspert, die Brille gesucht und in Ordnung gebracht u.s.w.)
ER: Also sing ma zuerst die Malzschieber?
SIE: Mir is gleich.
ER: Wanns dir gleich is, dann kömma a zerst die andere singa.
SIE: Red net so vui, spui!
ER: Sei net gar so ecklhaft, alts Luada.

SIE: *(zum Publikum)* Eine schaurige Moritat: Anno dazumal oder die Malzschieber!

ER: I hab ma denkt, du singst jezt die altn Rittersleut.

SIE: I hab das do gsagt, mir is es gleich, was ma für oane singa.

ER: Ja mir is do a gleich, blos wissn muas is, also na spuin ma als ersts d'Malzschieaba.

SIE: Ja, dassd a Ruha gibst. *(Sie singt und deutet dazu auf die Bilder und er spielt sitzend die Zugharmonica.)*

Auf der Entenjagd

Von Karl Valentin.

Circus-Szene.

1. Clown: Karl Valentin
2. Clown: Liesl Karlstadt

Ort der Handlung: Circus-Arena.

(Beide zusammen auftretend)

V. *(zu K.)* Sind Sie auch Entenjäger?

K. Selbstverständlich! Aber nur Wildentenjäger.

V. Ich auch *nur* Wildenten – die gewöhnlichen Enten schiesst man ja nicht, die isst man ja.

K. Ja, die Wildenten isst man ja auch!

V. Ja – die Wildenten muss man doch zuerst schiessen, bevor man sie isst!

K. Ja, die gewöhnlichen Enten kann man ja auch nicht lebend fressen – die gewöhnlichen Enten wären mir auch zu gewöhnlich! Ich schiesse nur bessere Enten.

V. Gibt es denn bessere Enten auch?

K. Nun ja – die Wildenten. Ich gehe prinzipiell nur auf die Wildentenjagd. Hier in dieser Gegend wimmelt es ja von Wildenten.

V. Hier?

K. Ja – das ist ja mein Jagdrevier!

V. Hier?

K. Ja!

V. Kann ich Ihnen behilflich sein? Ich helfe Ihnen schiessen!

K. Ich bin Ihnen sogar dankbar, denn alle kann ich doch nicht schiessen, die hier vorbeifliegen.

V. Fliegen denn hier welche vorbei?

K. Hollidoh! Glauben Sie, die gehen zu Fuss?

V. Um wieviel Uhr kommt denn die erste geflogen?

K. Das ist unbestimmt – wir legen uns hier auf die Lauer!

V. Auf was legen Sie sich hin?

K. Auf die Lauer!

V. Dann leg ich mich auf den Boden!

K. Ich auch!

V. Sie sagten doch soeben, Sie legen sich auf die Lauer!

K. Wenn man sich auf die Lauer legt, muss man sich ja am Boden legen – – jetzt passen Sie gut auf. Bei meiner letzten Jagd war ich auch am selben Platz, da kam eine Wildente vorübergeflogen – – über mich hinweg – – ein Schuss – – und weg war sie – – nichts getroffen.

V. Und sie ist trotzdem weitergeflogen?

K. Ja – ja – zum Jägern gehört eine ruhige Hand!

V. Nein! Zum Jägern gehört Geduld!

Die Mutter

(Schauspiel)

Von Karl Valentin 1940

(Sohn kommt von der Arbeit heim, geht in das Zimmer seiner alten gebrechlichen Mutter, die in einem Lehnsessel sitzt; sie ist schon 80 Jahre alt; sie weint bitterlich).

SOHN: Grüss Gott, Muatter! ––––––– No, –––––– bin i koan Gruss mehr wert? –

(Die Mutter schaut ihn nicht an und weint immer weiter. Das einzige,

was man vernimmt, ist das Ticken der Wanduhr und das Schluchzen der Mutter).

SOHN: *(Ganz erstaunt, hebt ihr den Kopf und schaut ihr ins Gesicht; erschrocken:)* Ja Muatter, Du weinst ja! --- Ja, was ist denn los? --- Bist denn krank? ------ *(Rüttelt die Mutter)* Muatter ----- Du ----- red', was ist g'schehn? ------ Hat's Verdruss geb'n im Haus? ------ Sag mir's, hat Dich wer beleidigt? --- An dem vergreif i mi! ------- Muatterl geh, bist krank, soll i an Doktor hol'n? ------ Schau mir in d' Aug'n, Muatterl! – Wia i fortgangen bin, warst doch noch ganz guat beinand! ----- Du hast an seelischen Schmerz! I kenn Dir's an! Is mit der Schwester was los? ----- Wo is d' Fanny? ----- Fanny! --- Fanny! ---- *(Läuft in die Küche)* Fanny! Wo bist denn? ------ Fanny! Was is denn los? --- Was is mit der Muatter g'schehn? --- Warum woant d' Muatter?

FANNY: I woass net, sie sagt nix, sie sitzt nur da und woant.

SOHN: Da muass doch was vorg'falln sein; hast mit der Muatter an Streit g'habt?

FANNY: Na Hans, i woass net, was d' Muatter hat!

SOHN: Da is was vorg'falln, i lass mir's net nehma! – Muatter red, hast Du mit der Fanny an Verdruss g'habt? Red Muatter!

FANNY: Hast Du was g'habt mit der Muatter, Hans?

SOHN: I komm grad von der Arbeit hoam, i woass von gar nix; i seh halt, dass d'Muatter da sitzt und woant.

FANNY: Seit Mittag sitzt s' so da, i kenn mi net aus mit ihr.

SOHN: Da stimmt was net, hast Du vielleicht d' Muatter beleidigt?

FANNY: Na Hans, i tat dir's ja sag'n!

SOHN: I muass wiss'n, was da los is! Muatter, i bitt Di um alls in der Welt, sag mir's! Mir kannst alles anvertrau'n!

MUTTER: Liaber Bua, Du kannst mir doch nimmer helfen!

SOHN: Warum net, Muatter?

MUTTER: *(Mit zahnloser Stimme)* Mei liaber Bua, mir is heut mei letzter Zahn rausbrochen.

FANNY: Was is der Muatter passiert?

SOHN: *(aufs Höchste überrascht)* Aber Muatter! ----- Jetzt hätt i bald was g'sagt! -------- Weg'n Deinem alten Zahn machst a solchas Theater! --- I moan wunder was passiert is! --------- Solche kindische Witz kannst Dir mit einem Stiefkind erlaub'n, aber net mit dem eigenen Sohn! ----- Heuer wirst 80 Jahr' alt ......

FANNY: Ja Muatter, 80 Jahr wirst heuer alt!

SOHN: .... Jetzt moan i derfst bald aufhör'n mit Deiner verfluchten »Eitelkeit«!

Wer uns getraut

(aus »Zigeunerbaron«)
Von Karl Valentin 1940.

VAL.: Gestatte mir, ein Lied zum Vortrag zu bringen »Wer uns getraut« aus der Operette »Der Zigeunerbaron« von Johann Strauss. – Wie? ----- Was meinen Sie? ---- Ach so, Ihre Noten, ---- die liegen auf dem Klavier. ------- Den Text geben Sie mir, ich kann das Lied noch nicht auswendig singen. Wie? --- Es ist kein Text dabei? – Ach, das ist nicht schlimm, bei einem Lied ist die Musik die Hauptsache, der Text Nebensache; ich kann ja »la la la« singen. Bitte, Herr Pianist, wir beginnen:

LIED: La la la la – la la la la
la la la – la la la la la
la la la – la la la la la.
La la la la – la la la la
la la la – la la la – la la la la la la
la la la la – la la la la – la la la la la la.

Halt, halt, das geht nicht, das ist zu viel la la la, das müssen wir anders machen. Geben Sie mir bitte das Zeitungsblatt, das da auf dem Tisch liegt – so – danke. – Bitte, Herr Kapellmeister, noch einmal von vorne anfangen!

(Nach der Zeitung: ....)

Schuhplatten Text [Alpensängerterzett]

Imitation einer bayerischen Gebirgs-Sänger-Truppe.
Von Karl Valentin 1941.

Personen: Vater – Sohn – Tochter. – *Vater spielt Bandoneon, Sohn Zither, Tochter singt.*

CHOR: Grüss Gott, grüss Gott mit hellem Klang,
Heil dem deutschen Lied und Sang.

VATER: Mei Schatzerl hoasst Nannerl,
hat schneeweisse Zahnerl,
hat kohlschwarze Knia
aber g'sehng hab i s' nia.

CHOR: Hat kohlschwarze Knia, aber g'sehng hat er s' nia. – *Jodler.*

VALENTIN: Du kimmst, Vater!

VATER: I woass scho! *(singt:)*
Zwischen Bergen die voll Schnee, duljö
duljö, duljö, duljö, hoho,
liegt a himmelblauer See ....

VALENTIN: Der Vater is allaweil no verschleimt!

CHOR: Almarausch, Almarausch, bist a schön's Bläamerl!
Almarausch, Almarausch, blüahst so schö rot!
(Es klopft dreimal).

VALENTIN: Was schlagt denn da drauss auf dem Tannabaum
(Vater u. Tochter singen nach)
was hör i die ganze Nacht schrein *(Kikeriki).*
Was muass denn dös nur für a Vogerl sei,
dös kann doch koa Nachtigall sei!

VATER U. KARLST.: Na na, mei Bua, dös is koa Nachtigall
na na, mei Bua, dös derfst net glaub'n.
A Nachtigall schlagt auf koan Tannabaum,
dö schlagt auf ara Haselnusstaud'n.

KARLST.: Und der Vater hat neulich der Dirn
a Birn auffi g'worfa auf's Hirn.
Jetzt tuat der Dirn

's Hirn weh von der Birn,
denn a so a Birn
g'spürt ma auf der Stirn,
drum wirft der Vater der Dirn
koa oanzige Birn mehr auf's Hirn.
(Einlage:) Foxtrott.

VALENTIN: I bin a Steirer-Bua .....

VATER: A Hundsbua bist, dass d'as woasst!

VALENTIN: Wer is a Hundsbua? Glei hau i Dir d'Zither nauf [!]

VATER: Schamst di net vor dein alten Vatern? Glei spuist weiter!

VALENTIN: Alt bist net, aber schirrli! Oan spiel i no, na mag i nimmer! Dann konnst dir am Arbeitsamt an neua Sohn suacha!

CHOR: Im schönen Isartal
tönt munt'rer Büchsenknall,
in Tölz da is a Schiassats heut,
dös freut uns allemal.
Drum packt's an Stutz'n o,
wer ziel'n und treffa kō,
mit frischem Mut, an Strauss am Hut,
so liebt's das Schützenblut.
Frisch, flott und stramm im Takt,
die G'schicht gleich angepackt,
d' Musikanten fesch voran,
da blast a jeder was er kann,
alles nur »Juhe« schreit,
vor lauter Lustbarkeit.
Duljö, duljö, duljö, duljö
dös is a wahre Freud!
./. Ja, ja, ja, ja, dös is a Freud ./. *(3 mal)* a Freud, dös is a Freud .... *(finden keinen Schluss mehr).*

VALENTIN: Als zweites kommt das schöne Lied »'s Edelweiss«, g'sungen von der Berger Vroni – unserer Tochter!

VATER: *Meiner* Tochter!

VALENTIN: De g'hört scho D[ir], de nimmt Dir neamand!

VATER: *(zur Tochter)* Stell di doch weiter ans Mikrifan one!

KARLST.: Was?

VALENTIN: Ans Mikrifan sollst di weiter hinstell'n! Möchst net im Rückgebäud' hint singa? – Drah di doch um! Möchst es net uns vorsinga?

Vorspiel:

KARLST.: *(singt zu hoch)* Wer nennt mir jene Blume, die allein ....

VALENTIN: Kimmst ja net nauf!

KARLST.: So hoch kann i überhaupts net singa!

VALENTIN: Warum singst'n na so hoch? Sing halt na tiafer! *(Zum Publikum):* 's Edelweiss! Tiefer.

KARLST.: *(singt zu tief)* Wer nennt mir jene ....

VATER: *(haut sie auf den Arm – sie weint)* Hörst denn net, dass z'tiaf is?

VALENTIN: Jetzt bläckt's, der Socka! Sing's halt in der Mitt drin! *(zum Publikum):* 's Edelweiss, in der Mitt drin!

KARLST.: *(singt richtig)* Wer nennt mir jene Blume, die allein
auf steiler Alm erblüht im Sonnenschein!
Die schönste Zierde uns'rer Alpenwelt,
hoch droben einsam wächst vom Schnee erhellt.
(kann nicht mehr weiter, die andern sagen ihr immer ein)
Die schönste Zierde uns'rer Alpenwelt .... *(sie singt immer das Gleiche bis zum Schluss.)*

VALENTIN: Als nächstes gelangt zur Aufführung: a Portion boarische Landler. *(Er bläst As-Klarinette, Vater begleitet mit der Guitarre usw. – Es ist ein tolles Gequietsche, aber der Direktor des Rundfunks macht ein Ende, stellt das Mikrophon ab und entschuldigt sich noch bei den Hörern)*

DIREKTOR: Verzeihen Sie, liebe Hörerinnen und Hörer, wir haben leider mit dieser Darbietung einen kleinen Missgriff gemacht. Wir unterbrechen jetzt unsere Sendung und in einigen Minuten geht unser Programm wieder weiter.

VATER: Müass ma aufhör'n?

TOCHTER: Derf ma nimmer einisinga in Mikrifan?

DIREKTOR: Nein – tut mir sehr leid, Ihre Darbietungen sind für den Rundfunk nicht geeignet.

VATER: War scho recht! Mir hamand scho in de feinsten Häuser gastiert.

DIREKTOR: Das ist schon möglich, aber für den Senderaum ist Ihre Leistung unmöglich!

TOCHTER: Mir hamd ja an Kunstgesang.

DIREKTOR: Kunstgesang?! Ein Hundsgesang war das!

VALENTIN: Geh, tua uns fei du net so rosetzen! Du werst no froh sei, wannst a solchene Musi kriagst! Mir war'n scho in der Kunstausstellung z' Deggendorf!

TOCHTER: Na Sepp – in Düsseldorf war'n ma.

VALENTIN: Dös is ja wurscht.

DIREKTOR: Also machen Sie jetzt da im Senderaum keinen Radau!

VALENTIN: Da werd gar koa Raudau g'macht! Mir wissen, was mir leisten, wennst a du dös net vastehst. Du hoist uns scho no amal, de Zeit kimmt!

DIREKTOR: Ja ja, ist schon recht. Halten Sie mich mit Ihrer Gesellschaft nicht länger auf, wir haben gleich die nächste Sendung! – Hier ist der Ausgang, bitte! – *(Alle gehen murmelnd hinaus).*

VALENTIN: *(schreit vom Stiegenhaus aus noch dem Direktor zu)* Desweg'n lassen mir uns a koane graua Haar wachsen, wenn mir a in' Rundfunk net neipassen!

DIREKTOR: *(leise)* Ja! Ja! Schon gut!

VALENTIN: *(schreit nach)* Sie san auf uns net ang'wies'n, aba mir auf Eahna, des müassen's Eahna mirka!

Der Bräutigam in Uniform

Komödie von Karl Valentin und Liesl Karlstadt.

Personen: Herr Wimmer = Karl Valentin
Frau Rostig = Liesl Karlstadt
Bräutigam ?

spielt im Wohnzimmer der Frau Rostig.

HERR WIMMER: *(zu Frau Rostig)* Ja Frau Rostig, was ist denn heute los? Was soll die plötzliche Einladung bedeuten – 3 Gedecke?

FRAU ROSTIG: Jawohl – 3 Gedecke – eines für Sie – eines für meine Wenigkeit und ein Gedeck für meinen Bräutigam[.]

HERR WIMMER: Was Bräutigam? Sie wollen doch nicht noch einmal? –––

FRAU ROSTIG: Ja – ich will noch einmal! Und zwar schon in 14 Tagen. Sie haben ja niemals etwas dergleichen getan, obwohl ich Ihnen schon oft zu verstehen gab, dass mir das Witwe sein zum Halse heraus hängt.

HERR WIMMER: Ja aber Frau Rostig, das habe ich nie für Ernst genommen[.]

FRAU ROSTIG: Nun ja – es wäre ja jetzt auch zu spät, denn jetzt habe ich bereits einen Bräutigam und zwar einen ganz seltenen Bräutigam.

HERR WIMMER: Was – einen seltenen Bräutigam?

FRAU ROSTIG: Ja, einen sehr seltenen!

HERR WIMMER: Sie machen mich aber neugierig!

FRAU ROSTIG: Wenn Sie den Beruf meines Bräutigams erraten, dann sind Sie nicht so dumm wie Sie ausschauen. Vor 14 Tagen habe ich ihn auf dem Volksfest kennen gelernt und für heute habe ich ihn zum Essen eingeladen und jetzt raten Sie einmal was mein Bräutigam für einen Beruf hat?

HERR WIMMER: So auf dem Volksfest haben Sie ihn kennen gelernt, das kann auch kein G'scheiter sein.

FRAU ROSTIG: Gescheit braucht er ja schliesslich auch nicht sein, die Hauptsache ist, dass er fleissig ist und einen Beruf hat.

H. Wimmer: Was hat er denn für einen Beruf?

F. Rostig: Das erraten Sie nicht so schnell – aber Sie müssen jetzt raten, das gibt eine Gaudi!

H. Wimmer: Ist er ein Beamter?

F. Rostig: Nein!

H. Wimmer: Ein .... Geschäftsmann?

F. Rostig: Nein .... Ja – das weiss ich selber nicht genau[.]

H. Wimmer: Ein Doktor?

F. Rostig: Nein!

H. Wimmer: Ein Arzt?

F. Rostig: Nein, ein Doktor ist ja ein Arzt[.]

H. Wimmer: Ein Pfarrer?

F. Rostig: Aber Herr Wimmer, ein Pfarrer darf doch nicht heiraten, wenn er auch möchte[.]

H. Wimmer: Ja stimmt. [E]in Metzgermeister?

Fr. Rostig: Gehns, Herr Wimmer, ein Metzgermeister tragt doch keinen Helm[.]

H. Wimmer: Einen Helm trägt er – ja dann ist er ein Schutzmann[.]

Fr. Rostig: Nein, ein Schutzmann ist er nicht, das hätt ich doch gleich gesagt[.]

H. Wimmer: Ach, vielleicht ein Soldat[?]

Fr. Rostig: Nein!

H. Wimmer: Ah, jetzt hab ich's, ein Feuerwehrmann!

F. Rostig: Was tät ich mit einem Feuerwehrmann, den kann ich nicht brauchen, bei uns brennt's ja nie.

H. Wimmer: Gehns Frau Rostig, Sie halten mich ja zum Narren! . – Auf dem Volksfest hab'n Sie ihn kennen g'lernt und einen Helm trägt er und ein Soldat ist er nicht und kein Schutzmann und kein Feuerwehrmann ....

F. [Rostig]: Herr Wimmer, Sie zerbrechen sich den Kopf umsonst, geben Sie das raten auf und warten Sie bis er kommt. Jetzt is es 3/4 auf 3[.]

F. Rostig: [E]r muss alle Augenblicke kommen, geh sind's doch nicht so neugierig.

H. WIMMER: Da bin ich schon neugierig, was der ist, hat er einen schönen Beruf?

F. ROSTIG: Nein [!]

H. WIMMER: Was nein? – Einen gefährlichen Beruf?

F. ROSTIG: Ja, mein Gott!

H. WIMMER: Können Sie ihm bei seiner Arbeit behilflich sein?

F. ROSTIG: Um Gotteswillen, das ist ja ein Ding der Unmöglichkeit!

H. WIMMER: Ist er ein Einbrecher?

F. ROSTIG: Ein Einbrecher hat doch keinen Helm auf, dann tät man ihn ja gleich kennen, wenn der einen eigenen Einbrecherhelm auf hätt'[!]

H. WIMMER: Ja so – kann er seinen Beruf auch im Freien ausüben?

F. ROSTIG: Nein!

H. WIMMER: Daheim?

F. ROSTIG: Nein – das ist ausgeschlossen.

H. WIMMER: Hat er eine Werkstätte?

F. ROSTIG: Der hat doch keine Werkstätte, wenn er einen Helm aufhat[.]

H. WIMMER: Jetzt kenn ich mich nicht mehr aus, Werkstatt hat er keine, im Freien ist er nicht, einen Helm hat er auf, Sie können bei seiner Arbeit nicht dabei sein, der Mann muss schon eine ganz eigenartige Existenz haben.

F. ROSTIG: Stimmt! Jetzt kommen Sie schon allmählich drauf – der hat wirklich eine eigenartige Existenz. Ach, ich hör schon Schritte –– er kommt – er kommt! Also Herr Wimmer, dass Sie's wissen – in Uniform ist er, einen Helm hat er auf und am Volksfest hab ich ihn kennen gelernt.

H. WIMMER: Da bin ich aber neugierig, was das für ein Kampl ist[.]

F. ROSTIG: So Liebling, jetzt komm rein – Herr Wimmer – mein Bräutigam *(Ein Taucher in voller Uniform kommt herein)*

H. WIMMER: Der Taucher vom Volksfest!

F. ROSTIG: *(umarmt ihn)*

Vorhang.

Der Zirkuskauf

Text von Karl Valentin – Nov. 1941
Für W. H. W. angefertigt.

Entschuldigen Sie, meine Herrn und Damen die kleine Störung. Herr Valentin will den Zirkus besichtigen, da derselbe in Bälde verkauft werden soll. – Das Programm geht gleich wieder weiter.

(Fritz Fischer und Karl Valentin betreten zusammen die Manège)

FR. FISCHER: Wie sie wissen besitze ich die Vollmacht von Herrn Karl Krone über den Verkauf dieses Zirkuses, nicht wahr! An Hand dieses Kaufvertrages kann ich Ihnen die Details des Zirkuses leichter erklären.

Kaufvertrag.

Der Zirkus Krone ist mit allem Comfort der Neuzeit und der Technik eingerichtet.

Stallungen für 120 Pferde und für wilde Tiere befinden sich an der Rückseite des Zirkuses.

Eine Restauration mit Erfrischungsraum und die Garderoben der Künstler sind im Vorraum neben den beiden Haupteingängen.

(Fr. Fischer steigt über den Zirkusrand und bittet Valentin auch hinüber zu steigen. Valentin scheint aber der Rand zu hoch; er zieht den Meterstab aus der Tasche und misst die Höhe des Zirkusrandes ab, dann auch seine Beine und steigt dann erst hinüber.)

20 Scheinwerfer – eine Lautsprecheranlage – Artistengeräte in der Zirkuskuppel, ist alles in dem Verkaufspreis des Zirkuses mit inbegriffen.

(Valentin verliert immer seine Gummigalosche)

VALENTIN: Aber in dem Kaufvertrag ist mir vieles nicht klar!

FISCHER: Wieso?

VALENTIN: Da heisst's z. B. »Der Zirkus hat eine Höhe von 25 Meter«[.]

Fischer: Na ja! Das stimmt doch!

Valentin: Ach, das sind doch höchstens .... so-und-soviel Meter! *(zieht den Meterstab aus der Tasche u. will die Höhe abmessen – Spiel mit dem Meterstab und dem Bleistift.)*

Na ja, kann sein! --- Dann fehlt auch im Kaufvertrag mit was der Zirkus gepflastert ist!

Fischer: In einem Zirkus gibt's kein Pflaster, da gibts nur Sägespäne.

(hebt eine Hand vol Sägespäne auf und gibt sie Valentin. Valentin misst die Sägespäne mit dem Meterstab ab und gibt sie wieder an Fischer zurück – dieser wirft sie weg!)

(Zwischenspiel: *Fischer schreit (wie üblich auf den Proben) das Zirkuspersonal mit den Worten an:*

»Ruhe! Dahinten! Während ich mit dem Herrn spreche und den Kaufvertrag erkläre! Sie haben ruhig zu sein, merken sie sich das! Sonst schmeiss ich sie hinaus![)«]

(Valentin: *Während Fischer so schreit, misst Valentin ihm mit dem Meterstab die Breite seines Mundes ab*)

Valentin: Ausserdem fehlt im Kaufvertrag wieviel Personen dass der Zirkus fast!

Fischer: Da stehts doch! ..... Der Zirkus fasst fast 4000 Personen.

Valentin: Und wieviel Toiletten sind da?

Fischer: 10 Stück! Fünf Herrn und fünf Damentoiletten.

Valentin: 10 Toiletten! Für 4000 Personen! Das ist aber wenig!! Wenn die 4000 Personen alle auf einmal hinausmüssten ... das wäre nicht auszudenken! ---- Uebrigens steht im Kaufvertrag auch nicht drin, wie lang der Zirkus ...

Fischer: Das brauchts auch gar nicht! Ein Zirkus ist niemals lang, ein Zirkus ist immer rund.

Valentin: Nein, wie lang dass der Zirkus ....

Fischer: Ich sag Ihnen doch gerade, ein Zirkus kann nicht lang sein, ein Zirkus ist immer rund.

Valentin: Sie verstehn mich nicht! Ich mein wie lang der Zirkus schon auf diesem Platz steht?

FISCHER: Ach so! – Ich glaub seit 1919.

VALENTIN: Dann steht auch nichts drin, dass der Zirkus versichert ist!

FISCHER: Freilich! Da stehts doch! »Der Zirkus ist gegen Diebstahl versichert.« --- Aber ich hab jetzt keine Zeit mehr, wir müssen mit dem Programm weitermachen. Ueber den Preis sind wir uns ja schon einig! Der Zirkus kostet mit allem Drum und Dran eine Million.

VALENTIN: Besetzt!?

FISCHER: Was meinen Sie da?

VALENTIN: Mit Publikum meine ich!

FISCHER: Was heisst mit Publikum? Ich kann Ihnen doch das Publikum nicht mitverkaufen!

VALENTIN: Ja ohne Publikum kauf ich doch keinen Zirkus! Was tät ich dann mit einem Zirkus ohne Publikum? Ich will ja geldverdienen!

FISCHER: Sie sind ja verrückt! Einen vollen Zirkus kauft doch niemand!

VALENTIN: Also ein leerer Zirkus kommt gar nicht in Frage.

(geht kopfschüttelnd und schimpfend ab. – Kopfschüttelnd geht auch Fischer ab.)

Wie heisst der Notenwart?

Von Karl Valentin 1941.

Musiker stimmen ihre Instrumente (4 Mann Blechmusik). Ort: ein Wirtschaftsgarten. – Bombardonist: Karl Valentin. C-Trompeter: Herr Rot. Klarinettist: Frl. Karlstadt. Posaunist: Herr ....

VALENTIN: Also, spiel ma wieder oan, dass d'Zeit vergeht!

KARLST.: Habt Ihr die Noten schon ausgeteilt?

ROT: Freilich!

VALENTIN: Also los! Lasst die Klänge klingen!

(Jeder von den 4 Musikanten bläst nun ein anderes Stück – der eine einen Mazurka, der andere einen Walzer, der dritte ein Lied und der vierte einen Galopp. – Nach einigen Takten hören alle wieder auf und Valentin sagt:)

VALENTIN: Ja, was is denn dös für ein Verhau! – Da spielt ja jeder was anders, dös is ja 's reinste vielharmonische Orchester! I sag's ja, seit wir keinen Notenwart mehr hab'n, klappt's bei uns nimmer; schad, dass er nicht mehr bei uns is, der .... no – wia hat denn unser Notenwart g'hoassen .... no, der .... jetzt fallt mir sein Name nicht mehr ein!

KARLST.: Der Gallinger Schorschl!

VALENTIN: Gallinger hat er nicht g'hoassen – der Gallinger war ja so ein Grosser – der Dings war ja nicht gross ---

KARLST.: Wer?

VALENTIN: No ja, den wo ich meine ....

KARLST.: Ich *weiss* ja nicht, wen Du meinst ....

VALENTIN: Um das handelt es sich doch, weil wir nicht wissen, wie der heisst.

KARLST.: Ja, *ich* weiss doch nicht, wie der heisst!

VALENTIN: Ja, dös weiss ich schon, dass Du das nicht weisst; wir wissen's ja auch net.

KARLST.: Ja, wie könnt ma jetzt dös wissen, wie der heisst!

VALENTIN: Am sichersten wird's er selbst wissen, wie er heisst. – Wisst Ihr was? Wir schreiben ihm eine Postkarte!

ALLE: Ja, dös tun wir!

VALENTIN: Ja aber --- wenn wir nicht wissen, wie er heisst, können wir ihm doch net schreiben!

ROT: *(besinnt sich – Pause)* Hat er net Ott g'heissen?

VALENTIN: Na na, Ott hat er nicht g'heissen; so viel ich mich erinnere, war es ein ganz kurzer Name!

KARLST.: Ott *ist* doch ein kurzer Name!

VALENTIN: Ott ist *zu* kurz; unser Notenwart hat so ähnlich g'heissen wie unser früherer Posaunist, der ...., jetzt weiss ich dem sein' Namen auch nicht mehr!

KARLST.: Eisele.

Valentin: Na na, so hat unser Posaunist nicht g'heissen; das war kein so metalliger Name wie Eisele, im Gegenteil, so ein hölzerner Name!

Alle: *Holzinger!* – Gott sei Dank, dass wir wenigstens dem sein' Namen wissen! – Aber – wie der Notenwart g'heissen hat, ob uns dös noch einfallt!?

Wirt: *(schreit von hinten aufs Musikpodium hinauf:)* Macht doch eine Musik, ich zahl Euch doch net fürs saudumme Daherreden!

Valentin: *(schreit zum Wirt hin:)* Es handelt sich um den Namen von unserem früheren Notenwart! – Der Name fällt uns nicht mehr ein – net ums Verrecka!

Wirt: Das ist doch wurscht, wie der g'heissen hat!

Valentin: Ja *Ihnen* schon, aber *uns* ist's nicht wurscht! Ihnen is' schliesslich auch net wurscht, ob Sie Magdalena oder Blasius heissen!

Wirt: Das Publikum will nicht Euer Geschnatter hören, sondern ein Konzert.

Valentin: Also, fang ma an! *(Doppel-Adler-Marsch wird geblasen)* – *(Mitten unter dem Marsch hört Valentin plötzlich auf und schreit:)*

Valentin: Aufhören! – Jetzt is mir's eing'fallen, wie unser Notenwart g'heissen hat! *Pfaffinger* hat er g'heissen!!!

Alle: *Stimmt!* – Ja, Pfaffinger hat er g'heissen! *(Alle blasen wieder weiter)*

Wirt: Weiter spielen!

Valentin: *(als der Marsch zu Ende ist, besinnt er sich einige Sekunden und sagt:)* Nein! – Nein! Da hab ich mich getäuscht! – Pfaffinger hat er *auch* net g'heissen!

Alle: Jawohl, *Pfaffinger* hat er g'heissen, das wissen wir *ganz* bestimmt!

Valentin: ––– Sein *Bruder* hat Pfaffinger g'heissen!

Karlst.: *(alle lachen)* Rindviech, wenn sein Bruder Pfaffinger g'heissen hat, dann heisst doch er *auch* Pfaffinger!

Valentin: Na!!! – Dös war ja sein *Stief*bruder!!!

Valentin fährt Straßenbahn

SCHAFFNER I: Hat alles Fahrscheine?

VALENTIN: Nein, ich will mir erst einen kaufen.

SCHAFFNER I: Was heißt kaufen, ob S' einen Fahrschein wollen?

VALENTIN: Freilich will ich einen, sonst wär ich ja net in d' Trambahn eing'stieg'n, wenn ich keinen Fahrschein wollte; dann steig ich in ein Autotaxi, da braucht man Gott sei Dank noch keinen Fahrschein, das wird schon auch noch kommen!

SCHAFFNER I: Ja, wo wollen S' denn hinfahrn?

VALENTIN: Wo fahren Sie denn überall hin?

SCHAFFNER I: Wir fahren am Bahnhof.

VALENTIN: Am Bahnhof? Auf was für einen Bahnhof? Es gibt ja mehrere Bahnhöfe in unserer Stadt.

SCHAFFNER I: Ja, wir fahren mit unserer Linie am Bahnhof vorbei.

VALENTIN: Vorbei? Ja, ich will ja nicht vorbeifahren, ich will ja *zum* Bahnhof fahren.

SCHAFFNER I: Dann müssen S' halt am Bahnhof aussteigen!

VALENTIN: Wann?

SCHAFFNER I: Na ja, wann ma halt draußen sind.

VALENTIN: Wo?

SCHAFFNER I: Am Bahnhof. Und jetzt sag'n S' mir endlich, auf was für einen Bahnhof Sie eigentlich wollen?

VALENTIN: Ja, was für einen Bahnhof könnten Sie mir denn empfehlen?

SCHAFFNER I: Ich hab Ihnen doch g'sagt, mir fahr'n am Ostbahnhof.

VALENTIN: Dann geb'n Sie mir lieber ein Billett in Zirkus!

SCHAFFNER I: In Zirkus? – Da müssen S' ja entgegengesetzt fahren mit der 19er-Linie.

VALENTIN: Wann muß ich da aussteigen?

SCHAFFNER I: Sofort! – In die Linie 19.

VALENTIN: Danke! *(Steigt aus und in die Linie 19 um).*

SCHAFFNER II: *(Läutet ab).* Der Wagen ist besetzt; im hintern ist noch genügend Platz.

Valentin: Bitte drücken Sie sich nicht so zweideutig aus. Sie können genau so gut sagen: im hintern *Wagen* ist noch genügend Platz, dann gibt es kein Mißverständnis.

Schaffner II: Wohin?

Valentin: Ein Billett in Zirkus!

Schaffner II: Ich hab keine Zirkusbilletten – nur Straßenbahn-Billetten!

Valentin: Ein Billett *zum* Zirkus!

Schaffner II: Das hätten S' doch gleich sagen können! – Im übrigen ist das Rauchen hier im vorderen Wagen verboten, deshalb habe ich ja zu Ihnen g'sagt, im hintern Wagen ist noch Platz, da können S' auch rauchen!

Valentin: Nein! Sie haben im Hintern allein g'sagt!

Schaffner II: Mit 'm Hintern hab ich doch den Wagen g'meint!

Valentin: Ob ich in den hintern hineinsteige oder in den vorderen, das kann Ihnen gleich bleiben!

Schaffner II: Wenn S' nicht rauchen, können S' von mir aus im vordern Wagen sein oder im hintern, und jetzt lassen S' mir amal mei' Ruah mit Ihrem Hintern!

Dame: Der Herr hat ganz recht, wenn er sich über Ihre kurze Zurechtweisung aufregt, denn es ist doch keine große Zeitvergeudung, wenn Sie sagen: im hintern Wagen!

Schaffner II: Jessas Maria, jetzt fangt sie aa no o mit 'm Hintern! Mei' Ruah möcht i jetzt bald! – Hat alles Fahrscheine?

2. Dame: Bahnhof!

Schaffner II: Der Schein is ja schon abg'rissen!

2. Frau: Ja, i bin zuerst im hintern g'sessen!

Schaffner II: Wo san S' g'sessen? Am Hintern?

2. Frau: Nein! Im Hintern!

Schaffner II: Im hintern *Wagen* meinen Sie, sonst könnt i ja meinen, am Hintern sind S' g'sessen!

2. Frau: Na, i bin im hintern g'sessen und mei' Tochter im vordern, drum bin i vom hintern raus und in vordern nei.

Valentin: Sehn S', Herr Schaffner, jetzt sehn S' doch selber ein, daß man *nie* vom Hintern allein reden soll!

Im Uhrmacherladen

Von Karl Valentin 1941.

UHRMACHER: Jessas, is des jetzt a schlechte Zeit für uns Uhrmacher; jetzt wird's scho bald ein Jahr, dass ich die letzte Uhr verkauft hab. Ich will ja net unbedingt etwas verkaufen, wenn nur wenigstens einer käme und frag'n tät, ob ich was zu verkaufen hab! Was ist schuld an meinem schlechten Geschäftsgang? Nur die vielen Turmuhren in der Stadt; da braucht ja kein Mensch eine Taschenuhr mehr. Mir geht's ja selber so: wenn ich in der Früh auf'n Kirchturm schau, dann weiss ich, wieviel Uhr es ist und brauch gar keine Taschenuhr.

(Ladenglocke)

VATER (UND PEPPERL) Grüss Gott, Herr Uhrmacher, hab'n Sie Uhren zu verkaufen? Mein Pepperl gibt koa Ruah mehr, bis er a Uhr hat. Direkt zum Laden hat er mi reizog'n; er will unbedingt eine ham, weil er heut g'firmt wird; der Herr Firmpat' hat uns aufsitzen lassen.

UHRMACHER: So, der wird heuer g'firmt? Mei Bua wird heuer auch g'firmt!

VATER: Da tun Sie sich leichter wia i, Sie brauchen wenigstens koa Uhr kaufen als Uhrmacher!

UHRMACHER: Ja glaub'n Sie, i kriag's g'schenkt?

VATER: Was kost denn eine Firmungsuhr?

UHRMACHER: Das kommt ganz drauf an, was Sie ausgeb'n wollen!

VATER: Ja mei, der Bua is ja erst 14 Jahr alt, der braucht no koa so grosse Uhr wie ein Erwachsener!

UHRMACHER: Halbe Uhren hab i allerdings nicht auf Lager.

VATER: Können S' ihm vielleicht eine anmessen?

PEPPERL: *(greift alles im Laden an)* Vater, i möcht eine mit recht viel Zeiger!

UHRMACHER: Jede Uhr hat zwei Zeiger und ein' Sekundenzeiger.

VATER: Sei nur stad, i kauf dir extra eine Schachtel Zeiger dazua.

PEPPERL: Vater, a Armbanduhr möcht i mit an Reama!

VATER: Dös hab i dir schon g'sagt, überspannte Sachen kriagst net.

PEPPERL: Dann mag i gar koane, ausser so oane, wo da Deckel in d' Höh hupft.

UHRMACHER: Die Uhren mit Sprungdeckel sind aber bedeutend teurer.

VATER: Na na, nix Sprungdeckel! A solchene kannst dir amal selber kaufen, wennst älter bist!

PEPPERL: I bi ja scho älter – Vater, kaf ma oane mit an Sprungdekkel, juh Vater!

VATER: Was kost eine gewöhnliche Uhr?

UHRMACHER: Ohne Kette kost die Uhr RM.25.–.

PEPPERL: Na Vater, ohne Kett'n mag i koa Uhr net!

VATER: Ohne Kette 25.– Mk.

PEPPERL: *(plärrt)* Na Vater, i möcht a Uhr mit da Kett'n, bitt schön Vater, mit der Kett'n!

VATER: Ja sei nur grad stad, du kriagst ja oane mit der Kett'n; der Uhrmacher moant ja nur, mit der Kett'n kost de Uhr 30.– MK. und ohne Kett'n 25.– Mk.

PEPPERL: Na Vater, ohne Kett'n mag i's net!

VATER: Sei doch net so blöd', blöder Bua! Der Uhrmacher hat doch blos g'sagt, ohne Kett'n kost's 25.– Mk.

PEPPERL: *(plärrt was er kann)* Na Vater, ohne Kett'n ziag i de Uhr net o, na mag i koa Uhr a net!

VATER: Ja Hundsbankert mistiger, glei geh'n ma wieder hoam, wennst net sofort dei Plärr'n aufhörst! – Glei kriagst a rechts Trumm Watsch'n statt a Uhr!

PEPPERL: Vater, a solchene möcht i, a so a grosse mit zwoa so Glocken!

VATER: Deppata Bua, des is ja a Wecker!

UHRMACHER: Das wär gelungen, wenn der Bubbb mit'm Wecker zur Firmung ginge!

VATER: Der hängat so an Regulator a auf'n Buckel nauf; dös is a wild's G'wachs, mei Pepperl!

UHRMACHER: Ja also, Spass beiseite: zu was für einer Uhr wollen Sie sich denn entschliessen?

VATER: Ja mei, nacha nimm i halt de zu 30.– Mk. mit der Kett'n!

PEPPERL: O fein, Vater, a fein!

VATER: Aber dös sag i dir glei – 30.– Mk. kost de Uhr, aber – den Fuassball kriagst dann erst 's nächste Jahr!

PEPPERL: Na Vater, an Fuassball möcht i glei! I mag koa Uhr, gehn ma Vater!

VATER: Na na, die Uhr ....

PEPPERL: Na na na, i mag koa Uhr mehr, gehn ma Vater, gehn ma!

VATER: Entschuldigen's Herr Uhrmacher, zuerst hat er mi in Lad'n einazog'n und jetzt ziagt er mi wieder aussa!

Bum! (Türe schlägt zu).

Eine Schlamperei

Schauerliche Ritterkomödie v. Karl Valentin – Oktober 42

Spielt in München – im Jahre 1700 – in einem Gefängnishof

FEMRICHTER: *(zum Scharfrichtergehilfen)*
Schleppe den Delinquenten herbei!

(Der Henkersknecht bringt den Delinquenten und gibt ihm Anweisung, dass er sich vor dem auf der Bühne stehenden Richtpflock hinknien soll – der Delinquent kniet sich hin, die Hände hat er schon auf dem Rücken gefesselt.)

FEMRICHTER: *(liest aus der Gerichtsurkunde heraus)*
Ich gebe dem armen Sünder kund und zu wissen, dass der Herzog alleruntertänigst das Gnadengesuch abgelehnt hat und dessenthalben die Todesstrafe an dem Delinquenten sogleich zu vollziehen ist. Nepomuk Hachinger, Dienstknecht dahier, 33 Jahre alt, wird heute wegen Wegelagerei und sonstigen Räubereien mit dem Beil vom Leben zum Tode befördert. – Das peinliche Gericht stellt an den Verurteilten noch die letzte Frage, ob er noch einen Wunsch habe. Der letzte Wunsch wird ihm erfüllt. Jawohl!

Delinquent: Mein letzter Wunsch ist, dass man mir die Augen nicht verbindet, weil ich bei meiner Hinrichtung zuschauen möchte.

Femrichter: Na, na – diesen eigenartigen Wunsch kann ich Ihnen leider nicht erfüllen.

Delinquent: Bitte! Sie haben soeben vor zwei Zeugen gesagt, mein letzter Wunsch wird mir erfüllt und das *ist* mein letzter Wunsch, dass ich dem Tode ins Auge schaue. – Ich bin kein Feigling! – Ausserdem war es schon längst mein Wunsch, einer Hinrichtung beizuwohnen. Und da habe ich jetzt die beste Gelegenheit.

Femrichter: Wünschen Sie sich das ja nicht! Das ist etwas so Grausiges, das würden Sie Ihr ganzes Leben lang nicht vergessen.

Delinquent: Na, gar so lang wird das Leben nach meiner Hinrichtung nicht mehr dauern! – Oder meinen Sie das ewige Leben?

Femrichter: Stellen Sie mir nicht solche Fragen, die ich nicht beantworten kann. – Jedenfalls kann ich nicht gestatten, dass Sie als Delinquent zugleich Zuschauer sein dürfen. *(Zum Scharfrichtergehilfen gewendet)* Binde ihm die Binde um!

Scharfrichtergehilfe: Befehl vollzogen! *(Bindet ihm die Augen zu)*

Femrichter: *(zum Scharfrichter, der von Anfang an mit verschränkten Armen und hochgehobenem Kopf unbeweglich neben dem Richtpflock steht.)* Und wenn das arme Sünderglöcklein ertönt – und wenn ich den Stab breche, so erhebe Dein Beil und amte Deines Waltes. Ah – Verzeihung! Und walte Deines Amtes.

Delinquent: *(lacht laut, weil sich der Femrichter versprochen hat)*

Femrichter: Es ist pietätlos von Ihnen, eine Sekunde vor Ihrem Tode noch zu lachen.

Delinquent: Aber hoher Gerichtshof, das Sprichwort heisst doch: Wer zuletzt lacht, lacht am besten!

Femrichter: Du wirst bald ausgelacht haben! *(zum Scharfrichter)* Was ist los? Trenne dem frechen Gesellen den Kopf vom Rumpfe.

Scharfrichter: *(zu Richter)* Der Gehilfe ist noch nicht da, ich habe ihm befohlen, das Beil zu holen – er bleibt solange aus.

SCHARFRICHTERGEHILFE: *(eilt hastig und aufgeregt auf die Bühne und flüstert dem Scharfrichter ins Ohr)* Das ist doch eine Schlamperei!

FEMRICHTER: Was ist los?

SCHARFRICHTER: Der Gehilfe findet das Beil nicht!

FEMRICHTER: Ah! Ah! Ah! Das ist ja nicht zu glauben! Das ist ja eine furchtbare Schlamperei!

SCHARFRICHTER: Bei der letzten Hinrichtung vor zwei Jahren hab ich's in die Kammer hineingetan und jetzt ist es nicht mehr da.

FEMRICHTER: Aber soviel ich weiss, sind doch zwei Richtbeile da.

SCHARFRICHTER: Wir haben schon zwei; aber das alte ist unmöglich. Das ist vollständig verrostet; da könnte der Geköpfte nach der Hinrichtung die schönste Infektion bekommen. Das wär eine riskante Sache!

DELINQUENT: *(ungeduldig)* Ja, wie lang muss ich denn jetzt noch warten? Mir tun schon die Knie weh von dem langen Kniegeln.

FEMRICHTER: Stehen S' doch einstweilen auf, bis wir das Beil gefunden haben.

(Scharfrichtergehilfe nimmt dem Delinquenten die Augenbinde ab, macht ihm die Handfesseln los und bietet ihm einen Stuhl an)

DELINQUENT: Bin so frei! *(setzt sich auf den Stuhl)*

FEMRICHTER: Das ist aber jetzt eine peinliche Sache! Sie entschuldigen schon, dass das gerade bei Ihnen vorkommen muss!

DELINQUENT: Kann ma nix machen! Schicksal!

SCHARFRICHTERGEHILFE: *(kommt aufgeregt herein)* Ich hab jetzt überall rumgsuacht, ich kann das Beil nicht finden!

FEMRICHTER: *(zum Delinquenten)* Des is aber wirklich a grosse Schlamperei! Sowas soll wirklich nicht vorkommen!

DELINQUENT: Dös is noch lang net das Schlimmste – wenn das Beil net da is. Viel peinlicher wär's, wenn ich mein' Kopf net dabei hätt!

FEMRICHTER: Ich verstehe nicht, dass Sie in dieser traurigen Situation noch Witze machen!

DELINQUENT: Ja, Herr Femrichter, das ist der richtige Galgenhumor!

FEMRICHTER: Galgenhumor! – Ah! – Jetzt bringen Sie mich auf eine gute Idee! Wenn wir Sie schon nicht köpfen können, weil das Beil nicht zu finden ist, so hängen wir Sie auf den Galgen.

DELINQUENT: Ausgeschlossen! In meinem Urteil hab ich es schwarz auf weiss, Enthauptung. Ich bestehe darauf, dass ich geköpft werde und zwar sofort. Jetzt bin ich schon amal da und Abschied hab ich auch schon gnommen von meine Angehörigen – also los!! Runter mitn Kopf! Scheissts net so lang rum!

FEMRICHTER: Wie man nur so eigensinnig sein kann!

DELINQUENT: Wenn Ihr schon so gschlampert seid und Euer Beil net findt', dös wo die Hauptsach is von der Hinrichtung, dann kann auch ich eigensinnig sein.

FEMRICHTER: Aber es gibt einen Ausweg! Wir könnten doch die Hinrichtung auf 8 Tage verschieben – in acht Tagen wird das Beil doch in Gottes Namen zum Vorschein kommen.

DELINQUENT: *(sich besinnend)* Wissen S' was, Herr Fehmrichter, was heisst meine Hinrichtung auf acht Tage verschieben? Wenn Sie mich überhaupt nicht köpfen und schenken mir wieder die Freiheit, dann sag ich niemanden etwas von der Schlamperei mit dem verlorenen Beil.

FEMRICHTER: *(besinnt sich)* Also gut! –– Schaun S', dass S' weiterkomma – Aber! ––– 's Maul halten!

Gesangspotpouri aus alten Liedern

Zusammen gestellt v. Karl Valentin – Oktober 1942.

ALLE: Grüass Euch Gott, alle mit einander – alle miteinander – alle miteinander – Grüass Euch Gott, alle miteinander – alle miteinander grüass Euch Gott.

LAMPL: *(Bass)* »Wenn ich ein Vöglein wär' .... [«]

NEUMÜLLER: Ausgerechnet er, mit zwoa Zentner!

LAMPL: .... und auch zwei Flüglein hätt' – flög ich zu Dir *(zu Fischer)* weil's aber nicht kann sein – weils aber nicht kann sein – bleib ich allhier.

NEUMÜLLER: Ja, es is' auch g'scheiter, wenn'st allhier bleibst! Dass ma net alloa dös ganze Zeugs singa müass'n.

Fischer: *(singt)* »In einem kühlen Grunde – da geht ein Mühlenrad – mein Liebchen ist verschwunden – das dort gewohnet hat – mein Liebchen ist verschwunden – das dort gewohnet hat.[«]

Lampl: *(zu Fischer)* Apripo! Verzeihung,! dass ich unterbreche – aber dös Lied, das sie eben gesungen haben hat eine schöne Melodie, aber einen blödsinnigen Text; passen's auf *(singt)* »In einem kühlen Grunde – da geht ein Mühlenrad – mein Liebchen ist verschwunden – das dort gewohnet hat« – Also, mir persönlich ist dös ja ganz wurscht, *wo* dös Liebchen gewohnt hat; aber nach dem Lied nach kommt's grad raus, als wia wenn dös Liebchen in dem Mühlenrad g'wohnt hätt'. – Also wia g'sagt, von mir aus kanns ja wohnen wo's mag, aber wenn das Liebchen wirklich in dem Mühlenrad g'wohnt hat, na hat dös arme Mädl noch koa ruhige Stund g'habt auf der Welt.

Alle: Ja, dös stimmt! Aber jetzt sing' ma wieda weiter.

Hösel: ...... und der Himmel hängt voller Geigen ...

Neumüller: Halt! – Dös Lied is' ja auch a Schmarrn!

Alle: Wieso a Schmarrn?

Neumüller: »Und der Himmel hängt voller Geigen –« Dös tat i mir ja noch g'fall'n lassen, dass der Himmel voller Geigen hängt, aber den möcht i kenna, der die Nägel neig'haut hat, wo die Geig'n alle dran hängen.

Kardowa: *(singt zu Herrn Färber gewendet)*
»Weisst Du wieviel Sternlein stehen – an dem blauen Himmelszelt ...[«]

Färber: Ja, was fragst denn da mich? Da muasst schon an Astrologen fragen! Der versteht was von der Sternenkunde.

Kardowa: Geh! Hör ma auf, mit der Astrologischen Sternendeuterei. Wie vor 10 Jahr in der Rumpfordstrasse das grosse Explosionsunglück war, da hab'n die Astrologen ein grosses Getue gehabt und haben behauptet, das Unglück *musste* kommen; das stand ja in den Sternen geschrieben.

Alle: So? ..... Jaaaaa, dass aber die Astrologen da nicht einen Tag vorher Plakate hing'hängt haben: Vorsicht! Morgen findet hier eine grosse Explosion statt.

Färber: Ja, *vorher* wissen die Astro[lo]gen das nicht! Erst nachher, wenn's g'scheh'n is.

Alle: Ja naaaachher! --- Nacher wissen's ja die andern auch.

Kardowa: Drum sag ich ja, dass die ganze Sternendeuterei ein Schmarrn is.

Lampl: Mir tun jetzt net astrologiern, sondern singen.

Hösel: »Schlaf, Kindlein schlaf – dein Vater ist ein Graf ....[«]

Alle: Ja, was is's dös! So, ihr letztes lediges Kind is' von einem Graf? Da schau her, dös lasst sich hör'n! Von einem Graf? – Respekt!

Hösel: Ja, aber nur von einem Fotograf.

Alle: Aaah – von einem Fotograf! Ha ha ha ha[!]

Neumüller: »Und die Frau Wirtin hat auch einen Sohn – dem floss der Schnupfen wie ein Strom – Er zog ihn ab auf Flaschen – und wollte dann zum Weihnachtsfest – die Eltern überraschen«[.]

Lampl: [»]Und die Frau Wirtin hat auch einen Koch – der mailenweit nach Maggi roch – er nahm vom Schrank die Käse – und mischte ihn mit Haferschleim – das nannt' er Mayonaise.«

Färber: Und die Frau Wirtin hat auch eine Schwester – die soff des Abends alle Rester – und war sie dann besoffen – so stand die Tür vom Gastlokal – dann allen Gästen offen.

Lampl: »Ja, nur a Bier, nur a Bier – nur a Bier will i hab'n – sonst hau i alles zamm – sonst hau i alles zamm – ja nur a Bier, nur a Bier, nur a Bier will i hab'n – sonst hau i alles zamm – sonst hau i alles zamm.[«]

Alle: Ja, was willst denn für a Bier hab'n? – A Dünnbier?

Lampl: A Dünnbier? – Na --- Dös könnt's selber saufa, – i möcht a Friedensbier 24%ig[.]

Neumüller: Ja, dös möchten mir a hab'n – oder glei gar an Salvater.

Alle: »Wer weiss, ob wir den wiedersehn – wer weiss, ob wir den wiedersehn.«

Fischer: »Der Papst lebt herrlich in der Welt – er lebt von seinem Ablassgeld – er lebt vom Ablassgeld allein – doch möchte ich der Papst nicht sein.«

Lampl: Was singst denn da wieder für an Papp? Dös Lied passt doch net für Dich, – als Frau kannst doch Du niemals ein Papst werden; höchstens eine Päpstin und eine Päpstin gibt es nicht. Und wenn es schon eine gäbe, dann könntest Du niemals eine Päpstin werden, weil Du da völlig tugendrein sein müsstest.

Fischer: Gottseidank! Das bin ich!

Alle: Hatzi!

Fischer: Zum Wohl allerseits!

Kardowa: »I muss wieder ....[«]

Neumüller: Dann geh'ns schnell naus – kommen's aber bald wieder rein.

Kardowa: Nein, nein! I muss ja nicht! Ich wollte nur singen: »I muass wieder einmal in Grinzing sein – beim Wein – beim Wein – beim Wein – da sieht ma ja grad nur in'den Himmel hinein – beim Wein beim Wein – beim Wein. – Das hat unser Herrgott so recht g'scheit gemacht – dass nach sechs Tag Arbeit a Feiertag lacht – darum müass ma ehm aber auch dankbar sein – beim Wein – beim Wein – beim Wein.«

Hösel: »Muss i denn, muss i denn ....[«]

Lampl: Jessas, jetzt muass de a no naus!

Hösel: .... zum Städtle hinaus – Städtle hinaus ....

Fischer: Ja, ja! Zum Städtele möchten jetzt viele hinaus; weils doch am Land drauss sicherer sein soll.

Kardowa: »Alles neu – macht der Mai – macht die Seele frisch und frei ....[«]

Neumüller: Die Seele braucht uns der Mai net neu macha, – d'[H]äuser soll er uns neu macha! Da hätten mir an Respekt vorm Mai.

Hösel: *(zu Lampl gewendet)* »Ach wie ist's möglich dann – dass ich Dich lassen kann ....[«]

Lampl: Wieso? Ich hab Dich ja gar nicht darum gebeten!

Fischer: »Oh, wie wohl ist mir am Abend – mir am Abend – wenn zur Ruh die Glocken läuten – Glocken läuten – bim bam-bim bam[.«]

Neumüller: *(schreit)* Falsch! ––– Das Lied stimmt nicht mehr.

Alle: Wieso?

NEUMÜLLER: Das muss jetzt heissen: »Wenn zur Ruh die Glocke läutet – bim –– bim ––––– bim –––– bimm[«,] denn auf jeden Kirchturm ist nur mehr eine Glocke oben.

FISCHER: »Steh ich in finstrer Mitternacht ....[«]

LAMPL: Halt! –– Dös Lied stimmt ja *auch* nicht mehr; dös muss jetzt heissen: [»]Steh'n *wir* in finstrer Mitternacht« – oder moanst vielleicht, dass wegen *Dir alloa* die Stadt verfinstern?

ALLE: Ja, dös stimmt!

LAMPL: Na also!

KARDOWA: I hab amol a Räuscherl g'habt ....

ALLE: *(erstaunt)* Ja, wann war denn dös? Dös muass aber scho lang her sein!

KARDOWA: ... gar oft denk ich daran zurück – denk an die wunderschöne Zeit...

ALLE: Pst!

KARDOWA: ... denk an die Zeit voll Lieb und Glück [...]

LAMPL: Da streiten sich die Leut herum – wohl um den Wert des Glücks – der eine heisst den andern dumm – zum Schluss hat keiner nichts.

ALLE: Darum lasst uns das Leben noch geniesen – lasst uns alle mitsam' fröhlich sein – schaut nur rosig der Zukunft entgegen – trinket aus ––– schenket ein *(alle marschieren nun auf der Bühne herum und singen denselben Text noch einmal) (dann machen sie halt – Front – und singen zum Schluss mitsammen:[)]* »Ein Prosit – ein Prosit der Gemütlichkeit – Ein Prosit – ein Prosit – der Gemütlichkeit.[«]

Sind sie nicht der Herr Gabler?

Text von Karl Valentin – Mai 1943

(Ort der Handlung: Strasse)
Personen: Eine Frau .... L. Karlstadt
Ein Mann .... K. Valentin

(Vorhang geht auf – Karlstadt steht mit einem Mann auf der Bühne – der Mann hat Hut auf, Überzieher an, Regenschirm u.s.w.)

KARLSTADT: *(im Strassenkostüm mit Mark[t]tasche u. einigen Paketen ectr.)* Ah! Das trifft sich gut, dass ich Sie eben treffe. Es ist traurig, dass ein Mann in ihrem Alter so ein Denunziannt ist – Was Sie über meinen Mann gesagt haben ist alles erlogen, erfunden. Nicht er, sondern Sie sind vielleicht so einer, wie Sie meinen Mann geschildert haben. Mein Mann ist ein Ehrenmann und hat sich noch nie etwas derartiges zuschulden kommen lassen; wenn er auch da und hie etwas über die Schnur gehaut hat, aber so, wie Sie ihn geschildert haben ist er noch lange nicht. Und dass wir von einem Bauer – wie Sie behauptet haben – 20 Eier geschickt bekommen haben, ist auch erlogen. 10 Stück haben wir bekommen und ein kleines Stück Geräuchertes, weil wir verwandt sind zu dem Bauern – und das ist kleinlich von Ihnen, dass Sie überall herum erzählen, wir haben alle unsere Schmucksachen im Pfandhaus. Meinem Mann seinen Pelzmantel haben wir hineingetragen, aber nur, weil er dort sicher aufgehoben ist und das ist auch keine Schande. Dass Sie von meiner Tochter Lotte behaupten, sie sei ein Flitscherl, das ist eine Gemeinheit; Sie war ein Flitscherl, hat sich aber die letzte Zeit sehr gebessert und wenn wir auch etwas zerrüttete Familienverhältnisse haben, so geht das Sie einen Dreck an, dass Sie es wissen.

MANN: *(zu der Frau)* Wer sind Sie denn eigentlich? Ich kenn' Sie ja gar nicht!

FRAU: *(ganz erstaunt)* Sind Sie denn nicht der Herr Gabler??

MANN: Nein!

FRAU: Oh, entschuldigen Sie bitte!

MANN: Bitte.

(Beide gehen in entgegengesetzter Richtung von einander)

Nebenbemerkung:

Während die Frau diesem Mann mit diesen Vorwürfen überhäuft, würde es vom Zuschauerraum sehr komisch wirken, wenn der Mann regungslos, wie eine Schaufensterfigur dies alles über sich ergehen lassen würde – bis auf die letzten zwei Sätze.

Zeitgemässe Situation (Sicher ist Sicher)

(Manche Wohnungen bestehen tatsächlich zur Zeit nur aus einem Tisch – leeren Kleiderkasten und zwei Stühlen. Alle Kleinigkeiten der Wohnung fehlen, oder sind teilweise im Keller. Außer den obengenannten Möbelstücken stehen viele große und kleine Koffer, Kistchen, Schachteln und Päckchen in der Wohnung herum. In den meisten Wohnungen sieht es beinahe so aus, wie bei einem Umzug.)

MANN: Na, alles was recht ist, aber Messer, Gabeln und Löffeln laß gefälligst noch in der Wohnung!

FRAU: Nein! – Auf keinen Fall. Die Sachen sind das Hochzeitsgeschenk von meinen Eltern; das ist echtes Silber – die kommen in diesen Koffer hinein – da ist noch Platz.

MANN: Ja, wenn du meinst. – Wir können ja mit den Händen auch essen wie die Affen. – Wo ist denn überhaupt mein Kragen und meine Krawatte?

FRAU: *(besinnt sich)* ... die hab ich – in diesem Koffer.

MANN: Wenn du alles in den Koffer packst und in den Keller 'runter tragst, dann brauchen wir bald keine Wohnung mehr; da können wir uns doch den Zins leicht sparen. – Nur das Wertvolle soll man in Sicherheit bringen.

FRAU: Wir haben doch nur wertvolle Sachen – bis auf dich.

MANN: Dann bin ich schon froh, sonst käm ich womöglich auch noch in einen Koffer 'rein.

FRAU: *(deutet auf das Hochzeitsbild)* Was machen wir denn mit unserm Hochzeitsbild?

MANN: Erinnere mich nicht an so dumme Jugendstreiche! – Laß mir jetzt mei Ruh, ich muß jetzt ins Gschäft. – Wo ist denn die Kleiderbürste? Hast du die vielleicht auch eingepackt?

FRAU: Ich glaub, die ist in unserm Kohlenkeller in der Kiste.

MANN: Jessas! Jessas! Jessas! – Dann gib mir doch wenigstens a Krawattn und an Kragn – ich kann doch net ohne Krawattn und ohne Kragn ins Geschäft gehn!

FRAU: Ja ... aber deine seidenen Krawatten haben wir doch alle zur Tante Berta nach Vilsbiburg geschickt und deine drei Paar Schuhe sind in Freising beim Onkel Benedikt.

MANN: So is recht! Und meine Anzüge?

FRAU: Die sind in Rosenheim bei deiner Mutter.

MANN: Und meine Hemden?

FRAU: Bei deiner Schwester in Otterfing.

MANN: Und i bin da. – Brav. – Na, gib mir doch wenigstens unsern Spiegel, daß i sehn kann, wie i jetzt dreinschau.

FRAU: *(besinnt sich)* Wo hab jetzt ich den Spiegel ... ja – in diesem Handkoffer – oder sollt ich den auch in den Keller 'nunter ... nein; der is im Handkoffer. Ham ma schon. Da hast du den Spiegel. *Gibt ihm den Spiegel mit der Bemerkung:* Aber den Spiegel laß ich nicht in der Wohnung, der ist noch ein Andenken von meinem Großvater – auch eine alte Tradition. *In Gedanken versunken:* O mei, wie oft hat da mein seliger Großvater 'neigschaut!

MANN: Da ham mir aber a Glück ghabt, daß der Großvater wieder 'rausgschaut hat, sonst könnten wir jetzt gar net 'neischaun. – Ja, ich muß jetzt ins Gschäft.

(Es läutet.)

FRAU: *(macht die Türe auf)* Ja, der Herr Hausmeister!

HAUSMEISTER: Guten Tag, Frau Blümlein! Guten Tag, Herr Blümlein!

MANN: Guten Tag, Herr Hausmeister.

HAUSMEISTER: Entschuldigen S' Herr Blümlein – ich weiß jetzt nicht, Herr Blümlein und Frau Blümlein, ham jetzt Sie den Zins für den vergangenen Monat schon bezahlt – weil mir die Quittung fehlt. – Sie entschuldigen schon, Herr Blümlein und Frau Blümlein, es ist ja nur der Ordnung halber und weil ich doch die Quittungen dem Hausherrn vorlegen muß.

MANN: Ja, hast denn du den Zins nicht bezahlt?

FRAU: Freilich hab ich ihn bezahlt! Mir ham doch die Quittung!

HAUSMEISTER: So! Na ja, dann is ja alles wieder in Ordnung, Herr Blümlein und Frau Blümlein. Dann brauchen S' mir ja nur die Quittung gebn, Herr Blümlein und Frau Blümlein – wenn ich bitten darf.

FRAU: Jetzt wart amal –– ich glaub, mir ham die Quittungen, die Gasrechnung und die Ortskrankenkasse für unsre Zugeherin in dem braunen Koffer drin. *Nun wird der braune Koffer geöffnet. Der Hausmeister steht müßig dabei und meint:* Nur langsam, Herr Blümlein und Frau Blümlein, dös wern ma schon krieag'n sagn d' Fliagn.

MANN: Ich glaub, du hast's in dem hellbraunen Koffer drin!

FRAU *(winkt ab und räuspert):* Im hellbraunen Koffer ham wir doch die drei Pfund Bauernge... ge...

HAUSMEISTER: Bauerngeräuchertes meinen Sie?

FRAU: Nein,... ge... Gebetbücher wollt ich sagn.

HAUSMEISTER: Aha! Drei Pfund Gebetbücher! Eine fromme Familie, der Herr Blümlein und die Frau Blümlein.

FRAU: Ja, wo ham mir denn bloß die Quittung 'neigetan? Jetzt weiss ich's: Die Schreibmaschinensachen ham wir doch alle in die Zigarrenkiste hinein getan.

MANN: Ja, ich weiß nicht, wo du die Sachen hingetan hast.

HAUSMEISTER: Lassen S' Ihna nur Zeit, Herr Blümlein und Frau Blümlein: Bald wern ma's ham – sagn d' Schwabn.

FRAU *(sucht fleißig weiter, zieht aus einem Koffer eine Zigarrenkiste, öffnet sie und sagt):* So! Jetzt ham wir's! Da muß die Quittung drin sein! *Hat aber die Zigarrenkiste verkehrt in der Hand, den Deckel nach unten, der Deckel geht auf und statt Schreibsachen fallen 50 gehamsterte Zigarren heraus, auf den Fußboden.*

MANN: Jessas! Um Gottes willen! Meine Zigarren und Zigaretten!

HAUSMEISTER: Ja, ja, Herr Blümlein und Frau Blümlein, jetzt woaß ich's, warum's in Deutschland so wenig zum Raucha gibt!

Familien Sorgen

Text von Karl Valentin – Juni 43

Ort der Handlung: Eine bürgerliche Stube in einer Kleinstadt

Personen: Vater ....
Mutter ....
Affra (Tochter) ..
Heinrich (Sohn) ..
Joseph (Sohn) ....
Mina (Tochter) ...

VATER: *(zur Tochter Afra)* Ja, ja, dass's so kommt, dös hätt niemand geahnt!

AFRA: Vater! Deine Schuld war's net! – Du hast net anders handeln können. Wenn d'Mutter sich a klein wenig drum ang'nommen hätt', hätte der Heinrich einfach nix macha können. Sei stad, der Heinrich kommt.

HEINRICH: Grüss Gott!

VATER UND AFRA: Grüss Gott!

HEINRICH: Der Joseph is' scho da.

VATER U. AFRA: Wann is' er denn komma?

HEINRICH: D'Mutter hat g'sagt, dass er scho zwei Tag da is'.

AFRA: Wie i g'sagt hab, aber ihr habt's ja net glaubt.

VATER: Er tuat aber gar nix dergleichen!

HEINRICH: Da hat er a recht! – Der mischt sie halt in sowas net drein.

VATER: Da hat er net recht; mit dem Alter denkt man schon weiter.

AFRA: Wie du dir bettest, so wirst Du liegen; dös is a alt's Sprichwort.

HEINRICH: Dös stimmt, aber hie und da is' dös Sprichwort halt nicht am Platz.

MUTTER: *(kommt herein) zum Vater:*

So! – Was sagst denn Du jetzt dazu? Jetzt is's so weit. – So hat's kommen müssen.

VATER: Naa! – Na Muater – so hät's net kommen müssen.

AFRA: Ja, was soll denn jetzt der Heinrich tun?

HEINRICH: Was i tu? – Dös brauch i mir net lang überleg'n, – i geh zum Bürgermeister nüber und wenn der sagt: »Lass die Sach ruhen«, dann lass ich's ruhen und wenn er sagt: »Nimm's in d'Hand«, na weiss i auch, was i z'tun hab.

AFRA: *(warnend)* Heinrich! –– Ueberleg Dir dös reiflich! – Du machst unsre ganze Familie unglücklich.

VATER: Ha ha! Unsere Familie; dass i net lach! Da müastt schon wer anders kommen, als wie der Herr Bürgermeister.

MUTTER *zu Vater:* Du redst a vui daher, wenn der Tag lang is'! – Der Bürgermeister is doch der, von dem mir alles erfahr'n hab'n.

HEINRICH: *(erregt: haut in den Tisch hinein)* Dös is' net wahr! Dös is' a Verleumdung! Man soll net über einen Menschen urteilen, wenn man nicht in die Sache eingeweicht – aa – eingeweiht is.

AFRA: Zu Dir g'sagt – aber ich kenn ihn vielleicht besser als du und ihr alle mit einand und jetzt kann ich euch noch was verraten, der Bürgermeister hätt' ja gar nix g'wusst, wenn ihm net d'Muatter – uns'r eigene Muatter – dös g'sagt hätt.

ALLE DREI: *(bestürzt)* Muatter! Is dös wahr?

MUTTER: *(sitzt weinend am Tisch, die Hände vor das Gesicht gehalten)*

HEINRICH: *(steht auf)* Pfüad euch Gott.

ALLE ZWEI *zur Mutter: (Leise)* Muater! Der Heinrich geht.

VATER: *(zum Heinrich) (befehlend)* Heinrich! Du bleibst da! Und zwar sofort!

HEINRICH: *(kurz)* I geh.

VATER: Du bleibst! –– Eher jag i dö *(deutet auf die Mutter)* aus dem Haus.

ALLE: Aber Vater!! Unser Muater – um Gotteswillen!

AFRA: *(energisch)* Unser Muater bleibt da. Aber der, der am Freitag beim Bürgermeister drüb'n war – und hat uns die Supp'n ei'brockt *(deutet auf Heinrich)* der g'hört naus, statt der Muatter.

MUATTER: Na! – Da Heinrich bleibt da. Lieber geh i persönlich. – Und jetzt werd' i reinen Tisch machen – net ich und net der Heinrich, sondern der Joseph hat an Bürgermeister alles klapp und klipp – aa – klipp und klapp erzählt.

ALLE: *(heben sich erstaunt vom Tisch und reissen die Augen auf)* Der Joseph *(setzen sich wieder nieder)*

VATER: Ja, seit wann is denn der Joseph wieder hier?

MUTTER: *(weinend)* Seit 14 Tag.

AFRA: *(weint – Vater und Mutter trösten sie)*

VATER UND MUTTER: Wein' net, Afra, dös is' alles reglrechte Bestimmung.

HEINRICH *zu Afra:* Dös is' a Ueberraschung! Da Joseph is wieder da!

AFRA: Weiss dös da Joseph schon?

HEINRICH: Da Joseph selber wird's doch wissen, dass er wieder da is'.

AFRA: Aber von wem woass denn er, dös möcht i wiss'n!

MUATTER: Vater! Was is denn, red! – Is Dir net guat? – Vater! – Holt's schnell an Doktor, oder an Sanitätsrat.

VATER: *(beklemmend)* Na na Muatter, – es geht mir scho wieder a bessl bisser – aa – beim Biesln besser – aa – bissl besser.

AFRA: Dös kann der Joseph net verantworten. – Seh[r] einfach – er hat koa Elternliab und kriegt a koane mehr.

HEINRICH: Lasst's mir nur grad an Joseph aus dem Spiel – – – sunst ....

VATER: *(steht auf, schreit ihn an)* Was, sunst .... ?? Du werst doch net sag'n, dass der Joseph .....

HEINRICH: Naa, der Joseph net. – Aber einer is' da, der all's weiss: Unser Herrgott. – Und wenn der Joseph noch a Herz auf der Brust hat, dann werd er wissen, was er z'tun hat.

AFRA: *(schreit hysterisch, was sie herausbringt)* Du Schuft, du elendiger[!] Wenn i a bloss a g'wöhnliches Weib bin, aber so weit lass i die Sach net kumma – i und koa andrer kunnt's Euch sag'n, aber d'Liab zu meine Eltern presst mir die Lippen z'samm.

VATER: *(schreit noch besser)* Raus mit der Sprach! – Du brauchst koa Rücksicht nehma auf mi und auf dei [w]eibliche Muatter.

HEINRICH: *(schreit ebenfalls den Vater an)* Tua die Afra nicht noch höher ins Unglück stürzen, als sie sowieso schon drunten is' – denn sie – und koa anderer hat doch nur unser Bestes woll'n.

AFRA: *(ganz gelassen)* Naa, in dem Haus hab i nix mehr verlor'n ––––– i geh. *(geht v. d. Bühne ab)*

HEINRICH: Die Afra geht. – Na geh i aa. *(geht auch ab)*

VATER: .... Wenn dö zwoa gehn, na geh i aa. *(geht auch ab)*

MUTTER: *(schreit dem Vater nach) (weinend)* Vater! – Du gehst auch? – dann hab ich da herinn' auch nix mehr zu suchen.

(geht auch ab – Bühne leer.

Vorhang geht zu.)

Der Schneemann

Kasperl-Spiel v. K. V.

(Vor Kasperls Haus steht ein Schneemann – der Kasperl kommt vom Wirtshaus heim und möchte in seine Wohnung hinein – kann jedoch nicht – da der Schneemann davor steht.)

KASPERL: Kinder seid's alle da?

KINDER: Jaaa.

KASPERL: Habts aa Geld aa?

KINDER: Jaaa.

KASPERL: Dös ist recht! *(sieht plötzlich den Schneemann stehen)* Jaaa, was ist denn dös? Da steht ja vor meiner Haustür ein Schneemann! – Den ham mir g'wiss die bösen Buam hin'gstellt, damit i net in mei Haus nei kumm. Die Spitzbuam! Und grad heut, wo mir mei Frau Dampfnudeln g'macht hat. – Ja – was tua i denn da??? O mei omei, is' der blass! --- Sie Herr [S]chneemann, gehns doch da weg, damit i in mei Haus nei kann! Hams g'hört!!!

Schneemann: Ja, mei liaba Kasperl, dös geht leider net, weil i net gehn ko, mi ham d'Buam da hergstellt und da muss i steh'n bleib'n.

Kasperl: Dann hol i an Schutzmann!

Schneem.: Dös kannst scho toa, aber desweg'n kann i doch net gehn!

Kasperl: Aber i muass doch in mei Haus nei – bei mir gibt's heut Dampfnudeln – und mei Frau hat g'sagt, i muss ganz pünktlich sei, sonst verbrennas und wern se hart wie Stoana.

Schneem.: Ja, ja – dös kann scho sei, i tat ja gern verschwinden, wenn i kennt! – Woasst was, Kasperl: Du muasst halt a Schaufl holn und mi wegschaufeln.

Kasperl: Dös geht a net, weil i heut mein Namenstag hab und an mein'm Namenstag tua i net arbeiten.

Schneem.: Dann gibts nur oans – dann muasst halt warten bis d'Sonna scheint, denn wenn's mir warm werd, dann lauf i von selber davon.

Kasperl: Ja heut, bei dem trüab'n Wetter scheint ja ewig koa Sonna[.]

Schneem.: Dann muasst halt warten, bis d'Sonna scheint.

Kasperl: Du dappiger Schneemann! Dös kann ja no 8 Tage a schlechts Wetta sei, na müasst i 8 Tag vor meiner Haustür stehn – daweil verbrennen ja meiner Frau die Dampfnudeln.

Schneem.: Ja, ja – dös is Sache des lieben Gott! Die Sonne kann nur der liebe Gott scheinen lassen – sonst keiner!

Kasperl: Oha! Da täuschst dich aber ganz gewaltig! – D'Sonna ko i a scheinen lassen. – Wart a wengal – i geh bloss schnell zu mein'm Nachbar nüber und hol was rüber – i kimm glei wieder!

Schneem.: O mei, is der Kasperl dumm – er will d'Sonn scheina lass'n! Ah! Da kimmt er ja wieder – was hat er denn da für an Teller in der Hand?

Kasperl: So, Herr Schneemann! Jetzt werst du gleich davon laufen. *(zu den Kindern:)* Dös is a elektrische Heizsonne – die schalt i jetzt beim Nachbarn ein und der weisse Uhu wird gleich verschwunden sein! *(geht mit der elektr. Sonne auf den Schneemann zu, beleuchtet denselben – der Schneemann wird immer kleiner und verschwindet ganz)*

SCHNEEM.: Oh mei, oh mei! Jetzt geht's dahin!

KASPERL: Gell Kinder, ich kann auch die Sonne scheinen lassen!!!

Ende.

Der Kohlenklau

Kasperl kommt singend aus dem Hintergrund: singt ein Lied: »Vor der Kaserne, vor dem grossen Tor........«

KASPERL: Kinder seid's alle da?

KINDER: Jaa!

KASP: Habts a Geld aaa?

KIN: Jaaa!

KASP: A kloans oder a gross?

KIN: A kloans.

KASP: Dös kennts selber b'halten – i möcht a gross!

KIN: Mir aaa!

KASP: Dann geht hoam und holt' Euch oans – und gebt's es dann mir!

KASP: Moant-s i mach Euch um a paar lausige Pfennig G'spass'l vor!

KIN: Jaaa!

KASP: Dös kennts Euch denka! – Moant-s Ihr vielleicht ich bin blöd?

KIN: Jaaa.

KASP: Seid's net so frech, es jung Saubuam, sunst geh ich zu Euch nunter und hau Euch an Popo recht durch.

Kin: Mir ham ja gar koan Popo!

Kasp: Auf was sitzt's dann Ihr?

Kin: Auf der Bank.

Kasp: Jetzt muass i Euch was frag'n: Habts Ihr den schialigen Kohlenklau g'sehn? Der soll nämlich in der Näh sein. – Der kriagt heut von mir Prügel, weil er meiner Oma Kohl'n g'stohln hat, habt-s net g'sehn?

Kin: Naa!

Kasp: I aa net. Passt's auf Kinder, i leg mi jetzt daher und tua schlaf'n, weil i so müd bin – und wenn er kimmt, dann weckt's mi auf und schreits mir recht.

Kin: Jaa, is scho recht!

Kasp: *(legt sich hin und schläft ein – Kohlenklau schleicht heran)*

Kin: *(Kinder schreien)* Der Kohlenklau ist da!

Kasp: *(Hört nicht und schläft weiter – und schnarcht)*

Kin: *(schrein noch kräftiger)* Kasperl, Kasperl! Der Kohlenklau ist da!

Kasp: *(Hört nicht und schläft weiter und schnarcht)*

Kin: *(schrein wieder)* Der Kohlenklau is da, Kasperl!!!!

(Kohlenklau verschwindet wieder)

Kasp: *(wacht auf und frägt die Kinder)* War der Kohlenklau schon da??

Kin: Jaaa!

Kasp: Warum habts mi denn nacha net auf g'weckt???

Kin: Mir ham ja g'schrien!

Kasp: Dös hab i net g'hört weil i g'schlaffa hab, Ihr müsst's vui besser schrein. I leg mi jetzt noch amoi nieda, weil i scho wieda müad bin––– gut Nacht, Kinda!

(Kohlenklau kommt wieder, die Kinder schreien wieder)

Kin: Jetzt ist er wieder da!!

Kasp: *(wacht auf und steht neben ihm)* Was möchst denn Du von mir, Du hässlicher Wauau???

Kohlenklau: Kohlen möcht ich!!!

Kasp: Kohlen? – Ja, da musst ja zum Kohlenhandler geh'n, zum Schumann[,] I hab doch koane Kohlen net, aba was anders kannst ham, a Holz gib i Dir. Wart a wenig, i hol gleich oans.

(Kasperl geht und holt sich ein Stück Holz)

So da leg die mal daher, dann tu i Dir des Holz auf'n Buckl nauflegn.

KOHLENKLAU: Is scho recht, das kann ich schon brauch'n! *(legt sich auf den Bauch, Kasperl haut ihm mit dem Holz den Buckl voll)*

KASP: So! Jetzt hast statt Kohlen Holz kriagt, dös tragst jetzt hoam, bist jetzt z fried'n??

KOHLENKLAU: *(jammert)* Nein!!!!

KASP: Was nein, dann geh her, na kriagstno was! *(und haut ihn rum' – Kohlenklau verschwindet jammernd)*

Hab ich recht g'habt Kinder?

KINDER: Jaaaa!

KASPERL: Wollts es a Prügel ham???

KINDER: Nein!!!

KASPERL: Was dannn??

KINDER: An Schokalad.

KASPERL: Ja, an Schokalad kann i Euch net geb'n.

KINDER: Warum net???

KASPERL: Weil i selber koan hab – und sollt i oan kriag'n, –– dann kann i Euch aa koan geb'n.

KINDER: Warum???

KASPERL: Weil ich ihn selber friesss!!!!

Kasperl und der Kaminkehrer

von Karl Valentin – 1944

KASPERL: Seit's alle da?

KINDER: Ja!

KASPERL: Habt's aa Geld aa?

KINDER: Ja!

KASPERL: Dös könnt's selber b'halten! Zigaretten und Fleischmarken wärn mir lieber. – Ja – wer kommt denn da daher? – Da Herr Kaminkehrer!

Kaminkehrer: Grüss Gott, Kasperl! Wie gehts allaweil?

Kasperl: Oh mei, schlecht – s'ganze Jahr nix, als wia Kartoffeln fressen und Hausbrot und dös greusliche Bier, dös nullprozentige Malzwasser – da vergeht oam der Humor.

Kamink.: Oh mei Kasperl, an Humor derfst Du net verliern, dös is ja dei G'schäft – du musst dich aufraffen, musst fest an alles Schöne und Gute glauben, dann wirds schon wieder.

Kasperl: Moanst dös hilft?

Kamink.: Ja, sicher!

Kasperl: Moanst nacha a, dass wieder a guate Zeit kommt, wo man sich alle Tag a Schweinshax'n und a dick's Dünnbier kaffa ko, oder an Salvator?

Kamink.: Sicher! Die Zeit kommt wieder! Nur ein unerschütterlicher Glaube g'hört dazua!

Kasperl: Ja, ja. Dann is' scho recht.

Kamink.: Du derfst nur den Kopf net hängen lass'n. – Kopf hoch! – Es geht alles, wenn man will.

Kasperl: Ja, ich will ja, aber es geht alles recht hart in der Zeit, wo mir jetzt leb'n.

Kamink.: Dös is' ja recht – wir soll'n ja hart sein; hart wie Stein.

Kasperl: So? Moanst, dass i durch den Willen stoahart werd'?

Kamink.: Ja sicher!

Kasperl: Na is' scho recht! I bin dir ja dankbar um jeden guaten Rat.

Kamink.: Du derfst nur net verzagen! Du musst mutig sein!

Kasperl: So? ––– Ja, dös muass i glei amal probiern – vielleicht gehts.

Kamink.: Sicher gehts! – Wennst mutig bist, dann bist a tapfer und das Leben bekommt einen anderen Reiz.

Kasperl: Ja, also »reizend« kann i nimmer wern! – Reizend war mei Alte, wias jung war – da war's reizend. Aber i bin heut nur mehr gereizt.

Kamink.: Ja, so is dös nicht gemeint, Kasperl – ich meine, man muss alles mit Geduld ertragen.

Kasperl: Ja, dös will i gern trag'n – moanst i kanns no lang ertrag'n?

Kamink.: Freili kannst dös, da g'hört nur der feste Entschluss dazua, dann gehts.

Kasperl: So? Moanst dass' dann geht?

Kamink.: Sicher! – Man darf nur net wankelmütig wern.

Kasperl: Ja mei, was Du mir alles empfehlen tust, döa kann i mir scho bald nimmer merken.

Kamink.: Wenn du alles dös tust, was i Dir g-sagt hab, dann wirst du a ganz anderer Mensch; – und i wett, wenn wir uns in 14 Tagen wieder sehn, dann wirst Du die Zukunft und alles andere nie mehr schwarz sehn, sondern alles hell und rosig.

Kasperl: *(Nachdenklich)* Moanst??? – Ja, moanst dass i nacha alles rosig und hell sieg?

Kamink.: Schwarz siegst auf koan Fall mehr, Kasperl!

Kasperl: Na bin i neugierig, wia'st Du ausschaugst.

Oktoberfest

Text v. K. Valentin 1946

Ansager: (Herr Wilhelm) Es dreht sich heute wieder um Karl Valentin und Liesl Karlstadt. Und bei diesen zwei Beiden dreht es sich heute um das Oktoberfest; nicht um das Heurige – nicht um ein historisches vor 100 Jahren, sondern um irgendein Oktoberfest in München, wie es einst war und hoffentlich wieder einmal werden wird. – Karl Valentin und Liesl Karlstadt, zwei bekannte Vertreter des echten Münchner Humors werden uns jetzt zwei Münchner Typen darstellen und zwar den Herrn Benedikt Huber mit Frau Gemahlin, Barbara Huber, die an einem schönen September Nachmittag das Oktoberfest besuchen. Ein kleiner Vorgesang mit dem Titel: »Alles kommt einmal wieder...« soll als Einleitung dienen.

[()Sänger..........) Text und Noten dazu siehe Blatt...

Wie war doch das Oktoberfest, so herrlich schön
Da hat es, wie bekannt so guate Schmankerl geb-n
Bratne Hendln, welch Genuss – Steckerlfisch und Kockonuss
Das war a so a Frass – dazua drei Wiesenmass
Habt nur Geduld!
Alles kommt einmal wieder
Das ist doch jedem klar,
Nur die Geduld nicht verlieren
S'wird wieder wie es war.
Dauert es auch noch ein Weilchen
Ist auch die Zeit jetzt nicht schön,
Kommenden Generationen
Wirds wieder be – e – sser gehn.

Hierauf setzt sofort die Musikschallplatte ein (Blechmusik) »Schunkelwalzer« der bei jedem Oktoberfest in jeder Bierbude gespielt wird. Gegen Schluss dieses Musikstückes wird schon der Dialog eingeblendet von Herrn und Frau Huber.

Er: Kauf ma uns no a Mass?

Sie: Naa, – Benedikt, mir ham so scho drei Mass – sunst wern ma b'suffa. Jetzt macha mir an kloana Wies'nbummel – i möcht heut in jede Schaubud'n nei'geh und Pradafahr'n möcht i a. *(Hier setzt der Wiesenlärm ein.)*

Er: Barbara, Geh'n ma glei ins Hypodrom zum Gabriel – da schau'n ma zua – da reit'n die junga Maderln auf die Pferd – da kann ma d'Wadln sehn – dös is' was für mi.

Sie: I gib Dir glei Wadln! – Wennst Wadln sehn willst, na schaust die mein o.

Er: De hab i doch scho zur Genüge g'sehn.

Sie: Dös Hypodrom, dös is nur was für d'Mannsbilder!

Er: I bin ja a Mannsbild!

Sie: hm-hm! Aber was für oans! ––––– Jessas, jetzt fallt mir grad was ein; – hab denn i, wia mir heut von dahoam fortganga san s'Gas zuadraht?

Er: I glaub schon.

SIE: Ja, i glaub a? Was hoasst, i glaub scho? Dös nutzt gar nix – dös müass ma scho g'wiss wiss'n! – Mir ham doch nach'm Mittagessen, bevor mir auf d'wies'n rausg-fahr'n san no an Kaffee warm g'macht... Du, i woass net g'wiss ob mir ....

ER: Freili hast as zuadraht! Dös tat ma ja riacha!

SIE: So war's recht, wenn ma dös scho bis auf d'Wies'n heraus riacha tat --- Na na, mir hams scho zuadraht ..... glaub i wenigstens.

ER: Jetzt gehn ma zum Riesenrad. *hierauf zum Riesenrad Karussel u.s.w.*

Menagerie

(Raubtiergebrüll in leeren Masskrug hineinbrüllen)

ER: Du Barbara! – In die Menagerie geh'n ma aa nei.

SIE: Ja, da gehn ma nei. – Komm! – Zwei Billetten!

KASSIER: Hier! Eingang links.

BILLENTTENKONTROLLEUR: Billetten vorzeigen, bitte!

ER: Was heisst »Billetten vorzeigen[«]? – Sie werden doch schon Menageriebilletten g'seh'n hab'n.

KONTROLL.: Gewiss – aber das Ihrige noch nicht.

ER: Dö san doch so ziemli alle gleich.

KONTROLL.: Das is' wegen der Kontrolle.

ER: I brauch koa Kontrolle – i bin koa Schwindler. – Oder glaub'n sie, dass i wega an lumpat'n Markl ....

SIE: Geh zua, Benedikt – wirst doch nicht an Streit ofanga. – Zeig's ihm halt!

ER: Sä!!!

SIE: So – jetzt komm! – Da schau her – da is scho a Elefant.

ER: Wo?

SIE: Da steht er – vor Dir.

Er: Dös is' doch koa Elefant – dös is doch a Zebra.

Sie: Ja ja i weiss scho! A Zebra wollt ich ja sag'n – i hab mi nur versprochen.

Er: Da schau Barbara – Der wunderschöne Tintenfisch auf dem Baum da drob'n!

Sie: Tintenfisch? – Dös is' doch koa Tint'n fisch – dös is doch a Steinadler.

Er: Steinadler, ja – wollt i ja sag'n. Ich hab mich ja auch nur versprochen.

Sie: Das is interessant! – Schau – die zwei sibirischen Wölfe *(doppeltes Geheul)* – und wie die unheimlich heulen können!

Er: Ja ja – dös sin ja auch unheimliche Tiere. – Die müssen auch unheimliche Laute von sich geben; – dös tat sich saudum anhören, wenn d'Wölf' zwitschern täten.

Sie: Da schau Benedikt – Käfig Nummer 5: Ein Nashorn. – Du Benedigt, warum heisst denn dös »Nashorn[«]?

Er: Sehr einfach – weil's auf der Nase ein Horn hat.

Sie: Ja, wie is' dann das beim Elefant?

Er: Der hat eine »Ele« am »Fant«.

Sie: Nein, der hat einen Rüssel am Kopf – der müsste eigentlich Rüsselkopf heissen. – Ah, da schau her – in dem Käfig san lauter kleine Affen. – Dö san drollig! *(Affengeschrei imitieren!)*
Du Benedikt, da sag'n die Leut immer, die Menschen gleichen den Affen...

Er: Dös stimmt auch – nur sin mir grösser.

Sie: Ja, was is denn dös? Auf dem Gländer sitzt a g'wöhnlicher Spatz und da zahlt ma eine Mark Eintritt dafür.

Er: Stimmt! Dös is' a g'wöhnlicher Spatz. – Frag amal den Wärter, ob der rein' g-hört. – Wenn nein, dann is' er nur rein'gflog'n.

Sie: Käfig Nummer 22 – Pelikane. – Ah! Dös schaun so ähnlich aus, als wia wenn sich a Wuidant'n nur auf die Hinterfüass stell'n tat. Du – und was sind denn das für kleine weisse Häufchen, die auf dem Boden da lieg'n?

Er: Das ist der Mist von den Pelikanen. – Der wird in Tuben gefasst und heisst dann »Pelikanol« – und der g'hört zum pappen.[...]

SIE: Da Horch Benedigt – was is' denn das für ein Gebrüll?

ER: Das kommt wahrscheinlich von de Brüllenschlangen. – Ja, was is' denn da drin? – Da Fuchs! – Du Barbara, meinst Du, das is' der Fuchs?

SIE: Was für a Fuchs?

ER: Na ja – der ... die Gans g'stohl'n hat.

SIE: Du fad's Mannsbuid – mit Deine blöd'n Witz. – – Ja, was seh' i denn da? – Da is' ja ein Storch! – Du, Benedikt – das wird der Storch sein ...

ER: Was für a Storch?

SIE: Na, der – wo die kleinen Kinder bringt.

ER: Du fad's Fraunzimmer! – Lass Deine dumma Witz!

(Raubtiergebrüll)

SIE: Du da kommt der Menageriebesitzer mit einem ganzen Korb voll Fleisch! Jetzt is' Fütterung der Raubtiere. – Du geh ganz her am Käfig[.]

ER: na na – i geh – dös mag i net seh'n. – I mog's aa net, wenn ma wer beim Essen zuaschaut.

Die Hellseherin

HELLSEHERIN: *(sprich[t] irgend ein gebrochenes Deutsch)* Geh'n Sie her, schöner Mann – um 20 Pfennig sag ich Ihnen Ihre ganzen Charaktereigenschaften und Ihre Zukunft aus den Linien der Hand.

ER: Na na – i mag nix im Voraus wissen! Was kimmt, kimmt früa g'nua. Aber mei Frau – dö schwärmt für solche Sachen! – Dös is selber so a halberte Astrologogin.

SIE: San Sie wirklich a Hellseherin?

HELLS.: Ja ich bin Hellseherin!

ER: Bei der Nacht a – wenn's finster is?

SIE: Geh, tua doch de Frau net dablecka – *(zur Hellseh.)* Da Frau, schaun's amal meine Handlinien o!

HELLSEH.: Oh!!! – Eine brave Frau! Eine gute Frau!

ER: Geh weita Barbara – stimmt scho net!

SIE: Benedikt! Die Handlienien sagen mehr als Du weisst!

HELLS.: Sie haben heute noch grosse Glück! –

ER: Moanas? – Barbara! – Dann gehn'ma glei zum Glückshafa nüba und kauf ma uns a paar Los.

HELLS.: Aber diese Linie – gnädige Frau – oh! die is' nicht gut! Ihnen trifft heite noch der Schlag.

SIE: Um Gotteswillen! – Dös hätt'ns ma liaba net g'sagt! – Hast g'hört Benedikt – da Schlag trifft mi heut noch.

ER: Ja???

SIE: Was »ja«? – I glaub dös g'freiert die, wenn mi da Schlag trifft!

ER: Aber Barbara! – Was woass denn so a Hellseherin – dös woass ja net amal a Dokta – ausserdem er hat die scho troffa.

SIE: *(weinend)* Benedikt! – Jetzt woass i, wievui's g'schlag'n hat bei mir!

ER: Bei Dir? – Na, dös war d'Uhr von da Paulskircha. – Komm, geh'n ma. Diese Hellseherei is ja lauter Bockus Hockus.

SIE: Hockus Pockus sagt ma.

ER: Da oanzige Hellseher is unser Herrgott – der verlangt koane 30 Phennig. Mir genga jetzt zum Glückhafa nüber und nehmen a paar Los. – Du hast doch heit a Glück, hat d'Hellseherin profizeit. – Dann wern ma gleich sehn, ob's recht hat.

SIE: Ja, dös tun ma. Da drüb'n is ja so glei da Glückshafa. *(kleine Zwischenmusik)*

Glükshafen

ER: Da hast a Mark – geh hin und nimm fünf Los.

SIE: Bitte fünf Los.

ER: I bin neugierig, ob a Treffa dabei is!

SIE: *(aufgeregt)* – Da schau her, Benedikt – Nummer 785.

Er: Ja was is dös!

Sie: Da schau her – Nummer 176.

Er: Ja was is' dös.

Sie: Scho wieder a Treffa. – da schau her – Nummer 350.

Er: Ja was is dös.

Sie: Nochmal a Treffa – Nummer 962.

Er: Ja was is dös.

Sie: Da schau her – s'fünfte aa noch a Treffa – Nummer 512. Gell, die Hellseherin hat recht! – »Sie haben heute noch eine grosse Glück« hat's g'sagt. ––– *(weinend)* Dann wirds a mit'm Schlag treffa recht ham.

Er: Ah, paperlapapp! – Dös is' lauter Zufall! – Lass da glei die G'winnste geb'n – i bin neugieri, was ma alles g'wonna ham.

Glückshafenmann ....: Bitte Nummer 785 – ein Regulator.

Er: Ja was is dös! – Und a Zifferblatt is a drauf!

Glückshaf.: Nummer 176 – eine Blumenvase.

Er: Ja was is dös! San ja gar koane Blumen drin is ja d'Vasn aloa.

Gl.M.: Nummer 350 – ein Abreisskalender.

Er: Ja was is dös! –

Gl.M.: Nummer 962 – eine Schachtel Camelia.

Er: Ja was is Dös! – Dös is nix für mi!

Gl.M.: Und Nummer 512 – Eine Schnurbartbinde.

Sie: Ja was is dös! – Dös is was für die! – Woasst was Benedikt – die Kleinigkeiten schiabst in Dei' Tasch'n – und den grossen Regulator hol'n ma morgen ab. – Komm, jetzt geh'n ma.

[Er:] mehr Treffer, als wia Los[.]

Pferderennen auf der Oktoberwiese

ER: Barbara – Da bleim ma jetzt steh' – von da aus sehn ma s'Pferderenna am allaschönst'n.

SIE: Na – no besser tat'n ma's vom Bavariaberg aus sehn.

ER: Red doch net – schaug doch nauf – is' ja doch scho alles eine Menschenmasse, wo'st hischaugst.

SIE: Wann geht'n s'Renna eigentlich o?

ER: Punkt drei Uhr – s'hot ja so nur mehr zwoa Minut'n. – Jetzt werd's bald kracha.

SIE: I bin neugieri wer da Letzte werd?!

ER: Barbara – Du bist scho a ganz spinnat's Quax! – A jeder normale Mensch der heut beim Renna zuaschaugt is' neigierig wer heut der Erste werd. Du bist auf'n letz'n scharf. – Warum jetzt dös?

SIE: Ja mei, weil mi halt der so dabarmt wenn a hint' nachreit'n muass. und koan erst'n Preis kriagt. –

ER: Saudumm's Gred! – Na muass er halt schaun dass er der Erste werd, na braucht a net als Letzter hint' nachreit'n.

SIE: Da Erste? – Der Erste möcht doch jeder wern!

ER: Natürlich möcht jeder der Erste wern! – Deshalb is's ja doch aa Rennen.

SIE: Jaaaaaa – aber – wenn jeder der Erste werd' dann müasst ja jeder an ersten Preis kriag'n.

ER: Na, wia ma nur so saudum daher red'n ko – a Jeder konn doch net da Erste wern.

SIE: Ja wenn aber die Pferd alle gleich schnell laffa tat'n?

ER: Ja, um dös handelt sich's doch beim Rennen, wo's für a Pferd am schnellsten lauft; – dös is eben a alter Brauch beim Rennen, dass oana da Erste und oana da Letzte werd'.

SIE: Und die andern... san zwischendrin?

ER: Geh! –– Jetzt hätt' i boid was g'sagt.

SIE: Was häst'n sag'n woll'n?

(Zwischenhinein ein Böllerschuss: Bum)

ER: Jetzt hat da Böller kracht! – Jetzt geht's o!

SIE: Wo san's n?

ER: Wart halt. – Dö wern gleich kumma.

SIE: Wer werd gleich kemma?

ER: *(schreit sie an)* D'rennbuam! Halt jetzt amal dei Babb'n!

SIE: Kemma d'Pferd'ln aa?

ER: *(schreit sie noch beser an)* Jaa! Die sitz'n ja drob'n auf die Rennbuam!

SIE: Halt'ns dös aus?

ER: *(Ganz durcheinander)* Wer?

SIE: D'Rennbuam!

ER: Was denn für Rennbuam? – Du machst mi ganz narrisch – jetzt wart halt amal bis 's kemma.

(Pferdegetrappel) – Jetzt kemmas!!!

ZUSCHAUER: *(Volksgemurmel)* Jetzt kemmas –– Ah fein –

(Pferdegetrappel)

ER: *(aufgeregt – voll Begeisterung)* Mei hänga dö beinad – bravo da Niedameier ziagt o …

SIE: Du Benedikt…

ER: Lass ma mei Ruah jetzt …

SIE: Du! Benedikt! – Moanst mir ham dahoam s'Gas zudraht?

ER: Ja! Und Dir drah i nach'm Renna d'Gurg'l zua, dass endlich amal a Ruah werd mit dem Gas[.]

Wer schlägt den Luckas

(In der Nähe klingt ein Knallen)

ER: Hörst an Luckas wia a kracht! – Da gehn ma hin dazua.

LUCKASMANN: Gehns her, schöner Mann – probierns amal eana Kraft!

ER: Du Barbara! – I möcht mei Kraft probiern. – An Luckas hab i als junger Kerl jed'smal kracha lass'n. – I wui seng, ob i heit no sovui Schmoiz hab.

Sie: No, mit Deiner Kraft is' nimmer recht weit her – in keiner Beziehung!

Luckasmann: Jetzt zoag'n's erst recht eanana Frau, dass wenigstens in die Armmuskeln no was drin is! – Da hams an Hammer. – Haun's drauf! Bum – nix is – nochmal! – Bum – wieder nix – Sie müass'n mit'n Hammer richtig ausziag'n nach hint'n – also nochmal: *(darauf erfolgt ein dumpfer Schlag und Zuschauergemurmel, da der Mann seiner Frau, die zufällig hinter ihm stand, den Hammer auf den Kopf hinaufgeschlagen hat).*

Sie: *(tut einen festen Seufzer und fällt zu Boden)*

Er: Was is denn los?

Luckasmann: Eana Frau hams troffa, statt an Luckas! – Dös is hinter eana g'stand'n und wia Sie auszog'n ham, ham sie's mit'n Hammer nieder g'schlag'n.

Er: Gell, die Hellseherin hat doch recht g'habt, dass 's heut no a Schlag trifft. ––– Barbara! Barbara! – Sie ist bewusstlos. – Ja was hast denn Du g'macht – jaso, i hab's ja g'macht! –

Luckas: Schnell a kalt's Wasser her!

Er: Nix Wasser! – Dös mag koa Wasser – dös mag net amal a Dünnbier. – Barbara! Bist Du bewusstlos? – Red! – Gib mir a Antwort! – Ich bins doch! – Komm doch wieder zu uns, aa zu Dir! – Gott sei Dank, Sie öffnet schon wieder die Augen. – Barbara! – Schau mich an – kennst mich noch? – sprich doch! – wer bin ich denn? –

Sie: A Rindviech bist!!!

Er: Sie kennt mich noch!

(Wiesenlärm und aus einer Bierbude hört man die bekannten Wiesenklänge: »Ein Prosit ein Prosit der Gemüatlichkeit.. ein Prosit ein Prosit der Gemütlichkeit« »Eins zwei drei g'suffa« der Wiesenlärm wird langsam abgeblendet)

Ende

Einige Episoden folgen noch
bei jeder Episode kann der Satz hineinkommen[:]
Benedikt! wenn i nur gwiß wissen tät
ob mir zuhause das Gas abdraht ham[.]

Motorkesselfahrt

Originaltext von Karl Valentin

Spielt auf dem Oktoberfest.
Oktoberfestlärm im Hintergrund.

Sie: Horch nur was in dera Budn drin für an Spektakl los is – Du da gehn mer nei.

Er: Da braucht ma doch net nei geh, – den Spektakl hört ma doch heraus auch.

Sie: Ja aber sehn möcht ich doch was da drin los is.

Er: A Spektakl is los – an Spektakl sieht ma doch nicht, den hört ma doch nur.

Sie: Dös woas i scho, aber i möcht doch segn warum do so a Spektakl drin is, wer den Spektakl macht.

Er: Sehr einfach, dös hat uns doch der Willi erzählt – der war scho mal do herin – da fährt a Fräulein mit einem Motorrad in einem grossen Holzkäfig, innen drin umanand – und drum schepperts do drin so.

Sie: Dös muess i segn – a Frau ko doch net so an Höllenlärm machen[.]

Er: G' des Fräulein macht koan Spektakl, aber ihr Auspuff.

Sie: Wo hat denn das Fräulein den Auspuff?

Er: Das Frl. hat keinen Auspuff – ihr Motorrad hat einen Auspuff den sie unter der Fahrt auspuffen lässt.

Sie: Dös muess i segn – kumm geh' mer nei, da is die Kasse – geh hi und hol 2 Billettn.

Er: *(singt)* Oh selig – oh selig – ein Kind noch zu sein, oh selig – oh selig – ein Kind noch zu sein.

Sie: Ja spinnst Du – anstatt dass er Billettn holt, stellt er sich vor die Kasse hin und singt: Oh selig – oh selig ein Kind noch zu sein.

Er: Stimmt doch – da lies auf der Tafel steht neben der Kasse, Erwachsene Eine Mark, Kinder die Hälfte.

Sie: Ja jetz schick mer uns das mer über die Stiegn nauf kimma, damit mer a schönen Platz kriagn *(allmählich verschwindet das Fussgetrampel auf der Stiege)*

Er: So jetz san mer heroben, do schau in den Kessel hinunter – in dem Kessel fährt die Frau mit dem Motorrad umanand.

Sie: Ja warum habn's demm da a 8 Meter hohe Bretterwand drun rumgemacht?

Er: Dös is doch die steile Wand auf der das Fräulein mit dem Motorrad drin rumfahrt.

Sie: Schmarrn, – auf der steilen Wand kann doch niemand fahr'n.

Er: Dös hat uns doch der Willi erzählt.

Sie: Der spinnt ja – der war halt scho b'suffa und hat scho all's verdraht g'sehn.

Er: Warten ma halt bis es ogeht – schau nunter jetzt kummt Frau Kitty scho mit dem Motorrad rein – jetzt sitzt sie auf – jetzt werd's glei aufreibn *(Motorlärm)*[.]

Sie: Jes Marand Josef – um Gottes Willen – die fahrt wirklich auf der steilen Wand umanand *(geller Schrei)* – na alles was recht is – na! – na noch mal – noch mal – noch mal – ja die muss ja ganz damisch wern. Jessas, jetz fahrts glei freihändig a noch – na da konn ma gor nimmer zuaschaun.

Er: [...] – Zueschaun tue mer scho, wenn mer scho Eintritt zohlt ham.

Sie: Ja wia's nur net damisch wird – von dem ewigen in dem Kreis rumfahrn – um keinen Preis in der Welt bringet mi wer auf d[es] Motorrad do nauf.

Er: Von dir werd's auch niemand verlanga.

Sie: *(greller Schrei)* Na – alles was recht is – jetz war's mir b[a]ld ins G'sicht nei g'fahrn – na – dös is nichts für mei zartes Nervensystem – da kriagt ma ja schon vom Zuschaun a Nervenzschok.

Er: Jetz schaug obi – jetz fahrt er a noch mit'm Motorradl ihr nach, jetz werd's g'fährlich.

Sie: Na – na – na – dös kann i nit begreifn, wie man so einen Beruf ergreifn kann.

Er: Aber Respekt muess ma scho vor der Frau habn, was die für eine Schneid hat – da kann sich mancher *Schneider* dran an Beispiel nehmen.

Luftballonkatastrophe

Ballonverkäuferin: Wer bekommt noch an Ballon an schöna Luftballon – nur 50 Pfennig das Stück.

Sie: Du Benedikt! Da nehmen mir für unsrer Milifrau ihrn Fritzl oan mit!

Er: Wer tragt'n denn dann? – Mir ham so soviel Glückshafaglump dabei.

Sie: Den Luftballon brauchst doch net trag'n – der fliagt doch – den brauchst doch nur mit'n Schnürl an Dein West'nknopf ohänga. – Da geh her – i häng dann hi – so.

Er: Dös schaut aber kindisch aus! – Und dös Schnürl kitzelt mi oiwei an d'Nas'n.

Sie: No ja, na lass halt kitzeln.

Er: *(schreit)* Halt – der Ballon! – Is scho fort. – Steigt schon himmelwärts.

Sie: Depp, saudummer! – Im Moment ham man kauft und er lasst schon wieder aus.

Er: I hab'n do net auslass'n.

Sie: Wer denn sunst?

Er: Er selber, is auskemma! – s'Schnürl is' an mei brennate Zigarrn hikemma und is obrennt und dadurch is da Ballon entflogen und aus dem Fesselballon wurde ein Freiballon. – Jetzt is a frei! – Wie beneide ich diesen kleinen Luftballon – Viele Ehemänner gleichen so einem kleinen Fesselballon – das Schnürl ist die Ehe!

Riesenrad-Karussel

Originaltext von Karl Valentin 1946

Lustige Szene! spielt am Oktoberfest in München[.]

(Wiesenlärm-Imitation) (Glockenzeichen)

AUSRUFER: Einsteigen! – Einsteigen! –, in das Riesenradkarussel, – eine amüsante Fahrt für Jung und Alt.

ER: *(Karl Valentin)* – Barbara, da fahr'n mer auch, – dös gibt a Gaudi[.]

SIE: Wenn's ma aber schlecht werd'?

ER: A – warum soll's dir denn da schlecht wern? Dös Karussel fahrt ja nur im Kreise rum, – in der Strassenbahn wird dir ja a nicht schlecht.

SIE: Ja in der Strassenbahn! – D'Strassenbahn fahrt ja net im Kreis rum.

ER: Freili! d'Ringlinie, fahrt doch auch im Kreise rum.

SIE: – Ja aber net in d' Höh nauf.

ER: D'Ringlinie net – aber d' Neunzehner fahrt in d'Höh nauf – in d'Schwantaler Höh.

SIE: Na, – i moan ja ind Luft nauf so wia dös Karussel da.

ER: Dös kannst auch von der Strassenbahn nit verlanga, – die braucht se net no in der Luft a no rumdrahn – do werdz eahm schon schlecht, bevor s'kimmt, wennst a hoalbe Stund an der Haltestelle drauf warten musst.

SIE: Also? ––– Fahrn mer.

SCHAUSTELLER: Hier meine Herrschaften, in dieser Gondel hier sind noch 2 schöne Plätze frei, bitte Platz nehmen, zusammen eine Mark bitte, danke – Abfahrt – *(Glockenzeichen)* – *(Orgel spielt) Schallplatte*

ER: Jetzt gehts scho in d'Höh nauf, – is dös a saudumms G'fühl, – jetz gehts wieder –– hi – nunter, da moant ma scho an Mogn hebts oam raus.

ER: Jetz gehts wieder hinauf – wia beim Oberpollinger im Lift[.]

SIE: Jetz gehts wieder –– hinunter[.]

Er: Jetz gehts wieder hinauf[.]
Sie: Jetz gehts wieder ... Du, mir werd's schlecht[.]
Er: Mach koane G'schichtn[.]
Sie: Du mir is scho schlecht[.]
Er: Mir nicht[.]
Sie: Benedict, i glaub --- wo soll ich denn ---
Er: Da, nimm dei Handtascherl, aber so das's niemand sieht[.]
Sie: Da hab i ja mei ganz Sach drin und 's Nachtessen[.]
Er: Tu's schnell raus[.]
Sie: So viel Zeit hob i nimmer – Wupp –
Er: So is recht[!]
Sie: – Wupp –
Er: Barbara!! -- Her auf, s' Tascherl is scho voll[!]
Sie: Wupp! -- Gib mir schnell dei Huat[!]
Er: Halt! – net in mein Huat nei!
Sie: Wupp –
Er: Aber Barbara[!]
Sie: Jetz is mer leichter[.]
Er: Und mei Huet is schwerer worn[.]
Sie: Mei Tascherl a – mir werd's scho wieder schlecht[.]
Er: Aber Barbara! – Sei doch vernünftig – sei tapfer – sei zurückhaltend – d'Karusselfahrt is bald zu Ende *Pause (Glockenzeichen)*
Sie: Gott sei Dank!
Schausteller: Alles aussteigen! Alles aussteigen!
Sie: Einmal und nie nimmer[!]
Er: Wo wird denn da die nächste Schuttabladestelle sein?
Sie: Ich kann mich so ärgern, kein Vergnügen is einem vergönnt[.]
Er: Ja – ja – so is es auf der Welt – die Welt dreht sich und das Karussel dreht sich auch[.]
Sie: Und mei Mogn auch – der hat sich glei ganz umdraht[.]
Er: Schad um die schönen Sachen[!]
Sie: I bin froh das es heraus is[.]
Er: Na, i mein die Sachen im Tascherl[.]
Sie: Jetz wär halt a Schnaps recht[.]

ER: Oder a Kognak[.]
SIE: Oder a Steinhäger –
ER: Oder a Kirschwasser – am besten wär halt a Alkohol.

Mir pressierts

ER: Du! Barbara! – Wart a bisserl – mir pressierts – i muass schnell wohin.
SIE: Aha! – Gell – i hab Dir's gleich g'sagt – auf die drei Mass Bier hättst Du die zwoa Aepfel net ess'n soll'n.
ER: Red' net lang – wo is' denn da – dös ... Du woasst schon was i mein. .
SIE: Wia soll denn dös i wissen – frag doch irgend einen Herrn!
ER: *(zu einem Wiesenbesucher)* Herr Nachbar, können Sie mir sagen, wo man da austreten kann?
HERR: ....: *(ein Stotterer)* Lei––lei –– lei –– der bin ich – auch – hier ––– fremd – ich –– a – bin – von – Ro – Ro – Ro – sen – heim; ich bin – a – nämlich [–]
ER: Entschuldigens, bitte – mir pressierts! *(spricht wieder einen Herrn an!)* Ach bittschön Herr Nachbar – können Sie mir sag'n wo da ....
2. HERR: Gleich hinter der Schei ... Schiessbude – links[!]
ER: Danke. Ah – weiss schon ...
2. HERR: *(ruft ihm nach)* Grad aus und dann links ..
ER: *(Gemurmel vieler Männer vor den Toiletten)* Auweh – da sieg i schwarz – solang kann i net wart'n –
EIN MANN *(aufgeregt)* Nix, nix. Sie stell'n s' eana a hint'n o wia mir aa.
ER: Dankeschön. – Hab's nicht mehr nötig. *(10 Sekunden Zwischenmusik)*
SIE: Ja bist denn Du scho wieder da?
ER: Ja, dös is' schnell ganga.

Sie: Du! *(Zieht die Nase hoch und schnufelt mehrere Male)* Du Benedikt! I glaub Du bist in was neitreten!

Er: Warum? Sieht ma's schon?

Sie: Na, sehen nicht – aber *(schnufelt wieder!)* Geh doch da in die Wies'n nei und streif Dir da Deine Schuh gut ab – denn Du muasst ziemlich tief in irgendwas neitreten sei – vielleicht is' d'Hos'n auch unten voll?

Er: Ja, wenn's nur *unten* voll wär ....

Sie: Benedikt! Du wirst doch wohl nicht .....

Er: Ja! -- Je nun, man trägt was man nicht ändern kann.

Liliputaner auf der Oktoberwiese

Originaltext v. Karl Valentin 1946

Sie: *(Liesl Karlstadt)* Du Benedikt, de Liliputaner san heier aa wieder auf der Wies'n heraus'd, de kleinsten Mensch'n der Welt.

Er: *(Karl Valentin)* Ja de mecht i mir aa gern oschaug'n – na – des geht ja net, weil i meine Aug'ngläser net dabei hab', mir kenna höchstens zu dem Ries'n neigeh', der soll zwoameterzwanzge gross sei, den sieg i ohne Augengläser aa.

Sie: Geh Schmarrn, so kloa san de Liliputaner net, dass' d' glei d' Augengläser dazua brauchst.

Er: Du Barbara, jetzt muass i dumm frag'n, was is' denn eigentlich der Unterschied zwischen einem Liliputaner und einem Zwerg?

Sie: Sehr einfach – ein Zwe[r]g ist klein und ein Liliputaner ist auch klein.

Er: Dann ist doch eigentlich kein Unterschied zwischen einem Zwerg und einem Liliputaner.

Sie: Na, aber der Zwerg kann niemals grösser werden, während der Liliputaner immer klein bleibt.

Er: Des is doch dann auch koa Unterschied.

Sie: A Zwerg und a Liliputaner ham überhaupt's keinen Unterschied, nur im Alter.

Er: Wieso?

Sie: Ein Zwerg kann jung sei und mit der Zeit kann er älter werden, genau wie ein Liliputaner auch.

Er: Ganz klein, winzig klein sind nur die Kinder von den Zwergen und Liliputanern.

Sie: Des stimmt net, denn i hab amoil in der Zeitung gles'n, dass die Liliputaner und die Zwerge koane Kinder kriag'n.

Er: So! – ja – wo komma dann de erwachsenen Liliputaner her?

Sie: Immer nur von ganz normalen Eltern.

Er: A so is des. – Dann kenna also mir zwoa niemals Liliputaner kriag'n.

Sie: Aber unsere Kinder – der Georg und d' Resi – war'n doch aa kloa, wias auf d' Welt komma san, dann war'n doch des aa Liliputaner gwen.

Er: Ja, de san aber mit der Zeit grösser wor'n.

Sie: Des is' saudumm, denn wenn de kloa blieb'n wär'n, hätt'n mir jetzt a scheen's G'schäft.

Er: Wieso?

Sie: Na ja, dann kennt ma uns aa a Bude macha lass'n und unsere Kinder ausstell'n, dann hätt' mer a sichere Existenz. Leider gehts net, weil mir nicht normale Eltern san.

Er: Vielleicht wer'n mers noch.

Sie: Na, des hamm mer scho übersehn.

Er: An was kennt ma denn des eigentlich, dass mir nicht normal sind?

Sie: Am saudumma daherred'n.

Beim Schichtl auf der Oktoberwies'n

Er: *(Karl Valentin)* Du Barbara da schaug nüber, s' August Schichtltheater is' grad aus wor'n, schaug nur grad den Haufa Leit o, do wo grad rauskemma.

Sie: Ja zum Schichtl geh ma eine.

ER: Da brauch ma gar net neigeh', der macht heraus vor seiner Bud'n mehra Gaude, als wia drinna, schick de, dass ma ganz vorn hikemma – schaug hi, seine Musikant'n stehna scho alle heraus vor der Bude und seine Artisten aa, der Herkules, der Schlangamensch, der Zauberer, der weissgschminkte Clown; an Schichtl sei Tochter steht aa scho heraus, de scheene Johanna, de beste Trapezkünstlerin der Welt.

SIE: Und de scheena gscheckat'n G'wander wo's alle oham.

ER: Schaug hi', jetzt kimmt er selber der Schichtl *(Gelächter der Zuschauer)* Pass auf, jetzt werd er glei ofanga mit seine Sprüch. *Schichtl begann seine Ansprache immer zuerst mit geziertem Hochdeutsch[,] dann kam er allmählich ins ganze derbe münchnerische hinein[.]*

SCHICHTL: Sehr verehrtes Publikum! Nachdem die Volksmassen mein Theater befriedigt verlassen haben, beginnt eine neue Gala-Elite-Vorstellung. Auftreten der ersten Künstlerspezialitäten des Kontinents; Jongleure, Seilkünstler, Equilibristen – Zauberer – Trapezkünstlerinnen, Herkulesse – Schlangenmenschen usw. Zum Schluss der Vorstellung die berühmte Geister- u. Gespenstererscheinung. Sichern sie Sich jetzt schon Plätze. Zutritt, Zutritt. *(Glockenzeichen)* Die Kapelle gibt das letzte Zeichen und die zweite Vorstellung nimmt ihren Anfang. *(Tölzer Schützenmarsch – vier Mann starke Blechkapelle mit grosser Trommel)* Ja warum geht's denn net rrei? Ja wia ham mas denn? Ja wia kemmt's ma denn ös vor, moant's vielleicht, i bin für eich da, oder seid's es für mi da? Da stehna's alle da heraus und schaug'n mi o, geht's eina und schaugt's hinaus! Was habt's denn im Prinzregententheater, da zahlt's zehn Mark Eintritt und versteh deats doch nix davo *(bei jedem Witz erfolgt ein Gelächter, des vor der Bude stehenden Publikums. Das Gelächter darf nicht räumlich klingen, muss also im Freien aufgenommen werden)*. Bei mir zahlt's nur zwanzg Pfenning und habt's was für euer Geld – da schaugt er, der gscherte Rammel da hint, geh rei in mei Theater, lass ma aa was verdeana, i kaaf dir aa deine dafeilt'n Kartoffel'n o. Jetzt lacht er[.] Also geht's rei, es kost' ja bloss zwanzg Pfenning, i mach's ja nur so billig, weil i woass, dass es alle koa Arbat habt's, sunst dat's eich net alle daherstell'n und s' Maul aufreiss'n *(Gelächter)*. Jessas reisst der da hint sein Brotlad'n auf, mach'n zua – da kunnt ma si ja gleich fürcht'n, den muass i angagiern, wenn i amoi in meim Theater koan Platz mehr hab', in den sei Mäü genga allwei no a paar eina. –– Wohlriechende Landbewohner! *(Gelächter)* stellts euch net so lang daher, sonst kriagts no Plattfiass aa, wer woass, ob ich's nächste Jahr no auf d' Wies'n aussakimm, wahrscheinlich fahr ich's nächste Jahr nach Europa, oder nach Holzkirch'n *(Gelächter)*, na habt's as. Also geht's rei, mir fanga jetzt o. Wer rei will hat höchste Zeit und de wo net reigenga, de ham ja so koan Pfenning im Geldbeutel drinna, weils eahna ganz Geld scho versuffa ham. Überhaupts moants es vielleicht, ich mach euch vor der Bude da heraus d' an Hanswurscht'n. Wenn i amoi nimmer auf's Oktoberfest rauskimm, dann is z'spät, dann kennt's euch an Trauerflor über eure Ohrwaschl'n rüberbind'n und kennt's heulen dazua wia a alter Hofhund. Also gebt's eure zwanz'g Pfenning an der Kassa ab, dann kennt's von mir aus higeh' wo's megt's. Also mir fanga jetzt o *(Glockenzeichen)*. So – jetzt habt's as übersehgn, jetzt is d' Kassa gschperrt, jetzt derf'ts gar nimmer rei, wenn's aa mög'n tats *(Gelächter)*. Jetzt kimmt mir koaner mehr rei, net amoi, wenn er an Tausender zahlt *(Gelächter)*. *[(]Blechmusik – Bienenhausmarsch)*. Die Künstler begeben sich jetzt in das Theater und [...]

SIE: Au weh – jetzt san mer ausg'rutscht, weil mer nit glei neigange san[.]

ER: A – wenn mer neiganga warn, denn hät mer ja den Schichtl heraus nit g'hört, heraus macht er doch mehra Gaudi als wia drinna und dann bei seine Geister und G'spenstervorstellungen hättst du dich doch gforcht'n, – und erst bei der Hinrichtung mit der Guilliotine – brrr – do köpft der Schichtl olle Tag an andern Zuschauer – sei froh dass mer nit neiganga sind – der hätt dich vielleicht a köpft[.]

SIE: No gar so z'wider war dir dös vielleicht gar nicht g'wesn[.]

ER: Nun! dös will i grad net behaupten, woast was? Jetzt genga ma ins Bräurosl nüber und kaufen mer uns a Wiesenmass. –

Menschenfresser

Ausrufer: Meine Herrschaften! Versäumen Sie nicht den Clou des Festplatzes! – Echte Kanibalen! – Echte Menschenfresser! Aus dem fernen Afrika. – Sie zahlen heute auf allen Plätzen nur halbe Preise.

Sie: Dös is billig! – Da geh'n ma nei.

Er: Traust dich neigeh?

Sie: Warum nicht?

Er: Wenn dich aber so a Menschenfresser frisst?

Sie: Der werd aus'g'rechnet mi fress'n!

Er: Freili! – Du bist doch a Mensch.

Sie: Benedikt!!! – Wie meinst Du denn das?

Er: Mensch is' Mensch – ob Mann oder Frau.

Sie: Also, geh'n ma nei.

Ausrufer: So, meine Herrschaften – nehmen Sie Platz! – Zum Begin der Vorstellung, stelle ich Ihnen fünf Menschenfresser vor – echte Kanibalen aus dem Stamme der Akka-Akka. – Ihre ferne Heimat ist Nordwestafrika. – In der ersten Abteilung zeigen sie Ihnen einen Nationaltanz. – Los!

(Schallplatte: Negertanz)

Alle: *(Zuschauer)* Applaus! Händeklatschen!

Ausrufer: In der zweiten Abteilung ein Kriegsgebet.

(Schallplatte mit Negergemurmel)

Alle: *(Händeklatschen!)*

Ausrufer: In der dritten und letzten Abteilung, die schaurige Kanibalenmahlzeit. – Die Akka-Akka-Kanibalen verzehren nun vor Ihren Augen ein Stück Pferdefleisch. *(Man hört das Schmatzen und kronen)*

Alle: Schwindel! – Betrug! –

Ausrufer: Ruhe meine Herrschaften!

Sie: Jawohl! Das is ein Schwindel – ein Betrug! Die Bude g'hört g'sperrt!

Er: Das sind Vorspielungen falscher Tatsachen!

Alle: Ganz richtig!

SIE: Schamas eahna! – Vor der Bude ham sie dem Publikum weiss g-macht, dass dös echte Menschenfressa san – dawei fress-ns a Pferdefleisch!

ALLE: *(Lachen und pfeifen)*

AUSRUFER: Keine Aufregung meine Herrschaften! – Von Schwindel kann hier keine Rede sein! – Das sind garantiert Kanibalen – echte Menschenfresser. – Die fressen nur jetzt bei der Vorstellung Pferdefleisch. – Wo soll'n wir denn Menschenfleisch hernehmen? Oder?? –– Ist vielleicht jemand unter den Herrschaften der sich fressen lassen will? – Bitte, kommen Sie rauf!

ALLE: *(Sind einige Sekunden stumm)*

ZUSCHAUER NR. 1: Ich nicht.

" NR. 2: Ich auch nicht!

" NR. 3: Kommt gar nicht [in] Frage!

" NR. 4: Zu sowas gib ich mich nicht her.

" NR. 5: Das is' doch kein Verlangen!

" NR. 6: Dafür bin ich mir zu gut!

" NR. 7: Z'erst Eintritt zahl'n – und sich dann fress'n lass'n.!

ZUSCHAUER NR. 8: Lächerliche Zumutung!

ER: Barbara – Geh nauf – Lass di fress'n; – I kriag scho wieda a andere.

ALLE: *(Lachen und murrmeln – Ton langsam abblenden)*

Bruchstücke

Revue-Bild Nr........

Onkel und Tante auf Besuch

oder die neues[ten] Juxartikel vom Zauberkönig.
Komödie von Karl Valentin 1940.

Personen:

Onkel: Liesl Karlstadt
Tante: Karl Valentin
Fabrikant Witzig:
spielt im Zimmer des Fabrikanten.

FABRIKANT W.: Jch bin so ein Me[n]sch, mich freut das kolossal, wenn ich irgend einem anderen Menschen einen Schabernack spielen kann und weil heute mein Onkel und meine Tante zu mir auf Besuch kommen, habe ich mir beim Zauberkönig am Stachus verschiedene Juxartikel gekauft und ich freu mich schon himmlisch darauf, wenn der Onkel und die Tante von einem Schreck in den anderen fallen. So, jetzt schnell alles ausgepackt, in 10 Minuten kommen beide, bis dahin muss alles bereit sein. *(Packt nun einen Juxartikel nach dem andern aus.)* So, hier einmal für den Onkel eine *Feuerwerkszigarre*, wenn er 10 feste Züge genommen hat, wird dieselbe explodieren. Die Zündhölzer hier schnellen in die Höhe, sobald man ein Streichholz anstreichen will – diese *Maus* hier werde ich heimlich der Tante unter den Rock laufen lassen, – hier dieser *Tellerwackler* wird die gute Tante, welche ja heute noch an Geister glaubt, in furchtbaren Schrecken versetzen wenn auf einmal die Teller wackeln. – Hier ist ein *Brief*, sobald man den Brief öffnet, knallt derselbe. – *Zigaretten* welche schneien, Schnee fällt herunter. *(Kurzum allerlei Scherzartikel Forzkissen, Schachterlteufel etc.)*

ONKEL UND TANTE: *(kommen)* Grüss dich Gott, Quirin, wie gehts dir denn immer?

FABRIKANT W.: Ja, mir geht es ganz gut, bis auf die Wohnung...

BEIDE: Wieso die Wohnung?

Fabrikant W.: Nun ja, in der Wohnung da spuckt's da soll früher an diesem Platze vor vielen vielen hundert Jahren eine Richtstätte gewesen sein und ..... da heisst es der Sage nach, dass es da nicht mit richtigen Dingen zugeht.

Onkel u. Tante: Ja, und warum ziehst Du da nicht aus oder vielleicht ist es doch bloss ein dummes Geschwätz von der Nachbarschaft[.]

Fabrikant W.: Dummes Geschwätz von Euch – das ist ja wahr, bleibt nur da dann werdet ihr euch selbst davon überzeugen.

Idee zu einem komischen Einakter

v. Karl Valentin.

Ein Mann hörte sehr schlecht. Dieses nützten seine Familienangehörigen aus. Sie schimpften über ihn gehörig in allerlei Variationen, mit den üblichen Schmeichelworten; nur wenn sie ihm etwas sagen mussten, mussten Sie es ihm in die Ohren schreien. Eines Tages las nun der Mann in der Zeitung von einem neuerfundenem Aparat für Schwerhörige. Er kaufte sich denselben, probierte diesen gleich im Laden aus und war überrascht, dass er endlich alles hören konnte, wie ein andrer auch. Noch dazu war der Aparat unsichtbar in den Ohrmuscheln zu tragen. Daheim angekommen, sagte er aber nichts davon, sondern tat so, wie immer, hielt die hohle Hand an die Ohrmuschel und er war überrascht, was er da von seinen Angehörigen zu hören bekam. Es war entsetzlich! Die Kinder warf er hinaus und von der Frau liess er sich scheiden.

Zweifelhaftes

Eine lustige Gerichtsverhandlung

------Personen:------

Der Angeklagte: Ja
Der Zeuge: Nein
Der Gerichtsdiener: Gesiegelt & gestempelt
Die Klägerin: Nein
Der Hauptzeuge: Das weiß ich nicht
Der Verteidiger: Das habe ich gemacht

----------- Das Verhör -------------

Angeklagter: Sind Sie da Ja

Es wurde gegen Sie eine Klage erhoben wegen Verführung unter Zusage der Ehe! Haben Sie mich verstanden, Ja

Sagen Sie Angeklagter, sind Sie den wirklich so ein Wüstling?

Diesem Verhältnis ist auch ein Kind entsproßen, es ist dies bereits Jhr vierzehntes! Stimmt das? Ja!

Was sagt das Auditorium? Pfui --Bravo -- Hört -- u. s. w.

Herr Zeuge: Kennen Sie die Klägerin, Nein

Haben Sie auch nicht gesprochen mit jhr Nein

Sagen Sie einmal haben Sie Geld, Nein

Hat Jhnen schon einmal ein Mensch gesagt, daß Sie ein [unans]tändiger Kerl sind Nein

Gerichtsdiener: Ist alles in Ordnung, Gesiegelt u. gestempelt

Dann bitte führen Sie die Klägerin vor,

Ist Sie schon anwesend, Gesiegelt u. gestempelt

Ich habe Sie zu ihr geschickt mit der Ladung!

Was haben Sie dort gemacht, Gesiegelt u. gestempelt.

Was sagt das Auditorium? Pfui----- Bravo------- Hört----- u. s. w.

Klägerin: Sind Sie Verheiratet, Nein

Verlobt? Nein

Verliebt? Nein

Also eine Männerfeindin? Nein

Der Hauptzeuge: Wann war das? Das weiß ich nicht!
Sie scheinen ein schwaches Gedächtnis zu haben,
hat ihr Vater auch so ein schwaches Gedächtnis
gehabt? Das weiß ich nicht!
Wer war Ihr Vater? Das weiß ich nicht!
Nun Herr Verteidiger: Der Angeklagte ist wegen Mangel an Beweisen freigesprochen, !wem hat er das zu verdanken
Das habe ich gemacht ------------------------
Sind Sie der Meinung, daß alle Zeugen bestochen waren, ? Das habe ich gemacht!
Jetzt bleibt nur noch eine Frage,: Wer ist den Jetzt eigentlich der Vater des Kindes? Das habe ich gemacht!!
Ich gratuliere !!!!! ---------Die Verhandlung ist geschloßen.

Anhang

Editorische Notiz

Quellen und Druckgeschichte

Mit dem vorliegenden Band werden erstmals sämtliche überlieferten Szenen Karl Valentins veröffentlicht. Dabei wurden die Prinzipien wissenschaftlicher Textkritik angewandt. Ediert werden in Band 3 alle die Texte Valentins, die nach konventioneller Auffassung als unzweifelhafte Vertreter der Gattung *Szene* gelten können. Dabei galt es, Unterscheidungskriterien gegenüber den *Dialogen* (Sämtliche Werke, Bd. 4) und den *Stücken* (Sämtliche Werke, Bd. 5) zu entwickeln: Einfache Regieanweisungen bzw. eine lineare Dramaturgie (keine Raum- und Zeitsprünge) wurden als szenentypische Merkmale angesehen. Als Grenzfälle in der Sammlung der Szenen müssen die hörspielartigen Produktionen (»Schuhplatten Text«, »Oktoberfest«-Episoden von 1946) ebenso wie die Szenenfolgen der »Ritterspelunken«-Bühne und die »Kasperl«-Szenen gelten, wobei deren Spiel-Charakter ausschlaggebend für die Aufnahme in den vorliegenden Band war.

Textgrundlage ist prinzipiell die späteste zu Lebzeiten des Autors veröffentlichte Druckfassung (»Ausgabe letzter Hand«). Liegt keine Druckfassung vor, wurde das späteste Typoskript (erkennbar an den verwendeten Typen und an den Zusätzen und Korrekturen durch Valentins Hand) bzw. die späteste Handschrift herangezogen.

Die überlieferten Typoskriptfassungen und Handschriften der Szenen stammen (vgl. Bachmaier, S. 221–226) aus dem »Kölner Nachlaß« des Theatermuseums Köln-Wahn (Sammlung Niessen) sowie aus folgenden Nachlaßbeständen: des Piper Verlags, München, dem Liesl-Karlstadt-Nachlaß, München, dem Bestand des Rechtsvertreters der Erben Valentins, Rechtsanwalt Gunter Fette, München (vgl. Fette), sowie dem der Stadtbibliothek München (Monacensia). Bei dem Bestand Gunter Fettes handelt es sich um vier Aktenordner mit Texten und Dokumenten.

1926 erschienen bei Max Hieber in München die »Originalvorträge«, in die erstmals die Druckfassung einer Szene (»Eine fidele Münchner Stadtratssitzung«) aufgenommen wurde.

Erst wieder in Karl Valentins letztem zu Lebzeiten veröffentlichtem Buch – den 1941 bei Hugendubel erschienenen »Valentiniaden« – sind Szenen enthalten, nämlich »Der billige Jakob«, noch einmal die »fidele Stadtratssitzung« sowie die »Bahnhofszene«.

Besondere Beachtung verdienen Valentins Beiträge für die »Münchener

Feldpost«, ein Propaganda- und Durchhalteblättchen für die aus dem »Gau München« stammenden Frontsoldaten, in dem auch Adolf Gondrell und Weiß Ferdl veröffentlichten. 1942 erschienen darin unter der Rubrik »Unsere Valentiniade« die wohl politisch und kriegspsychologisch unverdächtigen Couplets »Der Mord in der Eisdiele!« und die »Ganz neuen, echt hagelbuachanen...« (Sämtliche Werke, Bd. 2), 1943 die Szenen »Umzug in Giesing« und »Valentin fährt Straßenbahn«. Die Veröffentlichung der kritischen Szene »Zeitgemässe Situation«, des Artikels »Die Kriege« (November 1943; Sämtliche Werke, Bd. 7) und des Dialogs »Die Fremden« (Oktober 1944; Sämtliche Werke, Bd. 4) ist angesichts der damaligen Zensur allerdings erstaunlich.
Nach dem Ende des Zweiten Weltkriegs veröffentlichte Karl Valentin noch einige Monologe, Artikel und Dialoge, so etwa im »Münchener Magazin« (1946/47), aber keine Szenen.
Ein handschriftlicher Zusatz auf dem Typoskript der Kasperl-Szene »Der Schneemann« deutet auf eine Veröffentlichungsabsicht für das Münchner Trümmer-Blatt »Der Simpl«, die aber nicht zur Ausführung kam.
Zu den Werkausgaben nach Valentins Tod s. Bibliographie.

Textkonstitution

Alle Texte werden strikt nach den herangezogenen Textzeugen wiedergegeben, einschließlich aller Abweichungen von Orthographie und Interpunktion. Wo Eingriffe durch die Herausgeber, etwa bei beschädigten oder unleserlichen Stellen bzw. offensichtlichen Tippfehlern, nötig waren, wurden diese durch eckige Klammern [...] markiert.

Textdarbietung, Apparat, Varianten, Kommentar

Die Darbietung der Texte folgt der chronologischen Reihenfolge ihrer Entstehung. Gibt es keine eindeutigen Datierungshinweise (im Untertitel, durch handschriftlichen Zusatz, gemäß Aufführungsverzeichnis oder aufgrund inhaltlicher Hinweise), so folgt die Anordnung dem von Valentin selbst angefertigten Repertoireverzeichnis, das sich im Kölner Nachlaß befindet.
Der kritische Apparat gliedert sich wie folgt: Es wird die Textüberlieferung bis zu Valentins Tod nachgezeichnet, wobei die Textzeugnisse nach folgenden Siglen mit ihrem Fundort angegeben werden:

H Handschrift,
T Typoskript,
D Druckfassung.

Die hochgestellten Ziffern bezeichnen die einzelnen Textzeugnisse in der im jeweiligen Nachlaß vorgefundenen Reihenfolge, bei den Druckfassungen die chronologische Ordnung. Dabei werden auch textidentische Fassungen aufgelistet, sofern sie eigene handschriftliche Zusätze enthalten, als eigenständige Abschrift oder im Druck überliefert sind. Unberücksichtigt bleiben reine Durchschläge und Kopien.
Liegen wichtige Varianten zu den einzelnen Szenen vor, werden diese zwischen den Angaben der »Textgrundlage« und der »Entstehung« abgedruckt. Liegen mehrere Varianten vor, so werden diese in der (wahrscheinlichen) Reihenfolge ihrer Entstehung dargeboten. Den Hinweisen zur Entstehung folgen Angaben zu etwaigen Quellen und der eigentliche Stellenkommentar. Erläuterungsbedürftige Stellen der Varianten werden im Anschluß an den Kommentar zur Textgrundlage kommentiert. In einigen Fällen liegen zusätzlich wichtige ergänzende Texte (z. B. Einlagen zu Szenen oder Requisitenlisten) vor, die im Anschluß an den Variantenkommentar wiedergegeben werden. Solchen Texten folgt jeweils die Angabe ihres Fundorts und – soweit nötig – ein Stellenkommentar. Auf eine Kommentierung der Requisitenlisten wurde verzichtet.

Kommentar

Der Kommentar hat die Aufgabe, der Lektüre alle Kontexte biographischer, historischer, lokaler, dialektaler Art zu erschließen, die geeignet sind, das Verständnis der Szenen zu fördern. Dabei wird auch auf werkimmanente Bezüge sowie auf weiterführende Literatur verwiesen.

Der Stellenkommentar gibt neben Sachinformationen auch die Abweichungen der einzelnen Handschriften, Typoskripte und Druckfassungen gegenüber dem im Textteil des Bandes abgedruckten Textzeugen an, so daß die Entwicklungsgeschichte der Szenen nachvollziehbar wird. Dabei mußten minimale Abweichungen in Form von offensichtlichen Tippfehlern, eingefügten oder gestrichenen Satzzeichen, Anführungszeichen, Füllwörtern, Unterstreichungen etc. angesichts der Fülle unerwähnt bleiben.

Der Stellenkommentar beginnt jeweils mit der Angabe der Seite und Zeile des zu kommentierenden Lemmas. Dieses wird kursiv wiedergegeben und mit einer nicht kursivierten eckigen Klammer abgeschlossen.

Zu den Nachlaßbeständen, den Editionsprinzipien etc. vgl. Bachmaier.

Zither-Solo. Die Rasenbank

Textüberlieferung

T^1 Typoskript im Nachlaß, Theatermuseum Köln-Wahn: Repertoire Nr. 24; Mappe I (Au 11750).

T^2 Typoskript im Nachlaß, R. Piper Verlag, München: Repertoire Nr. 24.

T^3 Typoskript im Liesl-Karlstadt-Nachlaß, München: Repertoire Nr. 24.

Textgrundlage: T^1.

Entstehung

Laut Untertitel von T^1, T^2, T^3: 1905.

Quellen

Das leitende – ursprünglich wohl clowneske – Motiv dieses Szenariums ist das des »verhinderten Konzerts«; K. V. verwendet es mehrfach: so in den beiden folgenden Szenen »Ein verhängnisvolles Geigensolo« (vorliegender Band, S. 15) und »Ein Mitternachtsständchen!« (vorliegender Band, S. 19) sowie in »Das Clownduett oder die verrückten Notenständer« (vorliegender Band, S. 35), »Wie heisst der Notenwart?« (vorliegender Band, S. 122) u. a.; vgl. Glasmeier, S. 54–68.

Stellenkommentar

13,1 *Zither-Solo.*] K. V. beherrschte insgesamt 14 Musikinstrumente, darunter auch die Zither; vgl. die Szene »Schuhplatten Text« [»Alpensängerterzett«] (vorliegender Band, S. 113) sowie den Film »Der Zithervirtuose« aus dem Jahre 1934 (K. V.s. Filme, S. 138). K. V. erzählt in Rep. Nr. 82, »Valentins Jugendstreiche«, (GW, S. 146–150, bzw. Sämtliche Werke, Bd. 7) vom ersten Unterricht auf seinem späteren Lieblingsinstrument und wie er nach seiner mißglückten Orchestrion-Tournee im Münchner Weinlokal »Esterhazykeller« (Färbergraben) Zither spielte; vgl. Schulte 1982, S. 25 f., und Bertl [Böheim] Valentin, S. 86.

13,1 *Die Rasenbank*] Handschriftlicher Zusatz. Gemeint sein könnte das Lied »Die Rasenbank« (»Steht ein grüner Lindenbaum«) von Stanislaw Niewiadomski (geb. am 4. 11. 1859 in Soposzyn bei Lemberg/Polen, gest. am 15. 8. 1936 in Lemberg).

13,4 ff. *Val. kommt mit Zitherkasten auf das Podium ... und beginnt das Spiel. »Die Rasenbank«*] Das ganze Szenarium fehlt in T^2, T^3.

13,30 *öfters*] Handschriftlicher Zusatz.

14,34 *(annonciert)*] kündigt an.

15,1 *verknittert*] T^2, T^3: »verknüttert«.

15,5 f. *Zithersolo auf der Zither mit Zitherbegleitung*] Vgl.die Soloszene, Rep. Nr. 21, »Ein Posaunensolo mit Posaunenbegleitung« (Sämtliche Werke, Bd. 1, S. 41–43).

Ein verhängnisvolles Geigensolo

Textüberlieferung

T^1 Typoskript im Nachlaß, Theatermuseum Köln-Wahn: Repertoire Nr. 25; Mappe I (Au 11750).

T^2 Typoskript im Nachlaß, R. Piper Verlag, München: Repertoire Nr. 25.

T^3 Typoskript im Liesl-Karlstadt-Nachlaß, München: Repertoire Nr. 25.

T^4 Typoskript im Liesl-Karlstadt-Nachlaß, München: Repertoire Nr. 25.

Textgrundlage: T^1.

Variante: T^2.

Das verhängnisvolle Geigensolo

VALENTIN: Erlaube mir, Ihnen ein Geigensolo zum Vortrag zu bringen: »Am Meer« von Schuckert. A so, d'Geig'n! *(holt sie, sicht den Schlüssel).* Ge, sind's so gut und bringens mir das kleine Schlüsserl raus.

DIENER: Was für a Schlüsserl?

VALENTIN: Das kleine – in meinem Gilet, im Westentascherl is drinn. Schickens Ihne, weil d'Leut warten. *(z. Publikum)* An Moment, bitt, schön! Er holt mir nur an Schlüssel raus, *(wartet) (z. Publikum)* Gell, jetzt hat die Kält'n auch wieder a bisserl nachgelassen – ja was is denn, i woaß ja gar nimmer was i mit de Leut red'n soll – da steht ma heraust, wia a Aff ..... ja, was is denn? *(Bekommt einen großen Schlüßel gereicht)* Ja, was is denn dös, dös siecht ma ja auf den ersten Blick, daß der net 'nei' geht, dös brauch i gar net probiern. – A kloans Schlüsserl, war denn der in mei'm Gilet drinn?

DIENER: Also, der paßt amal net, da schauns nur no' mal her.

VALENTIN: Also, was mancher Mensch für a – Augenmaß Hat! Dös kann er sich doch denken, daß man zu so ei'm kleinen Kasten *(probiert es)* halt – brauch ihn nimma, is sowieso schon auf. Ein Violinsoli »Am Meer«... *(ruft hinaus)* An Notenständer! Sie wissen doch, daß i an Notenständer brauch. Soll ich ihn Vielleicht selber reintragen *(Notenständer kommt).* Höher geht's nimmer! Also, wenn man sich nur alles selber herrichten tät. Wie'st halt einen anderen Menschen brauchst.. *(Ständer fällt ihm auf den Kopf)* Wie man nur da lachen kann, wenn einem andern was nauffällt. Noten san aa net da! *(bekommt sie, fallen ihm alle hinunter)* Jetzt bin i scho' aufg'regt aa. A, 's Leisterl is abbrochen, hams koan Nagel und koan Hammer da? *(z. Publ.)* Einen Moment, ich nagl nur das Leisterl da an. Ich hab's gleich! Au, au, jetzt hab ich mich am Finger naufg'haut. Hams koa Bind'n?

DIENER: *(Bringt Tinte)*

VALENTIN: A Bind'n! *(zum Pianisten)* Sie sehen doch, daß i mi verwickelt hab, jetzt brauch i nur mehr an Draller. Grad heut ... »Am Meer« ... Jetzt is d'Sait'n a no ab ... Ham's koa E-Sait'n da. Keine Nähseide – E-Saite.. auch nicht .. Ja, dann is nix mit'm geigna – und wär so schön ganga... Kann ma nix mach'n, also... entschuldigens vielmals... *(ab)*

Entstehung

Nach Münz (KVVD), S. 328, ist K.V. im Juni 1915 mit dieser Szene im Kabarett »Wien-München« (im Hotel Wagner, Sonnenstraße 23) aufgetreten; vgl. Schulte 1982, S. 92. 1936 wurde die Szene unter der Regie von Rolf Raffé mit K.V. und Liesl Karlstadt verfilmt (K.V.s. Filme, S. 157ff.)

Quellen
S. vorige Szene.

Stellenkommentar
15,30 *»Am Meer« von Schuckert*] Anspielung auf das Lied No. 12 »Am Meer« (Text: Heinrich Heine) aus dem Zyklus »Schwanengesang« (1828) von Franz Schubert.
15,34 *Schilee*] Gilet (frz.), veraltet für: Weste.
16,15 *(bringt ganz hohen Notenständer)*] Vgl. die Szene »Das Clownduett oder die verrückten Notenständer« (vorliegender Band, S. 35).
16,23 *(Zum Diener:)*] Fehlt in T^3.
16,31 *Traller*] Kontamination aus Praller (= Pralltriller) und Triller.

Ein Mitternachtsständchen!

Textüberlieferung
T^1 Typoskript im Nachlaß, Theatermuseum Köln-Wahn: Repertoire Nr. 32; Mappe I (Au 11750).
T^2 Typoskript im Nachlaß, R. Piper Verlag, München: Repertoire Nr. 32.
T^3 Typoskript im Liesl-Karlstadt-Nachlaß, München: Repertoire Nr. 32.
Textgrundlage: T^1.

Entstehung
Vermutlich um 1915.

Quellen
S. »Zither-Solo. Die Rasenbank« (187). Ferner greift K. V. hier auf das komische Mittel der »mangelhaften Synchronisation« zurück; vgl. das Stück, Rep. Nr. 128, »Im Senderaum« (Sämtliche Werke, Bd. 5), und Nachwort.

Stellenkommentar
19,7 *Brockensammlung*] Nach Johannes 6,12 f. benannte, 1891 von Friedrich von Bodelschwingh in Bethel eingeführte soziale Einrichtung, bei der Arbeitslose und Behinderte ausgemusterte Haushaltsgeräte sammeln, reparieren und an Arme billig weitergeben. Brockensammlungen fanden außer in Bethel in zahlreichen dt. Städten mit Erfolg statt.
19,7 f. *Kohlstrasse 2*] Fehlt in T^2.
19,8 f. *Römerschanze bei Grünwald*] Im Süden Münchens gelegener, fälschlicherweise für römisch gehaltener Rest einer mittelalterlichen Befestigung, unter der sich – allerdings unsichtbar – Reste einer spätrömischen Mauer befinden.
19,9 f. *1/3 Uhr*] T^2: »1/2 5 Uhr«.

19,26f. *siehe Noten – Bühne finster.)*] T^2: » – siehe Noten – 1. Romanze – Leise Leise – 2. Lied ›Ich kann es noch nicht fassen etc.‹ Bühne finster)«.
19,27f. *Leise, leise, wie ein Schatten schleich ich mich auf D. Nacht beim Mondenschein ...*] Vielleicht eine Anspielung auf das Lied »Leise, leise schleicht ein Schatten« (Titel: »Rendez-vous«) von Wilhelm Aletter (geb. am 21. 1. 1867 in Bad Nauheim, gest. am 30. 6. 1934 in Wiesbaden).
19,32 *hab i'*] T^2 ergänzt: »g'sagt!«.
20,7 *Rotlauf*] Eine v. a. bei Schweinen auftretende Infektionskrankheit, bei der das erkrankte Tier rote Flecken aufweist.
20,8 *Blutarorangen*] T^2: »Bluatorangen«.
20,12 *krank ich*] T^2: »ich krank«.
20,24 *Rufa*] Bayer.: Schorf, eingetrocknete Wunde (auch als Beleidigung).
21,1 *singt*] In T^2 folgt der Einschub: »Dein Liebster sich hier umgebracht. (Ersticht sich mit einem Degen, fällt zu Boden) (singt):«.
21,6 *i lass mi net dablecka!*] Bayer.: ich laß mich nicht verspotten.
21,12 *Hofteater*] Gemeint ist das »Alte Residenztheater« (»Cuvilliéstheater«), das auf Geheiß des Kurfürsten Max III. Joseph an die Residenz angrenzend von François Cuvilliés d. Ä. errichtet und 1753 eröffnet wurde. Es gilt als schönstes Rokokotheater der Welt, bekannt wurde es auch durch die Separatvorstellungen für König Ludwig II.
21,16 *Bamberlbühne*] Bayer.: kleine, schäbige, wenig ertragreiche, leistungsschwache Bühne (vielleicht von ital. ›bambino‹ = Kind).

Beim Tiefsee-Taucher

Textüberlieferung
T^1 Typoskript im Nachlaß, Theatermuseum Köln-Wahn: Repertoire Nr. 97; Mappe IV (Au 11750).
T^2 Typoskript im Nachlaß, Theatermuseum Köln-Wahn: Repertoire Nr. 97; Mappe IV (Au 11750).
T^3 Typoskript im Nachlaß, Theatermuseum Köln-Wahn: Repertoire Nr. 173 a; Mappe IX (Au 11750).
T^4 Typoskript im Nachlaß, R. Piper Verlag, München: Repertoire Nr. 97.
T^5 Typoskript im Nachlaß, R. Piper Verlag, München: Repertoire Nr. 97 a[173 a].
T^6 Typoskript im Liesl-Karlstadt-Nachlaß, München: Repertoire Nr. 97.
Textgrundlage: T^1.

1. Variante: T^3.

Die Tochter des Tauchers

Meine Damen und Herren! Sie sehen hier einen Tiefseetaucher in voller Ausrüstung. Es wird für Sie, meine Herrschaften, ein ungewohnter Anblick sein, in einer Schaubude einen Tiefseetaucher zu sehen, aber die Not hat mich und meinen Vater dazu gezwungen, auf Reisen zu gehen. Mutter und ich begleiten den Vater – die Mutter dreht die Luftpumpe vor der Schaubude. Vater ist nun schon seit drei Jahren arbeitslos. Dadurch kam Vater auf die glückliche Idee, eine Schaubude zu schaffen. Da Mutter damit einverstanden war, gingen wir auf Reisen. Unser erstes Debut war in München am Oktoberfest. Die Presse sprach sich lobend aus über unsere wissenschaftliche Darstellung. Vater ist von Beruf Tiefseetaucher, in einem Zeitraum von 15 Jahren war Vater 2755 Mal auf dem Meeresgrund. Von dem vielen Tauchen ist heute der Anzug noch feucht. Der Helm des Tauchers ist aus Messing und innen hohl, damit der Kopf darin Platz hat.

Der Taucherberuf ist sehr einträglich, Vater verdiente vor 1914 täglich 100.– Mark die Stunde. Der Taucherberuf war vor zehn Jahren überfüllt, jeder wollte Taucher werden des hohen Verdienstes wegen. Es gab damals tatsächlich so viele Taucher wie Sand am Meere, man sagt natürlich nur sprichwörtlich so, denn wenn man das richtig nehmen würde, hätte man keinen Sand mehr gesehen, weil überall Taucher darauf gestanden wären.

Hier am Helm sehen die Herrschaften runde Fenster, dieselben haben den Zweck, dass der Taucher von innen herausschauen kann.

Hier vorne, an Vaters Brust, erblicken Sie das sogenannte Taucherherz. Dasselbe ist aus schwerem Blei und hat den Zweck, Vater in die Tiefe zum ziehen – ohne dieses Herz, also »herzlos« sozusagen, geht ein Taucher nie an die Arbeit.

Einmal hat ein Taucher seinen Leichtsinn mit dem bitteren Tode büssen müssen. Obwohl auf dem Meeresgrunde das Rauchen verboten ist, wollte sich der Taucher eine Zigarre anzünden, schraubte die Luftschraube heraus, im Nu quoll das Wasser ins Innere und er schied aus dem Leben. Als man ihn als Leiche heraufzog, war er bereits tot.

Als Vater jung war, waren ich und meine Geschwister noch Kinder, Mutter und Vater waren damals schon verlobt. Da hatte Vater den Schraubenschlüssel von seinem Helm im Meer verloren und konnte den Helm nicht abnehmen. Er musste in voller Ausrüstung ins Bett gehen und konnte der Mutter nicht mal einen Gute-Nacht-Kuss geben.

Schwieriger als in allen anderen Meeren ist das Tauchen im Schwarzen Meer. Da braucht der Taucher schon am Tage die sogenannte Taucherlaterne. Das Schwarze Meer ist so schwarz wie Tinte, deshalb ist auch die Gefahr mit den Tintenfischen grösser, weil diese dieselbe Farbe haben wie das Meer. Im Gelben Meer sind die Tintenfische gelblich und im Toten Meer tot und deshalb ungefährlich für die Taucher. – Einmal war Vater in Lebensgefahr. Ein grosser Tintenfisch schlang seine riesigen Fangarme, Polypen genannt, um seinen Körper. Ein Entrinnen aus dieser Lage war undenkbar, aber Vater hatte in seiner Angst Geistesgegenwart, griff flugs nach einem gerade des Weges daherschwimmenden Sägefisch und sägte mit diesem Sägefisch dem Tintenfisch die Fangarme ab und entkam. Den Sägefisch, der ihm das Leben gerettet hatte, liess er aus Dankbarkeit wieder schwimmen und tat ihm kein Leid an. – Als Vater und Mutter jung verheiratet waren, war Mutter sehr eifersüchtig auf die Meerjungfrauen, auch Wassernixen genannt, die dem Vater gelegentlich am Meeresgrund begegnen könnten, wie das oft auf Bildern sichtbar ist. Vater versicherte aber der Mutter auf Ehrenwort, dass er leider noch nie eine Meerjungfrau gesehen hätte, genauso wenig wie bei uns oben eine Erdenjungfrau.

2. Variante: T^6.

Der Taucher auf der Festwiese

Original-Komödie von Karl Valentin, München 1917.
Die Komödie spielt auf zwei Szenen, vor und in der Taucherbude.

I. BILD:

Auf der Bühne steht schräg die Aussenkulisse *(Aussenansicht)* einer Taucherbude *(siehe Zeichnung)*. Auf kleinen Antritten vor der Bude steht die Kapelle, bestehend aus drei Blechmusikanten, einem Clown, welcher die grosse Trommel schlägt, und dem Ausrufer. Neben dem Ausrufer hängen auf einem Ständer die Ausrüstungen des Tauchers. Die Musik beginnt. Der Ausrufer hält seine Ansprache.

ANSPRACHE DES AUSRUFERS BEIM TIEFSEETAUCHER.

Zutritt, Zutritt, meine Herrschaften! – Soeben beginnt eine neue Vorstellung: Sie haben heute Gelegenheit, die Tätigkeit eines Tiefseetauchers zu bewundern. – Die lehrreichsten Schaustellungen des ganzen Festplatzes – kommen Sie, versäumen Sie nicht die grosse Sensation der Sensationen zu besuchen! – Sie zahlen heute nur halbe Preise. In einigen Minuten beginnt eine neue Hauptgala-Elite-Vorstellung! Die Presse schrieb seitenlange Artikel – der Tiefseetaucher hatte kürzlich die hohe Ehre, vor Sr. Majestät Grossherzog von Grünschweig aufzutreten, vielmehr unterzutauchen.

Dem Taucher wird jetzt die Rüstung angelegt; in einigen Minuten ist nun Anfang der Vorstellung!

(Erklärung der Ausrüstung:)

Sie sehen also hier einen Tiefseetaucher! Wie auf dem Packträger auf dem Lande arbeitet, so hat ein Taucher die Pflicht, unter dem Meere zu arbeiten. Damit dem Taucher das möglich ist, benötigt er einen Taucheranzug und die entsprechende Ausrüstung dazu. *(zeigend)* Dieser besteht aus einem wasserdichten Gummianzug, der an den Armen und an den Schuhen mit Gummiringen abschliesst, um das Eindringen des Wassers zu verhindern; dann aus dem Taucherhelm – nicht zu verwechseln mit Wilhelm –, an dem Taucherhelm befinden sich runde Fenster, damit der Taucher heraus und hineinschauen kann. – Dem Taucher wird sodann der Taucherhelm auf den Kopf gesetzt. Vorläufig atmet der Taucher noch die irdische Luft ein, sobald aber dem Taucher die Verschluss-Schraube eingeschraubt wird, ist der Taucher von der Atmosphäre abgeschlossen und muss ihm durch die Taucherpumpe Luft zugeführt werden. Der Taucher wäre nun tauchfertig ausgerüstet, wäre aber noch nicht imstande, in die See hinunterzutauchen, weil er noch nicht die nötige Schwere besitzt. Um dieses zu bewerkstelligen, muss dem Tiefseetaucher das sogenannte Taucherherz umgehängt werden. Dieses Taucherherz hat den Zweck, den Taucher in die Tiefe zu ziehen. Dieses Taucherherz hat ein Gewicht von zwei Zentnern, ausserdem hat der Taucher noch an beiden Füssen die sogenannten Tauchersohlen aus Blei im Gewichte von 80 Pfund, welche ebenso dazu bestimmt, die Schwere des Tauchers zu vermehren. – Das hier ist der Luftschlauch, welchem dem Taucher die Luft aus der Pumpe zuführt – und das hier ist das Seil, an welchem der Tiefseetaucher in die grauenhafte Tiefe des Meeresgrundes hinabgelassen wird. Ausserdem erhält der Taucher die elektrische Taucherlaterne, die ihm im angezündeten Zustande Licht gibt und auch unter Wasser brennt. Der Tiefseetaucher ist nun völlig ausgerüstet und die Vorstellung kann beginnen. – Also – Zutritt, – Zutritt – damit Sie sich einen schönen Platz sicher[n] können. Die Kapelle gibt das letzte Zeichen und die Vorstellung beginnt.

(Ausrufer, Taucher und alles geht hinein.)

Nach der zweiten Musikpiece erscheint der Taucher selbst, tropfnass von der letzten Produktion. Nachdem ihm der Taucherhelm wieder aufgesetzt ist, geht der Taucher mit dem Ausrufer und den Musikanten in die Bude hinein; – ihnen folgen nun verschiedene Personen, die vor der Bude die Rede mit angehört haben. Nach dem Publikum erscheint vor der Bude Karl Valentin und Liesl Karlstadt als komisches Ehepaar. *(Vor der Bude sitzt nur noch die Kassierin.)*

Liesl K.: »Da schaug her, Alta, da Taucha is a wieder auf der Wies'n heraus, a fein – da geh' ma eini, geh' weiter!«

Valentin: »Ah, mir gangst, dös war net vui interessant, da geh i scho' lieber zum Riesenmädchen, die hat solchane Hax'n, da siegst wenigstens was!«

Liesl K.: »J gib dir glei Hax'n, wennst Hax'n seg'n willst, dann schaugst di mein o, des mirksta.«

Valentin: »Hab' i koa Interesse!«

Liesl K.: »Wennst scho positiv a seltens Frauenzimmer segn willst, nacha geh'n ma halt zur Dame ohne Unterleib!«

Valentin: »Die hat ja koane Hax'n net, gehn ma halt zum Riesenmädchen!«

Liesl K.: »Stad bist jetzt, jetzt gehn ma grad extra zum Taucha nei – zahl'n tua i – gib's Geld her!«

Valentin: »Säh – ja, Du – hast g'hört, – wart ma halt, bis der Taucha wieda aussi kimmt, dann schaug'n ma uns heraus a – dös war doch dann a Blödsinn, wenn ma neigangad'n.«

Liesl K.: »Dumm's Mannsbild, dumm's, heraus' taucht er doch net unter.«

Valentin: »Wo nacha?«

Liesl K.: »Ja drinna.«

Valentin: »Wo drinna?«

Liesl K.: »Ja im Wasser!«

Valentin: »Jaaaaaa – is in dera Bud'n lauta Wasser drinna?«

Liesl K.: »Wahrscheinli'.«

Valentin: »Mir gangst, – na dasauf'n ma ja!«

Liesl K.: »Um Di war's schad, – wannst no drinna dasaufa tatst!«, i zahlat glei an Taucha a Mass extra, wenn er Di dann no weiter einidruckt, jetzt geh'n ma nur amal 'nei'n, – gib Obacht, da kemma 4 Staffeln, dass D'Di net dafallst, langg'stackelter Depp!«

Valentin: »Ja – ja, kümmer Di' net um mi',« – *(fällt auf der Stiege, – schlägt sich die Nase auf)*

Liesl K.: »Hab' i's net g'sagt, mit dem Kletzenkopf kannst nirgends hingeh', höchstens ins Kasperltheater!«
(Beide wollen an der Kasse zahlen.)

Liesl K.: *(zur Kassierin)* »Bitte zwei Biletten für ein Erwachsenes und ein Kind!«

Kassierin: »Was? – Der Herr ist doch kein Kind!«

Liesl K.: »Und ein Kind hab' i g'sagt!« – Was kost denn die Gaudi?«

Kassierin: »1 Mark à Person.«

Valentin: *(zur Kassierin)* »Ja, was kostats denn nacha für mi, wenn i a Kind war?«

Kassierin: »Da kostats bloss a Fufzgerl!«

VALENTIN: »Jaaa – *(singt)* – O seelig, o seelig, ein Kind noch zu sein.[«]

LIESL K.: »Hör Dei' dumme Singerei auf!« *(zahlt zwei Biletten und spricht)* [»]Hab'n Sie braune Rabattmarken?« *(Beide gehen in die Bude hinein.)*

II. BILD.

Bude von innen. Die Bude muss auf der Bühne so gestellt sein, dass das Publikum die äussere und innere Vorstellung ohne weitere Verwandlung vor Augen hat. – Die Vorstellung der Bude nimmt durch Aufziehen eines kleinen Vorhanges ihren Anfang.

Rekommandeur und Taucher *(ohne Helm)* betreten das Innere der Bude.

REKOMMANDEUR *zum Publikum:* »Sehr geehrte Damen und Herren! – Sie sehen also einen Original Tiefsee-Taucher in voller Ausrüstung. Wie ein Packträger auf dem Lande arbeitet, so arbeitet der Original-Tiefseetaucher auf dem Meeresgrunde. Damit dem Taucher das möglich ist, benötigt er eine Taucherausrüstung. Dieselbe besteht aus einem wasserdichten Gummianzug und zweitens aus dem Taucherhelm.«

VALENTIN: *zum Rekommand.*: »Sie entschuldigens', kann der anstatt dem Taucherhelm an Wilhelm a braucha?«

REKOMMANDEUR: »Bitte mich nicht zu unterbrechen! – An dem Taucherhelm befinden sich zwei runde Fenster, damit der Taucher heraus- und hineinschauen kann.«

VALENTIN: »Wo schaut er denn hinein?«

RECOMMANDEUR: »Er schaut heraus!«

VALENTIN: »Wer schaut denn nacha nei'?«

RECOMMANDEUR: »Ja, der andere Taucher.«

VALENTIN: »Ja – is denn im Meeresgrund noch a andera Taucha drunt?«

RECOMMANDEUR: »Nein – aber, wenn halt grad einer drunten wär, dass halt der andere dann neischaun kann, ob da wirklich einer drin ist.«

VALENTIN: »Ha, – was tut nacha der drinnere, wenn der draussere von heraussen 'neischaut?«

REKOMMANDEUR: »Na schaut der raus, ob der andere wirklich neischaut.«

VALENTIN: »Wenn aber der net neischaut?«

REKOMMANDEUR: »Na schaugt der andere net raus.«

VALENTIN: »Aha – dös is ganz praktisch!«

REKOMMANDEUR: »Wie Sie sehen meine Herrschaften, atmet der Taucher jetzt noch die irdische Luft ein, sobald aber dem Taucher die Verschlußscheibe eingeschraubt wird, wie Sie hier sehen – «

LIESL K.: »Na derstickt er?«

REKOMMANDEUR: »Reden S' doch net so saudumm drein, der derstickt eben net, – – «

Valentin: »Dasticka kann er doch nur an ara Fischgrat'n.«

Rekommandeur: »Er kann nicht ersticken, weil ihm künstliche Luft zugeführt wird aus der komprimierten Luftflasche.« *(zeigt dieselbe)* Der Taucher ist nun tauchfähig und geht in's Wasser.«

Liesl K.: »Aus Liebesgram?«

Rekommandeur: »Nein, er taucht ins Wasser.«

Valentin: »Ja, – warum?«

Liesl K.: »Warum – Also, Du kannst saudumm fragen; warum stehst denn Du da?«

Valentin: »Dass i an Taucher sieg!«

Liesl K.: »Na also!«

Rekommandeur: »Sie sehen, der Taucher ist jetzt unter Wasser! – und wird jetzt unter Wasser arbeiten!«

Liesl K.: »Arbeitet der am Sonntag a?«

Rekommandeur: »Aber nein, am Sonntag geht der Taucher in die Kirche, wie jeder andere Mensch auch.«

Liesl K.: »In dem Tauchergwand?«

Rekommandeur: [»]Ich ersuche die Herrschaften, dem Taucher jetzt etwas in das Wasser zu werfen. Er wird den Gegenstand im Wasser suchen und wieder an die Oberfläche bringen. – Bitte irgend einen Ring oder dergleichen.«

Valentin: »Alte gib' mir Dein Ehering, na wirf i'hn eini.«

Liesl K.: »Freili! – An Ehering – wir[f] mi nur glei selber nei!«

Valentin: »Dös war nix, weil Di der Taucher glei wieder 'raufbringa tat.«

Rekommandeur: »Ich gebe nun dem Taucher eine leere Schiefertafel – – Der Taucher wird unter dem Wasser etwas auf die Tafel schreiben.[«]

Liesl K.: »Da bin i gspannt, was der draufschreibt!«

Rekommandeur: *(die nasse Tafel zeigend)* »Der Taucher hat auf die Tafel geschrieben: Ich habe grossen Durst!«

Valentin: »Da soll er halt a Wasser saufen!«

Rekommandeur: »Nun wird sich der Taucher unter Wasser Schneutzen, wozu er ein wasserdichtes Sacktuch benützt.« – »Es wäre natürlich unanständig, wenn ich Ihnen dieses gebrauchte Taschentuch zeigen würde.«

Valentin: »Ja, Sie Herr Taucherbesitzer, wenn aber der Taucher unterm Wasser hinaus muss?«

Liesl K.: »Der muass doch net naus! Drum hat er ja a wasserdicht's G'wand a!«

Rekommandeur: »Sehen Sie jetzt, meine Herrschaften, genau hinunter in die Tiefe – eben hat der Taucher unter Wasser mittels einer Taucher-Laterne Licht gemacht.«

Alle *lehnen sich stark über das Geländer (wir sehen kein Licht)*

REKOMMANDEUR: »Bitte die Herrschaften, sich nicht zu weit über das Geländer zu beugen, damit das Geländer nicht bricht.«

(Geländer bricht – Valentins Alte fällt hinein.)

ALLES *schreit.*

REKOMMANDEUR: *(schlägt die Hände zusammen)* »Keine Aufregung meine Herrschaften, – der Taucher wird die Dame in wenigen Sekunden lebend an die Oberfläche bringen!«

VALENTIN: »Dös pressiert net! – i kann scho warten! Wenn er s'raufbringt, kriagt er a Markl, und wenn er s' druntlasst, na geb'n S' eahm den Hunderter!«

Entstehung

Laut Untertitel von T^6: 1917. T^3/T^5 ist eine Variante der Ansprache des Ausrufers, die offenbar nach dem Ersten Weltkrieg entstanden ist; vgl. die Schallplattenaufnahme »Beim Taucher auf der Oktoberwiese« vom 1.12.1928 (Berswordt, S. 304).

Quellen

Das Oktoberfest ist regelmäßig wiederkehrendes Thema K.V.s; vgl. die Monologe, Rep. Nr.148, u. Rep. Nr.149 »Auf der Oktoberfestwiese im Jahre 1926« bzw. »Oktoberfest 1927« (Sämtliche Werke, Bd. 1, S. 118, S. 128), die folgende Szene »Oktoberfestschau«, die späte Sammlung der Oktoberfest-Szenen (vorliegender Band, S. 150ff.), das Stück, Rep. Nr.166, »Er und Sie!« (Sämtliche Werke, Bd. 5) sowie den 1923 entstandenen Film »Karl Valentin und Liesl Karlstadt auf der Oktoberwiese« (K.V.s Filme, S. 36ff.) und das Kurzfilmmanuskript »Familie Valentin auf dem Volksfest« (Sämtliche Werke, Bd. 8). – Die Ansprache des Ausrufers ist ein Beispiel für K.V.s Parodien wissenschaftlicher Vorträge; vgl. die Monologe, Rep. Nr.68, »Unsere Haustiere«, Rep. Nr.138, »Der Regen«, und Rep. Nr.165, »Magnet-Fisch-Angel-Fix!« (Sämtliche Werke, Bd. 1, S. 52, S. 106, S. 136) sowie das Kurzfilmmanuskript »K-J-S-. Katzenjammer-Jmpf-Serum« (Sämtliche Werke, Bd. 8).

Stellenkommentar

21,24 *Tiefsee-Taucher*] Ab 1880 trat »Weinreich's Original-Taucher- & Schwimmer-Truppe« auf dem Oktoberfest auf, zu deren Programm ein Taucher gehörte, der in einem Bassin verschiedene Arbeiten mit einer »Submarine-Lampe« und allerlei anderen Gerätschaften vorführte; vgl. Das Oktoberfest, S. 344.

22,8 *Packträger*] Seit 1861 bestand in München ein von R. Mrosek (keine Lebensdaten ermittelt) gegründetes »Münchner Packträger-Institut«. Dabei handelte es sich um ein privates Dienstleistungsunternehmen, dessen angestellte Packträger (»Dienstmänner«) nur außerhalb der Bahnhöfe La-

sten befördern durften und ein geringes Entgelt erhielten. 1863 wurde in München ein »I. Dienstmann-Institut« gegründet.
22,25 f. *Dieses Taucherherz hat den Zweck, den Taucher in die Tiefe zu ziehen.*] Fehlt in T^2, T^4.
23,3 … *und die Vorstellung beginnt!*] Daneben findet sich der handschriftliche Zusatz: »Dieser Ausruf kann sehr gekürzt werden«.
23,13 *mir gangst, dös war net vui interessant*] Bayer.: Hör auf, sehr interessant wäre das nicht.
23,14 *Riesenmädchen*] Die Präsentation von körperlichen Abnormitäten gehörte im 19. und auch zu Beginn des 20. Jhds. noch zum Standardrepertoire der Schaustellerei (vgl. Signor Saltarino); auf dem Oktoberfest war es v. a. Carl Gabriel (geb. am 24. 9. 1857 in Bernstadt/Schlesien, gest. am 24. 2. 1931 in München), der solche »Sensationen« regelmäßig zeigte, so etwa 1926 die »drei dicksten und schwersten Kollosalmädchen der Gegenwart«; vgl. Das Oktoberfest, S. 367.
23,20 *»Dame ohne Unterleib«*] Eine Spiegel- und Beleuchtungsillusion; vgl. Signor Saltarino, S. 83.
23,25 *Säh*] Bayer.: Da schau! (Da hast du es!)
24,2 *dass d' di net derfallst!*] Bayer.: daß du nicht stürzt!
24,5 *Kletzenkopf*] Bayer.: langweiliger Mensch.
25,16 *Imitation Wassergeplätscher*] Handschriftlicher Zusatz.
25,18 f. *Nein – er steigt in diesen tiefen Wasserbassin hinunter*] Handschriftlich korrigiert, ursprünglich: »Nein – er taucht ins Wasser«.
25,34 KARLSTADT: *Da bin i g'spannt, was der draufschreibt!*] Fehlt in T^2, T^4.

T^3

192 *Die Tochter des Tauchers*] Handschriftlich korrigiert, ursprünglich: »Der Taucher auf der Festwiese.« In T^5 lautet der Titel: »Der Taucher und sein Kind. v. Karl Valentin (Die Tochter des Tauchers)«. Darunter findet sich in T^5 der handschriftliche Zusatz: *»mit Wiesenlärm«*.
192 *Luftpumpe*] Handschriftlich korrigiert, ursprünglich: »Laufpumpe«.
192 *100.– Mark die Stunde.*] T^5: »100.– Mark«.
193 *und deshalb ungefährlich für die Taucher.*] T^5: »und deshalb ungefährlich für den Vater.«
193 *die Fangarme ab und entkam.*] T^5: »die Fangarme ab«.
193 *oben*] Handschriftlicher Zusatz.
193 *Erdenjungfrau*] T^5: »Ehrenjungfrau«.

T^6

193 *Der Taucher auf der Festwiese*] Handschriftlich und aufgeklebt.
195 *da kemma 4 Staffeln*] Bayer.: da kommen vier Stufen.
195 *langg'stackelter Depp!*] Bayer.: langbeiniger Idiot!

196 *O seelig, o seelig, ein Kind noch zu sein.*] Refrain der Arie »Sonst spielt ich mit Zepter, mit Krone und Stern« aus dem dritten Akt der Oper »Zar und Zimmermann« (1837) von Albert Lortzing.
197 *an ara Fischgrat'n*] Bayer.: an einer Fischgräte.

Oktoberfestschau

Textüberlieferung
T[1] Typoskript im Nachlaß, Theatermuseum Köln-Wahn: Repertoire Nr. 106; Mappe IV (Au 11750).
T[2] Typoskript im Nachlaß, R. Piper Verlag, München: Repertoire Nr. 106.
T[3] Typoskript im Nachlaß, R. Piper Verlag, München: Repertoire Nr. 106.
T[4] Typoskript im Liesl-Karlstadt-Nachlaß, München: Repertoire Nr. 106.
Textgrundlage: T[1].

Entstehung
Nach Münz (KVVD), S. 334, traten K. V. und Liesl Karlstadt ab dem 16. 11. 1920 mit dieser Szene im Kabarett »Charivari« (im Hotel Germania, Schwanthalerstraße 28) auf. T[2] hat den Zusatz in der Handschrift Liesl Karlstadts: »1920 ab 15. Charivari«; vgl. die Schallplattenaufnahme »Liesl Karlstadt als Ausruferin beim Volksfest« vom 1. 12. 1928 (Berswordt, S. 304).

Quellen
S. vorige Szene.

Stellenkommentar
26,33 *Wiesi-Wiesi*] Bayer. (derb): Vagina; vgl. Queri, S. 63.
26,33 ff. *das größte Weib ... Riesenohren ... Muskelphänomen*] Vgl. o. 199 (23,14).
27,22 *Thalkirchen an der Ruhr*] Thalkirchen ist ein 1900 eingemeindeter Vorort im Süden Münchens.
27,24 *2,30 m gross und wiegt 320 Pfund*] Mehrere Beispiele solchen Übermaßes nennt Signor Saltarino, S. 40–49.
27,29 *Kleinhesselohe*] Alter Münchner Ortsteil.
27,30 *Menterschwaige*] Vorort (Stadtteil) im Süden Münchens.
27,32 *militärfrei*] Vom Militärdienst befreit; hier vielleicht auch: für das Militär freigegeben (vgl. »jugendfrei«).
27,33 *Schneider, leih mir Dei' Scher'*] Ein bes. in Bayern beliebtes Kinderspiel, das auf mit Bäumen bepflanzten Plätzen ausgetragen wird.
28,20 DIREKTOR: *Das haben wir nicht ausgemacht...*] Vgl. das Stück, Rep.

Nr. 66(a), »Sturzflüge im Zuschauerraum« (Sämtliche Werke, Bd. 5), wo ebenfalls ein Direktor die lang angekündigte Vorführung »verhindert«.
28,31 *als der Komet am Himmel war*] Vgl. das Couplet »Der Komet kommt« (Sämtliche Werke, Bd. 2, S. 70).
29,28 f. *Steinkohlen zu essen ... Salzsäure wird er trinken*] Vgl. das Kurzfilmmanuskript »Der Allesfresser« (Sämtliche Werke, Bd. 8).

Ferner liegt eine Requisitenliste zur »Oktoberfestschau« vor, die hier wiedergegeben wird:

Kiste Nr. 7 Oktoberfest

Bude, Parade vor der Bude (siehe Bild) Kassatisch.
1 Vorderkulisse zum Notenauflegen mit Spange und Glocke (Bohrer, Latte)
2 Plakate (Riesendame, David, Herkules)
1 Artillerie=Säbel – Strumpf
Grosse Trommel mit zwei Tschinellen und 1 Schlegel

Ausrufer – Karlstadt

Bauch, Hose, Weste, Frack, Schuhe, Vatermörderkragen mit grosser weisser Schleife, Zilinder, Perücke, Handglocke (Schockolade)

Valentin als Musiker

Alter Mantel, alter Hut, Vollbart und blaue Brille, Bombardon.

Valentin als Herkules

Wattontrikot, Obertrikot, Schuhe, Krause, Perücke, Schnurrbart, Orden (Tintenstift zum Tätowieren)

Clownhose, Bluse, Zipfelmütze, Glatze
1 Musiker mit C=Trompete

Requisiten

RIESENDAME: 1 mit Schaube, 1 langer Rock, Bluse, Perücke, alte Ansichtskarten.
DAVID: Riesenohren, Kinderkragen mit Schleife
HERKULES: Kohlenschaufel mit Kohlen, Salzsäureglas, Blechteller mit heissem Eisen, Geldstück, Kindersäbel, Stahlsäbel, falschen Schein, Hutnadel (Vaseline zum Reinigen) Kinderwagen mit 4 Puppen, Autohupe, grosser Pappdeckel, Teppich zum Draufliegen, Motor zum Autogeräusch.

Textüberlieferung

T^1 Typoskript im Nachlaß, R. Piper Verlag, München: Repertoire Nr. 106.

T^2 Typoskript im Liesl-Karlstadt-Nachlaß, München: Repertoire Nr. 106.

Textgrundlage: T^1.

Der billige Jakob

Textüberlieferung

T^1 Typoskript im Nachlaß, Theatermuseum Köln-Wahn: Repertoire Nr. 118; Mappe V (Au 11750).

T^2 Typoskript im Nachlaß, R. Piper Verlag, München: Repertoire Nr. 118.

T^3 Typoskript im Liesl-Karlstadt-Nachlaß, München: Repertoire Nr. 118.

D^1 Karl Valentin, Valentiniaden, Paul Hugendubel Verlag, München 1941, S. 53–60.

Textgrundlage: D^1.

Entstehung

Laut Untertitel von T^1, T^2, T^3: 1921; vgl. die Schallplattenaufnahme vom 14. 6. 1928 (Berswordt, S. 304).

Quellen

Verkaufssituationen gehören zu Valentins Standardthemen. Während aber die zahlreichen Laden-Dialoge ihre Komik v. a. aus dem Aneinandervorbeireden von Verkäufer und Kunde beziehen, handelt es sich bei vorliegendem Text eher um einen szenisch umrahmten, für Liesl Karlstadt verfaßten Monolog, vergleichbar etwa der zeitgleich entstandenen Soloszene, Rep. Nr. 102, »Der Lebenslauf eines Wassermädchens« / »3 Pfund Äpfe 25 Pfening« (Sämtliche Werke, Bd. 1, S. 77–81); vgl. die Szenen »Jm Schallplattenladen« (vorliegender Band, S. 56), und »Im Uhrmacherladen« (vorliegender Band, S. 127).

Stellenkommentar

30,18 *Der billige Jakob*] Dieser Titel für die mit Haushaltsartikeln handelnden, ihre Ware in endlosen Monologen anpreisenden Jahrmarktsverkäufer geht auf die Redensart vom »wahren Jakob« zurück. Diese wiederum meint den Schutzpatron Spaniens, den Apostel Jakobus, zu dessen Grab in Santiago de Compostela seit alters her zahlreiche Gläubige pilgern, die ihr Wallfahrtsziel als Ort des »wahren« Grabes angesehen haben mögen, zumal es auch »falsche« Jakobsgräber gab. Nach Röhrich, S. 464f., ist auch ein Bezug auf Genesis 27,6ff. denkbar, wo sich der als Esau verkleidete Jakob das Erstgeburtsrecht und den Segen des Vaters erschleicht. Queri, S. 164ff., gibt anschauliche Beispiele für das Auftreten des Billigen Jakobs zu Beginn unseres Jhds. T^1, T^2, T^3 fügen dem Titel noch hinzu: »von Karl Valentin, München 1921«.

30,22 *Ich bin eine Witwe, eine kleine Witwe*] Lied von Josef Hornig (keine Lebensdaten ermittelt), Verfasser zahlreicher Wiener Lieder und Couplets um 1900.

30,24 *Dult*] Gemeint ist wohl die ›Auer Dult‹, ein um die Mariahilfkirche herum im Mai, Juli und Oktober seit 1799 stattfindender Jahrmarkt im Münchner Stadtteil Au, in welchem K.V. geboren wurde und aufwuchs (nach der älteren Bedeutung von ›dulden‹ = feierlich begehen).

30,25 *dann wer i no wuid*] Bayer.: dann werde ich noch wild.

30,26 *kaffa teans nix'n*] Bayer.: kaufen tun sie nichts.

30,27 *Wetzstoa*] Bayer.: Wetzstein.

30,27 *Sofa*] Bayer.: Seife.

30,27 *Goldbronz*] 1. Messing von goldähnlichem Aussehen, 2. = Muschelgold: ein fein verteiltes, in Gummiarabicum eingeriebenes und in Muschelschalen eingetrocknetes Gold, das zur Bemalung von Porzellan verwendet wird, 3. Metallstaub enthaltende, goldähnlich schimmernde Anstreichfarbe.

30,28 *Huatlack*] Hutlack wurde früher auf Hüte, bes. Zylinder, aufgetragen, die besonders schön glänzen sollten.

30,28 *Stiefelschmier*] Bayer.: Schuhcreme.

31,5 *net für Übel nehmen*] Fehlt in T^1, T^2, T^3.

31,13 *Persil*] Fritz Karl Henkel gründete 1876 in Aachen die Fa. »Henkel & Cie.«, die 1878 nach Düsseldorf verlegt wurde und dort ab 1907 das aus *Per*borat und *Sil*ikat bestehende Waschmittel produzierte.

31,13 *Borax*] Natriumsalz der Borsäure, das u.a. als Bügelstärke sowie als Seifenzusatz verwendet wurde.

31,13 *G'lump*] Bayer.: wertloses (lumpiges) Zeug.

31,16 *zwei Mark*] In T^2 handschriftlich korigiert, urspr.: »an Fufzger«.

31,16f. *noamal 's Einkauf'n*] In T^2 maschinenschriftlich korrigiert, urspr.: »'s Waschen«.

31,21 *einzigen*] In T^2 handschriftlich zugefügt.

31,22 *ganzen*] Fehlt in T^2.

31,23 *Larifari*] Das Wort findet sich bereits in dt. Texten des 15. Jhds. In der heute gebräuchlichen Bedeutung ›leeres Gerede‹ taucht es vermutlich erstmals 1719 bei Abraham a Sancta Clara auf; die Etymologie ist unklar: das lat. ›fari‹ (= sagen) scheint ebenso wie die ital. Notennamen ›la-re-fare‹ Einfluß genommen zu haben. Auch die Figuren des »Hanswurst« und des »Kasperle« tragen häufig diesen Namen. Vgl. den Kasperl Larifari bei Franz von Pocci (geb. am 7.3.1807 in München, gest. am 7.5.1876 ebda.).

31,31 f. *– So, schöna Herr, da hab'ns eahna Taschentuch wieder z'ruck.*] In T² handschriftlich zugefügt.

32,2 f. *Ihre schmutzige*] In T² handschriftlich korrigiert, urspr.: »die«.

32,5 *Bamberlgeschäft*] Vgl. o. 191 (21,16).

32,31 *reißt ein Stück herunter,*] Fehlt in T¹.

33,3 *Wimmerl*] Bayer.: Hautpickel (von mhd. ›wimmer‹ = Auswuchs an einem Baumstamm, später auch: Warze auf der Haut).

33,4 *Wammerl*] Bayer.: 1. Bauchstück vom Schwein, 2. molliges Mädchen (vgl. ›Wampe‹).

33,5 *klebt*] T², T³: »klääpt«.

33,17 *Oder Sie sind gezwungen, mittags um 11 Uhr*] T² hat an dieser Stelle die zusätzliche, durchgestrichene Passage: »Oder sagen wir, eine Lebedame ist zu schlank gebaut und hat gar nix dran, a Bisserl muß ja doch da hin machen. – Sie hat bereits die teuersten kosmetischen Artikel ohne Erfolg angewendet, sie nimmt das W. P. –, schoppt sich damit aus – nun ist alles da!!! – Woher?! – ! – Schmecks ! – ! ?«

33,20 *Glockenspiel am Rathausturm*] Gemeint ist das Glockenspiel, das – gestiftet von dem Münchner Karl Rosipal – 1904 in den Turm des Neuen Rathauses eingebaut wurde. Es ist das größte Glockenspiel Deutschlands und hat 43 Glocken von 10–2300 kg Gewicht sowie 32, bis zu 2,20 m hohe Figuren aus der Münchner Stadtgeschichte.

34,1 *Mir leid's ja kein*] Bayer.: Mich duldet ja kein.

34,7 *jetzt geht's auf das Einemal auch nicht drauf z'samm*] jetzt kommt es auf das eine Mal auch nicht mehr an.

34,18 *Haidhausen*] Münchner Stadtteil.

34,20 *Landsbergerstraße*] Von Pasing bis zum Münchner Hauptbahnhof führende Straße, die allerdings nicht durch Haidhausen verläuft.

34,30 f. *Geiselgasteig*] Vorort im Süden Münchens.

34,32 f. *nicht so schnell, da komm ich ja nicht mehr mit*] In T² handschriftlich korrigiert, urspr.: »ich komm' gar nicht mehr mit.«

35,1 *Graffl*] Bayer.: wertloses Zeug (von mhd. ›raffeln‹ = klappern).

35,1 f. *da hast as!!!*] Bayer.: da hast du es!!!

35,3 *auch eine Mark!!!*] In T², T³ folgt die Anweisung: »Vortragender erscheint auf der Bühne als Strassenverkäufer. Kleiner Tisch mit grossem Schirm. Auf dem Tisch liegen viele Packete und Schachteln etc. etc.«

Das Clownduett oder die verrückten Notenständer

Textüberlieferung

T¹ Typoskript im Nachlaß, Theatermuseum Köln-Wahn: Repertoire Nr. 119; Mappe V (Au 11750).

T² Typoskript im Nachlaß, Theatermuseum Köln-Wahn: Repertoire Nr. 119b; Mappe V (Au 11750).

T^3 Typoskript im Nachlaß, Theatermuseum Köln-Wahn: Repertoire Nr. 119c; Mappe V (Au 11750).
T^4 Typoskript im Nachlaß, R. Piper Verlag, München: Repertoire Nr. 119[b].
T^5 Typoskript im Nachlaß, R. Piper Verlag, München: Repertoire Nr. 119.
T^6 Typoskript im Liesl-Karlstadt-Nachlaß, München: Repertoire Nr. 119.
Textgrundlage: T^1.

1. Variante: T^2.

2 musikalische Clowns
(von Karl Valentin 1919)

(*Valentin tritt auf, wartet auf der Bühne*)

DIREKTOR: (*kommt*) Sie, machen Sie sofort, dass Sie hier wegkommen, was wollen's denn hier?
VAL. Ich wart bloss auf meinen Freund!
DIR. Das geht nicht, da müssen Sie gehn!
VAL. Ich hab mich mit meinem Freund zusammen bestellt, Ecke Schwanefelder und Senetalerstr.
DIR. Ja, das ist da draussen, aber nicht hier, das ist doch die Bühne.
VAL. Ja, da haben wir uns zusammenbestellt.
DIR. Also das geht auf keinen Fall, es kommt nun gleich die nächste Nummer, da können Sie nicht warten, da müssen Sie da raus gehn.
VAL. Dann bitte sagen Sie meinem Freund, ich war da, und bin wieder fortgegangen.
DIR. Ist schon recht, ich werde sagen....
VAL. Grüss Gott (*beide ab*)
LIESL KARLSTADT (*tritt auf und wartet*)
DIR. Ja, Sie, was wollen denn *Sie* hier?
KARLST. Ich wart bloss auf meinen Freund.
DIR. Das geht hier nicht, da können Sie nicht warten.
KARLST. Mein Freund und ich haben uns nämlich zusammenbestellt Ecke Schwanefelder und Senetalerstr.
DIR. Das ist aber draussen auf der Strasse, nicht hier auf der Bühne.
KARLST. Nun wir haben ausgemacht da herin, denn draussen bei dem Sauwetter, da tröpfelts immer.
DIR. Also das geht mich nichts an, verlassen Sie die Bühne.
KARLST. Bitte, wenn aber mein Freund kommt, dann sagen Sie einen schönen Gruss von mir, und ich war schon da.
DIR. Ja, Ihr Freund war schon da.

KARLST. Wie, der war schon da?
DIR. Gerade im Moment.........
KARLST. So, der war schon da, wo ist er denn hingegangen?
DIR. Da hinaus.....
KARLST. So, der *war* schon da? Ja, was ist denn net dös? (*sie geht allein ab*)
VAL. (*kommt zurück*)
DIR. Sie, nun sind Sie schon wieder da!
VAL. Ich möchte bloss fragen, ob mein Freund schon da war?
DIR. Der war eben hier, der ist da hinausgegangen.
VAL. Da bin ja ich hereingekommen, da müssen wir wahrscheinlich aneinander vorbeigegangen sein – – nun werd' ich ihn schon finden (*geht ab*)
KARLST. (*kommt wieder herein*)
DIR. Was wollen Sie denn schon wieder hier?
KARLST. Ja, Sie haben gesagt, mein Freund wär' da draussen, ist ja gar nicht wahr.
DIR. Der war eben wieder herin – – –
KARLST. Ah, darum war er nicht draus.
DIR. Jetzt ist er aber wieder draus.
KARLST. So, dann werd ich ihn schon finden (*sie will abgehen, stösst mit Val. zusammen*).
VAL. Ah, das ist gut, ich war schon zweimal da.
KARLST. Und ich schon zweieinhalb Mal... aber der Direktor hat immer gesagt, sie waren schon da. (*sie geben sich beide die Hand*) Grüss Gott....
BEIDE: Wie geht's ihnen denn immer? (*Pause*)
BEIDE: O, danke gut. (*Pause*)
KARLST. Jetzt haben wir uns schon lange nicht mehr gesehen.
VAL. So, so!!
KARLST. Da kann man nichts machen!
VAL. Das hab' ich auch schon amal g'habt. .... (*Pause*)
KARLST. Sie, ich hätte eine kleine Bitte an Sie, kann ich Sie einen Moment sprechen?
VAL. Bitte.
KARLST. Ich möchte Ihnen was sagen, sind S' nicht beleidigt?
VAL. Durchaus nicht, da haben Sie meine Hand.
KARLST. Um die handelt sich's nämlich. .... Ich möcht Sie nur ersuchen, ob Sie meine Hand nicht wieder auslassen möchten, die haben Sie noch vom Grüss-Gott-Sagen in der Hand gehabt. .....

(*Beide legen ihre Noten auf den Tisch und gehen mit den Instrumenten an* [...])

VAL. Anlässlich des Einzuges Kaiser Ludwig des Bayern zum Isartor im Jahre 1312 gestatten wir uns *nachträglich* noch ein Duett zu blasen auf

2 Trompeten, ein sogenanntes halbes Quartett. Wir beginnen mit dem Anfang. (*Beide blasen die erste Stimme*)

VAL. Halt, jetzt haben wir alle zwei die erste Stimme geblasen, bei einem Duett muss doch einer die erste Stimme und der andere die zweite blasen.

KARLST. Das ist doch klar, das hättens doch vorher schon wissen können. (*Beide blasen die zweite Stimme*) Also, wir haben doch ausgemacht, einer die erste und der andere die zweite .... und da habe ich den einen gemacht.

VAL. Sie hätten aber den anderen machen sollen....

KARLST. Ja, das müssen wir jetzt ausmachen. Also ich blas' die zweite und Sie die erste Stimme. Ist's Ihnen recht?

VAL. Ja, mir ist's gleich, ich kann die erste und die zweite Stimme blasen.

KARLST. Auf *ein*mal?

VAL. Nein, nacheinander!

KARLST. Also, dann blas ich die erste und Sie die zweite Stimme, können Sie sich das merken?

VAL. Nein.

KARLST. Sie brauchen nur die zweite Stimme blasen, was ich tu, geht Ihnen nichts an. .....

VAL. Also, dann blas ich die zweite .....

KARLST. Aber wenn Sie lieber die erste blasen, mir ist's gleich.

VAL. Nein – – – ausser Sie wollen unbedingt die zweite blasen.

KARLST. Ach, woher .... (*blasen beide richtig*) (*Rokoko-Liebeslied in C-Dur von Mayer Helmund*)

KARLST. Wie geht es jetzt weiter?

KAPELLMEISTER. Haben Sie denn keine Noten?

KARLST. Ja natürlich, dann blasen wir lieber von Noten.

(*Val. nimmt das kleine, Karlst. das grosse Buch. Val. bläst schon ... Karlst. kann das Buch nicht halten, sagt zu Val.*:) Da müssen Sie mir schon helfen! (*Val. nimmt das Buch in der Mitte, zwickt sich in den Finger, nimmt es dann an der Ecke. Karlst. an der anderen Seite: beide blasen. Val. bläst nur einen leeren Ton ......*)

KARLST. Ja Sie blasen nur immer den einzigen Ton .....

VAL. Ich kann nicht anders blasen, weil ich nicht auf die Klapperl hindrükken kann ....

KARLST. Warum?

VAL. Wegen dem Buch.

KARLST. Dann lassen Sie's doch los!

VAL. (*lässt das Buch aus ... es fällt Karlst. auf den Fuss.*)

KARLST. Au, au!!

VAL. Da hab' ich eine Idee ... Ich häng Ihnen mein Buch hinten nauf und Sie hängen Ihr Buch *ihm* hinauf.

KARLST. Wem?

VAL. Mir!

KARLST. Sind Sie der ihm? (*hängt es hinauf*)

(*Beide stehen hintereinander da – – blasen*)

VAL. Ja, Sie müssen vor mir stehen ......

KARLST. Ach so! .... (*geht vor Val.*) *zu Val.:*) Nein *Sie* müssen vor mir stehen, weil ich sonst nicht auf meine Noten nauf schauen kann!

VAL. Ach so, ja freilich (*geht wieder vor*) nein, das geht wieder nicht .....

KARLST. (*geht vor*) Ja sehen denn Sie *so* nicht hinein?

VAL. Ja, ich schon!

KARLST. Na, also jetzt drehn Sie sich um, dann seh' ich auch 'nein.

VAL. Jetzt ist's wieder nichts ....

KARLST. Das geht auch nicht ....

VAL. Das ging schon .... aber es geht nicht ....

THEATERMEISTER (*kommt herein*) Jetzt möchte ich bloss einmal fragen, wie lange Sie den Blödsinn noch machen wollen? Glauben Sie, das Publikum schaut Ihnen noch lange zu?

VAL. Die sollen halt wegschauen, wegen dem Publikum machen wir das auch gar nicht, das machen wir bloss so für uns zwei ....

THEATERM. Ich bring Ihnen jetzt zwei Notenständer, dann wird's schon gehn.

KARLST. Ach, der hat Notenständer, dann können Sie das Buch heruntertun, das kleidet Sie so nicht gut.

VAL. Da schau ich aus, wie ein motorloses Flugzeug.

THEATERM. (*bringt einen grossen und 1 ganz kleinen Notenständer*)

VAL. (*nimmt den grossen Ständer, Karlst. den kleinen*)

VAL. (*legt das kleine Notenstück auf den grossen Ständer, es fällt immer durch*)

KARLST. (*legt das grosse Buch auf den kleinen Ständer, der fällt immer um*)

THEATERM. Sie müssen doch mit den Notenständern tauschen!

BEIDE: So! .... (*jeder nimmt seinen Notenständer und sein Buch und wechseln Platz*)

VAL. Jetzt ist's besser .....

KARLST. Bedeutend besser ... (*da es nun dasselbe ist, fallen die Bücher wieder durch.*)

THEATERM. So hab ich's doch nicht gemeint ... (*zu Val.*) Sie haben das kleine Buch, Sie nehmen den kleinen Ständer und Sie haben das grosse Buch, Sie nehmen den grossen Ständer.

KARLST. (*kann das schwere Buch kaum auf den Notenständer hinaufheben*)

VAL. Da werdens Ihna aber schwer tun mit dem Buch.

KARLST. Natürlich – – – wenn nur wenigstens einer da wäre, der mir helfen könnte.

VAL. Es ist niemand da.

KARLST. (*Legt das Buch hinauf, zu Val.*) Danke!

VAL. Bitte! Bitte!

(*Beide wollen blasen ..... Val. fällt der Hut immer nach vorn hinunter, zu gleicher Zeit fällt Karlst. der Hut hinten hinunter*)

VAL. Sie, das geht nicht, der Notenständer ist für mich zu nieder, wenn ich da blas, fällt mir immer vorn der Hut hinunter.

KARLST. Bei mir ist grad s'Gegenteil, wenn ich da hinaufschaue, fällt mir der Hut immer hinten runter. Und bei mir ist's furchtbar unappetitlich, mir lauft der Saft immer von der Trompeten in mein Mund hinein ... möchten Sie nicht dahergehen .... (*setzt sich zum kleinen Notenständer an dem Boden*)

VAL. (*setzt sich zum grossen Notenständer auf den Stuhl, verschnörkelt die Beine*)

THEATERM. (*holt den grossen Notenständer und schimpft*)

VAL. (*schaut ihm nach*)

THEATERM. (*holt noch den kleinen Ständer*)

KARLST. (*bleibt am Boden sitzen*)

VAL. Sie, da können Sie sich erkälten, wenn Sie mit dem Ding am Boden sitzen; mit'n Kostüm.

KARLST. So, ist da so kalt?

VAL. Natürlich, jetzt sind noch die Erddämpfe da ...

KARLST. Wo sind Erdäpfel?

THEATERM. (*bringt einen Notenständer mit Schnur und 2 Seiten*)

(*Beide blasen (Pfeiferl Marsch in C-Dur) Notenständer wird immer länger, beide steigen auf den Stuhl, hören dann zu blasen auf...*)

VAL. (*schreit zu Kapellmeister, der immer weiter spielt ...*) hörns doch auf, sehns doch, dass er wachst.

BEIDE *zum Publikum:* Wir haben jetzt da geblasen, jetzt ist der Notenständer immer länger worden, wenn wir keinen Stuhl hätten, könnten wir gar nimmer auf d' Noten naufschauen.

THEATERM. (*hat während der Zeit den Notenständer wieder heruntergezogen*)

(*Beide schauen*)

KARLST. Ja, wo ist denn jetzt der hingekommen, der grad da droben war? Dann gehns doch runter, da brauchens doch kein Stuhl mehr, wenn der Ständer so herunt ist, das ist ja ein Luxus!

BEIDE *zum Publikum:* Jetzt weil wir droben g'standen sind, ist der Notenständer wieder ganz herunten.

THEATERM. (*hat während der Zeit den Ständer wieder hinaufgezogen*)
BEIDE *schauen:* Ja was ist denn net dös?
KARLST. Jetzt bin ich draufgekommen ... Sehn S' her, ich muss Ihnen was sagen *(gehen beide auf die Seite)* können Sie sich das denken, wie jetzt das gegangen ist?
VAL. Vielleicht hat der unten einen Kunstdünger hingeschmiert?
KARLST. Nein, am Boden liegt ein Schnürl und da zieht der wahrscheinlich immer an ....
THEATERM. (*hat während der Zeit den Notenständer vertauscht mit einem andern .... Beide merken es nicht*)
KARLST. Sehn Sie, da liegt ein ... Ja wo ist denn das ... Wer hat denn da ein Schnürl weggetan? (*zu Val.*) haben Sie da grad ein Schnürl zwickt?
VAL. A woher, ich hab' mit dem Trompeter grad g'sprochen ... mit Ihnen doch ....
KARLST. Ja, da war ein längliches Schnürl gelegen, sehns da ist es ja.
VAL. (*zieht an dem Schnürl, es schiesst, Notenständer fällt herunter*)
VAL. (*fällt an dem Boden. Er hebt die Hände auf*)
THEATERM. (*holt den Ständer, bringt einen anderen*)
VAL. Ich bin ganz g'schwollen, mir passt der Hut nimmer.
KARLST. Da brauchens nur Ihre Hand raus tun ... Ueberhaupt Ihnen kanns doch nicht weh tun, das schwere Ding, das da runterg'fallen ist, ist doch mir naufg'fallen.
VAL. So ... Ihnen ist's naufg'fallen? ... Dann tuts mir nicht weh.
KARLST. Der Notenständer ist Ihnen zu nieder, den kann man höher machen (*zieht am Schnürchen, Notenständer hüpft auf die Höhe*) Ah, der ist hinaufgfallen, gut dass wir nicht droben g'standen sind.
THEATERM. (*bringt wieder einen Ständer*)

(*Beide fangen zu blasen an, Notenständer dreht sich von selber – fangen wieder zu blasen an, dreht sich wieder*)

KARLST. Blasens doch nicht immer daher, da ziehts ja.. (*Blasen wieder, dreht sich wieder*)
VAL. Jetzt hab' ichs g'sehen, mit'n Fuss habens hing'stossen.

(*Notenständer dreht sich ganz schnell*)

BEIDE: Theatermeister, der fliegt davon.
THEATERM. (*bringt einen Notenständer, der wackelt immer hin und her*)
VAL. Sie, den kann man nicht brauchen, der ist b'soffen.
KARLST. Der ist damisch worden, den dürfens gleich in den Eiskasten neinstellen.
THEATERM. (*bringt einen anderen Ständer*)

(Beide blasen Bomben und Granaten Marsch – Tusch .... Verbeugen sich Beide, Notenständer verbeugt sich auch dreimal)

KARLST. *(geht ab)*
VAL. *(pfeift dem Notenständer und sagt:)* Geh weiter, wir sind schon fertig.

(Notenständer läuft allein wieder ab.)

2. Variante: T[3].

Wo die Alpenrosen blühen

Mit 2 Trompeten. Von Karl Valentin.

V: Liebe Rundfunk-Horcher und Horcherinnen! Wir erlauben uns, anlässlich aus unlässlich des Umzuges des Einzuges ....
K: Geh, was reden's denn da für an Schmarrn zam!
V: Ja, i werd wohl wissen, was ich red!
K: Ja, einen Mist reden's zam!
V: Wir erlauben uns, hinlänglich des Einzuges Kaiser Ludwig des Bayern in München im Jahre 1312 ....
K: hinlänglich – – *anlässig* des Einzuges heisst's doch!
V: Anlässig – – *anlässlich* heisst's! – Wir erlauben uns, anzüglich des Umzuges – einzüglich des Auszu ....
K: Geh – geh – geh – anlässlich des Einzuges heisst's!
V: Ich hab' doch g'sagt: hinlässlich des Abzuges! – Sie machen mich ganz wirr, – wo ich so ein, so schon einer sind – bist – bin – will ich sagen. – Wir erlauben Ihnen ....
K: Was?
V: Wir erlauben *uns*, umständlich, ah anständig ....
K: anlässlich –
V: anlässlich des Umstandes ......
K: des Einzuges –
V: des Einzuges Kaiser Nepomuks ....
K: Nicht Nepomuk – Kaiser Ludwig –
V: Kaiser Ludwigs in Münchens zum Sendlingerplatztor ....
K: Isartor!
V: ...... Isartor, im Jahre 1940 ....
K: Lassen's mich reden! – Also, dann reden Sie!
V: Anlässlich des Einzuges Kaiser Ludwigs des Bayerns zum Isartors im Jahre 1312 gestatten wir uns *nach*träglich noch ein Duett zu blasen auf zwei Trompeten, ein sogenanntes halbes Quartett! Wir beginnen mit dem Anfang!

(Beiden blasen die ersten Stimmen). – Halt! Jetzt ham wir alle zwei die erste Stimme geblasen; bei einem Duett muss doch einer die erste und der andere die zweite Stimme blasen.

K: Das ist doch klar – das hätten's aber vorher schon wissen können!

Beide: *(blasen die zweite Stimme, – hören wieder auf).* Jetzt blast er *auch* die zweite!

V: Ja, ich hab doch ausdrücklich g'sagt: einer die erste und der andere die zweite!

K: Das ist ja recht, und da hab ich den einen g'macht.

V: Den einen hab *ich* gemacht; Sie hätten den andern machen soll'n! – Mir ist's gleich, ich kann die erste *und* die zweite blasen.

K: Ja – dann kann ich ja heim gehen; dann brauchen's mich ja überhaupt nicht mehr!

V: Nein! – ich mein so: ich kann die erste – und kann aber auch die zweite blasen!

K: Das ist eben bei mir leider auch der Fall.

V: Dann sind'S doch froh!

K: Ja – also, was wollen'S denn jetzt für eine blasen?

V: Ach, wissen'S was? Blas ma gar nicht! Oder blasen Sie die erste und ich die zweite – oder umgekehrt!

K: Oder machen wir's so, wie Sie woll'n!

V: Ja – so geht's auch! Ja – – – wie woll'n Sie?

K: Wissen Sie was? Sie blasen jetzt die zweite, dann brauch ich nur mehr die erste blasen!

V: Ja, so mach ma's!

K: Können Sie sich's merken?

V: Nein, – merken kann ich mir gar nichts – da kann ich eher noch blasen.

K: Da brauchen Sie sich auch gar nichts merken, *Sie* blasen einfach die zweite Stimme und das, was ich tu, das geht Sie gar nichts an.

V: So, – dann geht Sie das *auch* nichts an, was ich tu, merken Sie sich's!

Beide: *(blasen falsche Töne)*

Der Herr Direktor kommt auf die Bühne gestürzt

Hören's doch auf, das ist ja ganz falsch!

V: Das hör'n wir schon selber! Mischen'S Ihnen nicht in andere Leut nein, mischen Sie sich lieber in sich selbst nein! Sie sind der Allerjüngste, schämen Sie sich, dass S' noch so jung sind!

Der Herr Direktor: Ham Sie denn keine Noten?

V: Freilich, aber nach Noten können wir doch nicht auswendig blasen!

[Der Herr Direktor]: Das braucht es auch gar nicht; nehmen Sie doch Noten!

Beide[:] *(blasen das Stück zwei-stimmig vollkommen falsch).*

[Der Herr Direktor]: Furchtbar!

V: Is guat, dass das der Kaiser Ludwig damals nicht gehört hat!

Entstehung
T^2, T^4 tragen das handschriftliche Datum »1919« und scheinen die Fassung darzustellen, die nach einem handschriftlichen Zusatz durch Liesl Karlstadt 1919 im »Kabarett Germania Senefelderstrasse« uraufgeführt wurde. Bei T^1, T^5, T^6 handelt es sich vermutlich um die Fassung vom April 1922, als K. V. und Liesl Karlstadt nach Münz (KVVD), S. 336, im »Germania Brettl« (Schwanthalerstraße) als »Die beiden Musikal-Clowns« auftraten. Bei T^3 handelt es sich um ein anläßlich der am 3. 1. 1941 gemachten Schallplattenaufnahme (Berswordt, S. 308) angefertigtes Typoskript. 1936 wurde die Szene unter dem Titel »Musik zu zweien« auch verfilmt (K. V. s. Filme, S. 153–156).

Quellen
Vgl. »Zither-Solo. Die Rasenbank« (187) sowie Brief Nr. 85 vom 6. 3. 1936 (Sämtliche Werke, Bd. 6, S. 83), worin sich K. V. bei der Reichsfachschaft Artistik darüber beschwert, daß das spanische Clown-Duo »Barracetas« ihm die Idee der übergroßen und sich verneigenden Notenständer gestohlen hätte, und dies um so schwerer wiege, da er daran denke, die Szene zu verfilmen. Zu K. V.s Rechtsstreitigkeiten dieser Art vgl. Fette.

Stellenkommentar
35,8f. *Das Clownduett oder die verrückten Notenständer*] Daneben findet sich der Zusatz von Liesl Karlstadts Hand: »Neuer Text Dauer 15 Minuten«. In T^6 ist der Titel in Liesl Karlstadts Handschrift korrigiert in: »Die verhexten Notenständer«.
35,36f. *Einzuges Kaiser Ludwig des Bayern zum Jsartor im Jahre 1312*] Ludwig IV., der Bayer, bayer. Herzog, dt. König, röm. Kaiser, zog am 21. 2. 1330 unter allgemeinem Jubel in München ein, aber vermutlich nicht durchs Isartor, das zwar um 1330 errichtet, aber erst 1337 ganz fertiggestellt wurde.
36,2f. *zu blasen, auf zwei Trompeten, ein sogenanntes halbes Quartett, wir beginnen mit dem Anfang*] In Liesl Karlstadts Handschrift korrigiert in: »auf zwei Trompeten vorzutrompeten«.
36,21 *Das ist eben bei mir leider auch der Fall. /* VALENT *Sinds doch froh*] In Liesl Karlstadts Handschrift korrigiert in: »Sinds froh, dann können Sie sich jetzt eine raussuchen«.
40,34 *»Fridericus Rex Marsch«*] Komposition von Ferdinand Radeck (geb. am 30. 12. 1828 in Spandau, gest. am 21. 9. 1903).
41,8 *schauen zu – lachen*] T^5, T^6: »schauen und lachen«.
41,9f. *Lang lang ists her*] Ursprünglich ein englisches Lied (»Long, long ago«), gedichtet und vertont von Thomas Haynes Bayly (geb. am 13. 10. 1797 in Bath, gest. am 22. 4. 1839), der dt. Text stammt von Wilhelm Weidling (1855).

41,10 *Pomperton*] Verballhornung von ›Bombardon‹ (Baßtuba).
41,16 *Zeppelins*] Ferdinand Graf von Zeppelin (geb. am 8.7. 1838 in Konstanz, gest. am 8.3. 1917 in Berlin) konstruierte das erste lenkbare Starrluftschiff (Start: 1900).

T^2

205 *1919*] Handschriftlicher Zusatz. Am Rand des Typoskripts findet sich außerdem der handschriftliche Zusatz: »1922 1.–30. IV. Germania Brettl«.
205 *Schwanefelder und Senetalerstr.*] Kontamination aus: Schwanthaler- und Senefelderstr., Anspielung auf den tatsächlichen Standort des Kabaretts an der Kreuzung beider Straßen.
206 (*sie geht allein ab*)] Handschriftlich korrigiert, urspr.: »(läuft ab)«.
206 *zurück*] Handschriftlicher Zusatz.
206 *wieder herein)*] Handschriftlicher Zusatz.
206 *stösst mit Val.)*] In Liesl Karlstadts Handschrift korrigiert in: »stösst aber sogleich mit dem auftretenden Val.«
206 *zweieinhalb Mal*] Handschriftlich korrigiert, urspr.: 2 1/2 mal«.
206 *geben sich beide die Hand*] In fremder Handschrift ist zugefügt: »und bleiben während des nächsten Hand in Hand stehen«. Daneben steht durchgestrichen: »Pause«.
206 *Um die handelt*] Handschriftlich korrigiert, ursprünglich: »Wegen der handelt«.
206 *Beide legen ihre Noten auf den Tisch und gehen mit den Instrumenten an*] Handschriftlicher, teilweise unleserlicher Zusatz.
207 KARLST. *Das ist doch klar, das hättens doch vorher schon wissen können.*] Handschriftlicher Zusatz.
207 *Rokoko-Liebeslied in C-Dur von Mayer Helmund*] Gemeint ist das »Rokoko-Liebeslied« (»Gute Nacht, mein holdes, süßes Mädchen«) von Erik Meyer-Helmund (geb. am 13.4. 1861 in Petersburg, gest. am 4.4. 1932 in Berlin).
207 *einen leeren Ton*] Ohne Klappenbetätigung.
208 *es fällt immer durch*] Handschriftlich korrigiert, urspr.: »der fällt immer um«.
209 *Pfeiferl Marsch in C-Dur*] Vielleicht der zu Beginn des Jhds. populäre, vielfach bearbeitete »Pfeiferlbuam-Marsch« op.52 von Rudolf Kronegger (gest. am 15.6. 1929 in Wien).
210 *zwickt*] Bayer. (scherzhaft): gestohlen.
210 VAL. (*fällt an dem Boden. Er hebt die Hände auf*)] Handschriftlich korrigiert, urspr.: »Karlst. (fällt am Boden. Val. hebt die Hände auf)«.
210 *Notenständer dreht sich ganz schnell*] Es folgt das durchgestrichene Wort: »elektrisch«.
211 *Bomben und Granaten Marsch*] Gemeint ist der Marsch »Mit Bomben

und Granaten« op. 37 von Benjamin Bilse (geb. am 17. 8. 1816 in Liegnitz, gest. am 13. 7. 1902 ebda.).
211 *(Notenständer läuft allein wieder ab.)*] In Liesl Karlstadts Handschrift folgt: »Zum erstenmal aufgeführt Kabarett Germania Senefelderstrasse 1919«.

T[3]
211 *Wo die Alpenrosen blühen*] Volkstümliches Kunstlied aus Österreich, dessen Verfasser und Komponist unbekannt sind.
211 *Sendlingerplatztor*] Recte: Sendlinger-Tor-Platz.
212 *Der Herr Direktor kommt auf die Bühne gestürzt*] Handschriftlicher Zusatz und Korrektur, ursprünglich trat hier ein »Kapellmeister« in den Dialog ein.
212 Beide[:] *(blasen das Stück zwei-stimmig vollkommen falsch)*] Handschriftliche Korrektur, ursprünglich lautete die Anweisung: »Die ganze Strophe wird 2-stimmig falsch geblasen«.

Ferner liegt eine »Einlage« zur Szene »Das Clownduett oder die verrückten Notenständer« vor, die hier wiedergegeben wird:

Einlage zu

Karlst. Wo sind Erdäpfel?
Val. Nein Erddämpfe[.]
Karlst. *(steht auf)* Meinens ich hab mich schon erkältet? Schauns amal nach.
Val. Ja sie sind schon ganz gschwolln.
Karlst. Jetzt ham ma gar nichts mehr.
Val. Der hat uns die Notenständer nur leihweise geliehen. Sagns er soll Jhnen einen andern geben.
Karlst. *(geht ab)* Sie müssen uns bitte einen andern Notenständer geben, wir können sonst nicht weiterspielen.
Direktor Holen sie sich einen, oben im Lager im vierten Stock sind noch welche[.]
Karlst. *(zu Valentin)* Wir können schon einen andern Notenständer haben, im vierten Stock sind noch welche oben, den müssen wir selbst holen, kommen sie, gehn sie mit.
Val. Nein ich bleib da, ich spiele einstweilen den Herrschaften a bisserl was vor.
Karlst. Jch komm gleich wieder. *Ab.*
Val. *(Setzt sich auf einen Stuhl, nimmt seine Zugharmonika.)*
Ein Konzertwalzer – Venus Venus steig hernieder –

(Siehe Elektrische Zugharmonika Nr. 69)
Bis dahin: Ahhh da sieht der nicht raus.

KARLST. Wenn ich da hinten rausschaun muss, und spielen dazu, dann dürfen doch sie net übers Eck rüberlaufen. Jch kann doch net übers Eck schaun. – Da hams an Notenständer – *(gibt ihm den wackeligen Notenständer) Nimmt die Klarinette, spielt den Grammopfonpolka, Valentin begleitet mit der Zugharmonika. Mitten unterm Polka unterbricht Valentin und sagt:* Jetzt weiss ich, wo ich einen Notenständer gesehen habe, draussen links in der Ecke steht einer.

KARLST. *(bringt einen Notenständer mit 2 Pulten)* Der ist recht, da können Wir alle beide hineinschauen.

BEIDE *Blasen den Pfeiferlmarsch, in C Dur – Der Notenständer wird immer länger, steigen auf einen Stuhl[.]*

VAL. *Zum Kapellm.* Hörns doch auf, sie sehen doch dass er wachst.

BEIDE *zum Publik.* Wir haben jetzt da geblasen, und der Notenständer ist immer länger geworden, jetzt wenn wir keinen Stuhl hätten, könnt ma gar nicht mehr naufschaun.
Jaaaa was ist das – jetzt weil wir am Stuhl droben stehen, jetzt ist er wieder ganz herunten. Jetzt brauchen wir natürlich keinen Stuhl mehr, das wäre ja Luxus. – – – Jaaaaa – sowas – jetz ist er schon wieder ganz droben.

KARLST. Sie da herin spuckts. – Ahhhhh – jetzt weiss ich alles – Gehns her zu mir auf die Seite ich sags Jhnen. Können sie sich das denken, wie das geht, dass der Notenständer immer länger und wieder kürzer wird.

VAL. Vielleicht hat der einen Kunstdünger hingeschmiert, und er fangt zu wachsen an.

KARLST. Nein am Boden liegt ein Schnürl, da zieht der immer an, dass wir uns recht ärgern sollen.

Während der Zeit hat der Direktor den Notenständer mit einem anderen vertauscht, und gesagt: So der ist geladen, jetzt schliess ich sie naus, sonst bring ich die zwei nicht mehr an.

VAL. So ein Schnürl? Dem schneiden wir das Schnürl ab, dann kann er nicht mehr anziehen.

KARLST. Da sehen sie her – halt wo ist jetzt das – haben sie da eben ein Schnürl weggetan?

VAL. Nein – ich war jetzt gar nicht da – ich habe jetzt mit dem Musikspieler gesprochen mit meinem Freund[.]

KARLST. Mit wem haben sie gesprochen?

VAL. Mit Jhnen[.]

KARLST. Ach so ja das weiss ich schon. – Sehn sie da ist das Schnürl, von dem ich gsagt habe, da hat eben der da hinten etwas gemacht –

BEIDE *ziehen an dem Schnürl an – Es schiesst – Beide schreien und laufen ab.*
Auweh – Auweh – Auweh – Auweh –!!!!!!!!!!!!!!!!!!!!.

Textüberlieferung

T[1] Typoskript im Nachlaß, Theatermuseum Köln-Wahn: Repertoire Nr. 119a; Mappe V (Au 11750).

T[2] Typoskript im Nachlaß, R. Piper Verlag, München: Repertoire Nr. 119[a].

Textgrundlage: T[1].

Entstehung

S. o. (213).

Stellenkommentar

215 *Einlage zu*] In fremder Handschrift ergänzt: »Beiden musikal. Clowns«.

215 *Venus Venus steig hernieder*] Nicht ermittelt.

216 *Elektrische Zugharmonika*] Vgl. Sämtliche Werke, Bd. 2, S. 335, wo K. V. ein solches »Wunderinstrument« vorführt.

216 *Grammopfonpolka*] Nicht ermittelt.

Ferner liegt folgende Requisiten-Liste vor:

1 kleiner Notenständer
1 ganz grosser Notenständer
1 hüpfender Notenständer
1 sich biegender Notenständer
1 sich drehender Notenständer mit Motor
1 Doppelseitiger rauf und runter mit Schnur
1 schiessender mit Patronen Schussvorrichtung
1 sich verbeugender Notenständer
2 B Trompeten
1 B Klarinette
1 B Bombardon
1 ganz grosse Trommel
2 Tschinellen
1 Schlägel
1 Grosses Notenbuch
1 kleines 〃
alte Notenblätter
Noten für Orchester

Kostüm Valentin.

Clown Kostüm
Schuhe
Halsrüsche
Hut – Glatze – Nase Handschuhe

Kostüm Karlstadt

Clownkostüm mit Flitterweste und Hacken daran
Fleckerlschuhe
Hut – Nase – Glatze –
Hals und Armrüschen

2 Stühle

Textüberlieferung
T[I] Typoskript im Liesl-Karlstadt-Nachlaß, München: Repertoire Nr. 119.
Textgrundlage: T[I].

Bahnhofszene

Textüberlieferung
- T[I] Typoskript im Nachlaß, Theatermuseum Köln-Wahn: Repertoire Nr. 125; Mappe V (Au 11750).
- T[2] Typoskript im Nachlaß, Theatermuseum Köln-Wahn: Repertoire Nr. 125; Mappe V (Au 11750).
- T[3] Typoskript im Liesl-Karlstadt-Nachlaß, München: Repertoire Nr. 125.
- D[I] Karl Valentin, Valentiniaden, Paul Hugendubel Verlag, München 1941, S. 82–86.

Textgrundlage: D[I].

Variante: T[I].

Bahnhofs-Scene

Von Karl Valentin München.

Ein Zug fährt ab. Beamter steht allein auf der Bühne und putzt sich die Brille.

FRAU *(Kommt schwitzend, atemlos mit vielen Koffern gelaufen)* Bitte schön, sagen Sie mir schnell, ich glaube ich hab höchste Zeit, wo muss ich denn da einsteigen?

BEAMTER Grad ist er weggfahrn.

FRAU Jess Marand Josef!

BEAMT Wärns drei Minuten früher kommen, hättens ihn noch erwischt.

FRAU So, dann lauf ich noch mal heim und komm drei Minuten früher.

BEAMT Dann kommens ja noch später.

FRAU Ja, sagen Sie, warum ist denn der Zug grad ausgerechnet heut drei Minuten früher weggfahrn?

BEAMT Nein, der Zug ist nicht drei Minuten früher weggfahrn, Sie san drei Minuten z'spät kommen[.]

FRAU Das kommt eben daher, wenn man nicht genau weiss, wann der Zug abfährt.

BEAMT Hättens ins Kursbuch neigschaut, dann hätten Sie's g'wusst.

FRAU Ich hab keine solchen Bücher – in meim Kochbuch steht es nicht drin. Jch kanns gar nicht glauben, dass der Zug schon abgfahrn ist.

BEAMT Freilich ist er abgfahrn[.]

FRAU Ist der einfach weggfahrn und hat die Reisenden alle dagelassen[.]

BEAMT Nein, die sind alle mitgfahrn[.]

FRAU Ja, warum sind denn die mitgfahrn und ich nicht?

BEAMT Weil die nicht zu spät kommen sind[.]

FRAU Wenn aber die auch zu spät kommen wären, wär dann der Zug auch abgfahrn?

BEAMT Ja – aber rentiert hätt es sich dann nicht.

FRAU Ja – Was hätten dann die Reisenden alle gmacht, wenn sie alle den Zug versäumt hätten?

BEAMT Auch so dumm drein gschaut hättens, wie Sie[.]

FRAU Was soll ich jetzt tun? Wenn ich noch eine Zeitlang wart, dann versäum ich den Zug immer noch mehr.

BEAMT Fahrns halt mit dem nächsten Zug[.]

FRAU Wann geht denn der nächste bitte?

BEAMT Was für ein Zug, wir ham mehr Züge[.]

FRAU Was heisst mehr, ich will doch nur mit einem fahren[.]

BEAMT Natürlich können Sie nur mit einem fahren, aber mit was für einen Zug wollen Sie fahren?

FRAU Ja mit dem Schnellzug[.]

BEAMT Ja mit dem Güterzug könnens nicht fahren[.]

FRAU Aber billiger wärs doch mit dem Güterzug[.]

BEAMT Schon, aber da fahren keine Personen[.]

FRAU Aber der Lokomotivführer im Güterzug ist doch auch eine Person[.]

BEAMT Der Lokomotivführer muss doch mitfahren, man kann doch nicht den Zug allein fahren lassen. Wohin wollen Sie denn eigentlich fahren?

FRAU Zu meinen Verwandten[.]

BEAMT Ja wo sind denn die?

FRAU Zuhause[.]

BEAMT In was für einer Stadt?

FRAU Jn einer Kleinstadt[.]

BEAMT Nein ich mein wie die Stadt heisst?

FRAU Wie die Stadt heisst hab ich vergessen, aber meine Verwandten heissen Empfenzeder, und die muss ich besuchen[.]

BEAMT Dann Fahrns halt mit dem nächsten Zug[.]

FRAU Wann geht denn der?

BEAMT Morgen früh[.]

FRAU Ja das nützt mich nichts, morgen um die Zeit bin ich ja gar nimmer hier, da bin ich ja schon lange in Regnsburg – nach Regensburg will ich, jetzt ist's mir eingfalln[.]

BEAMT Der Regensburger Schnellzug ist schon weggfahren, aber der Personenzug geht in 10 Minuten, da müssen Sie sich beeilen, gehen Sie gleich zum Schalter und holen Sie sich eine Fahrkarte[.]

FRAU Jn 10 Minuten schon, da hab ich aber höchste Zeit *(Eine Koffer geht auf und alles fällt heraus)* Jessas,! Jessas! so ein Pech wie ich heut hab, zuerst versäum ich den Zug und jetzt fallen mir alle Reiserepisilien heraus, wenn das jemand sieht, Sie glauben gar nicht, wie ich mich genier.

BEAMT Ja! mit diesen Klamotten müssen Sie sich sogar genieren, das ist ihre Pflicht[.]

FRAU Ich reis nämlich so selten, Sie glauben gar nicht, wie unbeholfen ich bin[.]

BEAMT Das seh ich schon, jetzt schauns, dass mit dera Entrümpelung bald zum Teufl komma[.]

FRAU Mein Gott, der Wecker ist glaube ich auch kaputt, horchens amal

BEAMT *(Horcht und klopft ihn an Ballustrade)*

FRAU Ja, je öfter sie ihn hinschlagen, desto ruinierter wird er.

BEAMT Schickens ihna, holen Sie sich schnell ihre Fahrkarte, sonst fährt der Personenzug auch noch weg. Da müssen Sie sich beeilen, Da drüben bekommen Sie die Fahrkarte Schalter 2.

FRAU Um Gotteswillen jetzt hab ich aber höchste Zeit. *(An dem Schalter stehen schon einige Passanten, Frau ist ungefähr die 5te Person und hier ergeben sich komische Situationen, weil die Zeit der Abfahrt des Zuges immer näher rückt. Z. B. Die Frau geht wieder raus aus der Reihe der Angestellten und beschwert sich beim Beamten, weil die Schalterbeamtin die Personen so langweilig abfertigt, als die Frau wieder zum Schalter geht, haben sich natürlich wieder andere angestellt und es gibt wieder einen Streit, die Frau geht wieder zu dem Beamten und erklärt ihm, dass sich während ihrer Abwesenheit fremde Leute hingestellt haben u.s.w. Als sie endlich an der Kasse ist und Jhre Fahrkarte erhält, will sie zurück laufen, aber das Fräulein am Schalter ruft ihr nach):* Sie Frau, hier Sie bekommen noch 5.– Mark zurück[.]

FRAU Hab keine Zeit, mein Zug fährt gleich ab[.]

BEAMT *(schreit)* Höchste Zeit in 5 Sekunden geht der Zug[.]

FRÄULEIN Sie Frau ihre 5.– Mark[.]

FRAU *(ist in Klemme) weiss nicht, wohin sie soll, dann holt sie die 5.– Mark, im selben Moment pfeift der Zug.*

BEAMT Zu spät! jetzt hams diesen Zug auch noch versäumt.

FRAU Ach Gott ist das ein Kreuz, weil man auch gar keinen Menschen hat.

(Nun macht Frau dem Beamten bittere Vorwürfe, dass sie nur durch ihn den Zug versäumt hätte, weil er sie an den Schalter hinschickte[])]

BEAMT Ja, ohne Fahrkarte hätten Sie doch nicht fahren können, so gscheit müssen sie doch selber sein[.]

FRAU Nein, ich bin eben nicht so gescheit, deshalb hab ich Sie ja um Auskunft gebeten, weil ich eine sehr umständliche Frau bin. Wenn eine Frau allein reist, ist es überhaupt nichts, wissen Sie, ich bin eine Witwe, ich stehe jetzt seit 30 Jahren allein am Bahnhof – ah auf der Welt wollt ich sagen.

BEAMT Mir wars ja gnua, wenn sie 30 Jahr am Bahnhof stehn würden, mir reichen schon die 10 Minuten[.]

FRAU Wissens, ich war auch verheiratet, aber mein Mann ist als Bub mit 18 Jahren nach Südamerika ausgewandert und ist seit der Zeit nicht zurück gekommen. Jch hab ihn nie wieder gesehn verschollen – aber nicht vergessen[.]

BEAMT Tröstens sie sich nur, schauns ich war auch 30 Jahre in Südamerika, bin auch wieder zurück gekommen, der kommt schon wieder, wenns a G'scheiter ist.

FRAU Oh! das war ein braver Mann, aber ein böser Mann, denn kommen tut er nicht mehr mein Xaver[.]

BEAMT So Xaver hat er g'hoassen – ich heiss auch Xaver[.]

FRAU So – ja mein Xaver hat immer zu mir g'sagt: Wally! ich komm wieder, aber gekommen ist er nicht mehr.

BEAMT Was! sie heissen Wally?

FRAU Ja, Wally Rembremerdeng[.]

BEAMT Rembremerdeng? Und ich heiss Xaver Rembremerdeng[.]

FRAU Jch heiss Rembremerdeng[.]

BEAMT Und ich auch – und in Südamerika war ich auch[.]

FRAU Ja bist du der Xaver?

BEAMT Und du d' Wally? Mei Frau?

FRAU Dreissig Jahr ham wir uns nicht mehr gesehen, kennst mich denn nimmer?

BEAMT Deshalb ist mir der Hut gleich so bekannt vorkommen – Wally!!

FRAU Xaver!! *(Beide umarmen sich, sie lässt einen Koffer fallen auf seinen Fuss[])]*

BEAMT Ja Rindviech!!

FRAU Ah, er kennt mich noch!

Entstehung

Nach Münz (KVVD), S. 340, trat K. V. ab 4. 4. 1925 im »Cherubin«-Theater (im großen Saal des Hotels »Vier Jahreszeiten«, Maximilianstr. 4) mit dieser Szene (vermutlich in der Fassung von T^1/T^2) auf.

Stellenkommentar

41,23 *Bahnhofszene*] In T^3 folgt: »von Karl Valentin und Liesl Karlstadt«.

41,27 *...und putzt sich die Brille.*] In T^3 folgt der handschriftliche Zusatz: »Zugwegfahrn Imitationsschallplatte«.

41,28f. *Bitt schön, sagens...*] In T^3 ist handschriftlich vorangestellt: »Sie Herr Bahnschaffner«.

41,31 *Grad is er weggfahrn*] In T^3 folgt der handschriftliche Zusatz: »der Schnellzug«.

42,15 *der italienische Salat*] Kartoffelsalat mit Kalbsfleisch, Schinken, Sardellen, Äpfeln u. a.

42,18 *Katechismus*] In der alten Kirche und im Mittelalter umfaßt der Begriff alle Arten christlicher Glaubensunterweisung, seit der Reformation ist meist das dabei verwendete Buch, also eine Zusammenstellung der wichtigsten Lehren, gemeint.

42,26 *Nein, die sind alle mitgfahrn.*] In T^3 steht daneben in der Handschrift Liesl Karlstadts: »*Frau* ham Sie alle einsteigen sehn? *Port.* Ja bis auf Eahna!«

42,28 *Weil die nicht zu spät komma sind.*] In T^3 steht daneben in der Handschrift Liesl Karlstadts: »*Frau* Hab nur ich den Zug versäumt? *Port.* [...] no a paar so Schlafer nachkommen?«

43,2 *dann versäum ich ihn immer noch mehr.*] In T^3 folgt der handschriftliche Zusatz: »was soll ich jetzt machen«.

43,18 *speibt*] Bayer.: spuckt.

43,21 *und ein Gebäude kann doch nicht speibn.*] In T^3 folgt: »Sie meinen halt den Papst. *Frau* Uhhhh! Der Papst der darf ja gar nicht speibn. *Port* No ja der Papst wird auch hie und da speibn, Bei dem sagt man halt spucken.«

43,25 *Dann meinen Sie wahrscheinlich den Vesuv.*] T^3: »Ja ja Sie meinen schon den Papst.« Dann folgt in T^3 die zusätzliche Passage: »*Frau* Das ist ja jetzt gleich, wegen dem Vatikan fahr ich ja gar nicht hin nur wegen dem Papst -- bei dem möcht ich mir seinen Segen holen. *Port* An Segen, da brauchas doch net extra nach Jtalien fahrn, den lassens Jhna halt per Nachnahme schicken.«

43,33f. *Brockensammlung*] S. o. 190 (19,7).

43,34 *zum Teufel komma.*] In T^3 handschriftlich korrigiert in: »verschwinden«. Es folgt in der Handschrift Liesl Karlstadts: »*Frau* Entschuldigens Herr Hauptbahnhof=besitzer«.

45,3 *Drum ist mir Dein Hut glei so bekannt vorkomma.*] T^3 ergänzt: »*Frau* Ja sag amal was hast denn alles g'macht dö 30 Jahr? Bist mir treu blieben? *Port* No woasst 30 Jahre ist a lange Zeit, das kannst net verlanga, was heisst treu, – so halbe drei – viertel über zwoa darf ma sagn.«

T^1

218 *Bahnhofs-Scene*] T^2: »Am Bahnhof«.

218 *noch mal heim*] Handschriftlich korrigiert, ursprünglich: »noch mal zurück«.

219 *Ich hab keine solchen Bücher – in meim Kochbuch steht es nicht drin.*] Handschriftlicher Zusatz.

219 *warum sind denn die mitgfahrn und ich nicht*] Handschriftlich korrigiert, urspr.: »warum ham denn *die* nicht den Zug versäumt?«

220 *Reiserepisilien*] Handschriftlich korrigiert, urspr.: Reiseutensilien«. T^2: »Reisentensilien«.

221 *seit 30 Jahren allein am Bahnhof*] Handschriftlich korrigiert, ursprünglich: »ganz allein 30 Jahre am Bahnhof«.

221 *seit der Zeit nicht zurück*] Handschriftlich korrigiert, ursprünglich: »seit der Zeit nie mehr zurück«.

221 *Mei Frau?*] Handschriftlicher Zusatz.

221 *kennst mich denn nimmer?*] Handschriftlich korrigiert, ursprünglich: »hast mich denn nimmer kennt?«

221 *Deshalb ist mir der Hut gleich so bekannt vorkommen – Wally!!*] In der Handschrift Liesl Karlstadts steht darüber wie in T^2 maschinenschriftlich: »Ja freilich – mei Wally«.

221 *Ja Rindviech!!*] In der Handschrift Liesl Karlstadts steht daneben: »Beamt. Au!«. T^2: »Au! Ja, Rindviech!!«.

Petersturmmusik

Textüberlieferung

T^1 Typoskript im Nachlaß, Theatermuseum Köln-Wahn: Repertoire Nr. 104; Mappe IV (Au 11750).

T^2 Typoskript im Nachlaß, R. Piper Verlag, München: Repertoire Nr. 104.

T^3 Typoskript im Liesl-Karlstadt-Nachlaß, München: Repertoire Nr. 104.

Textgrundlage: T^1.

Entstehung

Vermutlich 1926, das Jahr, in dem die im Text genannten Schlager erschienen; nach Münz (KVVD), S. 334, ist K. V. aber bereits ab 1.4.1921 im »Monachia am Karlstor« mit (einer früheren, nicht überlieferten Fassung) der »Petersturmmusik« aufgetreten.

Stellenkommentar

45,7 *Petersturmmusik*] Nach Fischer, S. 26, finden auf dem Turm der Peterskirche, dem »Alten Peter«, seit mehr als 300 Jahren Turmmusiken statt. Dabei entstanden im Verlauf des 19. Jhds. die zur Münchner Institution gewordenen wöchentlichen Bläserkonzerte. Das Programm des Vier-Mann-Ensembles besteht aus Chorälen und Volksliedern. Komponisten wie Richard Würz (geb. am 15. 2. 1885 in München, gest. am 2. 2. 1965 ebda.) und Heinrich Kaspar Schmid (geb. am 11. 9. 1874 in Landau/Isar, gest. am 8. 1. 1953 in München) schrieben eigene »Petersturmmusiken«.

45,21 *I moa dös siegst*] Bayer.: Ich meine das siehst du.

45,26 *2676. Staffeln*] Es sind in Wirklichkeit 302 Stufen bis zur Aussichtsfläche des 96 m hohen Turms.

45,29 *Lichtreklame*] Bereits 1892 war am »Crystall-Plakat-Kiosk« am Maximiliansplatz eine elektrische Nachtreklame zu sehen; zur Elektrifizierung Münchens vgl. Krauss, S. 89 ff.

46,13 *Bombardon*] Eine Baßtuba mit drei oder vier Ventilen.

46,24 *»Tag des Herrn«*] Gemeint ist das Gedicht »Das ist der Tag des Herrn!« (Titel: »Schäfers Sonntagslied«) von Ludwig Uhland, das zweimal vertont wurde: einmal von Conradin Kreutzer, zum anderen von Felix Mendelssohn Bartholdy.

46,28 *Ohrwascheln hams g'spitzt*] genau zugehört; vgl. 238.

47,2 f. *»Was macht der Meier am Hymaleia«*] Schlager von Anton Profes (geb. am 26. 3. 1896 in Leitmeritz/Böhmen, gest. am 22. 8. 1976 in Salzburg) aus dem Jahre 1926.

47,5 *Glump*] S. o. 203 (31,13).

47,9 f. *dö narrischen Gwachser*] Bayer.: die närrischen Leute (im Sinne von: »Vögel«, »Typen«; wörtl.: Gewächse).

47,11 *Valencia*] Schlager nach einer span. Zarzuela-Melodie von José Padilla (geb. am 23. 5. 1889 in Almería, gest. am 24. 10. 1960 in Madrid) aus dem Jahre 1926.

47,13 *unsere alten schönen Volkslieder*] Vgl. das Artikel-Manuskript »Kitsch!« (Sämtliche Werke, Bd. 7).

47,14 f. *O, du alter Petersturm, o du grüner Isarstrand...*] Nicht ermittelt.

47,19 *Pfüat die Gott – du alte Zeit*] Wienerlied von Carl Lorens (geb. am 7. 7. 1851 in Lichtental bei Wien, gest. am 14. 12. 1909 in Wien).

Eine fidele Münchner Stadtratssitzung anno dazumal

Textüberlieferung

T[1] Typoskript im Nachlaß, Theatermuseum Köln-Wahn: Repertoire Nr. 146; Mappe VII (Au 11750).

T[2] Typoskript im Nachlaß, Theatermuseum Köln-Wahn: Repertoire Nr. 146a; Mappe VII (Au 11750).

T[3] Typoskript im Nachlaß, Theatermuseum Köln-Wahn: Repertoire Nr. 146a; Mappe VII (Au 11750).

T^4 Typoskript im Nachlaß, R. Piper Verlag, München: Repertoire Nr. 146a.

T^5 Typoskript im Liesl-Karlstadt-Nachlaß, München: Repertoire Nr. 146.

T^6 Typoskript im Liesl-Karlstadt-Nachlaß, München: Repertoire Nr. 146.

D^1 Karl Valentin, Originalvorträge, Verlag Max Hieber, München 1926, S. 11–14.

D^2 Karl Valentin, Valentiniaden, Paul Hugendubel Verlag, München 1941, S. 63–68.

Textgrundlage: D^2.

Variante: T^1.

Stadtratsitzung

Glockenzeichen BBBBBBrrrrrrrrrrrrrrrr

STADTRAT PLIEFENTRANZ:

Meine hohen Herren Stadträte!

Wir sind heute wieder zusammengekommen um wieder beieinander zu sein. In der heutigen Sitzung harren ihrer viele Punkte, die zu besprechen wir uns in die Lage versetzen, uns reinen Wein einzuschenken.

Zuruf Wo ist der Wein?

Ruhe!! – Ich erbitte mir keine lästigen Zwischenrufe.

In unserer heutigen Sitzung steht wieder ein neuer Punkt zur Debatte, nämlich die Genehmigung eines Grundstückes und Bebauung eines Männergesangverein-Erholungsheimes. –

Meine hohen Herren! – Gewiss, unsere Stadt liegt in Trümmer, aber was haben die Trümmer mit dem Gesang zu tun – Gesang erfreut des Menschen Herz – wo man singt, da lass dich ruhig nieder usw. usw. Gesang im Freien ist erbaulich. Wo singt man aber, wenn es regnet? Viele Gesangvereine haben sich trotz unseres Elends in den vom Krieg verschonten Lokalen zusammengefunden und singen, singen über ihre Kräfte.

Leider haben viele dieser tapferen Sänger ihre Gesangsorgane zu sehr angestrengt und bedürfen einer Erholung. – Von den Sängern selbst kam die Anregung zu einem Männergesangverein-Erholungsheim. Deshalb glaube ich hier an die Mitglieder des Stadtrates zu apellieren, diesen Punkt energisch ins Auge zu fassen. Aber die Platzfrage ist auch hier der Punkt welcher wund ist.

Meine hohen Herrn! Es war vorauszusehen, dass eine konjunktive Resignation aller gegenwärtigen Handelsabkommenschaften mit be-

schränkter Anzahl eintreten sollte. Obwohl die Ferienkolonie mit Grundbesitzungen allerorts, aus dem Terrain und Trust – Emanzipationen mit Disziplinarstrafen und Verkehrsanstalten in gegenseitigen Meinungsaustäuschen sich kreuzten.
Es konnte nun seitens der Neuregelung in Packträgerkreisen und Roten Radlerinstituten keine Einigung erzielt werden. Es sei denn, dass die wirtschaftlichen ökonomischen Bedingungen das einzige Hindernis in der Hemdknöpflindustrie den geplanten Weg sperren würden, so würden sich dennoch mit vereinten Kräften Mittel und Wege finden, die Überproduktion im Sacharinhandel im Keime zu ersticken, und auf dem 45 000 Quadratmeter grossen Grundstück des Realitätenbesitzers Herrn Pliventans ein Männergesangvereinerholungsheim erstehen zu lassen. – Als Amerika im Jahre 1855 die Ausfuhr von gestöckelter Milli auf ein Minimum beschränkte, da war es König Barbarossa der 66., welcher damals dem Erfinder des Zweiräderkarrens den Auermühlbachorden überreichte. Ja, gerade er war es, welcher hinsichtlich der verkürzten Geschäftsinteressen die prinzipielle Entscheidung in den Abgrund stellte. Grossmütig drückte damals der Zitherklub »Gut Klang« seine Meinung gegen alle diese verzweifelten Ansichten aus, und als wahre Wohltat entstanden damals die vielen Bedürfnisanstalten, um die sich die Stadtverwaltung Lorbeeren und herzliche Anerkennungen aus allen Kreisen der Bevölkerung errungen hat. Mit aller Energie griff die Presse um sich und schleuderte seitenlange Artikel gegen das ekelerregende Orangenschalenwerfen auf den Strassen aus und im Nu war der Christbaumhandel in den Sommermonaten aufgehoben. Der chinesische Armenpflegschaftsrat Tschin Tschin setzte sich mit der Nürnberger Lebkuchenindustrie in Verbindung und bezweckte damit, dass im Prozesse der Römischen Briefmarkensammlungsgesellschaft mit elektrischem Kraftbetrieb gegen die schwedische Turteltaubenzüchterei eine einigermassen zustande gekommene Einigung erzielt werden konnte.
Die Beiseitelegung des Handelsvertrages mit der sizilianischen Strassenreinigungsaktiengesellschaft, welche mit 120% des Grund- u. Hausbesitzervereins im Kegelklub Alt-Heidelberg eine abermalige Verzinsung der Reichskassakontosteuer zu Allach (Bezirksamt Berlin) in Anrechnung brachte, konnte kraft seines 300 jährigen Bestehens des afrikanischen Perlacher Knabenhortes zur nochmaligen Submission herangezogen werden.
Nach meiner Ansicht steht also der Erbauung eines Männergesangverein-Erholungsheimes nicht mehr das geringste im Wege und gebe hiermit das Wort Herrn Stadtrat Westermeier.

Stadtrat Westermeier:

Meine Herrn! Die Worte meines Vorredners waren Mist! *(Pfuirufe)*.

Niemals soll diese Schundansicht zur Durchführung kommen. *(Pfeifen, allgemeines Gemurmel.)*
Das Übereinkommen des chinesischen Schaukelbudenbesitzers mit der Nürnberger Lebkuchenfabrikationsgesellschaft ist erbärmliche Lüge!!!
(Hört, hört)
Das Kleinhesseloherseegeschwader war ja von dem Grosshesseloher Kirchweihfest garnicht eingeweiht.
(Lüge – Schiebung.)
Das sind ja elende Lausbubengerüchte!!!
(Bravo Bravo – Ha ha ha ha – anhaltendes Hohngelächter.)
Wie konnte seine Exzellenz der Grosskaufmann Heperdepernibi seine Grundbesitzungen zur Erbauung eines Männergesangvereinerholungsheimes reserviert halten – er musste doch wissen, dass der Grund- und Hausbesitzerverein beim Magistrat, Abteilung für Schmetterlingsammlung III. Stock Zimmer Nr. 00, noch gar nicht vorstellig geworden war.
(Empörung. Hört-Hört[)]
Wie konnte die Münzenzeltgiesserei den Antrag zur Erbauung eines Männergesangvereinerholungsheimes stellen, ohne – nicht den geringsten Einblick in den Laubsägeholzlagerplatz zu haben. Das sind ja direkte Erpressungen[.]
(Ausrufe – Das ist Mumpitz – das ist Humbug).
Die Anisloabi- und Mohnweckerlkommission hat mit Recht sämtliche Zweiräderkarren des Dienstmanninstitutes konfiszieren lassen, denn gerade durch das Schifferlfahren am Starnberger Bahnhof waren die Geleise derart stark beschädigt, dass das betrügerische Einschränken in und ausserhalb der heissen Jahreszeiten im Hofbräuhaus nicht zu-, sondern abnimmt.
(Pfui – Gemeinheit – Schluss !!!!! Hinaus mit dem Kerl !!! – *Furchtbarer Tumult.)*
Glockenzeichen BBBBBrrrrr!!!!!!!!!!
Meine Herren! Meiner Ansicht nach steht also der Erbauung eines Männergesangvereinerholungsheimes nichts mehr im Wege, ich schliesse die heutige Sitzung mit der Bitte an alle anwesenden Herren Stadträte ....

Auf in den Ratskeller !!!!!!!!!!

Entstehung
Vermutlich 1926 anläßlich des Erscheinens von D^1, wobei es sich bei T^1/T^4 um eine späte Fassung aus der Zeit nach dem Zweiten Weltkrieg handelt (»unsere Stadt liegt in Trümmer«); vgl. die Schallplattenaufnahme »Eine Stadtratssitzung« vom 4. 1. 1930 (Berswordt, S. 305).

Quellen

Die volksferne Politiker-Rede reizt K. V. mehrmals zur Parodie: vgl. die Monologe, Rep. Nr. 73, »Unpolitische Rede«, Rep. Nr. 141, »Karl Valentin und die Weltpolitik«, Rep. Nr. 142, »Auf dem Marienplatz« (Sämtliche Werke, Bd. 1, S. 45, S. 112, S. 115). Mit diesen Texten steht Valentin dem Kabarett und der politischen Satire näher als dem Volkssängertum (vgl. Pemsel, S. 120 u. S. 198 ff.). Dabei ist bemerkenswert, daß K. V. auch gerade den Punkt thematisiert, an dem die Alltagssprache ins Offiziöse, Phrasenhafte umkippt: nämlich die Situation, in der der sog. »Kleine Mann« meint, eine Ansprache halten oder ein Dokument verfassen zu müssen, so etwa in Rep. Nr. 260, »Vereinsrede« (Sämtliche Werke, Bd. 1, S. 139 f.), oder in den Dialogen Rep. Nr. 285, »Die silberne Hochzeitsfeier« und – stellvertretend für alle Briefszenen – Rep. Nr. 289, »Des Freundes Brief« (Sämtliche Werke, Bd. 4). Zum »politischen« K. V. vgl. das Nachwort zu Bd. 1 der Sämtlichen Werke, S. 302–304, sowie Bachmaier 1994, S. 113–120.

Stellenkommentar

47,24 *anno dazumal*] T^2, T^5, D^1: »ohne politischen Hintergrund« mit dem Untertitel: »Von Karl Valentin München«.
47,35 *Vertrages*] T^2: »Mietvertrages«.
47,36 *Karlstor*] Stadttor von der Befestigung des 14. Jhds.
48,6 f. *»Schneider leih mir dei Scher«*] S. o. 200 (27,33).
48,7 *»Fürchtet ihr den schwarzen Mann?«*] Kinderfangspiel.
48,9 *Dienstmann-Institute*] S. o. 198 (22,8).
48,13 *Petersturmmusik*] S. o. 223 (45,7).
48,15 *Straßenbahnschienen*] D^1: »Trambahnschienen«.
48,17 *Auer Dult*] S. o. 203 (30,24).
48,17 *Hofgarten*] Der 1613–17 neben der Residenz eingerichtete rechteckige Garten nach Plänen von Heinrich Schön d. Ä.
48,21 *Punkt 12. Fällt aus.*] Fehlt in D^1, dort finden sich dieselben »13 Punkte«, wobei nach »Punkt 5« gleich »Punkt 7« kommt.
48,24 *Ausführungen dieser Ausführungen*] T^2: »Anführungen dieser Ausführungen«. D^1: »Anführung meiner Ausführungen«.
48,35 f. *konjunktive Resignation*] Wörtl.: »verbindende Schicksalsergebenheit«.
49,1 *mit beschränkter Anzahl*] In T^2, T^5, D^1 folgt: », an eine, für die vorgeschriebene Attribution der Parteigenossenschaften,«.
49,1 f. *Ferienkolonie*] T^2: »Ferienkollonie«.
49,2 *Grundbesitzungen*] T^6: »Grundbesitzen«.
49,2 *Trust*] Engl.: Treuhand (eigtl.: Vertrauen).
49,5 *Packträgerkreisen*] S. o. 198 (22,8).
49,6 *Roten Radlerinstituten*] 1905 wurde in München der Fahrradboten-

Dienst »Rote Radler« gegründet, der sowohl Nachrichten als auch kleinere Lasten im Stadtgebiet beförderte und sogar bei Kleinumzügen half; vgl. Krauss, S. 97 u. S. 134.

49,10 *Zacherlinhandel*] Zacherlin ist ein Mittel gegen (Küchen-)Ungeziefer.

49,12 *Realitätenbesitzers*] Grundstücksbesitzers.

49,12 *N. N.*] Abk. für: ›nomen nominandum‹ bzw. ›nomen nescio‹ (lat.: ›der Name ist noch zu nennen (einzufügen)‹ bzw. ›ich weiß den Namen nicht‹).

49,13 ff. *Als Amerika im Jahre 1855 die Ausfuhr...*] Zur komischen Geschichtsschreibung bei K. V. vgl. die Monologe, Rep. Nr. 135, »Hochwasser«, Rep. Nr. 153, »Die Schlacht bei Ringelberg«, Rep. Nr. 232, »Historisches« (Sämtliche Werke, Bd. 1, S. 101, S. 114, S. 141).

49,13 *1855*] T^2, D^1: »1935«. T^3, T^5: »1955«.

49,14 *gestöckelter Milli*] Bayer.: Dickmilch.

49,15 *Barbarossa*] Mit der Bestätigung des Markt- und Münzrechts der Siedlung »Munichen« auf dem Reichstag zu Augsburg (1158) wurde Kaiser Friedrich Barbarossa zu einem wesentlichen Förderer der Entwicklung Münchens; vgl. Maier, S. 21 ff.

49,16 *Auermühlbachorden*] Der Auer Mühlbach ist ein Seitenarm der Isar, der etwa vom heutigen Tierpark Hellabrunn bis in die Au fließt. Im Mittelalter war der Stadtteil Au (Valentins Heimat) gleichsam der Mühlen- und Fischereivorort Münchens.

49,27 *Armenpflegschaftsrat*] Bayern führte 1807 als erstes Land der Welt die Armen- und Krankenfürsorge ein, die 1869 den Gemeindeverwaltungen zugewiesen wurde. Das Stadtgebiet von München wurde dabei in ›Quartiere‹ eingeteilt, in denen je ein »Armenpfleger« sich um sozial Benachteiligte kümmerte; vgl. Angermair, S. 319 f.

49,36 *Reichskassakontosteuer*] Neologismus. T^2: »Reichskontosteuer«.

49,36 *Allach*] 1938 eingemeindeter Vorort Münchens.

50,2 *Perlacher*] Perlach ist ein 1930 eingemeindeter Vorort Münchens.

50,3 *Submission*] 1. Ehrerbietigkeit, Unterwürfigkeit, 2. öffentliche Ausschreibung (etwa von Bauarbeiten).

50,5 *das geringste*] D^1 ergänzt: »Hindernis«.

50,11 *Nürnbergerlebkuchenfabrikationsgesellschaft*] T^2: »Nürnbergerhoniglebkuchenfabrikationsaktiengesellschaft«. D^1: »Nürnberger Honiglebkuchenfabrikationsaktien-Gesellschaft«.

50,12 *Kleinhesseloherseegeschwader*] Der Kleinhesseloher See befindet sich im Englischen Garten.

50,13 *Großhesseloher*] Großhesselohe ist ein Ort am südlichen Stadtrand Münchens.

50,16 *Plieventans*] T^2, T^3, T^5: »Nimbimerdimpl«, T^6: »Plieventrans«. D^1: »Himbimerdimpl«.

50,22 *Münzenzeltgießerei*] Neologismus.
50,25 *Mumpitz*] Unsinn, Schwindel; urspr. von ›Mummelputz‹ = Vogelscheuche (17. Jhd.); um 1900 im Berliner Börsenjargon: erschreckendes oder fragwürdiges Gerede; vgl. hess. ›Mompotz‹ = Schreckgestalt.
50,26 *Humbug*] Aufschneiderei, Schwindel; im 19. Jhd. aus dem gleichbedeutenden engl. Slangwort ›humbug‹ entlehnt, dessen Etymologie im Dunkeln liegt.
50,27 *Anisloabi-*] Bayer.: Anisbrötchen.
50,29f. *Starnberger Bahnhof*] 1921 eröffneter Teil des Münchner Hauptbahnhofes.
50,30f. *betrügerische Einschänken*] 1898 wurde im Hofbräuhaus der »Verband zur Bekämpfung des schlechten Einschänkens« gegründet.
50,32 *Hofbräuhaus*] Berühmteste Gaststätte Münchens (Am Platzl); vgl. Bauer/Graf/Münz, S. 59ff.
50,32 *nicht zu-, sondern abnimmt.*] Die Gegenläufigkeit von Sprachmelodie und Semantik ist das zentrale komische Mittel des Dialogs, Rep. Nr. 317, »Streit mit schönen Worten« (Sämtliche Werke, Bd. 4).
50,34 *BBBBBrrrrrr!!!!!!!!!*] D[I]: »Ruhe!!!!!«.
50,36 *im Wege*] D[I]: »entgegen«.
51,3 *Ratskeller*] Münchner Keller-Lokal (seit 1874) im Neuen Rathaus; vgl. Bauer/Graf/Münz, S. 33ff.

T[I]
225 *wo man singt, da lass dich ruhig nieder*] »... Bösewichter haben keine Lieder«, aus einem Gedicht (»Die Gesänge«) von Johann Gottfried Seume (geb. am 29. 1. 1763 in Poserna bei Weißenfels/Sachsen, gest. am 13. 6. 1810 in Teplitz/Böhmen) geformtes Sprichwort.
226 *Sacharinhandel*] Handschriftlich korrigiert, urspr.: »Zacherlinhandel«. T[4]: »Sacherlinhandel«.
226 *Herrn Pliventans*] Handschriftlich korrigiert, urspr.: »N. N.«.
227 *Heperdepernibi*] T[4]: »Plieventans«.
227 *Hört-Hört*] Handschriftlicher Zusatz.

Ferner liegt der nur fragmentarisch überlieferte Anfang einer weiteren Fassung der Szene vor, der hier wiedergegeben wird:

Stadtratsitzung

Karl Valentin

Es sprechen 3 Stadträte:
1. Stadtrat Pliefentranz
2. Stadtrat Westermeier
3. Stadtrat Rempremerdem

Meine hohen Herrn! Wenn ich das Wort ergreife, so ergreife ich es nicht, um es einfach zu ergreifen – nein, ich ergreife es deshalb, dass Sie es begreifen.

Mein Herr Stadtrat! Was nützt unsere ganze Rederei, wir reden von jeher viel zu viel, nichts wie reden und reden, jeder redet; die meisten von uns reden und wissen eigentlich gar nicht was sie reden.

Also Schluss mit der Rederei von nun an! – Das Volk verlangt, dass wir mehr handeln als reden. Für was haben wir eine Handlungsfreiheit, wenn keiner handelt?

Textüberlieferung

T^1 Typoskript im Nachlaß, Theatermuseum Köln-Wahn: Repertoire Nr. 146; Mappe VII (Au 11750).

Textgrundlage: T^1.

Entstehung

Vermutlich im Zusammenhang der späten Fassung T^1/T^4, also nach dem Zweiten Weltkrieg.

»Der Wilddieb« oder Die blutige Begegnung in der Höllenschlucht

Textüberlieferung

T^1 Typoskript im Nachlaß, Theatermuseum Köln-Wahn: Repertoire Nr. 175; Mappe IX (Au 11750).

T^2 Typoskript im Nachlaß, Theatermuseum Köln-Wahn: Repertoire Nr. 175; Mappe IX (Au 11750).

T^3 Typoskript im Nachlaß, Theatermuseum Köln-Wahn: Repertoire Nr. 175; Mappe IX (Au 11750).

T^4 Typoskript im Nachlaß, R. Piper Verlag, München: Repertoire Nr. 175.

T^5 Typoskript im Nachlaß, R. Piper Verlag, München: Repertoire Nr. 175 a.

T[6] Typoskript im Liesl-Karlstadt-Nachlaß, München: Repertoire Nr. 175.

Textgrundlage: T[1].

Variante: T[5].

Der Wilderer

Karl Valentin

PERSONEN:
Die Mutter
Der Hiasl, ihr Sohn
Der Polizist

(Es donnert)

MUTTER: Jessa, Jessas, Jessas, Jessas na! A soichas Gwitta!!
Horchts nur grad – wias blitzt!
Grad schüttn tuats – wenn des a so weita geht, na fangts am End no s'renga a no o! Und mei armer, oanziga Bua is drausd bei dem Sauwetta! Ament werd [er] no ganz feucht! Und sei nei Buxn – a na Bixn a. Mei wenn de nass werd, war des a Unglück! I moan halt allwei dass er zum wildern ganga is, denn sunst nimmt er doch a koa Gwar net mit zum Krama ummi, wenn er si an Schmei holt! I moa allwei, das da nix net stimmt! Mein armes, einziges, unschuldiges Kind auf dem Pfade des Verbrechens, beim wildern!! A.a.a! Jahoffentlich trifft er was. Mein einziges Kind! Wia werds eahm a mal geh, wenn i beim Edelweissbrocka vo da Rotn Wand abifall? A Wunder wars net bei dene hochn Steiern!
Grad dass langt zum Ernährn meines einzigen Kindes und meiner unmündigen sieben Geislein! Grad dass langt! A Wunda wars net, wenn wir kleinen Edelweissgewerbetreibenden auf die schiefe Bahn kamerten!

(Es klopft sehr laut)

MUTTER: Wenns jetzt net klopft hätt, hätt i gmoant es hat wer gläut? Jessas werd do net mei toter Sohn sei? Bei dem Beruf i[s] alles mögli! Bei dem Verkehr heit im Gamsgebirg! O mei, o mei!! I siech eahm scho draussd liegn, mit bluatroter Fotzn, so wiar a halt allwei hoamkimmt vom Wirtshaus, wenn eahm de rohen Menschen nausgschmissn ham! Er is ja a so a guata Mensch! Ko koana Fliagn nix doa – is ja a nix dro anra Fliagn gibt net a mal a fette Suppn.
In Gottsnam, grüss Gott, tritt ein, bring glei a Holz herein!

(Es kommt niemand)

MUTTER: Ja was is nacha? Geh halt eini? Kimst oder kimst net? Na bleibst halt draussd! Rindviech – na halt – des is mei toter Sohn, des is scho so, der liegt draussd vor da Tür und kons nimmer aufmacha!
I habs eahm allwei gsagt, sag i, Bua sag i, Du oder da Jaga – oana vo enk drei muass no dro glabn und iatzt hat er's! Mein Kind! Der Hundskrippi, weil er nia gfolgt hat, net a mal im Mutterleib! Jetzt liegt er draussd vorm Vaterhaus in seim eigna Bluat und i kon schaugn, wia i de Bluatfleckn wieder raus bring vom neien Linoleum, vom frischgwaxtn! Des is da Dank, dass ma di grosszogn hat an de Ohrwaschel! Des hat ma vo de eigna Kinda! Scham Di! 50 Jahr is koa Toter nimma vor da Haustür glegn! Du bringst as ferti – vor der eigenen Muttertür!! Und wer garantiert ma das net da Jaga a draussd liegt? Und i derfats eahm gar net amal sagn, dass er sein eigna Vater daschossn hat! I glaab er bringat sie um im Rausch!
Aber wer von eich ohne Jugensünde ist, der werfe den schwersten Stein – – – – –

(Hias tritt singend ein)

HIAS: – – – und s' Gams im Gebirg hat an Orsch an weissn – – – – – –
Grüas di Good, Muatterl! Hast an warma Kaffee, bei dera Hitz für dein einziges Kind? Mi frierts in linkn Fuass, denwo i mir im 70ga Kriag dafrorn hab, im Juli!

MUTTER: Um Gottswilln, wia schaugst denn aus? Der bluat ja gar net! Ja warum kimmst denn solang net? Bist Du scho da? Wart i hol blos beim Kramer an König Ludwigfeignkaffee, dassd was warms kriagst, morg mittag.

HIAS: Da schaug her, Muatta, was i gfundn hab! An Adler! Den brock ma uns nacha am Heilinga Abend in Kaffä nei!

MUTTER: Mei Bua! I hab a so Angst um di ghabt! Weilst halt dei Bix mit – –

HIAS: An Hias feit nix mit da Bix – – – –

MUTTER: Ja woasst, dass da halt nass werd, weilst das mitgnomma hast – – –

HIAS: Soll i leicht Gams mit, Schmetterlingsnetz fanga! Es altn Leut kemmts halt nimma mit dera neumoderna Mode!

MUTTER: Bua! versündige dich net! Denk an Dein Vatta! Der hat a mal mit der Mausfalln – – – – – – – –

HIAS: Iatzt langts ma aba! Kriag i iatzt an Kaffee oder i stich Di nieder. Des mit da Mausfalln kost an Dümmern dazähln wia dein Sohn, bals oan findst!

MUTTER: Für a so a nerviöses Kind gibts koan Kaffee net! I spürs, Du hast an Jaga – – – – – Bua!!!

HIAS: Ja Muatta i gstehs ei, i hab an Jaga – – – –

MUTTER: Um Gottswill, dein eigna Jaga – – – –

HIAS: Ja was is nacha scho?

MUTTER: Mein Sohn, sein – – – Va – – – – sein eigner Jaga! An jaga sein – – – – –

HIAS: An Jaga sein Beutl hab i!

MUTTER: Dein eigner – – – – – –

HIAS: Todfeind, ja liest denn Du koa Zeitung net, Todfeind steht drin und drum hab eahm i sein Beutl – – – – –
und stinka werd a eahm net vui, wann ers dafahrt – – – – –

MUTTER: Ja woass er des no gar net, dass er tot is, hast eahm im Schlaf – – – – Bua! A anständigs Kind tuat so was net im Schlaf!

HIAS: Und mit blaue Perln is dei Nama draufgstickt, Muatta!

MUTTER: Sein Tabaksbeutl moant der! Jetzt is mir wieder leichter!

HIAS: Ganz drom auf da Rotwand habn gfundn, ganz hint im Eck is er glegn und grod wir ihn aufhebn wollt, is da Jaga kemma und hat sei Bix oglegt auf mi und i a auf eahm und dann hats s' renga ogfangt und unser Pulver is nass gwen und dann hat er gsagt – Jetzt leckst mi do glei – – – – – – –

MUTTER: O Gott! O Gott! und dann?

HIAS: Und i hab zua Eahm gsagt, Du mi – – – – – –

MUTTER: Um Gottswilln! Du werst doch zum Herrn Jäger sowas net gsagt habn? I tat mi ins Grab nei schama, was tatn denn da d'Leut sagn wennst du so was sagn tatst?

HIAS: Und dann hat er gsagt, Hias hat er gsagt, sagts deiner Schwester, dass i auf ihra hoass bin und balst ihra des sagst, sag is net, dass i Di beim Wildern dawischt hätt, bals net grengt hätt, hat er gsagt. Sag amal Muatta! Habn denn mir a Schwester im Haus? De hast du mir no garnia net zoagt? Do woass i ja gar nix davo!

MUTTER: Ja mei! Weil i halt no net Zeit ghabt hab! Wennst grösser gwen warst, hätt a das scho gsagt!

HIAS: Is ja wurscht.

MUTTER: Ja was tean ma denn da, wenn der Herr Förster kimmt weger unserer Tochter und mir ham gar koane im Haus, sondern in da Stadt drin?

HIAS: I hab das allwei gsagt! A Schwester ghört ins Haus – und wenns a Krankenschwester is! Und wenn ma koane herbringa für den Zipfe, geh i ins Zuchthaus!

MUTTER: Des macht doch nix! Na lernst dein zwoatn Vatta kenna!

(Es klopft)

MUTTER UND HIAS: Herein! Na, na, bleib drausd!!

HIAS: Mei Muatta hat d'Maul und Kleienseuche! Eintritt verboten! Mir sind nicht daheim! Heute geschlossen!

MUTTER: Red doch keinen Mist nicht herum! Einen Moment bitteschön Herr Oberforstrat! Meine Tochter is grad auf der Toilette! Sie ist schon gleich fertig!

HIAS: De is scho 35 Jahr fertig – und wia!

MUTTER: Meine Tochter zieht grad was an!

HIAS: Unsere Tochter zieht grad an, am – – – –

MUTTER: Sie ist gleich angezogen – – –

HIAS: Ja bitte, nur noch eine Woche, gleich sind wir so frei! *(Mutter bindet dem Sohn ein Kopftuch um)*

MUTTER: Sitz di hi und tua d'Füass zamm, dass er nix merkt, Depp!

(Polizist tritt ein)

POLIZIST: Grüass Good!

MUTTER: Ja Herr Forstrat, Sie sind ja sie selber gar nicht, net amal Ihr Bruder sind Sie! Wer sind denn Sie?

POLIZIST: Grüass Good!

HIAS: A Schandarm is er, wenn er sie a vostellt! Des spann i do scho vo aller Weitn! I kean eahm doch durch und durch! Trotz seiner Uniform! Aba lebendi kriagt mi der net! Der net!!

POLIZIST: Scheenes Frailein? Wer sans denn? Ha? Ja so was scheens! Wia de, de no sagns ma – – – – de?

HIAS: Der moant de Greta Garbo! Ja ja, de bin i!

POLIZIST: Gellns i hab mas ja glei denkt! Wia d'Muatta, alser junga gellns? Wenn i so sagn derf, mit Verlaub.

MUTTER: Ja für sei Schönheit komm ma halt nix? Gellns[.]

POLIZIST: Na wirkli net, ja so was scheens! Und so frisch wias ausschaugn, grad zum Anbeissen!

HIAS: Dir beiss i na glei! Muatta! Habn mir a Glück, der is blind[.]

MUTTER: A woher denn, vo da Polizei is der, de san so – – – höflich!

POLIZIST: Jetzt hätt i bald vergessen warum i herkumm! Stellns Ihnen vor – – – –

(Hias will sich vorstellen)

MUTTER: Sitzenbleibst sag i! Denk an Deine Füass!

POLIZIST: Also der Jaga – – – –

MUTTER UND HIAS: Jessas iatzt kimmts auf!!

POLIZIST: Also an Jaga hat er troffa – – –

MUTTER: Ja du Luagnbeutl du! Dann stimmt des mit d'Beutl doch net!

HIAS: Mutter! I schwör dir's! I war's net! Da, Schandarm nehmas den Beutl, i wui nix z'toa habn damit! I hab n auf da Rotn Wand – auf da Roten Wand is a ma zuaglaffa, der Beutl vom Jaga! Gwiss war is!

POLIZIST: Ja, da drobn ham man gfundn, a totn Jaga! Da hat er eahm troffa!

HIAS: I wars net, Herr Polizeibesitzer! I net!

POLIZIST: Ja Frailein, des behaupt ich ja net!

HIAS: Iatzt merkt der no nix, der is *do* vo da Polizei!

MUTTER: O mei! O mei!!

Polizist: Ja Kruzitürkn! Was regts euch denn aso auf! I soll halt Eahna Frailein an scheena Gruass sagn von dem toten Jaga und er kann nicht kommen, weil ihn der Blitz troffa hat!

Hias: Wem hat er troffa! Mei Schwester oder mi? Iatzt kenn i mi gar nimma aus.

Polizist: Da Blitz hat n troffa! I wer no ganz wirr!!

Hias: Koa Kugel net? Hoffentli findn de de Kugel net – – – –

Polizist: Was denn für a Kugel?

Mutter: Mein Sohn meint eine Christbaumkugel, die wo er auf der Rotwand verlorn hat beim letzn Gwitter!

Hias: Ja wissens so ein Christbaumkugelblitz, so ein – länglichrunder – –

Polizist: Ah so einer, nein da is noch nichts gefunden – aber sagns, Frau, Sie habn grad von Ihrem Sohn gredt, habn sie denn auch einen Sohn?

Mutter: Ghabt! Hmhm! Ghabt! Wissens der hat nix taugt! Den habn mir hergebn[.]

Polizist: So?

Mutter: Ja, ja! Ganz billig gellns! Mir warn froh, dass man los bracht habn. Hätten Sie einen Gebrauchten gebraucht?

Polizist: I? Na! Wie kommens denn da drauf?

Mutter: Ich mein nur. M redt halt mit de Leit, gellns, nur so halt. A recht a schöne Tochter hätt ma noch da!

Hias: Wennst a so weitertuast, nimmt a di no wega Mädchenhandel mit!

Polizist: Leider muss i jetzt gehn, schönes Frailein!

Hias: Bittschön ja!

Mutter: Halt dein Mund! Saudeandl! Dumms! Sind's doch froh, wenn einmal ein gebildeter Beamter vorbei kommt! Im Haus ist, net war, Herr Beamter!

Hias: Des weiss man nienicht genau!

Mutter: Glei bist staad!

Polizist: Aber Frailein, ich bin doch im Dienst!

Hias: Eben! Mutter, wenn der net bald geht tua i d'Füass auseinander!

Mutter: Beinand lasst as, sag i!

Polizist: Dann wünsch ich Ihnen – – – – –

Hias: Ja uns auch! Beehrns uns nicht mehr!

Mutter: Hat us sehr gefreut, Herr Polizeirat und wenns wieder einmal Zeit ham[–]

Hias: Und weil Ihnen der Blitz doch net stroaft!

Polizist: Wie meinens denn das?

Hias: Sie habns halt schön!

Polizist: Wieso denn?

Hias: Weil Ihnen halt der Blitz nie stroaft, stroafen kann! Weil Sie einen

Blitzableiter auf'n Huat ham und ein Jaga bloss an Gamsbart, den wo der Blitz nicht fürchtet!
Segns, des is der Unterschied zwischen einem Jaga und der Polizei!!
(Lied: Er war ein Schütz – – –)

Entstehung
Nach Münz (KVVD), S. 352, ist K. V. ab 22. 3. 1933 im »Wien-München« (Hotel Wagner; Sonnenstraße 23) mit dieser Szene aufgetreten.

Quellen
»Der Wilddieb«, »Die Mutter« (vorliegender Band, S. 110), »Familien Sorgen« (vorliegender Band, S. 141) sind Szenen, in denen K. V. die seit Ende des vorigen Jhds. zunehmend populären Dramen des bayer./österr. Bauerntheaters parodiert, das mit seinem oft schematischen Personal: der naturrechtlich sich legitimierende Wilderer, der gesetzestreue Förster, die von beiden begehrte reiche Witwe etc., den Erwartungen des Publikums entgegenkommt; vgl. Feldhütter, und Kühebacher.

Stellenkommentar
51,8 *»Der Wilddieb« oder*] Handschriftlicher Zusatz. In T^2, T^3, T^4 lautet der Titel: »Der Wilddieb«.
51,9 *Höllenschlucht*] Die Höllenschlucht im Schweizer Kanton Graubünden dürfte K. V. vermutlich nicht bekannt gewesen sein.
51,10 *von K. Valentin und L. Karlstadt*] Fehlt in T^2, T^4.
51,16 *Hias*] Bayer.: Matthias.
51,19 *J moan allaweil*] Bayer.: Ich mein immer.
51,19f. *die schmale Wand*] Fiktiv.
51,20 *so stad aussi is*] Bayer.: so still hinaus ist.
51,23 *dass er an Oberförster auf der Latt'n hat*] Bayer.: daß er den Oberförster nicht leiden kann (Etymologie unklar).
52,2 *Mooshammer*] T^2, T^4: »Moosreiner«.
52,11 *diam*] Bayer.: manchmal (von ahd./got. ›etiemal‹).
52,15 *i kenn dir's an*] Bayer.: ich seh dir's an.
52,24 *vor meiner*] T^2, T^4: »vor mir«.
52,25 *Stutz'n*] Kurzes einläufiges Jagdgewehr.
53,7 *Vroni*] Bayer.: Veronika.
53,8 *Greta Garbo*] Pseudonym der schwedisch-amerikanischen Filmschauspielerin Greta Lovisa Gustafsson (geb. am 18. 9. 1905 [?] in Stockholm, gest. am 15. 4. 1990 in New York), Schönheitsideal des Stummfilms und frühen Tonfilms (»Die freudlose Gasse« [1925], »Mata Hari« [1933] u. v. a.).
53,15 *im Jägergrab'n g'fund'n*] In Liesl Karlstadts Handschrift folgt an dieser Stelle der Einschub: »*Vroni*: Jessas der arme Förster schon wieder erschossen.«

53,24 *dass er.......*] In fremder Handschrift korrigiert in: »dass der Mörder is«. T^2, T^4: »dass der da Mörder is....«. T^3: »dass der der Mörder is....«.
53,34 *da gibt's koan Zweifel.*] T^3 ergänzt: »Mutter: Hat er sich den abbrochen ?«
54,6f. *Bengalisches Licht*] Ein ruhig und farbig brennendes Feuer, wie es v. a. bei Feuerwerken und im Theater zum Einsatz kommt.
54,8 *Waldeslust*] »..., o wie einsam schlägt die Brust«, ein vielfach bearbeitetes, ursprünglich wohl aus dem Hunsrück stammendes Volkslied.

T^5

232 *s'renga a no o!*] Bayer.: das Regnen auch noch an.
232 *sei nei Buxn - a na Bixn a*] Bayer.: seine neue (Jagd-)büchse, ah nein Büchse (derb für: Vagina) auch.
232 *Gwar*] Bayer.: Gewehr.
232 *zum Krama ummi*] Bayer.: zum Krämer hin.
232 *si an Schmei*] Bayer.: sich einen Schnupftabak.
232 *Edelweissbrocka*] Fiktiv.
232 *Rotn Wand*] Die »Rotwand« (1885 m) im Spitzingseegebiet (Bayer. Voralpen) ist einer der beliebtesten Münchner Ausflugsberge. Berge mit dem Namen »Rote Wand« gibt es außerdem u.a. in Vorarlberg und in Südtirol.
232 *hochn Steiern*] Bayer.: hohen Steuern.
232 *kamerten*] Bayer.: kämen.
232 *Gamsgebirg*] Fiktiv.
232 *I siech eahm*] Bayer.: Ich sehe ihn.
232 *mit bluatroter Fotzn*] Bayer.: mit blutrotem Mund.
232 *wiar a halt allwei hoamkimmt*] Bayer.: wie er halt immer heimkommt.
233 *oana vo enk*] Bayer.: einer von euch.
233 *Ohrwaschel*] Das alte Wort ›Wäschel‹ bezeichnet den beweglichen Teil von Tierohren.
233 *wer von eich ohne Jugensünde...*] Vgl. Joh 8,7.
233 *im 70ga Kriag*] Gemeint ist wohl der dt.-frz. Krieg 1870/71, zu dem am 16. Juli 1870 auch die Mobilmachung der bayer. Armee erfolgte.
233 *König Ludwigfeignkaffee*] Markenname eines Kaffeesurrogates, das aus Feigen gewonnen wurde.
234 *An Jaga sein Beutl hab i*] Bayer.: Den Beutel des Jägers hab ich. (Ähnliches Spiel mit der Doppeldeutigkeit von ›Beutel‹ wie oben von ›Bix‹).
234 *und stinka werd a eahm net vui, wann ers dafahrt*] Bayer.: und stinken wird es ihm nicht sehr, wenn er es erfährt.
234 *balst*] Bayer.: sobald, falls.
234 *bals net grengt hätt*] Bayer.: falls es nicht geregnet hätte.

235 *Des spann i do scho vo aller Weitn!*] Bayer.: Das merk ich doch schon aus aller Weite.
235 *Dir beiss i na glei*] Bayer.: Dich beiß ich dann gleich.
235 *Luagnbeutl*] Bayer.: Lügenbeutel, -bold.
235 *Iatzt merkt der no nix, der is do vo da Polizei!*] Vgl. das Couplet, Rep. Nr. 49, »Eine Moritat im Gross-Stadtdunkel« (Sämtliche Werke, Bd. 2, S. 97).
236 *Kruzitürkn*] Urspr. österr. Fluch (vielleicht mit Bezug auf die ehemals feindlichen Kurutzen und Türken).
236 *an scheena Gruass sagn von dem toten Jaga*] Vgl. Goethes »Faust I«, V. 2915 f.: »Mephistopheles: Ich hoffe, Sie läßt mich's drum nicht büßen:/ Ihr Mann ist tot und läßt Sie grüßen.«
237 *Er war ein Schütz*] Nicht ermittelt.

Allotria!

Textüberlieferung
T^1 Typoskript im Nachlaß, Theatermuseum Köln-Wahn: Repertoire Nr. 172; Mappe IX (Au 11750).
T^2 Typoskript im Nachlaß, R. Piper Verlag, München: Repertoire Nr. 172.
T^3 Typoskript im Liesl-Karlstadt-Nachlaß, München: Repertoire Nr. 172.
Textgrundlage: T^1.

Entstehung
Laut handschriftlichem Zusatz wurde diese Szene nur einmal, am 8. 2. 1934, auf dem Filmball im Deutschen Theater gespielt.

Stellenkommentar
54,19 *Allotria!*] Griech.: Fremdes, nicht zur Sache Gehöriges, Unfug; jemand, der zu derlei aufgelegt ist, wird im Bayer. ein ›Hallodri‹ genannt. Die Münchner Künstlergesellschaft »Allotria« (Kaulbach, Lenbach, G. v. Seidl u. a.) bestand seit 1873. Über dem Titel findet sich in T^1 der Zusatz von Valentins Hand: »gespielt (einmalig) am 8. II. 34 Deutsches Theater Filmball«. T^2 hat noch den Untertitel: »Kurze Szene von Karl Valentin«. T^3 hat den Untertitel: »Von Karl Valentin«.
54,30 f. *dös san ja lauter narrische*] Vermutlich die für den Fasching maskierten Gäste des Filmballs.
55,15 f. *Hochzeitsstadium*] Neologismus (vgl.: Hochzeitsstaat = Hochzeitskleider).
55,18 f. SCHUTZMANN: *(deutet auf ihn) Sie a, warum machas dann a so a traurig's Gsicht?*/ER: *Weil i heut g'heirat hab*] Fehlt in T^3.
56,9 *Exekution*] T^3: »Eskussion«.

56,11f. *deine Wang an deine*] T^2, T^3: »deine Wang an meine«.
56,15 *Leckts mich – ah*] Fehlt in T^2.
56,17 *Stopselgewehre*] Kindergewehre, bei denen durch Luftdruck ein Korkstück an einer Schnur knallend »abgeschossen« wird.
56,20 *a tempo*] Ital.: ohne zu zögern, sofort. Diese letzte Anweisung lautet in T^3: »Saal wird dunkel!«

Jm Schallplattenladen

Textüberlieferung
T^1 Typoskript im Nachlaß, Theatermuseum Köln-Wahn: Repertoire Nr. 167; Mappe VIII (Au 11750).
T^2 Typoskript im Nachlaß, Theatermuseum Köln-Wahn: Repertoire Nr. 167a; Mappe VIII (Au 11750).
T^3 Typoskript im Nachlaß, Theatermuseum Köln-Wahn: Repertoire Nr. 167b; Mappe VIII (Au 11750).
T^4 Typoskript im Nachlaß, Theatermuseum Köln-Wahn: Repertoire Nr. 167; Mappe VIII (Au 11750).
T^5 Typoskript im Nachlaß, Theatermuseum Köln-Wahn: Repertoire Nr. 167c; Mappe VIII (Au 11750).
T^6 Typoskript im Nachlaß, R. Piper Verlag, München: Repertoire Nr. 167.
T^7 Typoskript im Liesl-Karlstadt-Nachlaß, München: Repertoire Nr. 167[a].
Textgrundlage: T^3.

1. Variante: T^1.

Jm Schallplattenladen

Vor dem Schaufenster stehen einige Leute und schauen hinein. Valentin betritt den Laden Guten Tag bitte.
VERK Was wünscht der Herr? *(Text von der Schallplatte.)*
Sie können auch gebrauchte Platten haben *(lässt alte Platte spielen)*
VAL *Weint*
VERK Gefällt Jhnen die Platte nicht [?]
VAL Nein[.]
VERK Aber die wär wirklich nicht teuer[.]
VAL Ja, dö soll no teuer sein auch[.]
VERK Die ist von Herrschaften abgelegt[.]
VAL Ja des kennt ma – ham sie vielleicht die Platte *(Pfeift)*
VERK Wie heisst denn die Platte?
VAL Die glaub ich heisst ein Abend am Auer Mühlbach[.]

VERK Kenn ich gar nicht, da müsst ich mal fragen *(telefoniert)* Hier Filiale Elisenstr. Herr Eisele bitte haben wir die Platte Ein Abend am Auermühlbach? Die Melodie? Die kenn ich nicht *(zu Val)* Wie ist die Melodie?

VAL *(Pfeift) lehnt sich auf den Telefon*[.]

VERK Kennen Sie die Melodie? Herr Eisele Halloh Herr Eisele? Sind sie noch da? Jetzt sind wir unterbrochen worden. Jaa das glaub ich schon sie leh[nen] ja am Telefon *(ruft nochmal an)* Herr Remmbremerdeng bitte, ja wir waren unterbrochen., passen sie auf, so heisst die Melodie[.]

VAL *(soll pfeifen, gibt Tackt auf der Gabel)*

VERK Was machen sie denn? Jetzt haben sie sich schon wieder drauf gelegt.

VAL Nein nicht dass ich wüsste.

VERK Herr Rembremerdeng verzeihen sie bitte, der Herr hat sich wieder bei mir drauf gelegt, bitte gehen sie jetzt weg und nehmen sie Platz. Oder sagen sie doch endlich wie die Melodie heisst? Also wie heisst die Melodie?

VAL *(will pfeifen*, jetzt kann i grad net pfeifen)

VERK Dann hats ja auch gar keinen Wert *(hängt ein)* nehmen sie Platz[.]

VAL Sie wo ist denn jetzt eigentlich die Lene[.]

VERK Lene? Die Lene? Die Lene – ach die ist schon zwei Jahre nicht mehr da.

VAL Na lassens halt eine hinmachen[.]

VERK Ja wo denn?

VAL Ja da an dem Stuhl[.]

VERK Ach so sie meinen die Stuhllehne[.]

VAL Sagn sie, ham sie vielleicht das Lied vom Sanitätslos?

VERK Wie geht denn das?

VAL *singt* (Stürmisch das Nacht und die See geht los...)

VERK Das ist ja Seemannslos[.]

VAL Ja die mein ich[.]

VERK Ja die hab ich schon, wartens ich hols Jhnen gleich rein *(ab)*

VAL *(frisst eine Platte)*

VERK Hier ist das Seemannlos[.]

VAL Ja die will ich nicht[.]

VERK Aber sie habens doch verlangt[.]

VAL Sie ham mich nicht aussprechen lassen, ich hab nur gfragt ob sie die Platte ham, die hat nämlich mein Nachbar auch, und die lasst er schon drei Jahr beim offnen Fenster spielen, und das ist zum Kotzen, die hängt mir schon zum Hals raus.

VERK Wartens da oben hab ich auch eine schöne Platte *(steigt auf Leiter)*

VAL Fallns fei net runter Fräulein, wartens i heb Jhnen die Leiter *(Packt sie beim Fuss)* O Verzeihung.

VERK O bitte gern gschehn.

VAL So so[.]

VERK Da ist si ja, da hams aber Glück gehabt, das hätt ich nicht gedacht, dass die noch da ist. *(haut sie ihm nauf)*

VAL Jetzt ists entdrei[.]

VERK Aber wenigstens hab ichs gfunden.

VAL Ach gebns ma a andere, so a Himbeerplatte vielleicht[.]

VERK Wie?

VAL Oder Brombeerplatte[.]

VERK Was?

VAL A Heidelbeerplatte – na eine Taubeerplatte[.]

VERK Eine Platte von Richard Tauber *(Sucht Platte, legt einen Stoss oder eine Platte auf den Stuhl)*

VAL *setzt sich darauf*[.]

VERK Jetzt ham sie direkt aufn Feuerzauber naufgsetzt[.]

VAL Da hätt ich mich aber leicht brennen können.

VERK *(Lässt Tauber spielen, Valentin gefällt sie*[)], darf ich Jhnen die Platt einpacken? *(legt sie in Düte ohne Boden, fällt durch)* Sie haben Jhre Platte liegen lassen[.]

VAL Nein die hab ich schon[.]

VERK Da liegt sie ja, oh hab sie Jhnen doch so hereingelegt *(fällt wieder durch)*

VAL Ja wenn die alle durchfallen, dann könn ma koa Gschäft machen, gebns ma lieber eine andere, die nicht durch fällt.

VERK Ja es ist so schwer mit Jhnen, sie wissen nicht wa sie wollen. Was haben sie denn für einen Aparat zuhause[?]

VAL Gar keinen[.]

VERK Was machen sie dann mit der Platte?

VAL Das wird ein Geschenk, drum ists ja so schwer – für mich wüsst ich ja sofort was ich möchte, aber die ghört für mein Bruder, und da weiss ich nicht was passt, erstens hat er einen blonden Spitzbart, und dann wird er in 30 Jahr 70 Jahre alt, und zu seinem 70. Geburtstag will ich ihm eine Platte schenken. vielmehr kredenzieren. Da wär eine grosse Platte, de passt für ihn, er wird nämljch jetzt grad Grossvater. Dann nimm i no a kleine dazu, für das kleine Kind. Was kostet so eine Platte?

VERK Die kostet 3.50[.]

VAL Die ist aber teuer[.]

VERK Aber das [ist] auch eine Markenplatte, das ist eben Qualität[.]

VAL Wie gebn sies her– *haut sie an das Tischeck (no passiert schon mit der Qualität)*

VERK Wollen sie eine Valentinplatte hören?

VAL Jst das auch Gesang[.]

VERK Nein das ist eine humoristische Platte[.]

VAL Warum?
VERK Jch kanns Jhnen ja einmal spielen lassen *(Zufall)*
VAL *(schaut sich während der Zeit Bilder an)*
VERK *(nach Schluss)* Nun wie hat Jhnen die Platte gefallen?
VAL Da hab ich gar nicht obacht gebn, ich möcht lieber was lustigs[.]
VERK Ja das war doch was lustigs[.]
VAL So, dann muss ich an eignen Gschmack ham.
VERK Das war sogar eine schöne Platte[.]
VAL Mei es ist immer dasselbe, alle sind rund.
VERK Ja die Platten sind alle rund[.]
VAL Hams keine viereckigen[.]
VERK Viereckige? Müsstens im Hauptgschäft welche... wartens ich frag Herr Rembremerdeng, ham wir auch Viereckige Platten? Wie, ja ich frag doch nur.. deswegn brauchens mich doch kein Rindviech heissen. Also es gibt keine, aber biegsame Platten gibt es, sehn sie, diese hier, die können sie abbiegen.
VAL *(nimmt eine andere und bricht sie ab)*
PFAFFERL *bringt Nadel zum Schleifen.*

2. Variante: T^2.

Jm Schallplattenladen

Originalscene von Karl Valentin und Liesl Karlstadt 1933

VERKÄUFERIN: Guten Tag, Sie wünschen bitte?
VALENTIN: Machen Sie Raparaturen auch?
VERKÄUFERIN: Was hättenS' denn gern g'habt?
VALENTIN: Jch möchte die Nadel schleifen lassen.
VERKÄUFERIN: Wie lang hams denn die schon spielen lassen?
VALENTIN: 1 Jahr.
VERKÄUFERIN: Da kaufen Sie doch gleich neue Nadeln, wollen Sie welche haben? Ein kleines Schächterl mit 100 Stück, wenn Sie jede Nadel 1 Jahr spielen lassen, reichen Sie 100 Jahr damit.
VALENTIN: Nein, dann möcht ich lieber neue Schallplatten.
VERKÄUFERIN: Jst recht, die können Sie haben – was sollen das für Platten sein?
VALENTIN: So runde schwarze Platten.
VERKÄUFERIN: Jch meine, wünschen Sie Musik oder sollen es Gesangsplatten sein?
VALENTIN: Nein – Schallplatten – nicht mit Musik, sondern mit Schall.
VERKÄUFERIN: Jch werde Jhnen verschiedenes vorspielen lassen.

VALENTIN: Wenn ich so frei sein bitten darf.

Militärmarsch wird gespielt, Valentin pfeift mit den Fingern mit.

VERKÄUFERIN: Wie gefällt Jhnen diese Platte?

VALENTIN: Ja schneidig! – Aber das war doch nicht der Caruso?

VERKÄUFERIN: Ach – Sie wollen den Caruso hören?

VALENTIN: Sooo? – mir is eigentlich gleich.

VERKÄUFERIN: Warten Sie, jetzt können Sie den Caruso hören.

Tenorplatte.

Was sagen Sie jetzt?

VAL: Dö war fein, dö Platten – aber i glaub, dass ma nach dera Platt'n sehr schwer tanzen kann.

VERK: Auf eine Carusoplatte tanzt ja auch kein Mensch[.]

VAL: Nicht *auf* der Platten.

VERK: Nach der Platte meine ich. Sie wollen also sozusagen eine Tanzplatte.

VAL: Na – eine Schallplatte.

VERK: Ja, ja – eine Schallplatte mit Tanz, das ist jetzt was für Sie, das gefällt Jhnen.

Blechmusik Walzer.

VAL: Dö is recht, dö gfallt mir, was kost denn die Platte?

VERK: 3 Mark.

VAL: Auweh, dö is mir z'teuer, die Hälfte wär halt recht.

VERK: Ja auseinanderschneiden kann ich die Platte nicht.

VAL: Jch meine die Hälfte von 3 Mark.

VERK: Sie können auch billigere Platten haben, wenn ich nur wüsste, was Sie ungefähr möchten, aber ich glaube, Sie wissens selber net recht.

VAL: Ja! Sie bitte, kennen Sie die Platte vom Sanitätslos?

VERK: Sanitätslos? – Jst mir nicht bekannt, können Sie mir vielleicht die Melodie vorpfeifen?

VAL: Das geht nicht, weil ich jetzt an Stock in der Hand hab.

VERK: Oder singens Sie's doch.

VAL: *(singt)* Stürmisch die Nacht und die See geht hoch *(bis zum Schluss)* Da komm i nimmer ganz nunter.

VERK: Ach – die Platte heisst nicht Sanitätslos, sondern Seemannslos, die können Sie schon haben, hier bitte.

VAL: Die will ich aber nicht, Sie haben mich nicht ausreden lassen, die Platte wächst mir schon zum Hals heraus, die spielt meine Hausfrau alle Tag 20 mal, die is mir schon zum kotzen, tun Sie's weg, sonst hau ich's zamm.

VERK: Sie brauchens ja net kaufen.

VAL: Die Platte werd ich ausrotten.

VERK: Jch werde Jhnen noch andere Platten vorspielen lassen, nehmen Sie einstweilen hier Platz *(Hocker ohne Lehne)*

VAL: Sie Fräulein, wo ist denn jetzt eigentlich die Lehne?
VERK: Was für eine Lene? Bei uns war noch nie eine Lene. In unserer Filiale am Bahnhofsplatz bei Häring, da ist glaub ich eine Lene – oder Lotte wie sie heisst – so ein grosses schwarzes Fräulein? –
VAL: Nein, ich meine die Lehne da, von dem Hockerl.
VERK: Ach die Stuhllehne ...... hahaha – Sie sind ja ein witziger Bold.
VAL: Haben Sie auch eine Himbeerplatte?
VERK: Eine Himbeerplatte, nein .... meinen Sie vielleicht Himbeermarmelade?
VAL: Ach! Oder heissts Brombeerplatte?
VERK: Nein, die gibts nicht, da brauch ich nicht einmal im Katalog nachschaun.
VAL: Eine Heidelbeer-, – nein jetzt hab ichs – eine Taubeerplatte.
VERK: Taubeerplatte – ach eine Richard Tauberplatte.
Tauberplatte wird gespielt – Dein ist mein ganzes Herz.
VAL: *(fängt zu weinen an)*
VERK: Warum weinen Sie denn? Ah, die Platte stimmt sie so traurig. Da müss ma halt eine lustige Platte nehmen.
VAL: Jaaaaa!
VERK: Ja da nehmen wir eine Valentinplatte von dem bekannten Komiker Karl Valentin, kennenS' den?
VAL: Nein.
VERK: Hams 'n noch nie g'hört?
VAL: Nein.
VERK: Warum nicht?
VAL: Da hab ich kein Jnteresse, ich tu bloss Motorradl fahr'n.
VERK: *(lässt Valentinplatte spielen)*
VAL: *(winkt ab)* Fad, fad!
VERK: Jst die auch wieder nichts?
VAL: Nein – ich möcht was lustiges.
VERK: Das war doch was lustiges.
VAL: Da müssen Sie schon einen eigenen Geschmack haben.
VERK: Wir haben auch biegsame Platten, sehen Sie, das ist etwas für Sie *(biegt eine Platte ab)* – biegsam und unzerbrechlich; davon hab ich sehr nette Platten, da bring ich Jhnen welche.
VAL: *(nimmt einige schwarze Platten, biegt sie ab, dieselben brechen)*
VERK: Ja *die* sind nicht biegsam, Sie sind ja verrückt, ich habe gesagt, *das* sind biegsame Platten, ich bitte Sie, den Unterschied müssen Sie doch sofort gemerkt haben.
VAL: Sofort!!
VERK: Da haben Sie ja mindestens 4 Platten kaputgemacht.
VAL: 5 warn's! Ich bezahls ja.
VERK: Hier hätt ich noch Platten die billig und gut sind – sehen Sie, die

Kristallplatten *(geht nach rechts, legt Platte auf das Hockerl)* kommen Sie her bitte. *(zeigt ihm Platte)*.

VAL: *(stützt den Stock auf den Tisch)*

VERK: Ja nehmen Sie doch den Stock da herunter *(stösst Stock weg – er fällt mit Gesicht auf Platte und zerbricht sie)*.

VERK: Jetzt haben Sie schon wieder eine Platte zerbrochen, die müssen Sie auch bezahlen.

VAL: Ja, ja.

VERK: Bitte setzen Sie sich doch, sonst fangen Sie noch etwas an.

VAL: *(setzt sich – Platte kracht)*

VERK: Aber ich bitte Sie, da müssen Sie doch besser acht geben, das sind doch alles empfindliche Wachsplatten[.]

VAL: *(nimmt so eine Platte, haut sie der Verkäuferin auf den Kopf, dann haut er sich selbst eine nauf; dann haut er sich mit einer weichen Platte nauf und sagt):* Aahhh! *(dann fächelt er mit der weichen Platte, nimmt dann eine harte Platte zum fächeln und zerschlägt sie im Gesicht)*.

VERK: Jetzt ist's aber genug, bitte verlassen Sie meinen Laden, sonst müsste ich den Chef holen. Jch glaube Sie werden sich nie zu einer Platte entschliessen können.

VAL: Ja das ist sehr schwer – für mich gehören die Platten nicht, die g'hörn für mei Schwester und da soll ich's besorgen, denn ich versteh ja nichts von die Gramaphonplatt'n.

VERK: Ja dann hätte eigentlich Jhre Schwester herkommen sollen und sich die Platten aussuchen.

VAL: Freilich, das wär das g'scheiteste g'wes'n.

VERK: Dann schick ich halt Jhrer Schwester eine Auswahlsendung von 20 Platten zu.

VAL: Meine Schwester ist sie ja nicht, sondern meine Stiefschwester.

VERK: Na, das ist ja schliesslich gleich.

VAL: Aber sie hat gesagt ich soll's selber mitbringen.

VERK: Gut, ich lasse Jhnen jetzt die 20 Platten einpacken, das macht 40.– Mark – und 7 Stück haben Sie zerbrochen...

VAL: 8 Stück.

VERK: Jetzt weiss ich nicht waren das die zu 2.– Mark oder zu 3.– Mark

VAL: Nein, die zu 3.– Mark.

VERK: Sie haben also nur die besseren Platten zusammengeschlagen – also das macht dann noch 8+3 Mark = 24.– Mark und nach 8 Tagen bringen Sie die wieder zurück, welche Sie nicht behalten haben.

VAL: Ja is scho recht.

VERK: *(geht ab und bringt nach 20 Sekunden das Paket und legt es auf den Ladentisch)*.

VAL: *(nimmt es bei der Schnur und hebt es auf)*

VERK: Um Gotteswillen, bei der Schnur dürfen Sie das Paket nicht tragen, sonst könnte was passieren.

VAL: Die reisst nicht – *(hebt das Paket, Schnur reisst, das Paket fällt auf den Boden und alle Platten sind kaputt.)*

VERK: So so so – das hab ich mir ja gedacht, da haben sie ja um 40.– Mark Platten kaput gemacht – sie sind ja ein vollkommener Trottel! Und da lachen Sie noch?

VAL: Natürlich – Scherben bringen Glück!

3. Variante: T4.

[1 Blatt fehlt]

V. Und Sie soll'n mir daweil Schallplatten geb'n.

K. Ja, was für Platten? Wir haben erstklassige Platten, fast unzerbrechlich. *(Text wie im Schallplattenladen, nur nicht hochdeutsch, sondern Dialekt).*

V. *(nimmt eine Platte, biegt sie ab, dieselbe zerbricht):* Na, dös is net so g'fährlich mit der Unzerbrechlichkeit.

K. Jch hab auch nur gesagt, fast unzerbrechlich, so dürfen's eine Platte aber auch nicht abbiegen.

V. *(nimmt eine andere Platte und biegt sie nach aufwärts, bricht ebenfalls ab).*

K. Wenn sie die Platten positiv abbiegen wollen, wir haben auch biegsame Platten *(bringt eine solche)* nur sind diese feuergefährlich.

V. Na koa solchene mög'n mir net.

[halbes Blatt fehlt]

V. Sie, ham sie de Platt'n vom Sanitätslos?

K. Sanitätslos? nein die kenn ich nicht, da hab' ich noch nie was davon gehört.

V. Ja, mir hab'ns aber schon amal g'habt.

K. Das ist ganz undenkbar, ich bin doch schon so lange in diesem Geschäft, aber von einer Platte vom Sanitätslos habe ich noch nie was gehört. Können Sie mir vielleicht was aus dieser Platte vorpfeifen?

V. *(pfeift Seemannslos).*

K. Ach, jetzt versteh ich, Sie meinen das »Seemannslos«?

V. Haben Sie die Platte? *(singt einen Choral)*

K. Sie meinen einen Choral? Doch, Choräle haben wir auch, aber der ist mir nicht bekannt.

V. Ja, wenn man schneller singt heisst es so *(singt Schäfflertanz)*

K. Das ist ja der Schäfflertanz, den haben wir natürlich auch.
V. Ja, den mein ich.
K. *(steigt auf die Staffelei, dieselbe wackelt)*
V. *(Jst ganz vertieft in die Waden der Verkäuferin und merkt nichts davon)*
K. Sehen Sie, das ist die Platte, ich hab's doch gewusst dass sie da ist. *(Nimmt die Platte und haut sie Valentin auf den Kopf, dass sie zerbricht)* *(Nimmt eine andere Platte)*
V. *(nimmt sie ab und legt sie auf einen Stuhl mit gewölbtem Sitz, diese bricht entzwei).*
K. Sehen Sie, auf biegsame Platten könnten Sie sich schon draufsetzen.
V. Sonst setzt ich mich auch nie auf Gramaphonplatten.
V. *(bricht sich von einer Gramaphonplatte ein Stück ab und isst es.)*
V. Haben Sie auch die Platte »Ein Abend am Auer Mühlbach«?
K. Nein, die kenn ich auch nicht – ach – Sie meinen wohl »Ein Abend am Traunsee«?
V. Ja, die mein ich.
K. *(telefoniert in die Filiale)*
deswegen brauchen Sie mich doch auch kein Rindviech heissen (um was es sich handelt ist mir nicht mehr in Erinnerung) *(Zu Valentin)* Pfeifen Sie doch hinein wie das Stück heisst.
V. *(pfeift hinein, hat Ellbogen am Telefon und sagt):* Jetzt kann ich nicht pfeifen, jetzt muss ich lachen.
K. *(spielt eine Lachplatte vor, lacht selbst, und sagt zu Valentin):* Gelln's, da muss doch jeder mitlachen, das steckt direkt an.
V. *(ist ganz ernst geblieben)*
K. Ja, warum lachen Sie nicht?
V. Jch darf ja nicht lachen, weil vor drei Wochen meine Tante g'storb'n is, ich hab ja Trauer.
K. Vielleicht wollen Sie auch ein paar lustige Platten, vom Komiker Valentin, soll ich Jhnen eine vorspiel'n?
V. Ja, is scho' recht.
K. *(lässt eine Platte spielen).*
V. *(schaut sich während des Spiels die Bilder im Laden an)*
K. *(sagt zum Schluss zu V.)* Nun, wie hat's Jhnen g'fall'n?
V. Na, die is mir zu fad – *(oder)* ich hab net recht obacht geb'n.
K. Also ich lass Jhnen jetzt diese Platten einpacken und den Gramaphon kriagns dann nächste Woch. *(schreit hinaus).* Fanni, wickelns die Platten gut ein, der Herr nimmt's gleich mit.

(Ein anderes Ladenfräulein bringt das Paket herein, welches aber nicht die bestellten Platten, sondern Schallplattenscherben enthält, in ganz dünnes braunes Packpapier gewickelt)

V. *(nimmt die Schallplatten bei der Schnur, hebt sie vom Ladentisch weg, sagt:)* Herrgott, san die schwar…

K. *(unterbricht ihn)* Um Gotteswillen, tragens 's ja nicht bei der Schnur, denn die reisst ab und die ganzen Schallplatten sind beim Teufel.

V. Na, na, die Schnur halt scho' was aus *(lässt aus)* das ganze Paket fällt am Boden, Schnur reisst und die ganzen Scherben fallen heraus.

4. Variante: T^5.

Im Schallplattenladen

Kritische Betrachtung über jede einzelne Valentin-Schallplatte von Karl Valentin selbst, welche zu einem Hörspiel, betitelt »Im Schallplattenladen« Verwendung finden kann.

Die Verkäuferin frägt jedesmal, wenn sie der Kundschaft (Valentin) eine Valentin-Schallplatte vorgespielt hat: »Gefällt Ihnen die Platte?« – Valentin hat nun für jede seiner eigenen Schallplatten eine eigene Anschauung und Kritik, z. B.:

Schallplatte Nr. 38212, Titel: *Beim Arzt.*

VALENTIN: Die is sehr nett, zu nett eigentlich nicht; denn wenn dieselbe zu nett wäre, dann hätten Sie die Platte schon längst ausverkauft.

VERKÄUF.: Nein, diese Platte ist noch nicht ausverkauft.

VALENTIN: Na ja, weil sie eben nicht zu nett ist!

Schallplatte Nr. 38210, Titel: *Die Zitherstunde.*

VALENTIN: Ich bin nicht kleinlich, aber warum lässt dieser Vater seinem Sohn ausgerechnet das Zitherspielen lernen und noch dazu im Winter! Und wenn der Vater schon ein Heizer ist, dann könnte doch sein Sohn das Heizen lernen statt Zitherspielen, dann kann er sich den Zitherlehrer ersparen.

Schallplatte Nr. 38211, Titel: *Der Hasenbraten.*

VALENTIN: Die Platte ist einwandfrei kompliziert, denn wenn eine Hausfrau wirklich einen Hasenbraten im Rohr verbrennen lässt und der Mann regt sich darüber auf, dass der arme Hase im Rohr jämmerlich verbrannt ist, so ist das geradezu lächerlich! Ueber so blöde Sachen kann ich nur lachen!

VERKÄUF.: Ja Sie *sollen* ja darüber lachen, das ist ja der Zweck dieser Valentin-Schallplatten.

Schallplatte Nr. 38215, Titel: *Das Lied vom Sonntag.*

VALENTIN: Die Schallplatte ist gut, halbherrlich. Die Stimme des Gesanges, welche dieser Sänger an den Tag legt, ist frappantisch, das tenorierende Tremolo ist entzaubernd, die himmlische Lyrik erhebend, nur dass der Misthund immer dazwischen kläfft, finde ich komisch. Denn wenn ich eine Sängerin wäre, die Sacka Ern, oder ein Sänger wie Zapak, würde ich doch vor der Aufnahme schauen, ob ein bellender Hund sich im Schallplattenaufnahmelaboratorium befindet; das ist doch ein Sängerleichtsinn!

VERKÄUF.: Der Hund ist doch extra in den Aufnahmeraum hineingestellt worden, *dass* er dazwischenbellt, damit die Platte komisch wird.

Schallplatte Nr. 38216, Titel: *Im Zoologischen Garten.*

VALENTIN: Diese Schallplatte ist eine halbe Sache, denn was habe ich davon, wenn ich diese wilden Tiere alle schreien höre, – *sehen* will ich diese Tiere!

VERKÄUF.: Ja Sie können doch auf einer so kleinen Schallplatte keine Elefanten sehen wollen, da müssen Sie halt in einen Zoologischen Garten gehen.

VALENTIN: Ganz richtig! Da sehe und höre ich die wilden Tiere, und der Eintritt kostet nur 50 Pfg. und die Schallplatte kostet 2.– Mark.

Schallplatte Nr. 38517, Titel: *Vor Gericht.*

VERKÄUF.: Hat Ihnen die Schallplatte gefallen?

VALENTIN: Die war nicht unnett! – Aber dass da die Oeffentlichkeit ausgeschlossen wurde, ist mir unbegreiflich, denn gerade bei dem Verlauf der Verhandlung wären doch alle gespannt gewesen, was der Angeklagte zum Schlusse noch gesagt hat. Ich kann mir's ja denken, aber was ich mir denke – gerade das wäre auch interessant – ob sich das die anderen Zuhörer im Gerichtssaal auch gedacht haben.

VERKÄUF.: Was denken Sie sich, was der Angeklagte da sagen wollte?

VALENTIN: Na, was hätte der Angeklagte wohl sagen wollen!

VERKÄUF.: Ich kann mir's denken!

VALENTIN: Na also, – und deshalb wurde die Oeffentlichkeit ausgeschlossen.

Schallplatte Nr. 38515, Titel: *Ballgespräch – Valentin tanzt hochdeutsch.*

VERKÄUF.: Nun, wie hat Ihnen diese Platte gefallen?

VALENTIN: Nein, die Platte gefällt mir nicht. – Wenn so ein Idiot, währenddem er mit einer Dame tanzt, nichts anderes zu reden weiss als nur vom schwitzen, dann soll er eben nicht tanzen, dann soll er statt tanzen, arbeiten, dann schwitzt er nicht. Denn einer, der so saudumm daherredet beim Tanzen, der verdient wirklich nicht, dass er mit einer Dame tanzen darf, selbst wenn er nicht schwitzen würde.

Schallplatte Nr. 41647, Titel: *Wo ist meine Brille?*

VERKÄUF.: Hat Ihnen die Schallplatte gefallen?

VALENTIN: Eine optische Platte hat mit Humor nichts zu tun. Ich bin selbst ein leidenschaftlicher Augengläserträger; ich weiss, was das für ein Uebel ist, wenn man etwas lesen will und man findet seine Brille nicht. Da beneide ich nur diese Menschen vor 1000den vor Jahren, wo es noch keine Augengläser gab; die haben sich nicht ärgern müssen.

VERKÄUF.: Ja, vor 1000 Jahren hat es auch noch keine Zeitung gegeben, damals haben ja die Menschen noch gar keine Brille gebraucht.

VALENTIN: Zeitung hat es freilich keine gegeben –

VERKÄUF.: Aber die Bibel hat es doch schon gegeben.

VALENTIN: Ja die Bibel schon – sehr einfach – wenn einer die Bibel nicht lesen konnte ohne Augengläser, dann hat s' ihm eben ein anderer vorgelesen, der noch gut gesehen hat.

Schallplatte Nr. 41652, Titel: *Vereinsrede.*

VERKÄUF.: Hat Ihnen die Platte gefallen?

VALENTIN: Ja, die war sehr geistreich. Das ist meine Ansicht auch. Diese Rede hat Sinn! Das ist das, was ich schon lange in mir trage, dass sich endlich einmal einer gefunden hat, der so von Herzen spricht, so wie ihm ums Herz ist. Solche Menschen lob ich mir! Der hat aus der Seele gesprochen. Bravo, das ist ganz meine Meinung, trotzdem ich eigentlich nicht verstanden hab, was der damit gemeint hat.

Schallplatte Nr. 41650, Titel: *Der neue Buchhalter.*

VERKÄUF.: Nun, was sagen Sie zu dieser Platte?

VALENTIN: Was soll ich da noch dazu sagen! – Das ist doch kein Witz mit diesen vielen Meiern. Das ist doch traurig, dass dieser Unsinn mit den vielerlei Schreibarten der Meier in Wirklichkeit existiert. – Ich kenne einen Bekannten, der auch Meyer heisst; der ist schwer beleidigt, wenn man seinen Namen mit e-i statt mit e-y schreibt. Aber wenn man so persönlich mit ihm spricht, z. B. »ah, guten Tag Herr Meier«, da ist er nicht beleidigt, weil er da nicht bestimmt weiss, ob man seinen Namen Meier mit »i« oder mit »y« ausgesprochen hat.

Schallplatte Nr. 41648, Titel: *Das Hunderl.*

VERKÄUF.: Gefällt Ihnen diese Platte?

VALENTIN: Das ist eigentlich eine Hundsplatte!

VERKÄUF.: Wie bitte?

VALENTIN: Eine Hundsplatte! – Die handelt von Hunden, und Hunde sind Geschmackssache.

VERK.: Nun, Sie werden doch keine Hunde nicht fressen!?

VALENTIN: Hunde sind Liebhaberei! Wenn Sie dieselbe Platte in Katzen hätten, dann würde ich die Platte kaufen!

VERKÄUF.: Ach! – Sie sind ein schwieriger Kunde!

Entstehung

T^1 trägt das handschriftliche Datum »1928«, T^2/T^7 sind laut Untertitel

1933 entstanden, T³ trägt auf der letzten Seite das Datum »12.VII.35«. T⁵ ist vermutlich 1938 entstanden. Der Film »Im Schallplattenladen« stammt von 1934 (K.V.s Filme, S. 122); vgl. die Schallplattenaufnahmen vom 1. 12. 1928, 5. 12. 1929, 5. 1. 1930 (Berswordt, S. 304–306).

Stellenkommentar

56,25 *Original-Scene von Karl Valentin.*] Dieser Untertitel und die Personen fehlen in T⁶, dort findet sich dafür die folgende Anweisung: »Das Szenenbild gibt das Innere eines Schallplattengeschäfts wieder. Im Hintergrund sieht man die Schaufenster mit Spiegelschrift, hinter denen von Zeit zu Zeit Straßenpassanten vorübergehen. Ein Ladentisch verläuft von hinten nach vorne auf der rechten Bühnenseite, darauf stehen mehrer[e] Vorführapparate, Schallplatten mit und ohne Papierbeutel liegen herum, die Wände sind mit Plakaten der Schallplattenreklame bedeckt, vor dem Ladentisch stehen mehrere Hocker ohne Lehne, ein Lautsprecher ist unter dem Ladentisch befestigt. In Wandregalen sieht man Schallplattenkästen und -ständer, Vorführapparate und Lautsprecher. Auf einem sechseckigen Tischchen stehen weitere Reklameschallplatten, Schallplattenverzeichnisse und -prospekte so die Werbedrucksachen liegen aus.

Die Verkäuferin (Liesl Karlstadt) trägt ein dunkles Kleid mit weißem Auspotz um den Halsausschnitt und an den Ärmeln.

KARL VALENTIN hat sehr unordentliche Haare, offenbar hat er diesmal eine besonders zerzauste Perücke erwischt. Sein Oberkörper steckt in einem kurzen, hellen Sommerüberzieher mit verdeckter Knopfleiste, der verkehrt zugeknöpft ist, so daß der rechte Schoß vorne viel weiter herunterhängt als der linke und auch der Kragen oben nicht paßt. Eine dunkle Korkenzieherhose hängt bis tief auf die unförmigen uralten Schnürstiefel herab. Karl Valentins Kostüm wird durch den unvermeidlichen schwarzen ›Goggs‹ und einen dicken gewöhnlichen Bambusspazierstock vervollständigt. Er legt beides kaum aus der Hand und richtet damit allen möglichen Schaden an. Dabei rutschen ihm die Gummiröllchen aus den Ärmeln und fliegen gelegentlich durchs Lokal. Der Verkäufer ist ein unauffällig und adrett gekleideter junger Mann.«

56,30 *Käthe Schürzinger*] Nicht ermittelt.

56,31 *Josef Rankl*] Schauspieler und Bühnenmeister bei K.V. (geb. am 2. 5. 1897 in München, gest. am 30. 9. 1962 ebda.).

56,35 f. *III. Sorte*] »Dritte Sorte« war eine Zigarettenmarke, die seit Ende der zwanziger Jahre bis in die fünziger Jahre von der »AUSTRIA Cigarettenfabrik GmbH München« produziert wurde.

57,3 *Gramaphone*] Auf der Grundlage des »Phonographen« (1878) von Thomas Alva Edison erfand 1887/88 der Deutschamerikaner Emil Berliner (geb. am 20. 5. 1851 in Hannover, gest. am 3. 8. 1929 in Washington) Schallplatte und Sprechmaschine, der er den Markennamen »Grammophon« gab. Berliner vermarktete seine Erfindung durch die Gründung der »Deutschen Grammophon Gesellschaft A.-G.« (1898) zusammen mit seinem Bruder Joseph.

57,9 *Reissverschluss*] Die erste zufriedenstellende Konstruktion stammt von dem Schweden Gideon Sundback (keine Lebensdaten ermittelt) aus dem Jahre 1912.

57,24 *Sidol*] Marke eines gängigen Putzmittels der dreißiger Jahre.

57,27 *Schnallen*] Süddt.: Huren (urspr. Jägersprache: weibl. Genital des Wildes).

57,29 *Türschnallen*] Süddt.: Türklinken.

57,31 *Gramola*] Markenname für ein Grammophon.

58,15f. *mit elektrischem Betrieb*] Grammophone mit elektrischen Tonabnehmern verdrängten seit 1925 (Erfindung des elektrischen Aufnahmeverfahrens durch die Fa. »Electrola«) ihre rein mechanischen Vorgänger. Zu Beginn der dreißiger Jahre folgte der elektrische Antriebsmotor, der das Grammophon zum Plattenspieler im modernen Sinne machte.

59,8 *Ringlinie*] Ab 12. 10. 1906 verkehrte die Trambahnlinie 2 als »Ringlinie« (Nordring) vom Hauptbahnhof über den Stachus – Sendlinger-Tor-Platz – Isartorplatz – Maxmonument – Galeriestraße – Theresienstraße – Augustenstraße wieder zum Hauptbahnhof. Daneben verkehrte ab 1. 11. 1906 auch die Linie 12 als »Ringlinie« (Südring) vom Hauptbahnhof über Goetheplatz – Baldeplatz – Ostfriedhof – Max-Weber-Platz – Maxmonument – Promenadeplatz – Stachus wieder zum Hauptbahnhof. Beide »Ringlinien« mußten während des Zweiten Weltkriegs wegen der Schäden durch Luftangriffe eingestellt werden, die »Nordring«- 1943, die »Südring«-Linie 1944/45.

59,21 *der Zacken da*] T^6: »die Nasen da«.

60,10ff. *Caruso ... Lachen des Bajazzo*] Enrico Caruso war berühmt für seine Interpretation des Canio, der Hauptfigur aus der Oper »Der Bajazzo« (»I Pagliacci«; 1892) von Ruggiero Leoncavallo (geb. am 8. 3. 1858 in Neapel, gest. am 9. 8. 1919 in Montecatini/Toscana). Carusos 1907 entstandene Aufnahme der Arie »Lache Bajazzo« (»Ridi, Pagliaccio«) wurde über eine Million Mal verkauft und gehörte zum Grundbestand jedes Plattensammlers.

60,12 *So !!! ???*] T^6: »So. I ?«.

60,14 *(legt eine Caruso Platte auf)*] T^6: »Er legt eine Caruso Platte mit dem Prolog des Bajazzo auf«.

60,29 *Ländler*] Volkstanz im Dreiertakt.

61,24f. *Seemannslos*] Gemeint ist das 1914 erschienene, in zahlreichen Bearbeitungen verbreitete Lied »Seemanns Los« (»Stürmisch die Nacht«) von H. W. Petrie-Martell (keine Lebensdaten ermittelt).

61,35f. *Rottiwürfel*] Nicht ermittelt.

62,18 *Meyerbeerplatten*] Giacomo Meyerbeer (Pseudonym für: Meyer

Beer; geb. am 5.9.1791 in Vogelsdorf bei Berlin, gest. am 2.5.1864 in Paris), einer der erfolgreichsten Opernkomponisten aller Zeiten (»Die Hugenotten«, »Der Prophet« u. v. a.).
62,25 *Sehen Sie mal hier, da hab ich was für Sie, ...*] T^6 stellt voran: »Ah! – Sie sind ein schwieriger Kunde!«.
62,26 *biegsame Platten*] Anfang der dreißiger Jahre experimentierte man mit unzerbrechlichen, elastischen Schallplatten aus dem Kunststoff Zellon.
62,29 *Glump*] S. o. 203 (31,13).
63,5 *Kristallplatten*] Nicht ermittelt.
63,11 *Zersetzt*] Anspielung auf den NS-Propagandabegriff der ›Zersetzung‹, mit dem jeder kritische Intellekt diffamiert werden sollte.
63,12 *so kleine Platten*] Mit Einführung der elektrischen Aufnahmetechnik 1925 wurde die Umdrehungsgeschwindigkeit auf 78 U(mdrehungen) p(ro) M(inute) festgelegt. Diese Platten waren doppelseitig bespielt und hatten einen Durchmesser von 25 cm. 1931 kamen Langspielplatten mit 33 1/3 UpM und 30 cm Durchmesser auf den Markt.
64,12 f. *Magenfrage*] Als etwaiges Schlagwort zur Versorgungslage nicht nachgewiesen.

T^1

240 *Jm Schallplattenladen*] Darunter handschriftlicher Zusatz: *»v. Karl Valentin 1928«*.
240 *(Text von der Schallplatte.)*] In Liesl Karlstadts Handschrift folgt: »3.50 zu teuer«.
240 *Auer Mühlbach*] S. o. 229 (49,16). Zum Liedtitel s. u. Kommentar zu T^4.
241 *die hängt mir schon zum Hals raus.*] In Liesl Karlstadts Handschrift folgt: »da gebns ma [...] lieber de vom Husa[r]«.
241 *Wartens da oben hab ich auch eine schöne Platte*] In Liesl Karlstadts Handschrift korrigiert in: »Das glaub ich nicht, dass die noch da ist, die sind schon alle verkauft«.
242 *Richard Tauber*] Pseudonym für: Ernst Seiffert (geb. am 16.5.1892 in Linz, gest. am 8.1.1948 in London), einer der gefeiertsten Opern- und Operettentenöre (bes. Lehàr) der zwanziger und dreißiger Jahre, der auch als Filmschauspieler und Komponist in Erscheinung trat. Vgl. Richard Taubers Photo mit Widmung an K. V. vom Januar 1930, in: Münz, S. 131.
242 *Feuerzauber*] Instrumentalstück aus Richard Wagners Oper »Die Walküre« (1870).
242 *Valentinplatte*] Von 1928–1941 nahm K. V. zahlreiche Schallplatten auf, 1946/47 auch Bandaufnahmen. Eine vollständige Übersicht bietet Berswordt; vgl. Sämtliche Werke, Bd. 4, Pemsel (KVVD), und Faust.
243 *(Zufall)*] Gemeint ist die Schallplattenaufnahme »Der Zufall« (aus

dem Stück, Rep. Nr. 52, »Theater in der Vorstadt«, Sämtliche Werke, Bd. 5), die am 14. 6. 1928 (s. Berswordt, S. 304) aufgenommen wurde.

T²

243 *Originalscene von Karl Valentin und Liesl Karlstadt 1933*] T⁷ hat den Zusatz in Liesl Karlstadts Handschrift: »Dauer 18 Minuten«.

244 *Militärmarsch wird gespielt, Valentin pfeift mit den Fingern mit.*] T⁷ hat den Zusatz in Liesl Karlstadts Handschrift: »*Val.* Ich pfeif auf jede Platte. *Verk.* Sie können wunderbar pfeifen, sie sind ja ein Tausendsassa.«

244 *Ja, ja – eine Schallplatte mit Tanz*] In T⁷ in Liesl Karlstadts Handschrift korrigiert in: »Ja, ja eine schallende Tanzplatte«.

244 *Blechmusik Walzer.*] T⁷ hat den Zusatz in Liesl Karlstadts Handschrift: »*Val.* bremst mit Stock die Platte ab.«

244 *aber ich glaube, Sie wissens selber net recht*] T⁷ hat den Zusatz in Liesl Karlstadts Handschrift: »Haben Sie einen Wunsch? *Val.* Auf Weihnachten? *Verk.* Nein in Bezug auf Platte.«

244 *Ja! Sie bitte, kennen Sie*] T⁷ hat den Zusatz in Liesl Karlstadts Handschrift: »die freiwillige Sanitätskolonnenplatte«.

244 *Sanitätslos? – Jst mir nicht bekannt,*] T⁷ hat den Zusatz in Liesl Karlstadts Handschrift: »Ist das ein Lied? *Val.* Ja. *Verk.* Oder ein Marsch? *Val.* Ja. *Verk.* Ists ein Lied oder Marsch? *Val.* Ein Marschlied.«

245 *Was für eine Lene?*] In T⁷ in Liesl Karlstadts Handschrift korrigiert in: »Lene –«.

245 *Ach die Stuhllehne*] T⁷ ergänzt in Liesl Karlstadts Handschrift: »Bei Ihnen fällt man immer herein«.

245 *Dein ist mein ganzes Herz*] Tenorarie aus dem zweiten Akt der Operette »Das Land des Lächelns« (1929) von Franz Lehàr, Libretto: Ludwig Herzer (Pseudonym für: Herzl) und Fritz Löhner (gen. »Beda«); diese Arie war gleichsam die »Erkennungsmelodie« Richard Taubers (s. o.).

245 Verk: *(lässt Valentinplatte spielen)*] In T⁷ ist in Liesl Karlstadts Handschrift vorangestellt: »*Verk.* Da werden Sie sich zu Tode lachen. *Val.* Dann kann i ja nimmer Motorradl fahrn.«

245 *Wir haben auch biegsame Platten*] In T⁷ in Liesl Karlstadts Handschrift korrigiert in: »Jetzt weiß ich schon bald nicht mehr was ich Ihnen zeigen könnte – *Val.* Ich weiß's schon. *Verk.* Kennen Sie das? Das sind biegsame Platten.

245 *biegsam und unzerbrechlich*] T⁷ ergänzt in Liesl Karlstadts Handschrift: »die können Sie genau so spielen lassen wie andere Platten. Es gibt auch sehr viele Farben in blau in grün in schwarz u. in rot.«

246 *kommen Sie her bitte. (zeigt ihm Platte).*] T⁷ ergänzt in Liesl Karlstadts Handschrift: »Das ist ein Schuhplattler gespielt von einer Dachauer Bauernkapelle mit Kuhglockengeläute – das wär doch was für Sie.«

246 *er fällt mit Gesicht auf Platte und zerbricht sie).*] T^7 ergänzt in Liesl Karlstadts Handschrift: »dann wirft er den Stock hinaus und die Ladentür ist zusammengeschlagen«.
246 *Jetzt haben Sie schon wieder eine Platte zerbrochen, ...*] In T^7 in Liesl Karlstadts Handschrift korrigiert in: »Jetzt haben Sie mir die Ladentür auch noch zusammengeschlagen. *Val.* Kaufens Ihna a biegsame Ladentür.«
246 VAL: *Ja, ja.*] In T^7 in Liesl Karlstadts Handschrift korrigiert in: »*Verk.* Ich glaube, Sie haben gar nicht vor, irgendetwas zu kaufen – doch wenn Sie was hören wollen, dann spiel ich Ihnen noch was vor. –«
246 *das sind doch alles empfindliche Wachsplatten*] In T^7 in Liesl Karlstadts Handschrift korrigiert in: »da schaut man doch, wenn man sich niedersetzt.« In Liesl Karlstadts Handschrift folgt dann noch folgende Passage: »*Val.* Ich hab doch da hinten keine Augen. *Verk.* Schaun Sie, auf diese weiche Platte hätten Sie sich setzen können. *Val.* nimmt sie und fächelt sich damit dann fächelt er mit einer harten Platte u. zerbricht sie. *Verk.* das ist jetzt die 7. Platte die Sie zerbrochen haben. Lassen Sie sich das endlich erklären, das sind doch harte, empfindliche Platten – auf die man sich nicht setzen kann. Sonst können Sie ja mit der Platte machen was Sie wollen,«.
246 *haut er sich selbst eine nauf*] T^7 ergänzt in Liesl Karlstadts Handschrift: »dann wiederholt er das nochmal«.
246 *(dann fächelt er mit der weichen Platte, nimmt dann eine harte Platte zum fächeln und zerschlägt sie im Gesicht).*] Diese Anweisung und der ganze restliche Text ist in T^7 durchgestrichen, stattdessen steht dort: »Schluss!«.

T^4 (Anm.: Von dieser Fassung sind nur die Blätter 2–4 überliefert.)
247 *Na koa solchene mög'n mir net.*] Darunter findet sich der handschriftliche und aufgeklebte Zusatz: »*Im Schallplattenladen vergleichen mit Schallplattenladen No.? ...*«.
247 *Schäfflertanz*] Bestandteil des Glockenspiels am Neuen Rathaus; vgl. o. 204 (33,20).
248 *Staffelei*] Bayer.: Leiter.
248 *»Ein Abend am Traunsee«*] Ballettwalzer (um 1906) von Hans Frank, jun. (keine Lebensdaten ermittelt).

T^5 (Anm.: Dieses Typoskript stellt im strengen Sinne keine Variante der Szene »Jm Schallplattenladen« dar, sondern vielmehr eine Sammlung möglicher Einlagen zu derselben bzw. zu deren »Hörspielfassung«). Aufgrund der genannten Aufnahmen, die alle 1937/38 gemacht wurden (Berswordt, S. 307), ist T^5 wohl auf das Jahr 1938 zu datieren.)
249 *Im Schallplattenladen*] Darunter findet sich der handschriftliche Zusatz: »*Hörspiel (30 Minuten)*«.
249 *Schallplatte Nr. 38212, Titel: Beim Arzt.*] Dieser Dialog, Rep. Nr. 255, (Sämtliche Werke, Bd. 4) wurde am 20. 8. 1937 aufgenommen.

249 *Schallplatte Nr. 38210, Titel: Die Zitherstunde.*] Dieser Dialog, Rep. Nr. 252, (Sämtliche Werke, Bd. 4) wurde am 20. 8. 1937 aufgenommen.
249 *Schallplatte Nr. 38211, Titel: Der Hasenbraten.*] Dieser Dialog, Rep. Nr. 254, (Sämtliche Werke, Bd. 4) wurde am 20. 8. 1937 aufgenommen.
249 *blöde*] Handschriftlich korrigiert, ursprünglich: »alte«.
249 *Schallplatte Nr. 38215, Titel: Das Lied vom Sonntag.*] Dieses Couplet, Rep. Nr. 5, (»Romanze in C-Moll«; Sämtliche Werke, Bd. 2, S. 57) wurde am 20. 8. 1937 aufgenommen.
249 *Tremolo*] Ital.: das leichte, kunstvoll eingesetzte Zittern (Musik).
250 *Sacka Ern*] Anspielung auf die Sopranistin Erna Sack (Pseudonym für: Weber; geb. am 6. 2. 1898 in Berlin-Spandau, gest. am 2. 3. 1972 in Wiesbaden).
250 *Zapak*] Anspielung auf den Tenor Julius Patzak (geb. am 9. 4. 1898 in Wien, gest. am 27. 1. 1974 in Rottach-Egern).
250 *Schallplatte Nr. 38216, Titel: Im Zoologischen Garten.*] Dieser Dialog, Rep. Nr. 253, (Sämtliche Werke, Bd. 4) wurde am 20. 8. 1937 aufgenommen.
250 *Schallplatte Nr. 38517, Titel: Vor Gericht.*] Dieser Dialog, Rep. Nr. 259, (Sämtliche Werke, Bd. 4) wurde am 2. 9. 1937 aufgenommen.
250 *Schallplatte Nr. 38515, Titel: Ballgespräch – Valentin tanzt hochdeutsch.*] Dieser Dialog, Rep. Nr. 257, (Sämtliche Werke, Bd. 4) wurde am 2. 9. 1937 aufgenommen.
250 *Schallplatte Nr. 41647, Titel: Wo ist meine Brille?*] Dieser Dialog, Rep. Nr. 265, (Sämtliche Werke, Bd. 4) wurde am 21. 1. 1938 aufgenommen.
251 *Schallplatte Nr. 41652, Titel: Vereinsrede.*] Dieser Monolog, Rep. Nr. 260, (Sämtliche Werke, Bd. 1, S. 139f.) wurde am 21. 1. 1938 aufgenommen.
251 *Schallplatte Nr. 41650, Titel: Der neue Buchhalter.*] Dieser Dialog, Rep. Nr. 264, (Sämtliche Werke, Bd. 4) wurde am 21. 1. 1938 aufgenommen.
251 *Schallplatte Nr. 41648, Titel: Das Hunderl.*] Dieser Dialog, Rep. Nr. 263, (Sämtliche Werke, Bd. 4) wurde am 21. 1. 1938 aufgenommen.

Weiterhin liegt folgende Requisiten-Liste vor:

Requisiten zum Schallplattenladen

KUNDE: (Karl Valentin) Hose (weit v. Trösch) – Ueberzieher von »Er und Sie« – Hut – Schuhe, Patschen – Spazierstock – Nase mit Brille – Perücke.

VERKÄUFERIN: (Liesl Karlstadt) Rock – Bluse – Schuhe – Strümpfe – Perücke.

Bühnendekoration: Nur Hintergrund, darstellend das Jnnere eines Schallplattengeschäftes – Auslagscheiben mit Spiegelschrift oder durchsichtigem Fenster wo Leute vorbeigehen.

Requisiten: Ein Ladentisch – 1 Gramaphon – 5 alte Schallplatten zum zerbrechen – 3 Gelatineplatten – Kataloge – Schallplattenplakate zum Aufhängen – 1 Hockerl ohne Lehne – Schallplattentüten – 5 gute Schallplatten – Scherbengeräusche –

1. Ehrenwache oder Fridericus Rex
2. Caruso (Aida)
3. Walzer
4. Tauberplatte (Dein ist mein ganzes Herz)
5. Valentin Platte (Feuerwehrtrompeter)

Lautsprecher unterm Tisch befestigt – Papiergeld – 1 fertiges Paket mit Schallplattenscherben – Noten für Musik »Glücklich ist usw.« und Fledermauswalzer – Graue Wolle – kleine Schachtel mit Nadeln – Spiegel an Wand – Einwickelpapier.

Textüberlieferung

T^1 Typoskript im Nachlaß, Theatermuseum Köln-Wahn: Repertoire Nr. 167; Mappe VIII (Au 11750).

T^2 Typoskript im Liesl-Karlstadt-Nachlaß, München: Repertoire Nr. 167.

Textgrundlage: T^1.

Außerdem findet sich im Liesl-Karlstadt-Nachlaß folgende »Szenenfolge«:

Szenenfolge für »Jm Schallplattenladen«

1. Zigaretten 2. Messingtrichter 3. 85 Mark Grammophon 4. 500 Mark 5. Reisegrammophon (fahrenden Trambahn) 6. Reparaturen 7. Schallplatten Auswahl 8. Marsch (pfeifen) 9. Caruso 10. Tanz Jazz Musik (zusammen – die Hälfte – Preis) 11. Platte freiwillige Sanitätskolonne? 12. Seemannslos – zerschlagen (ausrotten) 13. Nehmen Sie Platz (wo ist die Lehne?) 14. Verschiedene Platten – gestorben 15. Himbeer- Preiselbeer- Daubeer-Meyerbeerplatte 16. Biegsame Platten (Verkäufer geht hinaus) 17. Platten zerbrechen – Kristallplatte (Platte Stuhl legen) 18. Platte zersetzt 19. Kleine Platten mischen 20. Fenster einwerfen (Biegsame Fensterscheiben) 21. 20 Platten kauf ich (einwickeln lassen) 22. Haben Sie sich nun für ein Grammophon entschlossen? 23. Einen von den 3 beiden nehm ich (Verwechslungen) 24. Magenfrage 25. Paket bringen (fallen lassen) 26. So ein Unglück – wieso? – Scherben

bedeuten Glück! 27. Wenn mir dieses schwere Paket auf meine eigenen Füsse gefallen wäre? 28. Was kostet so ein Katalog?

Textüberlieferung
T[1] Typoskript im Liesl-Karlstadt-Nachlaß, München: Repertoire Nr. 167.
Textgrundlage: T[1].

Um das braune Band

Textüberlieferung
T[1] Typoskript im Nachlaß, Theatermuseum Köln-Wahn: Repertoire Nr. 178; Mappe IX (Au 11750).
T[2] Typoskript im Nachlaß, Theatermuseum Köln-Wahn: Repertoire Nr. 178; Mappe IX (Au 11750).
T[3] Typoskript im Nachlaß, Theatermuseum Köln-Wahn: Repertoire Nr. 178a; Mappe IX (Au 11750).
T[4] Typoskript im Nachlaß, Theatermuseum Köln-Wahn: Repertoire Nr. 178c; Mappe IX (Au 11750).
T[5] Typoskript im Nachlaß, Theatermuseum Köln-Wahn: Repertoire Nr. 178c; Mappe IX (Au 11750).
T[6] Typoskript im Nachlaß, R. Piper Verlag, München: Repertoire Nr. 178.
T[7] Typoskript im Nachlaß, R. Piper Verlag, München: Repertoire Nr. 178.
T[8] Typoskript im Nachlaß, R. Piper Verlag, München: Repertoire Nr. 309a.
T[9] Typoskript im Liesl-Karlstadt-Nachlaß, München: Repertoire Nr. 178.
Textgrundlage: T[1].

1. Variante: T[3].

Das braune Band

Szene Valentin – Karlstadt.

PERSONEN: *Valentin – Jockey*
Karlstadt – Rennpferdbesitzer
Ort der Handlung: am Rennplatz Riem, München. (Karlstadt eventuell in der Maske Präsident Christian Weber)

KARLSTADT (der Direktor des Rennvereins): *(schreit verzweifelt, ein Telegramm in der Hand haltend)* Das ist ja nicht fassbar, im letzten Moment eine Sekunde vor dem Rennen

RENNLEITER: Was ist denn los Herr N.N.

KARLSTADT: Da haben wir den Salat, da lesen Sie *(gibt dem Rennleiter das Telegramm und geht die Hände auf dem Rücken kopfschüttelnd auf und ab)*

RENNLEITER: *(liest das Telegramm vor)* Hochwohlgeborene Rennleitung! Bin gezwungen das heutige Rennen absagen zu müssen, da ich seit einigen Tagen gerade da, wo ich sitze, ein grosses Furunkel bekommen habe, das erst in einigen Tagen reif wird. Es ist mir unmöglich auf diesem zu reiten. Hoffentlich findet sich zur Not für mich Ersatz. Mit Sportgruss[.]

KARLSTADT: *(schreit):* Ersatz! Ersatz! Wegen so einem kleinen Furunkel *(deutet)* ein so grosses Rennen abzusagen – unglaublich[.]

RENNLEITER: *(zu Baron)* Nicht wegen der Grösse des Furunkels sagt er das Rennen ab, sondern wegen der Stelle an dem es sich befindet[.]

BARON: Was für eine Stelle?

RENNLEITER: Wegen dem Platz meine ich[.]

BARON: Was für ein Platz?

RENNLEITER: No – – – no – –

BARON: Was heisst no – – – haben Sie vor mir Geheimnisse? – – –

RENNLEITER: Sie wollen mich nicht begreifen, ich meine das wäre genau dasselbe, als wenn ein Trompeter wehe Lippen hat, dann kann er eben nicht blasen.

BARON: Ja, was haben denn die wehen Lippen eines Trompeters mit dem Rennen zu tun? – – – Was ist da zu tun? Wer reitet für den Erdl?

RENNLEITER: *(besinnt sich, die Hand am Kinn)* Ich denke der einzige der einen Ersatz für Erdl böte, wäre Valentin.

BARON: Stimmt! – Her damit! Wo is er? *(alle rufen nach Valentin)*

VALENTIN: Hier!

BARON: Du musst mir aushelfen – – –

VALENTIN: *(schaut ganz erstaunt)* Aber Herr Baron, ich Ihnen aushelfen [,] i arma Stallbursch – einem reichn Herrn Baron aushelfen.

BARON: Nein, nein, ich mein nicht so *(macht die Zahlbewegung mit den Fingerspitzen)* Du musst mir aushelfen indem Du für den Jockey Erdl einspringst[.]

VALENTIN: Ist der krank?

BARON: Ja

VALENTIN: Was fehlt Ihm?

BARON: Ein Furunkel!

VALENTIN: Fehlt ihm?

BARON: Nein, fehlt ihm nicht – hat er[.]

VALENTIN: Wo?

BARON: Das kann ich nicht sagen[.]

VALENTIN: Warum nicht?

BARON: Das kann ich nicht sagen[.]

VALENTIN: Warum auf einmal Geheimnisse?
BARON: Also willst du für den Erdl einspringen?
VALENTIN: Mit *meinem* Gaul?
BARON: Na wenn schon, Alter schützt vor Torheit nicht[.]
VALENTIN: Aber ich versteh nicht wie der – – – – – wegen einem Furunkel das Rennen absagen kann[.]
BARON: Wegen dem Furunkel hat er ja auch nicht abgesagt[.]
VALENTIN: Aber zu mir haben Sie gesagt wegen dem Furunkel[.]
BARON: Ja schon wegen dem Furunkel, aber schliesslich kommts doch drauf an, wo er sitzt.
VALENTIN: Meistens im Gnack hint[.]
BARON: Nein nicht im Gnack, Schluss mit dem Furunkel – führen Sie Ihren Gaul herein, der Start ist in 3 Minuten[.]
VALENTIN: *(geht ab und kommt sofort mit seiner Vollblutstute, welche er am Zügel führt, er setzt sich auf den Gaul, jemand bringt ihm eine Gummiwärmflasche, die ihm auf den Sattel gelegt wird)*
(Valentin unterbricht nun immer alle an ihn gerichteten Renngespräche mit dem Furunkel) So am Gnack hint hat er's nicht, ja auf der Nasen kann er doch kein Furunkel haben[.]
RENNLEITER: Na Herr Valentin, es is ja auch schliesslich ganz egal, wo – – – – – – – – – – – das Furunkel hat.
VALENTIN: Ja ja, ich hab ein kennt, der hat ein Furunkel auf der Stirn gehabt, den hat 8 Tag lang der Hut nimmer passt[.]
BARON: Also Valentin, mir tätest Du einen grossen Gefallen, wenn Du das Rennen gewinnen würdest[.]
VALENTIN: Ja ja, den Gefallen tät ich mir selbst gerne, Herr Baron, aber das geht mir net ein das der – – – – – wegen einem Furunkel das Rennen auslasst, hat er denn das Furunkel in der Hand, dass er d'Zügel net halten kann?
BARON: *(schon bald wütend)* Nein nicht in der Hand, kümmere dich doch um Deinen Gaul, ist alles in Ordnung? 2 Minuten haben wir noch Zeit[.]
VALENTIN: Am Bauch kann er doch kein Furunkel haben – – – – *(plötzlich verklärt sich 6 Sekunden vor dem Start sein Gesicht)* Jetzt kann i mir's denken wo er sein Furunkel hat – da kann er freilich net reiten – – – – – aber »aufgehn« tät es.

B u m *(Böllerschuss)*

Valentin startet[.]

Vorhang zu
ENDE.

2. Variante: T4.

Pferderennen abgesagt

Schallplattentext von Karl Valentin 1940.

Rennstallbesitzer Krause *(Rennplatzlärm mit entfernter Musik)*

KRAUSE *(läuft mit einem Telegramm herum und lamentiert)* Na, na, so was muss mir passiern – 10 Minuten vor dem Rennen sagt mir mein Jokey ab. Ja, was is dös!

TRAINER Aber Herr Krause, sind Sie doch nicht so aufgeregt, lassen Sie mir doch bitte das Telegramm auch lesen.

KRAUSE Da! Lesen Sie .....

TRAINER *(liest Telegramm laut vor)* Sehr geehrter Herr Krause! Leider bin ich gezwungen, das heutige Rennen wegen Krankheit absagen zu müssen. Ein Furunkel, welches sich gerade an einer kritischen Stelle befindet, macht mir das Reiten unmöglich! Hoffentlich finden Sie für mich einen Ersatz, der das Rennen reitet.
Hochachtungsvollst Meierle Jockey[.]

KRAUSE Ersatz! Ersatz! Woher soll ich 10 Minuten vor dem Rennen einen Ersatz kriag'n? Das is ja ausgeschlossen! .. Na Na! Wegen so einem kleinen Wimmerl a so a grosses Rennen absagen!

TRAINER Verzeihung Herr Krause, es ist nicht wegen der Grösse des Furunkels sondern wegen der Stelle, an der sich das Furunkel befindet.

KRAUSE Was denn für a Stelle?

TRAINER Na ja, das können Sie sich doch denken[.]

KRAUSE Na – dös kann i mir net denken[.]

TRAINER Jch mein so, Herr Krause, nur ein Beispiel – wenn ein Trompeter wehe Lippen hat, dann kann der Trompeter nicht blasen[.]

KRAUSE Ja was gehn denn mich dem Trompeter seine wehen Lippen an?

TRAINER Jch meine ja nur zum Vergleich Herr Krause. Kommen Sie her, ich sag's Jhnen leise in's Ohr *(5 Sekunden Pause)*

KRAUSE Ach sooo jetzt versteh ich. Dös is scho a saudummer Platz für a Furunkel. Da konn er freilich net reiten. Jessas mir fallt was ein. Mein Stallbursch der Jakob der muass mir aushelfa *(schreit dem Jakob)* Hallo! Hallo! Da geh zu mir rüber[.]

JAKOB *(schreit aus 30 Meter Entfernung)* Jaa, was is?

KRAUSE Da geh zu mir her!

JAKOB Glei kimm i *(Kommt immer näher)*

KRAUSE Du Jackl, ziag schnell a Jokeyg'wand o, du muasst sofort das nächste Rennen reiten[.]

JAKOB J! Warum i?

KRAUSE Weil da ander krank ist[.]

JAKOB Was fehlt ihm denn?

Krause A Furunkel[.]
Jakob Fehlt ihm?
Krause Na, fehln tut's ihm net, sondern hab'n tut er oans[.]
Jakob Wo?
Krause Ein Furunkel, welches sich an einer kritischen Stelle befindet, macht ihm das Reiten unmöglich (*hat noch nie telegraphiert*)
Jakob Dös versteh i a net, dass ma wegen einem Furunkel das Rennen absagt.
Krause Wegen dem Furunkel hat er ja net abg'sagt
Jakob Aber zu mir ham Sie g'sagt, wegen dem Furunkel[.]
Krause Ja, schon wegen dem Furunkel, aber es kommt doch schliesslich drauf an, wo er dös Furunkel hat? ...
Jakob Ja meisten's sitzt's hinten am G'nack.
Krause Am G'nack hat er's net[.]
Jakob Auf der Nas'n?
Krause Na, a net[.]
Jakob Auf'n Hirn?
Krause Na, erst recht net, am Hirn werd koaner no a Furunkel g'habt ham[.]
Jakob Am Hirn? – Dös glaub i, a Freund von mir, der hat oans g'habt, a so a Trumm, dass eahm 8 Tag der Huat nimmer passt hat.
Krause Also Schluss jetzt mit dem Furunkel, Du reitest mir jetzt des Rennen[.]
Jakob Ja, i bin ja no net oft g'ritten...
Krause Do brauchst do net vui reiten, der Gaul lafft ja ganz alloa[.]
Jakob Alloa? Ja wenn er alloa lafft, dann brauch i ja net mitreiten.
Krause Geh red doch net so saudumm daher – Na Na, muass der ausgerechnet a Furunkel haben – – –
Jakob Ja, wo hat er denn eigentlich des Furunkel?
Klingelingeling – Vom Startplatz herüber ertönt die Glocke, das Rennen hat begonnen. Krause, Jakob und Trainer horchen erstaunt, alle drei schreien zusammen.. S'Rennen is angangen!
Krause Jessas, Jessas, Jessas, jetzt ham wir wegen dem saudummen Furunkel das Rennen versäumt!
Jakob Ja! Weil Sie mir des net g'sagt ham, wo der des Furunkel hat.
Krause (*Wütend*) Am Arsch hint hat er's! Dass d' a Ruah gibst!
Jakob Ah so! Ja da kann er freilich net reiten (*Besinnt sich*) Ja grad da hätt er reiten solln, dann wär's aufganga!!!

Entstehung

Laut Untertitel von T^1, T^2, T^6, T^7, T^9: 1938, T^3 hat den handschriftlichen Zusatz: »geschrieben am 16. 6. 1938«; T^4/T^5/T^8 stellt eine Bearbeitung zu einem (nicht aufgenommenen) Schallplatten-Dialog dar und ist laut Untertitel 1940 entstanden; K.V. hat 1941 die Szene auch zu einem Kurzfilmtext (Sämtliche Werke, Bd. 8) umgearbeitet.

Stellenkommentar
65,17 *Um das braune Band*] Von 1936 bis 1944 fand unter der Präsidentschaft des Hitler-Vertrauten Christian Weber (geb. am 25.8.1883 in Polsingen/Franken, am 1.2.1949 vom Amtsgericht München für tot erklärt zum 11.5.1945, 24.00h) in München-Riem das Pferderennen um das »Braune Band von Deutschland« statt. Weber, der bis ins vorletzte Kriegsjahr auf die Durchführung des Rennens bestand, war SS-Brigadeführer und trug den Titel eines »Ratsherren der Hauptstadt der Bewegung«; vgl. Preis, S. 72 ff. Vgl. Brief Webers an K.V. vom 5.1.1945 (in: Münz, S. 284). T^2, T^6 haben den Titel: »Das Derby«. T^9 hat in der Handschrift Liesl Karlstadts den zusätzlichen Titel: »Am Rennplatz«.
66,3 *Northruth*] Vgl. Rep. Nr.316, »Neue Rennpferdenamen« (Sämtliche Werke, Bd. 1, S. 142).
66,7 *Wimmerl*] S.o. 204 (33,3).
66,20f. *Was genga denn mich dem Trompeter seine wehen Lippen an*] In der Handschrift Liesl Karlstadts folgt: »Genau so ist es mit dem Jokey, nur mit [dem] Unterschied, dass der sein Furunkel am (leise ins Ohr) ... hat.«
66,29 *Gscherta Lump*] Bayer.: ordinärer, vom Land stammender Kerl; die gängige Beleidigung hat ihre Wurzeln im Mittelalter, als die leibeigenen Bauern geschorene Köpfe tragen mußten.
66,35 *100.000*] T^6: »1000«.
66,35f. *kann i mir am Nabel naufschreiben*] Nicht nachgewiesene Redensart.
67,3f. *dann bin i falsch unterrichtet – ich hab g'hört dass Sie 10 facher – – –*] Fehlt in T^2, T^6.
67,5 *Zwuns*] Nicht nachgewiesen (verwandt mit: ›Zwirn‹?).
67,14 *Dös woass i a net*] In der Handschrift Liesl Karlstadts korrigiert in: »Dös kann die gleich sein.«
67,15 *den beiden*] In der Handschrift Liesl Karlstadts korrigiert in: »Valentin«.
67,24 *Gnack*] Bayer.: Genick.
67,31 *drunter*] Handschriftlicher Zusatz.
67,32 *Trumm*] Bayer.: (großes) Stück (in der Hochsprache verlorengegangener Singular zu ›Trümmer‹).
67,35 *Rennats*] Bayer.: Rennen.
68,8 *Valentin*] T^2, T^6, T^7: »Jockey«.
68,14 *Am Arsch hint hat as!*] T^2, T^6, T^7 ergänzen: »Dass D' a Ruah gibst!«.

T^3
259 *Das braune Band*] Darüber findet sich der handschriftliche Zusatz:

»geschrieben am 16. 6. 1938« und der Zusatz von fremder Hand: »Das Derby Deutsches Theater«.
259 *Rennplatz Riem, München.*] In Riem, einem 1937 eingemeindeten Vorort Münchens, finden seit 1894 (Anlage der Galopprennbahn) Pferderennen statt.
259 *Christian Weber*] S. o. 264 (65,17)
259 *(der Direktor des Rennvereins)*] Handschriftlicher Zusatz.
260 *N. N.*] S. o. 229 (49,12).
260 *(Baron)*] Hier und in der Folge handschriftlich korrigiert, urspr.: »Karlstadt«. Vermutlich Anspielung auf den »Ratsherren« Christian Weber.
260 *den Erdl ... Erdl*] Handschriftlicher Zusatz.
260 *Stimmt!*] Handschriftlich korrigiert, urspr.: »Ganz gewiss!«
260 *i arma Stallbursch – einem reichn Herrn Baron aushelfen*] Handschriftlich korrigiert, urspr.: »(Pause) Da sieht man was die Leute für einen Mist zusammenschwätzen.«
260 *Jockey Erdl*] Handschriftlicher Zusatz.
261 *willst du für den Erdl einspringen?*] Handschriftlich korrigiert, urspr.: »Also wollen Sie für – – – – – – einspringen?«

T^4
262 *Meierle Jockey*] Handschriftlich korrigiert, ursprünglich wie in T^5, T^8: »u.s.w.«.
262 *Jackl*] Bayer.: Jakob (Koseform).
263 *(hat noch nie telegraphiert)*] Handschriftlicher Zusatz, fehlt in T^5, T^8.

Umzug in Giesing

Textüberlieferung
T^1 Typoskript im Nachlaß, Theatermuseum Köln-Wahn: Repertoire Nr. 206; Mappe X (Au 11750).
T^2 Typoskript im Nachlaß, R. Piper Verlag, München: Repertoire Nr. 206.
D^1 Süddeutsche Sonntagspost (München) Nr. 3 vom 19. 1. 1941.
D^2 Münchener Feldpost (19. Ausgabe) vom 1. 5. 1943.
Textgrundlage: D^2.

Entstehung
Laut Untertitel von T^1, T^2: 1938.

Quellen
K. V. thematisiert mehrfach das ihm seit seiner Kindheit vertraute Vorstadtmilieu der Arbeiter und ihrer Familien, wobei ihm zum wichtigsten Stilmittel seiner »naturalistischen Komik« der derb gesprochene Dialekt

wird. Darin folgt er der Tradition der Volkssänger, die sich seit jeher als Darsteller des »Kleinen Mannes« verstanden; vgl. Pemsel, S. 198ff. Umzugsschwierigkeiten kannte K.V. einmal aus den eigenen zahlreichen Wohnungswechseln, zum andern aber durch sein Elternhaus: 1847 war das Tapezierergeschäft Falk gegründet worden, in das Valentins Vater Johann Valentin Fey (geb. am 2. 7. 1833 in Darmstadt, gest. am 7. 10. 1902 in München) 1866 (in erster Ehe) einheiratete und das dann zum stadtbekannten »Möbeltransportgeschäft Falk & Fey« wurde. Vgl. die Monologe, Rep. Nr.105, »Die Hausmoasterin« (Sämtliche Werke, Bd. 1, S. 82.), Rep. Nr.378, »Eine Frau aus dem Volke« (ebda., S. 150) und bes. das Stück, Rep. Nr.177, »Der Umzug« (Sämtliche Werke, Bd. 5).

Stellenkommentar
68,20 *Umzug in Giesing*] T^2: »Umzug«. D^1: »Der Umzug«.
68,20 *Giesing*] Stadtteil Münchens.
68,21 *Dramatische Szene von Karl Valentin*] T^1, T^2: »von Karl Valentin 1938«. D^1: »Drollige Geschichte, dramatisch in Szene gesetzt von Karl Valentin, Ort der Handlung: Giesing bei München«.
68,26 *Oiwei*] Bayer.: Immer (alle Weile; hier: schon die ganze Zeit).
68,29 *d'Gruaberin, de oit Millibritsch'n*] Bayer.: die Frau Gruber, das alte Weibsbild (bayer. [derb] ›Britschn‹ = Vulva).
68,31 *und tua's ignorier'n*] In T^1 folgt der handschriftliche Zusatz: »und schaug net alawei zum Fenster obi.«
68,32 *Es*] Bayer.: Ihr.
68,35 *enk's Mai*] Bayer.: euch das Maul.
68,36 *Schwanthalerhöh'*] So wird in München die Gegend um die Theresienhöhe genannt, wo die ›Bavaria‹ Ludwig Schwanthalers steht; die 18 m hohe Statue wurde 1850 aufgestellt.
69,8 *hinflagga*] Bayer.: hinlegen (von lat. ›flaccere‹ = schlaff sein).
69,9 *mit seine Riesenhepfan*] Bayer.: mit großer Ausgelassenheit, hier: mit starkem Rausch (verwandt mit: ›hüpfen‹?).
69,10 *wamperte Krucka*] Bayer.: fette Krücke.
69,12 *obaspeim*] Bayer.: hinunterspucken.
69,16 *rinnaugerts*] Bayer.: triefäugiges.
69,19 *schelchhaxerten Alisi*] Bayer.: hinkenden, krummbeinigen Alois (mhd. ›schelch‹ = schief).
69,20f. *mass'l doch net oiwei*] Bayer.: schimpf doch nicht dauernd.
69,21 *oba*] Bayer.: hinunter.
69,23 *Rasselbinderbande*] Nicht nachgewiesen.
69,31 *Kleiderkasten*] Süddt.: Kleiderschrank.
69,33 *dünst man auf*] Bayer.: bügeln wir ihn auf.
69,35 *arschlings*] Bayer. (salopp): rückwärts.
70,8 *dappi*] Bayer.: dumm (wörtl.: tappig; vgl. ›Depp‹).

70,13 *dei Glump na selber owi*] Bayer.: deinen Kram dann selber hinunter.
70,16 *der soi se doch schwinga*] Bayer.: der soll sich doch schwingen (verschwinden).
70,17 *nachdepfa*] Bayer.: nachtappen.
70,19 *mir gangst ja*] Bayer.: das würde noch fehlen! (sinngemäß)
70,27 *mehra links! – –*] In T^1, T^2, D^1 folgt: »a geh Herr Briefträger, dös is recht, dass sie g'rad daher kemma, haltens uns d'Haustür a weni, dass ma mit'n Kast'n nauskemma (Briefträger hält die Tür) – so merci! Obacht, is guat, dass ma blos a Stiag'n ham, sunst hätt'st as net dapacka kinna Anni,«.
70,27 f. *schutz man nauf auf'n Zwoaräderkarrn*] Bayer.: werfen wir ihn auf den Zweiräderkarren. T^1, T^2, D^1 ergänzen: », auf den Möbelwagen der kleinen Leute«.
70,29 *umschnappt*] Bayer.: umfällt.
70,34 *gscherts Ruamloch*] Beleidigung (ordinäres Rübenloch); vgl. o. 264 (66,29).
70,36 *schutzn*] Bayer.: wirf ihn.
71,4 *im Berliner Tempo*] Nicht nachgewiesene Redensart.
71,5 f. *i hanteln selber oba*] Bayer.: ich pack ihn selber herunter.
71,10 *Gemurmel*] Fehlt in T^1. In T^2 handschriftlich zugefügt.
71,13 *kannst dir auf dein Nobe auffischreibn*] Vgl. o. 264 (66,35 f.)
71,15 f. *Filialen vom Zoologischen Garten*] T^1, T^2, D^1 ergänzen: »(Gelächter der Zuschauer)«.
71,21 *a solchene Riesenschelln*] Bayer.: eine solche (schallende) Ohrfeige.
71,21 f. *dein baldiges Ende zu erwarten ist*] T^1, T^2, D^1 ergänzen: »(Zuschauer lachen)«.
71,24 *Watschn*] Bayer.: Ohrfeige (Etymologie unklar, vielleicht lautmalerisch).
71,25 *wennst a Schneid hast*] In T^1, T^2 folgt: »– also los! / Greininger: Muass glei sei? (Zuschauer lachen) / Hausherr: Selbstverständlich – i wart ja direkt drauf (Zuschauer lachen)«.
71,33 *Sprüchbeutl*] Aufschneider.
71,35 f. *laß dir nur Zeit.(Zuschauer lachen.)*] In T^1, T^2 folgt: »Hausherr: I hab koa Zeit, dass i stundenlang auf die versprochenen Ohrfeigen wart!«
72,7 *Möbe*] T^1, T^2: »Mewe«.
72,11 *Gehts weiter – – zerstreun ma uns!*] In T^1, T^2 folgt: »N. B. Die einzelnen Rollen, wie die der Frau Greininger und die der Zuschauer, können bei der Schutzmannszene zwischengesprochen werden.«

Die Ahnfrau

Textüberlieferung

T^1 Typoskript im Nachlaß, Theatermuseum Köln-Wahn: Repertoire Nr. 188; Mappe IX (Au 11750).

T^2 Typoskript im Nachlaß, R. Piper Verlag, München: Repertoire Nr. 188.

T^3 Typoskript im Liesl-Karlstadt-Nachlaß, München: Repertoire Nr. 188.

Textgrundlage: T^1.

Entstehung

Laut Untertitel von T^1, T^2, T^3: 11. August 1939. – Am 17. Juli 1939 hatte K. V. in den erweiterten Räumen seines 1937 im Färbergraben 33 eingerichteten »Panoptikums« die »Ritterspelunke« eröffnet, ein Kellerlokal mit Bühne, wo am 6. 12. 1939 das Stück, Rep. Nr. 185, »Ritter Unkenstein« (Sämtliche Werke, Bd. 5) uraufgeführt und in der Folge mehr als hundert Mal gespielt wurde. Daneben wurden ältere Valentin-Couplets sowie die eigens für die »Ritterspelunke« verfaßten Szenen (vorliegender Band, S. 72–101) dargeboten. Das Publikum wurde nach den Vorstellungen aufgefordert (vgl. u. 289), das an die »Ritterspelunke« angeschlossene »Panoptikum« zu besuchen, wo es unsinnige und makabre Exponate zu sehen bekam; vgl. Wöhrle und Glasmeier (KVVD). Im Februar 1940 bekam K. V. Schwierigkeiten wegen seiner Requisiten. Diese waren im Keller des ›Kolloseums‹ untergebracht, wo ein Luftschutzraum eingerichtet werden sollte. In seiner Verzweiflung verschenkte und zerstörte Valentin den ganzen Fundus – die Nachricht, er könne den Keller weiterhin nutzen, kam zu spät (vgl. Brief Nr. 153; Sämtliche Werke, Bd. 6, S. 148). Daraufhin und auch angesichts des Krieges (vgl. Lutz, S. 65) schien er die Lust an dem Unternehmen verloren zu haben und kündigte den Vertrag mit dem Pächter der »Ritterspelunke« Martin Wegmann. Die letzte Bühnen-Vorstellung fand am 5. 6. 1940 statt, am 30. 11. 1940 schloß auch das »Panoptikum«; vgl. Schulte 1982, S. 185 ff., Münz, S. 217–222 u. S. 245–249, sowie Pemsel, S. 186 ff.

Stellenkommentar

72,15 *Die Ahnfrau*] Die Titelgleichheit mit dem Drama (1817) Franz Grillparzers dürfte zufällig sein, obgleich Grillparzers Gespensterdrama zu den meistgespielten Repertoire-Stücken des 19. Jhds. zählte; zu K. V.s fehlendem Verhältnis zu klassischem Theater und Literatur vgl. Schulte 1982, S. 46, und Brief Nr. 96 an O. E. Hasse (Sämtliche Werke, Bd. 6, S. 95).

72,23 *die Körperform ist durch den Schleier zu erkennen*] Fehlt in T^2.

72,26 f. *»Morgenstimmung« aus Peer Gynt*] Die »Nr. 7« aus der von Henrik Ibsen zu seinem Drama »Peer Gynt« (1876) bei Edward Grieg (geb. am 15. 6. 1843 in Bergen, gest. am 4. 9. 1907 ebda.) in Auftrag gegebenen Bühnenmusik.

72,30 Dialog der Ahnfrau:] In T^2 folgt: »(spricht ganz geisterhaft und monoton)«.

72,31 *Wrdlbrmpft*] In T^3 handschriftlich korrigiert in: »Huber«.
72,31 f. *Rembremerdeng*] In T^3 handschriftlich korrigiert in: »Meier«.
72,32 ff. *Jch war früher ein Mensch ... deshalb passen wir auch so gut in die Jetztzeit.*] Diese Passage fehlt in T^2.
73,12 *Färbergraben 33*] Die Adresse der »Ritterspelunke«, nahe dem Marienplatz.
73,13 f. *Gründung Münchens im 11. Jahrhundert*] Vor dem Jahre 1000 gibt es keine Siedlung oder Klosteranlage im Stadtkern, um 1050 wird die älteste Peterskirche gebaut. Von einer »Gründung« Münchens könnte für das Jahr 1156 gesprochen werden, als Herzog Heinrich der Löwe Markt und Münze nach »Munichen« verlegt, was zwei Jahre später Kaiser Friedrich Barbarossa auf dem Reichstag zu Augsburg bestätigt (Hollweck, S. 7 ff.); zu K. V.s komischer Geschichtsschreibung vgl. o. 229 (49,13 ff.).
73,14 f. *da stand eine Burg ... als eines der ersten Häuser in München*] Die erste Befestigung Münchens stammt aus der Zeit nach 1175 und lief auch durch den Färbergraben. Eine Burg (der Alte Hof) erhielt München 1255, sie lag aber ca. 500 m vom Färbergraben entfernt.
73,17 *das Müller'sche Volksbad*] Das erste Hallenbad und öffentliche Schwimmbad Münchens überhaupt, am Rosenheimer Berg (Haidhausen) gelegen. Sein Bau geht auf die Stiftung des Ingenieurs Karl Müller (geb. 1821, gest. 1909) zurück, der das zu den schönsten Jugendstilbauten der Stadt zählende Bad 1897–1901 von Karl Hocheder errichten ließ.
73,19 *Zugeherin*] Putzfrau.
73,24 *Möchteltöchtel*] Techtelmechtel (Liebschaft, Verhältnis; Etymologie unklar).
73,24 *Den*] T^2: »Unseren«.
73,28 *Schlawinera*] Bayer.: ›Schlawiner‹ = Gauner, Tunichtgut (von: ›Slowene‹, vielleicht mit Bezug auf die früher aus dem Osten kommenden fahrenden Händler).
73,29 *, denn er hatte solche*] Fehlt in T^2.
73,30 *Hungerturm*] Im Mittelalter galt nur die Untreue der Frau als Ehebruch. Dieser wurde mit Verstoß oder Tötung durch den Gatten, später mit öffentlicher Todesstrafe oder Pranger bestraft; vgl. Lexikon des Mittelalters, Bd. III, Art. ›Ehebruch‹.
73,32 f. *den 16. Mai im Jahre elfhundertelfundsechzig*] T^2: »den 13. Mai im Jahre elfhundertelfundelfzig«.
73,35 *unsere*] T^2 ergänzt: »beschmutzten«.
73,36 *spucken*] T^2: »spuken«.
74,2 *spuckt*] T^2: »spukt«.
74,4 *Bazi*] Bayer.: Lump (auch bewundernd; Etymologie unklar). T^2: »Hausmeisterbazi«.
74,5 *ihre Uhr*] T^2: »die Armbanduhr«.
74,5 ff. *Schon so spät? ... Auf Wiedersehen!*] T^2: »Schon fünf Minuten auf 12

Uhr? Jetzt hab' i Zeit, dass i mich verziag, denn um 12 Uhr beginnt die Geisterstunde und da wär's g'fehlt, wenn i net dabei wär. Also Servus!«.

74,9 *Schluss!*] Fehlt in T².

Das Philharmonische Orchester

Textüberlieferung

T¹ Typoskript im Nachlaß, Theatermuseum Köln-Wahn: Repertoire Nr. 183b; Mappe IX (Au 11750).

T² Typoskript im Nachlaß, R. Piper Verlag, München: Repertoire Nr. 183b.

T³ Typoskript im Liesl-Karlstadt-Nachlaß, München: Repertoire Nr. 183.

T⁴ Typoskript im Liesl-Karlstadt-Nachlaß, München: Repertoire Nr. 183.

T⁵ Typoskript im Liesl-Karlstadt-Nachlaß, München: Repertoire Nr. 183.

Textgrundlage: T¹.

1. Variante: T³.

Die alten Volkssänger

v. Karl Valentin.

gespielt in der Ritterspelunke vom 16. Oktober bis einschl. 5. Dez. 39.

MITWIRKENDE: *1. Musiker – Karl Valentin, 2. Musiker – Peter Schmid, 3. Musiker – Roth, 4. Musiker – Brandstätter, Sängerin – A. Fischer.*

Schmid, Fischer, Roth und zuletzt Valentin treten auf, die Musiker ordnen ihre Instrumente – Valentin hat bei seinem Auftritt die Arme verschränkt.

SCHMID: So, jetzt packt mas wieder. *(Auf Valentin deutend)* Da is; er ja schon. *(Musiker schauen auf Valentin und bemerken jetzt, dass dieser die Arme um den Körper geschlungen hat)*

SCHMID: *(zu den anderen Musikern)* Ja was hat er denn, was soll denn das bedeuten. So ein G'stell?

VALENTIN: Ja – i' war krank – jetzt bin wieder g'sund[.]

SCHMID: Ja, aber die Arm?

VALENTIN: A' der Doktor hat g'sagt, wann ich's erstemal ausgeh, soll ich mich recht halten. *(Musiker lachen ihn aus).*

VALENTIN: *Ansprache:* Wertes Auditorium – werter Zuschauerraum. Unser philharmonisches Orchester bestand sonst zu in Friedrichs- a' Friedenszeiten aus 80 philharmonischen Musikermännern. Infolge des sich ein schleichenden Krieges wurden 76 Musikmänner eingerückt – a na – 76 sollten eingerückt – na – wollten – das stimmt auch net – jetzt hab ich's – mussten einrücken. – – Also zu Haus hab' ich's so gut können – immer wenn ich was auswendig lern' bleib ich stecken, und zu Haus hab ich's so gut können – aber ich kann doch net verlangen, dass sie g'schwind mit mir nach Haus geh'n. Davon abg'sehn, hätt ich gar net so viel Platz. Jetzt fang ich halt noch amal an. Also wir waren 80 Mann. 76 mussten davon einrücken – jetzt sind wir noch – ja wieviel sind wir denn noch *(Valentin rechnet auf einem Zettel)* 80 weniger 76 – jetzt sind wir noch vier Musiker und ein Weib, welches nicht einzurücken braucht, wenigstens vorderhand nicht. Wir sind jetzt von einem »phil«harmonischen auf ein »wenig«harmonisches Orchester – auf ein sogenanntes Bamberlorchester zusammengeschrumpft – *(Musiker widersprechen)* schauen sie sich nur die Zusammenstellung an – Klavier, Bombardon, Schlagzeug und der *(zeigt auf den Klarinettisten)* hat glei' sei Instrument aus'm Stiegeng'länder rausgrissen – Was wir Bruchkapelle aber im Leistenbruch – also reden tu i' scho furchtbar schlecht – wenn mir so a' Musi macha, wie ich red', dann is' g'scheiter, wenns jetzt glei' wieder gehn – a ja, was wir im leisten zustande sind das werden's jetzt gleich hören. Was nützt das viele Reden! Taten wollen wir sehn und hören! Fanget an! *(zu den Musikern)*

Musiker richten ihre Noten zusammen. Valentin setzt sich auf einen Schemel.

VALENTIN: Wo ist denn eigentlich jetzt die Lehne?

FISCHER: Wer?

VALENTIN: Die Lehne?

SCHMID: Wen meint er denn da?

FISCHER: Ach unser Kassierin, die blonde.

VALENTIN: Wieso blond. Ach Schmarrn *(nimmt den Schemel in die Hand)* Die Stuhllene mein ich ja. *(Valentin bekommt einen anderen Stuhl)*

MUSIKER: Ach so.

VALENTIN: An 'ner Kassierin kann i' mich doch net anlehnen. *(Valentin setzt sich auf den richtigen Stuhl – hebt Bombardon mit grosser Kraftanstrengung auf und rutscht mit Bomb. den Stuhl hinunter. – Musiker springen hinzu und helfen ihm wieder herauf)*

VALENTIN: Das ist ja unglaublich – ihr seid mir schöne Kollegen – pfui Teufi – da hilft mir einem doch – der dadruckt mir ja's Körbi *(Musiker sind entsetzt)* der wiegt ja 40 Pfund – da hilft mer einem doch!

MUSIKER: Ja, wir haben aber doch g'holfen – also so was! Der schimpf uns auch noch z'samm.

VALENTIN: Ja nachher, wie i' scho' runterg'rutscht war.

SCHMID: Mir könen Dir doch net scho' raufhelfen, bevor Du überhaupt nunterg'rutscht bist. – So g'scheit sollst doch schon sei.

VALENTIN: Na, so g'scheit bin i' eben net – drum hab' ich mich auf Dich verlassen.
MUSIKER: Ach Schmarrn.
VALENTIN: A' leck'.
MUSIKER: Was?
VALENTIN: Leck' hab' i' g'sagt.
MUSIKER: Des is ja unglaublich. Jetzt wiederholt er's auch noch a'mal[.]
VALENTIN: Leck war das Schiff, dann ging es unter.
VALENTIN: *sagt an:* Defilier-Marsch von Scherzer. *(Fischer trommelt)*
Nachdem der Marsch zu Ende gespielt ist, setzt sich Fischer wieder auf den alten Platz. Valentin hebt seinen Bombardon auf und stülpt ihn Fischer über. Fischer schreit, worauf Valentin seinen Bombardon wieder aufhebt.
VALENTIN: Ja Du Milzl, was setzt Dich denn daher – Du bist doch allweil da drüben g'sessen.
FISCHER: *[(]erbost)* ach wo, ich sitz' doch bloss beim trommeln da drüben – da drinn kriegt ma ja überhaupt kei' Luft – da erstickt ma direkt.
VALENTIN: Des glaub; i' scho' – da g'hörst ja auch net nei.
FISCHER: Des is scho' wirklich eine Gemeinheit.
VALENTIN: Jetzt beruhig' Di' nur wieder – jetzt bist ja scho lang wieder heraus. Morgen lass ich Fenster in Bombardon machen, dass ich seh, ob wer drinn is.
SCHMID: Überhaupt, wenn'd an Anstand hättest, dann tätst Dich jetzt entschuldigen.
VALENTIN: Hab' kein. *(Musiker nicken beifällig).*
FISCHER: *(sagt an)* So und jetzt kommt's Rehlein.
VALENTIN: a' lass rein, dann hab ma was z'fressn.
FISCHER: Ich mein doch das muntere Rehlein. Das ist ein rheinischer Schlager, den Sie bestimmt alle schon kennen und damit sie recht fleissig mitsingen können, liegen extra Zettel mit dem Text auf. Hoffentlich sind noch welche da.
VALENTIN: Ja wir hab'n nur noch a paar und neue lass' ma net drucken – des kommt zu teuer.
FISCHER: Also wer keinen Text hat, der braucht ja bloss lalala singen[.]
VALENTIN: Du bist gut. Glaubst Du vielleicht, dass die Leut noch a' Lust habn zum Mitsingen, wenn' droben scho' 1.70 Eintritt gezahlt haben. Des kannst ihne doch net einfach so vorschreiben.
FISCHER: Ich hab sie ja auch nur drum gebeten. *(in der Ansage fortfahrend)* das wär dies' Jahr bestimmt *der* Oktoberwiesenschlager worden, aber leider is ja die Wiesn in's Wasser g'falln.
VALENTIN: In Krieg is' g'falln.
FISCHER: Jetzt müssens halt wir da herunten popolär machen.
VALENTIN: Du bist ja gut. Was die sagt.
FISCHER: Warum? Was hab ich denn so Schlimmes g'sagt.

VALENTIN: Du sagst zu die Leut »popolär«
FISCHER: Ja warum?
VALENTIN: Das heisst doch »populär« – PoPo leer is ja was ganz anders.
FISCHER: Blamier mich doch net so. Also fang' mer an.

Das muntere Rehlein:
Am stillen Waldesrand
Munter ein Rehlein stand
Ein braver Jägersmann
Sah es und sprach sodann
Dein junges Leben blüht
Wenn das ein Wilddieb sieht
Dann gib nur acht
Denn was über Nacht
Mit Dir sonst geschieht.

Refrain:
Das kannst Du nicht ahnen, Du munteres Rehlein Du,
Dass so ein Wilddieb, das Herze Dir bricht im Nu,
Das kannst Du nicht ahnen, drum lasse Dich mahnen
Ein Jägersmann vom Rhein will Dein Beschützer sein.

VALENTIN: Die könnens schon besser wie Du.
FISCHER: Das ist eine Gemeinheit.

Bald traf ein Rehbock ein
Wollte das Rehlein frein.
Der Jägersmann er sass
Sinnend im grünen Gras
Dachte ob auch sein Lieb
Draussen ihm treu verblieb
Und voller Sorgen
Er andern Morgen
Dem Liebchen schrieb.

Refrain:

FISCHER: Wie geht's jetzt Deiner Tochter?
VALENTIN: Ja wie geht's Ihr denn? Hats schon entbunden?
SCHMID: Ja.
VALENTIN: So – – wie lang – a' wann?
SCHMID: Vor drei Tag.
VALENTIN: Was – vor 3 Tag – was hats denn kriegt? a' Kind oder a Mädel?
SCHMID: a' Mädel.
VALENTIN: So, so, ja und wie geht's denn der Tochter – a' der Mutter – der mütterlichen Tochter?

Schmid: Danke, ganz gut.

Valentin: Liegt's noch im Bett.

Schmid: Aber geh – vor drei Tag.

Valentin: Ja da sans meistens drauf recht mied. – Wenn Dei Tochter triffst – na sagst an schönen Gruss und sie soll sich ja recht halten, dass koan Rückfall kriegt. *(alles lacht).*

Valentin: *zu Klavierspieler* Du pass auf, Du bist doch fast a Musiker was is denn des für a Melodie – die such [i] scho den ganzen Tag *(bläst auf der Trompete langsam vor – keiner der Musiker erkennt die Melodie – einer glaubt, es sei ein Trauermarsch oder Choral, was aber Valentin entschieden verneint.[)]*

Musiker: Des kenn' ma net.

Valentin: Des kennt Ihr net *(zum Publikum gewandt)* sie auch net? Wartens nur, wenn ich's schnell spiele, dann kennens alle. *(spielt den Schäfflertanz) Musiker sind entrüstet und murmeln, wie »zum Narren halten« usw.*

Fischer: So und jetzt sing' ma den Bummelpetrus. Der is ja genügend bekannt.

Valentin: Des is ja scho a ganz a alter Heiter. Den hams ja schon bei der Hochzeit von Kanaan gsungen.

Fischer: Ja aber moderne Sachen...

Valentin: Na moderne Sachen passen zu uns net richtig rein. Da müssens schon zum Eiss Ferdl oder zum Gondrell in die Bonbonniere gehen. Jess' i' Rindvieh mach' für die auch noch Reklame.

Fischer: Ihr brauchts fei nur den Refrain mitblasen. Der kommt 3 ×.

Valentin: Des kann i' nimmer.

Fischer: Des wird scho gehn. Also fang ma gleich amal mit dem Refrain an.

Bummelpetrus.

Während der ersten Strophe macht Valentin Viecherei und versäumt beim Refrain, nachdem er beim Vortext verschiedene Male zu früh einsetzen wollte, jetzt richtig einzusetzen. Er schimpft zu Schmid hinüber, der ihm kein Zeichen gegeben habe. Während dem Vortext der zweiten Strophe schaut er einige Momente gelangweilt zu – schimpft dann wieder etwas mit Schmid und fängt dann ein Gespräch mit dem Klavierspieler an, sodass er wieder den Einsatz versäumt. Fischer schimpft nun ebenfalls mit Valentin – dieser stösst vor Schreck sich den Mund am Bombardon-Mundstück an – und schimpft mit Schmid weiter. Nach Schluss des Refrains kommt es zum richtigen Streit.

Fischer: Das ist ja unglaublich. So eine Batzerei. Und jetzt streitet Ihr auch noch. Ihr seid schon wurklich gschert.

Valentin: Das wenn ich g'hört hätt.

Fischer: So is scho wahr auch. Da kann man doch nicht singen.

VALENTIN: Du kannst so auch net singen.

FISCHER: Das ist eine Frechheit.

VALENTIN: *(zu Schmid)* Du mit Deiner Wichtigmacherei – deswegen haben sie Dich ja aus der Fachschaft rausg'schmissen.

FISCHER: Jetzt seid's doch endlich einmal ruhig.
(sagt an) Und jetzt kommt das Glühwürmchenidyll v. Paul Lincke. *(Der Klavierspieler fängt an, währenddessen streiten Valentin und Schmid immer weiter und nach »Wenn die Nacht sich niedersenkt« geht Valentin zu Schmid hinüber und haut ihm eine Ohrfeige herunter. Schmid schreit auf – die Musik stopt – alle sind entsetzt.)*

FISCHER: Ja was ist denn los? Das ist ja unglaublich!

DIREKTOR: *(kommt aufgeregt herein)* ja, aber das geht doch nicht.

VALENTIN: Des is scho gangen.

DIREKTOR: Warum haben Sie denn Ihrem Kollegen eine Ohrfeige gegeben.

VALENTIN: Weil er mich beleidigt hat.

FISCHER: Wieso denn? Was hat er denn g'macht?

VALENTIN: Eine Sau hat er mich g'heissen.

SCHMID: Das ist nicht wahr.

FISCHER U. DIREKTOR: Das ist ja unglaublich.

VALENTIN: Ich brauch mich doch von dem net zu beleidigen lassen, wo er noch dazu der Ältere is.

FISCHER: Ja und warum denn. Da muss er doch einen Grund gehabt haben.

VALENTIN: Ach des stammt ja noch von heut nachmittag von der Probe her, das is net so wichtig.

FISCHER: Doch, des wollen wir jetzt schon wissen. Jetzt hats Publikum auch schon gmerkt.

VALENTIN: Wenn er wenigstens Schwein gsagt hätt – aber eine direkte Sau hat er mich gheissen.

DIREKTOR: Ja jetzt sagens doch endlich einmal warum.

VALENTIN: Du bist d' Sau – net ich – ich war ja grad derjenige, der den Ventilator hat laufen lassen. *(ab).*

FISCHER: *Glühwürmchen.*
1. Strophe Orginal.
2. Strophe. v. Karl Valentin
Wenn's in München Abend wird
In München Abend wird
Die Sterne funkeln,
Dann tut man das muss so sein,
Tut man, das muss so sein,
Die Stadt verdunkeln.

Geht man von zuhause fort,
Dann von zuhause fort,
Sie werd'n das kennen,
Kannst Dir in der Finsternis,
Ja in der Finsternis
Das Hirn einrennen.
Zündholz und Petroleum
sind hier nicht zu gebrauchen;
deshalb tat sich jeder ein elektrisch Lämpchen kaufen[.]

Refrain:
Glühlämpchen, Glühlämpchen flimm're – flimm're
Glühlämpchen, Glühlämpchen schimm're – schimm're
Führe mich auf rechten Wegen,
Führ mich sicher, nicht daneben.
Glühlämpchen, Glühlämpchen flimm're – flimm're
Glühlämpchen, Glühlämpchen schimm're – schimm're
Flimm're und erlösche nie,
Dös is mei letzte Battrie.

FISCHER: *ab.*

VALENTIN: *tritt auf:* Bombardon-Solo. »Im tiefen Keller sitz ich hier« eigentlich müssts ja heissen steh ich hier. *In der Mitte des Stücks bei dem hohen Ton, murkst Valentin hört einen Moment auf und sagt zu dem Klavierspieler gewendet* »Nur recht batzen – des mag ich« *dann bläst er weiter. Vor den letzten Tönen kommt Schmid herein.*

SCHMID: Valentin, Valentin[.]

VALENTIN: *will sich nicht unterbrechen lassen.*

SCHMID: Herr Valentin eine junge Dame ist draussen und hat diesen Brief gebracht und wartet gleich auf Antwort.

VALENTIN: Ausgerechnet jetzt, das wär doch nicht so wichtig gewesen. Ich hätt doch nur noch einen Ton zum Blasen gehabt. *(Spiel mit Zwicker. Valentin fällt das Couvert hinunter)* Au!

SCHMID: Des kann doch net weh tun.

VALENTIN: Doch, es is mir ja mit der Kanten naufg'falln. *(Schmid hat inzwischen den Brief wieder aufgehoben und Valentin gegeben. Valentin macht den Brief auf.)*
Ach, der is von der. Die schreibt immer gelungen. Des muss ich ihna vorlesen. Nehmens inzwischen Platz.
(Liest Brief vor).
Sagn's Ihr an schönen Gruss und sie soll heut nacht punkt 2 Uhr warten. Aber pünktlich muss 's sein.

SCHMID: Ja – und wo?

VALENTIN: Des is doch wurscht. *(Valentin bläst letzten Ton – Schmid mit Brief ab).*

Fischer u. Schmid treten auf.

VALENTIN: I' hab' mich heut scho so geärgert.

FISCHER: Ja, warum denn?

VALENTIN: Über mei' Schwester – i' hab' nämlich heut früh um 7 Uhr Namenstag oder Geburtstag g'habt

FISCHER: Da gratulier ich recht herzlich *(die anderen Musiker gratulieren Valentin ebenfalls, wobei Valentin, nachdem er alle bereits die Hand geschüttelt hat, nochmals von vorne anfängt und schliesslich einem Zuschauer auch noch die Hand drückt.[)]*

FISCHER: Ja und warum hast Dich da geärgert.

VALENTIN: Mei Schwester – die is nämlich Kunstgewerblerin – und die hat mir ein Präsident – Present gemacht und zwar ein Taschentuch.

FISCHER: Ein Taschentuch? Das ist doch ein feines Geschenk. Das kann man doch immer brauchen.

VALENTIN: Nein, das eben nicht.

FISCHER: Das versteh ich nicht.

VALENTIN: *[(]zieht ein gehäkeltes Taschentuch mit grossen Löchern aus der Tasche) Meine Schwester hats ja gehäckelt. (alle lachen)*

Valentin steckt die Finger durch die Löcher des Taschentuchs, markiert das Schneuzen und holt dann ein richtiges Taschentuch heraus, mit dem er die anscheinen[d] voll gewordenen Fingerspitzen abtrocknet.

FISCHER: Und jetzt der Gardeleutnant. Achtung, ganze Abteilung, Marsch *(Valentin trommelt einige Zeit und sagt dann* »zu gut darf i' gar net trommeln, sonst hört's einer und i' muss auch noch einrücken«.[)]

Gardeleutnant. 1. Strophe und Refrain.

Valentin lässt den Refrain wieder und immer wieder wiederholen, da es den Leuten angeblich so gut gefällt. Fischer ab.

VALENTIN: Heutzutag muss ma seine Mitglieder scho' ausnützen. Und jetzt kommt das Heldengedicht: der 30-jährige Krieg. *(Manchmal Ansprache)* Krieg in Erinnerung – Urgrossvater wenn er 300 Jahre früher auf die Welt gekommen wäre – Tempo früher drauf gehabt – gute Kanoniere – Kugeln – Kanoniere gut gezielt, aber schlecht getroffen – da war einmal ein Sturm auf 2 Türme – auf den Südturm und den Nordturm und da hat der Kanonier auf den Südturm gezielt und den Nordturm hat er getroffen. Wias ihn nach der Schlacht dann recht dableckt ham, hat er g'sagt. Ja mei, bei dem Wind. – – – So, sie müssen mir jetzt da bei der Regie a' bissl behilflich sein. Ham' Sie weite Fluren oder weite Auen?

SCHMID: Na.

VALENTIN: Könnens ma a Trommel leihen?

SCHMID: Ham' mer.

VALENTIN: Na' kan Hammer, sondern eine Trommel.

SCHMID: Des moan i' ja.

VALENTIN: Warum sagn's nachher Hammer?

SCHMID: Haben wir.

VALENTIN: Ja, das is was anders. Sinds doch net so gschert! Mir ham doch auch Norddeutsche Zuschauer. *(Valentin probiert die auf der Bühne stehende grosse Trommel, anschliessend daran die kleine Trommel, bei der er sagt* »Die kommt gar nicht in Frage. Ham's net no a andere.[«)]

SCHMID: Ja vielleicht unsere kleine Feldtrommel?

VALENTIN: Des is ganz wurscht, entweder a Feld- oder a Wiesentrommel.

SCHMID: *bringt kl. Felltrommel.*

VALENTIN: *(probiert)* die is so trommelmässig.

SCHMID: Des is ja a Trommel.

VALENTIN: A so, deswegen – kann scho sein. *(probiert wieder die ersten zwei Trommeln, wobei er bei der kleinen sagt* »die kommt nicht in Frage.«[)] Wissens die grosse Trommel wär im Klang scho' recht, aber die is wieder net zeitgemäss angestrichen. Es war einmal. Habn's net no eine?

SCHMID: Na nehma mei alte.

VALENTIN: Is scho recht – der hau i auch nauf. *(Schmid bringt ganz alte Trommel)* o mei, die war ja wirklich scho beim 30-jährigen Krieg dabei – die is ja ganz derfeit – da wäre ma scho' lieber gwesn, die hättens mir net reingebracht.

SCHMID: Ja dann ham wir nur unsere schöne Konzerttrommel.

VALENTIN: Schön braucht's net sein. D' Hauptsach is, dass sie gut klingt. *(Schmid bringt die Trommel)* a, die is ja verbronzt! Wer hat denn die angebronzt? *(Schlägt drauf)* Na, des is auch net s'richtige. Habn's kei solche, wie bei der Wachtparade – a Pauke – oder wia ma die heisst. *(Schmid bringt Pauke)* Die is recht. *(schlägt sehr fest drauf – Publikum erschrickt)* Da braucha's net derschrecke, die wo so herkommen, *(streckt seinen Arm nach der Seite aus)* machen nix, nur die von oben kommen. *(will alle Trommeln noch einmal versuchen)* Jetzt kann i' die nimmer probiern, weil's so nah an der andern steht. Bleib' mer bei der (*Pauke*). *(nimmt Gedicht – setzt Zwicker auf und erklärt Schmid leise etwas)* Net zuhörn – des is privat – sie können sich ruhig dazwischen unterhalten usw. *(zu Schmid)* Habn's mich verstanden?

SCHMID: Ja[.]

VALENTIN: *(eindringlich)* Habn's mich wirklich verstanden?

SCHMID: Ja natürlich.

VALENTIN: Ausschauen tun's nämlich, wie wenn's mich net verstanden hätten. *(Schmid geht mit der Trommel)* Hallo hallo[.]

SCHMID: Was is denn?

VALENTIN: Sie sind ein schrecklicher Mensch. Was hab ich Ihnen denn gsagt. Sie sind ja zum Kotzen. Mit was wollens den Trommeln. Mit die

Ohrwaschel vielleicht, *(Schmid kommt zurück und holt den Trommelschlegel bzw. Valentin hat den Schlegel in der Hand – zu Schmid)* sind Sie am Kopf sehr empfindlich?

SCHMID: Ja furchtbar.

VALENTIN: So dann hau i's Ihna net nauf.

SCHMID: Was man nicht im Kopf hat, hat ma in die Füss.

VALENTIN: Sie ham im Kopf nix und ham in die Füss nix, sie ham nirgend's nix. Reden's net soviel – tragens mehr[.]

SCHMID: *(murmelt etwas vor sich hin)*

VALENTIN: murrens net – sind's froh, dass Sie in dieser schweren Zeit eine Beschäftigung ham. – – – – – Hallo, gehn's noch amal her!

SCHMID: *(kommt mit Trommel nochmals zur Bühne vor)* Was is denn.

VALENTIN: *(schaut die Trommel an)* Ja des is scho die richtige. *(hebt die kleine Felltrommel auf)* ich hab' g'meint, Sie ham die mitg'nommen. *(Schmid geht wieder zurück)* Also ganz naus in d'Küch. *(zum Klavierspieler)* Gell, Sie tun's a bissel melodramisch untermalen. – Sind's draussen.

»Der 30-jährige Krieg.«
Aus grosser Zeit stammt mein Gedicht,
Ich nenn des Kaisers Namen nicht,
Auf weiten Fluren, auf weiten Auen,
Soweit die Augen konnten schauen,
War Kampf u. Schlacht u. Schlacht u. Kampf
Mit Schwertgeklirr und Pulverdampf.
So ging das dreissig Jahre lang – von Anfang an.
Doch jeder Anfang nimmt sein Ende
Und plötzlich kam des Schicksals Wende.
Von Ferne dröhnt der letzte Schuss *(horcht –) Trommelschlag*
Der Krieg war aus – s'war Friedensschluss.

SCHMID: *[(]bringt die Trommel wieder)* Des is ja unglaublich – wegen dem einen Schlag ....

VALENTIN: Der Schuss war noch zu laut.

SCHMID: Ach des verstehen Sie net. Des is eben Regie.
(Trommeln werden von der Bühne weggeräumt.)

VALENTIN: (*In der ersten Zeit kam hier herein noch der Kunstpfeiffer v. K. Valentin – der jedoch später je nach Belieben gebracht wurde*)
So jetzt kommt ein ganz seriöses Lied zum Vortrag. Ich bitte die Herrschaften dabei nicht zu lachen – denn sie geben sich da nur selbst eine Blese. (Blöse)

»Die vier Jahreszeiten«
Am Klavier Herr ....
Wie herrlich is' doch im Frühling .....

Wie herrlich is' doch im Sommerrr ....
Wie herrlich is' doch im Herrrbst ....
Wie herrrlich is' doch ......
Sie ham a' Ausdauer *(ab)*
(tritt wieder auf)

VALENTIN: Sie ham a' Ausdauer und ich hab an Mut. Denn wenn jemand so a Lied sing – der g'hört direkt nausgschmissen. Aber Sie können mich ja net aus mei'm eigenen Laden nausschmeissen. – ja, was wollt ich Ihnen jetzt noch erzählen? *(redet minutenlang von einem Witz, den er dann doch nicht sagt – wir deutschen Komiker fürchten nur Dachau, sonst nichts auf der Welt usw. bis ihm endlich einfällt, was er eigentlich sagen wollte und zwar* »15 Minuten Pause[«].

SCHLUSS.

Ausgelassene Witze:

x 1: Des is' doch ganz wurscht, ob die Leut mitsingen oder net. Die Hauptsach is, dass sie drob'n 1.70 Eintritt bezahlt haben.

x 2: 1000000 Räusch sind dies' Jahr in's Wasser g'falln[.]

x 3: Da müssen's aber ganz ruhig sein, sonst hören's nix.

x 4: Wenn's jetzt die Trommel naustragen, dann gehn's gleich selber mit. Passen's aber auf, und haun's 's keim Gast oft nauf.

2. Variante: T[5].

Die alten Volkssänger-Musikanten

v. Karl Valentin

Auftritt: die Musikanten voran – ordnen ihre Instrumente – Valentin kommt etwas später – die Arme verschränkt –

SCHMID: [P]ack mas wieder – *(erblickt Valentin)* je – da kimmt er ja! *alle anderen schauen auf Valentin.–*

VALENTIN: ja – i war krank – jetzt bin i wieder gsund[.]

SCHMID: so so – na is ja recht – aber was machst denn mit den Armen für ein Gstell –

VALENTIN: der Dr. hat gsagt – i soll mich halten – *(alle lachen) (Valentin hält eine Begrüssungsansprache –)* Werter Zuschauerraum – Zuschauer – wir waren in Friedrich – a Friedenszeiten 80 Mann philharmon. Orchester – infolge des eingeschlichenen Krieges haben 76 philharm. Musiker-Männer einrücken müssen – wollten – mussten – *(zählt zusammen)* sind wir bloss mehr 4 Mann – wenig harmonisches Orchester – wir leisten aber auch etwas – wenn wir auch nur mehr ein Pamperlorchester sind – *(Mitglieder murren) Valentin verspricht sich immer mehr* – – reden kann ich nicht gut – auswendig lernen hätt ich es sollen – aber was nützt das reden: Taten wollen wir sehen: fanget an:

(Musiker richten sich auftaktmässig her –)

VALENTIN: *sitzt auf einem Hocker – spricht:* wo is denn jetzt die Lehni –

SCHMID: was für a Leni – unsere blonde Kassierin.

VALENTIN: *deutet auf die mangelnde Stuhllehne* – na die Lehne!

(alles ruft ja so – geben ihm einen Stuhl.[)]

VALENTIN: [(]*setzt sich – nimmt Bombardon auf – rutscht am Stuhl ab – Musiker helfen ihm wieder gerade sitzen)*

VALENTIN: *er schimpft:* Ihr seid nette Kollegen – lassen einem runterfallen – da hilft ma einem doch – der druckt mir ja an Magen ab – saubere Kollegen seids – pfui-Teifi: Bravo.

SCHMID: Du bist guat – der schimpft uns no zsamme – mir ham dir doch gholfn[.]

VALENTIN: ja – wie ich schon runtergfalln war –

SCHMID: mir können Dir doch nicht schon heraufhelfen – wo Du doch noch gar nicht runtergfalln warst – so gscheit sollst doch schon sein[.]

VALENTIN: *grantig* – na – so gscheid bin ich eben net[.]

SCHMID: Ja davon bin ich überzeugt[.]

VALENTIN: Ach leck – war das Schiff dann ging es unter. *sagt an:* Defiliermarsch – v. Scherzer.

(der Marsch wird gespielt. Nach Schluss des Marsches stülpt Valentin den Bombardon über Frl. Fischer diese schreit auf –)

VALENTIN: ja du Milzl – du bist do allwei da drübn gsessn –

FRL. FISCHER: ich war immer da gsessn – das is a Unverschämtheit – da erstick ich ja –

VALENTIN: dös werd net so gfährlich sein –

SCHMID: na – gib halt a bisl obacht –

FRL. FISCHER: *schimpft noch weiter*

VALENTIN: morgen lass i Fenster in Bombardon neimachen –

SCHMID: wenn du an Anstand hättest – dann tätst Dich entschuldigen.

VALENTIN *ganz kurz:* ich hab koan. – *(alle tun entrüstet darüber)*

FRL. FISCHER: *tritt vor spricht:* Das Lied vom munteren Rehlein.

VALENTIN: a ja – geh lass rein – dann ham ma was zfressn –

FRL. FISCHER: *bittet Publikum um mitsingen.*

VALENTIN: *[(]rät ab – da die ja einen Eintritt bezahlt haben. Frl. Fischer besteht drauf Das Lied wird gesungen und gespielt)*

FRL. FISCHER *zu Schmid:* wie gehts Deiner Tochter!

VALENTIN: ja wie gehts denn eigentli Deiner Tochter – hats scho entbunden –

SCHMID: ja[.]
VALENTIN: so so – ja was is dös – was hats denn krieagt – a Kind oder a Mädel –
SCHMID: a Mädel[.]
VALENTIN: Wann?
SCHMID: Vor 3 Tagen –
VALENTIN: so – ja wie gehts denn der Muatter – liegts no im Bett! –
SCHMID: geh – vor drei Tag –
VALENTIN: ja ja – da sans meistens drauf no recht mied – Du – wennst dei Tochter siehst – na sagts an schöna Gruass – sie soll sich ja recht halten, dass koan Rückfall net krieagt. – *(alles lacht)*
VALENTIN: *zu Klavierspieler:* Du pass auf – du bist doch fast a Musiker – was is denn dös für a Melodie – dö summt ma allweil im Kopf rum – – *spielt auf der Trompete langsam vor – niemand kennt die Sache –*
VALENTIN: *frägt das Publikum –:* wenn ich das schnell spiele, dann kennt das Stück a jedes – *(spielt Schäfflertanz alles ist entrüstet[)].*
FRL. FISCHER: jetzt bringen wir den Bummel-Petrus.
VALENTIN: da brauchen mir nur den Refrain mitspielen. – i konns nimmer –
FISCHER: ich geb schon das Zeichen –
FISCHER: *singt*
VALENTIN: *kommt mit dem Einsatz zu spät. Schmid schimpft zu ihm hinüber. – Valentin macht boshafte Grimassen. – Zwischen den Strophen frägt er die Musiker – wann er mitspielen soll. – Zweite Strophe dasselbe – er kommt wieder zu spät – Schmid schreit ärgerlich zu Valentin hinüber. –*
FISCHER: *schimpft ebenfalls ärgerlich, dass die 2 streiten und sagt:* so gscheert –
VALENTIN: dös wenn i ghört hätt – *schimpft zu Schmid zurück* – der mit seiner Wichtigmacherei – drum habns [ihn] in der Fachschaft nausgschmissn –
FISCHER: *schreit* Ruhe – *und kündigt das Lied Glühwürmchen an. – Valentin u. Schmid streiten leise weiter – plötzlich steht Valentin auf – geht zu Schmid und gibt ihm eine Ohrfeige. – grosser Lärm Schmid schreit –*
DIREKTOR: *kommt* – was [ist] denn da los –
VALENTIN: der hat schon lang oane braucht –
DIREKTOR: *frägt Schmid – wer schuld ist – dieser lehnt ab.*
VALENTIN: der hat mi a Sau ghoassn –
SCHMID: is net wahr –
VALENTIN: jawohl – wenn er wenigstens bloss Schwein gsagt hätt – aber a Sau hat er gsagt – obwohl ich derjenige war – der wo an Ventilator glei aufgmacht hat.
VALENTIN: *geht schimpfend ab.*
FISCHER: *singt Glühwürmchen – 2 Strophen.*
VALENTIN: *tritt auf. – Spielt Bombardon-Solo Schmid unterbricht mit Brief.*

Valentin will sich nicht unterbrechen lassen – da er noch einen Ton zu spielen hat. – Schmid besteht auf Lesen und Beantwortung des Briefes.

VALENTIN: *Spiel mit Zwicker und Couvert-Brief u. Taschentuch. liest Brief* Die Dame soll heut Nacht punkt 2 Uhr warten –

SCHMID: jawohl – wo!!

VALENTIN: das is mir wurscht. –

Schmid mit Brief ab. Hierauf folgt der Garde-Offizier

FISCHER *kommandiert:* Achtung!

VALENTIN: *trommelt – unterbricht:* so guat derf i net trummeln, sonst hörts jemand – dann muass i a no einrücken. –

Nach dem Stück – das Valentin beliebig wiederholen lässt – kommt das Heldengedicht: der 30 jährige Krieg.

VALENTIN: *Ansprache – Krieg in Erinnerung – Urgrossvater – wenn er 300 Jahre früher auf die Welt gekommen wäre – – Tempo – aber gute Kanoniere Sturm auf 2 Türme – gut gezielt – schlecht getroffen –*

VALENTIN: *braucht Requisiten zu Schmid* – leihens mir a Trommel –

SCHMID: *zeigt auf dieselbe –*

VALENTIN: *paukt* – habns keine andere –

SCHMID: *bringt kl. Feldtrommel –*

VALENTIN: die is so trommelmäßig –

SCHMID: no – dös is doch a Trommel –

VALENTIN: jaso – ja ja – ah – deswegn – die grosse Trommel wär scho recht – aber die is net zeitgemäss angstrichn. –

SCHMID: *bringt nun noch eine andere –*

VALENTIN: *klopft wieder alle ab* – die kleine kommt nicht in Frage – hams koa andere[.]

SCHMID: na nehma[S'] mei alte –

VALENTIN: Eahna alte – ja die hau i a nauf[.]

SCHMID: *bringt ganz grosse –*

VALENTIN: *grosser Schlag – Erschrecken des Publik.*

VALENTIN: die von der Seite kommen – brauchas net fürchtn – aber die von oben. *ist mit der letzten Trommel zufrieden – Sagt Schmid, was er zu tun hat. – Dieser bejaht –*

VALENTIN: hams sies verstanden[?]

SCHMID: ja –

VALENTIN: ausschaugn teans grad net, wia wenn sies verstanden hätten.

SCHMID: *geht ab.*

VALENTIN: *schreit ihn zweimal zurück.*

SCHMID: *murrt.* –

VALENTIN: murrens nicht – sans froh – wenn's in der schweren Zeit a Beschäftigung ham. –

(Valentin liest Heldengedicht Schmid wartet umsonst auf weiteres – geht schimpfend ab.[)])

VALENTIN: *schreit Schmid – ob er Waschschüssel – Wasser – Handtuch und Seife habe. – Schmid holt dieses. –*

VALENTIN. *wäscht sich nur 2 Finger. Witz betr. Seifenmangel. Witz betr. des Ordens.*

(Hierauf folgt Kunstpfeiffen.)

VALENTIN: *bringt als Abschluss das Lied der Vier Jahreszeiten.*

– 10 Minuten Pause –

Hierauf Ritter Unkenstein in 2 Akten

– 10 Minuten Pause –

No. 14 Ansage von Otto Zagler
15 Anny Fischer singt moderne Lieder
16 Otto Zagler singt Wiener Lieder
17 Lustige Lichtbilder v. K. Valentin
18 Die Ahnfrau erscheint
Lautsprecher Achtung! Achtung!
19 Führung durch das Lachgewölbe

Entstehung

Laut Untertitel von T^3 wurde der vorliegende Text »vom 16. Oktober bis einschl. 5. Dez. 39« gespielt, so daß sich die folgende Szene »Volkssänger in der Ritterspelunke« (gespielt ab 6. 12. 1939) unmittelbar daran anschließt. (Das Datum im Untertitel von T^1, T^2, T^4 »... bis 5. Dezember 1940« kann nicht zutreffen, da am 5. 6. 1940 die letzte Vorstellung in der »Ritterspelunke« stattfand; vgl. Entstehung »Die Ahnfrau« [268]).

Stellenkommentar

74,13 *Das Philharmonische Orchester*] T^4 hat den handschriftlichen Zusatz: »Volkssänger in der Ritterspelunke«.

74,20 SCHMID] Peter Schmid (keine Lebensdaten ermittelt), Spielpartner Valentins; s. Lutz, S. 64 ff.; vgl. Schulte 1982, S. 187, und Brief Nr. 155 (Sämtliche Werke, Bd. 6, S. 151).

74,28 f. *eingeschlichenen Krieges*] Am 1. 9. 1939 hatte mit der dt. Aggression gegen Polen der Zweite Weltkrieg begonnen. Am 16. Oktober 1939, dem ersten Tag der Vorstellungsserie »Das Philharmonische Orchester«, erklärte das Oberkommando der Wehrmacht den Polenfeldzug für abgeschlossen. Seit 3. 9. 1939 befand sich Deutschland auch mit England und Frankreich im Krieg.

74,32 f. *Bamperlorchester*] Bayer.: mickriges Orchester; vgl. o. 191 (21,16).

75,8 *Bombadur*] Verballhornung von ›Bombardon‹ (Tuba) und Anspielung auf die Geliebte des frz. Königs Ludwigs XV., die Marquise de Pompadour.

75,25 *Defiliermarsch von Scherzer*] »Bayrischer Defilier-Marsch« von Adolf Scherzer (geb. 1815, gest. 1864).

75,27 *Frl. Fischer*] Annemarie Fischer (geb. am 22. 12. 1917 in München, gest. am 22.6. 1988 ebda.) war die Partnerin K.V.s zwischen 1939 und 1941, als Liesl Karlstadt wegen psychischer Probleme nicht auftreten konnte.

75,29 *Milzl*] Bayer.: ›Melz‹ = (lediges) Mädchen (nach Schmeller I, Sp. 1597, »im Süden des Chiemsees« üblich).

76,6 *Lied vom munteren Rehlein*] Angekündigt wird der 1938 herausgekommene Schlager »Das kannst du nicht ahnen« von Karl Berbuer (geb. am 26. 7. 1900 in Köln, gest. am 17. 11. 1977 ebda.).

76,13 ff. *Am stillen Waldesrand – munter ein Rehlein stand ... dem Liebchen schrieb*] Wörtliches Zitat des Schlagertextes.

77,11 *Schäfflertanz*] Vgl. o. 256 (247).

77,13 *Bummel-Petrus*] 1920 herausgekommener Schlager von Max Werner-Kersten (geb. am 7. 7. 1880 in Berlin, gest. am 14. 1. 1948 ebda.), Text: Hermann Frey (geb. am 1. 7. 1886, gest. am 5. 3. 1948).

77,16 ff. *Ueberall herrscht grosse Kohlennot ... Petrus laut das Liedchen vor*] Wörtliches Zitat des Schlagertextes.

78,25 *Streit*] Vgl. Sämtliche Werke, Bd. 2, S. 328 f.

79,1 f. *»Glühwürmchenidyll[«] von Paul Linke 2. Strophe, Text von Karl Valentin*] Vgl. das Couplet, Rep. Nr. 186, »Glühwürmchen-Idyll« (Sämtliche Werke, Bd. 2, S. 146 f.). Paul Lincke (geb. am 7. 11. 1866 in Berlin, gest. am 3. 9. 1946 in Clausthal-Zellerfeld) war ein überaus erfolgreicher Komponist unzähliger Schlager, Couplets, Revuen, Operetten (»Frau Luna«; 1899), Filmmusiken und Märsche.

80,17 *»Im tiefen Keller sitze ich hier«*] Trinklied von Ludwig Fischer (geb. am 19. 8. 1745 in Mainz, gest. am 10. 7. 1825 in Berlin) auf einen Text von Karl Müchler (geb. 1763, gest. 1857).

80,24 *Inhalt des Briefes siehe Reportoir Nr. ....*] Es ist unklar, woran K. V. hier gedacht haben mag; möglicherweise: »Ein komischer Liebesbrief«, Rep. Nr. 20, Sämtliche Werke, Bd. 1, S. 21; zur Gattung des »komischen Briefes« vgl. Nachwort, in: Sämtliche Werke, Bd. 6, S. 367 f.

80,30 f. *der Garde-Offizier*] »Adieu, mein kleiner Gardeoffizier« ist ein Marschlied op. 557 von Robert Stolz (geb. am 25. 8. 1880 in Graz, gest. am 27. 6. 1975 in Berlin), das durch seine Verwendung in dem Tonfilm »Das Lied ist aus« (1930; Regie: Geza von Bolvary) zum Schlager wurde.

80,35 f. *muss ich auch noch einrücken*] K. V. war wegen seines lebenslangen Asthmaleidens weder im Ersten noch im Zweiten Weltkrieg Soldat.

81,3 ff. *Und eines Tages ... und der Marschall sagte leise*] Wörtliches Zitat des Schlagertextes.

82,7 *Solovortrag »Der 30 jährige Krieg«*] S. »Der Dreissigjaehrige Krieg« (vorliegender Band, S. 98).
82,11 ff. *Wasser, Waschschüssel... Kunstpfeiffen*] Vgl. »Bringen Sie mir eine Waschgelegenheit« und »Eigene Witze über Kunstpfeifen« (vorliegender Band, S. 106f.).
82,17 *Lied der vier Jahreszeiten*] Vgl. das Couplet, Rep. Nr. 39, »Die vier Jahreszeiten« (Sämtliche Werke, Bd. 2, S. 96).
82,22 *»Ritter Unkenstein«*] Dieses Stück, Rep. Nr. 185, (Sämtliche Werke, Bd. 5) wurde am 6. 12. 1939 in der »Ritterspelunke« uraufgeführt und über hundert Mal gespielt.
82,27 *Otto Zagler*] Aus Wien stammender, in der »Ritterspelunke« engagierter Couplet-Sänger (geb. 1905).
82,30 *lustige Lichtbilder*] K. V. hat seit 1928 »komische Lichtbilder« mit grotesken Anzeigen, Gesucht-Gefunden-Texten etc., an verschiedene (Lichtspiel)theater verliehen, die diese im Vorprogramm oder in den Pausen zeigten; vgl. Rep. Nr. 51(a), »Original Lichtreklame«/»Neue Lichtbilder«, und Rep. 164, »Text zu Lichtbilder berühmter Persönlichkeiten« (GW, S. 642–647, bzw. Sämtliche Werke, Bd. 7). Vgl. die Briefe Nr. 187, Nr. 188, Nr. 190 (Sämtliche Werke, Bd. 6, S. 181 ff.).
82,31 *Die Ahnenfrau*] S. die vorige Szene.
82,32 f. *Hierauf Lautsprecheransagen...*] Eine solche Durchsage mit dem Titel »Auf in die Katakomben!« (Rep. Nr. 196) wird unten (289) wiedergegeben.
82,34 *Führung durch das Lachgewölbe*] S. Entstehung »Die Ahnfrau« (268).

T^3

270 *Roth*] Nicht ermittelt.
270 *Brandstätter*] Josef Brandstetter (keine Lebensdaten ermittelt) war Pianist in der »Ritterspelunke«; vgl. Schulte 1982, S. 187.
271 *der dadruckt mir ja's Körbi*] Bayer.: der zerdrückt mir ja das Körbchen (den Brustkorb?).
272 *leider is ja die Wiesn in's Wasser g'falln*] 1938 war das Oktoberfest noch als »Großdeutsches Volksfest« inszeniert worden, 1939–1945 mußte es kriegsbedingt ausfallen. Nach Ersatz-»Herbstfesten« 1946–1948 fand es erst 1949 wieder statt.
274 *a alter Heiter*] Bayer.: ein alter Gaul (der nur noch aus Haut und Knochen besteht).
274 *Hochzeit von Kanaan*] Vgl. Joh 2, 1–12.
274 *Eiss Ferdl*] Anspielung auf den Komiker, Volkssänger und (Film-) Schauspieler Weiß Ferdl (Pseudonym für: Ferdinand Weisheitinger, geb. am 28. 6. 1883 in Altötting, gest. am 19. 6. 1949 in München).
274 *Gondrell*] Adolf Gondrell (Pseudonym für: Grell, geb. am 1. 6. 1902 in

München, gest. am 15.1.1954 ebda.) war Kabarettist, Schauspieler und Conférencier. Er ist u.a. als Ansager in dem Valentin-Film »Der Zithervirtuose« (1934; K.V.s. Filme, S. 138) zu sehen.

274 *Bonbonniere*] 1910 gegründetes Kabarett (Neuturmstr.5). Seit Anfang der 30er Jahre bis zur Zerstörung im Krieg (1944) leitete Adolf Gondrell das Haus; vgl. Brief Nr. 162 (Sämtliche Werke, Bd. 6, S. 158).

274 *gschert*] S. o. 264 (66,29).

275 *Fachschaft*] In der NS-Terminologie Bezeichnung einer Unterorganisation aller zu einer Berufsgruppe Gehörigen. Die Schauspieler waren in der »Fachschaft Artistik« innerhalb der »Reichstheaterkammer«, die wiederum der »Reichskulturkammer« unterstand, organisiert; vgl. Wulf.

277 *dableckt*] Bayer.: verspottet.

278 *derfeit*] Bayer.: verfault.

278 *Wachtparade*] Vgl. Nagler, S. 190: »Wachtparaden sind täglich zwei, etwas vor 12 Uhr, an der Residenzwache in der Feldherrnhalle, und auf der Hauptwache am Marienplatz. Die Regimentsmusiken spielen gewöhnlich drei Stücke, worauf die abgelöste Mannschaft mit klingendem Spiel in ihre Kaserne zurückkehrt.« Vgl. Werner, S. 37f.

279 *Ohrwaschel*] S. o. 238.

280 *redet minutenlang von einem Witz, den er dann doch nicht sagt*] Vgl. den Monolog, Rep. Nr. 46, »Der halberzählte Witz« (Sämtliche Werke, Bd. 1, S. 49).

280 *wir deutschen Komiker...*] »Wir Deutschen fürchten Gott, aber sonst nichts in der Welt«, hatte Bismarck in einer Reichstagsrede am 6. 2. 1888 erklärt.

280 *Dachau*] Zum KZ Dachau vgl. Preis, S. 104ff. K.V.s naive Sicht beleuchtet die Anekdote »Valentins Gruselkeller« bei Eugen Roth, S. 116ff.

T[5]

280 *Die alten Volkssänger-Musikanten*] In fremder Handschrift steht darüber: »Die Volkssänger in der Ritterspelunke«. In Valentins Handschrift steht unter dem Titel: »gespielt in Karl Valentins Ritterspelunke vom 16. Oktober bis 5. [De]z«.

281 SCHMID: *Ja davon bin ich überzeugt* / VALENTIN: *Ach leck – war das Schiff dann ging es unter*] Handschriftlicher Zusatz.

282 *Wann?* / SCHMID: *Vor 3 Tagen –*] Handschriftlicher Zusatz.

284 *– 10 Minuten Pause – ... 19 Führung durch das Lachgewölbe*] Handschriftlicher Zusatz.

Ferner liegt folgende Szenenübersicht vor:

Ritterspelunke

Programm ab 15. Oktober 39.

Valentin kommt heraus – Musiker sitzen auf der Bühne. Valentin hält den Leib umschlungen. (Witz vom Halten) Erklärung von 80 Mann philharmonisches Orchester. – Valentin Dialog mit Schmid (runterrutschen)

DOPPELADLER MARSCH (Bombardon überstülpen) Hat Dei Tochter schon entbunden? Rückfall.

LIED VOM REHLEIN. – hierauf Witz vom Schäfflertanz.

FRL. MITZI FISCHER – Bummelpetrus – Glühwürmchen – 2 Volkslieder mit Zither nach diesem Streit mit Schmid – Ohrfeige – weil der sagt i schaug dem gleich.

IM TIEFEN KELLER. – Bass holen Valentin (Brief) Noch ein Ton – Lunge So jetzt kommt der kleine Gardeleutnant – halt ich muss mich schneuzen, geärgert Schwester Taschentuch geschenkt – gehäckelt

GARDEOFFIZIER hierauf der

30 JÄHRIGE KRIEG von Karl Valentin – Prosa – 4 Trommeln Probe – Gedicht – Witz – Trommel

DIE 4 JAHRESZEITEN.

KUNSTPFEIFER VALENTIN (Händewaschen – Dialog mit Schmid) dann Erzherzog Albrecht Marsch. – (evtl. Geige – Posaune – Zither – Still ruht der See – Sonntag – Witz[)]

10 Minuten Pause.

LIEDERSÄNGER ZAGERL – hierauf durch Lautsprecher

DIE ALTEN RITTERSLEUT (mit der Gitarre gesungen von Karl Valentin ins Mikrophon, Refrain spielt Klavierspieler und Schlagzeuger auf der Bühne mit.)

LICHTBILDER – es bleibt gleich dunkel im Saal und hierauf erscheint die Ahnfrau Fräulein – – – – – – – – – nach dem Dialog der Ahnfrau wird durch Lautsprecher zur Besichtigung aufgefordert (Herr Stöhr am Mikrophon) nach Schluss der Rede erscheint am Eingang der Ritterspelunke der Gugelmann und führt die Besucher ins Panoptikum. Wenn das Publikum das Panoptikum besichtigt hat, kommt sie alle wieder in die Ritterspelunke zurück. Dort empfängt sie gleich Musik und der Sänger singt »Jetzt trink ma noch a Flascherl Wein.[«]
(Witz mit Garderobe vor der Pause.[)]

Textüberlieferung

T¹ Typoskript aus dem Bestand des Rechtsvertreters der Erben Valentins, Rechtsanwalt Gunter Fette, München.

Textgrundlage: T¹.

288 DOPPELADLER MARSCH] Gemeint ist der Marsch »Unter dem Doppel-Adler« op.159 von Josef Franz Wagner (geb. am 20.3.1856 in Wien, gest. am 5.6.1908 ebda.).
288 *Erzherzog Albrecht Marsch*] Marsch op.136 von Karel Komzák (geb. am 8.11.1850 in Prag, gest. am 23.4.1905 in Baden bei Wien).
288 *Still ruht der See*] Lied von Heinrich Pfeil (geb. am 18.12.1835 in Leipzig, gest. am 17.4.1899 in Gohlis bei Leipzig), das K.V. parodierte (Sämtliche Werke, Bd. 2, S. 61).
288 *Sonntag*] S. das Couplet, Rep. Nr. 5, »Romanze in C-Moll« (Sämtliche Werke, Bd. 2, S. 57).
288 ZAGERL] Otto Zagler s. o. 286 (82,27).
288 DIE ALTEN RITTERSLEUT] S. das Couplet, Rep. Nr. 180, »Ja so war'ns die altn Rittersleut« (Sämtliche Werke, Bd. 2, S. 148).
288 *Herr Stöhr*] Nicht ermittelt.
288 *Gugelmann*] Bayer.: Kapuzenmann.
288 *Jetzt trink ma noch a Flascherl Wein*] Populäres Wienerlied von Carl Lorens (s. o. 224 [47,19]).

K. V. hat die Lautsprecherdurchsage, mit der das Publikum der »Ritterspelunke« gegen Ende der Bühnenvorführung zum Besuch des »Panoptikums« aufgefordert wurde (s. Entstehung »Die Ahnfrau«; 268), mit einer eigenen Rep. Nr. versehen; dieser Text lautet:

Auf in die Katakomben!

(Durch Lautsprecher angesagt)

Achtung! Achtung! Jede Grossstadt des Inn- und Auslandes hat irgend eine Vergnügungsstätte, in der das Gruseln als Unterhaltung dient. Auch München hatte einst ein Panoptikum, welches im Jahre 1890 eröffnet und im Jahre 1901 durch eine Brandursache geschlossen wurde. – – – Um auch in München wieder eine Stätte des Humors und des Gruseln's zugleich zu errichten, hat sich Karl Valentin mit seinen eigenen Ideen ein solches geschaffen und der Besichtigung frei gegeben. – – Im Gegensatz zu den grossen Panoptikum's sei von vorne herein bemerkt, dass in Valentin's Panoptikum keine Totengerippe, Särge oder furchtbare Fratzen zu sehen sind, wie sie z. B. auf den sogenannten Geisterbahnen auf den Volksfesten gezeigt werden., denn solche pietätlose Gegenstände haben mit dem Humor nichts mehr gemein. In seinen Katakomben sagt Karl Valentin, geht es nur unheimlich zu und das ist sehr lustig in seiner Art. Zu bemerken sei hiezu nur, dass nervenschwache Personen und auch werdenden Müttern, ferner Personen, die irgend ein körperliches Gebrechen, ein Fussleiden oder dergleichen haben, von dem Besuch der Katakomben Abstand nehmen wollen. Ausserdem möchten wir noch besonders darauf hin weisen, dass das Rauchen in demselben feuerpolizeilich strengstens verboten ist. Also auf!! In die unterirdischen Katakomben, – – der Gugelmann erwartet Sie am Eingang.

Textüberlieferung
T[1] Typoskript im Nachlaß, Theatermuseum Köln-Wahn: Repertoire Nr. 196; Mappe IX (Au 11750).
T[2] Typoskript im Nachlaß, R. Piper Verlag, München: Repertoire Nr. 196.
T[3] Typoskript im Liesl-Karlstadt-Nachlaß, München: Repertoire Nr. 196.
Textgrundlage: T[1].

Stellenkommentar
289 *Katakomben*] Urspr. Bezeichnung einer Talsenke an der Via Appia (bei Rom), später der unterirdischen Christengräber mit zahlreichen Gängen und Kammern, die bis zum 4. Jhd. im Gebrauch waren.
289 *(Durch Lautsprecher angesagt)*] Fehlt in T[2].
289 *das Gruseln*] T[2]: »eine Gänsehaut«.
289 *Auch München hatte einst ein Panoptikum ... im Jahre 1890 eröffnet und im Jahre 1901 durch eine Brandursache geschlossen*] Gemeint ist das »Internationale Handelspanoptikum und Museum«, das der Universitätsplastiker (Hersteller von anatomischen Modellen) Emil Eduard Hammer (geb. am 3. 10. 1865 in Regensburg, gest. am 15. 12. 1938 in München) 1894 in München (Neuhauser Straße 1) eröffnet und zusammen mit dem Schausteller Carl Gabriel (s. o. 199 [23,14]) geführt hatte, das aber wegen eines Brandes 1902 wieder geschlossen werden mußte. Es handelte sich dabei um ein Panoptikum mit Wachsfiguren und »wissenschaftlichen Sensationen« (Abnormitäten, technische Wunderwerke), wie sie zu dieser Zeit u. a. in Paris und London eingerichtet wurden; als K. V. am 21. Oktober 1934 sein erstes Panoptikum im Hotel Wagner (Sonnenstr. 23) eröffnete, übernahm er aus den Beständen des ihn unterstützenden Eduard Hammer fast 50 Kisten an noch vorhandenen Exponaten; vgl. Brief Nr. 65 (Sämtliche Werke, Bd. 6, S. 64), und Glasmeier, S. 118 ff.
289 *Panoptikum's*] T[2]: »Panoptika«.
289 *mit dem Humor nichts mehr gemein*] T[2]: »nicht immer mit Humor etwas zu tun.«
290 *ein Fussleiden oder dergleichen*] T[2]: »Schweißfüße oder ähnliche Gebrechen«.

290 *von dem Besuch der Katakomben*] T^2: »von dem Besuch des Panoptikums«.
290 *in demselben feuerpolizeilich*] T^2: »darin«.
290 *– – der Gugelmann erwartet Sie am Eingang.*] Fehlt in T^2.

Volkssänger in der Ritterspelunke

Textüberlieferung
T^1 Typoskript im Nachlaß, Theatermuseum Köln-Wahn: Repertoire Nr. 183a; Mappe IX (Au 11750).
T^2 Typoskript im Nachlaß, R. Piper Verlag, München: Repertoire Nr. 183a.
Textgrundlage: T^1.

Entstehung
Laut Untertitel von T^1, T^2 handelt es sich um das »Ritterspelunken«-Programm vom 6. 12. 1939 bis zum 5. 6. 1940; vgl. Entstehung »Die Ahnfrau« (268).

Stellenkommentar
83,1 *Volkssänger in der Ritterspelunke*] Handschriftlicher Zusatz.
83,3 *5. Juni*] Handschriftlicher Zusatz.
83,6 ZAGLER] S. o. 286 (82,27).
83,10 SCHMIED] Gemeint ist wohl Peter Schmid; s. o. 284 (74,20).
83,20 *Doppeladler in K Moll*] S. o. 289.
83,22 *Bombardon*] Baßtuba mit drei oder vier Ventilen.
83,24 ROTH] Vgl. o. 286.
83,31 f. *es zwei Stiften*] Bayer.: ihr zwei Lehrbuben (vielleicht vom früher üblichen kurzen Haarsschnitt, bei dem die Haare wie Stifte abstehen).
84,5 f. *I wohn in der Nähe vom Isartor*] Anspielung auf K. V.s Wohnung am Mariannenplatz 4, wo er von 1934 bis zum Winter 1942/43 wohnte.
84,19 *Finsternis*] Anspielung auf die befohlenen Verdunkelungsmaßnahmen.
84,26 *Werkführer*] Durch das »Gesetz zur Ordnung der nationalen Arbeit« vom 20. 1. 1934 eingeführte Bezeichnung für den Betriebsleiter; vgl. Berning, S. 38.
84,27 *Gefolgschaftsmitglied*] In der NS-Terminologie bezeichnete ›Gefolgschaft‹ 1. die Belegschaft eines Betriebes, 2. die Verbundenheit von Führer und Volk bzw. die Gesamtheit des Volkes, 3. eine Unterabteilung der Hitler-Jugend; vgl. Berning, S. 87.
84,32 f. *Lächerlich! Mittagessen bis um halb neun Uhr auf d'Nacht!*] Vgl. den Dialog, Rep. Nr. 273, »Semmelnknödeln« (Sämtliche Werke, Bd. 4).
84,36 *Neuhauser Krone*] Nicht nachgewiesen.
85,31 f. *Da werden wir warm!*] Im 18. Jhd. ist die Bedeutung von ›warm‹

»gefühlvoll«, daneben aber auch »wollüstig«, in der Gaunersprache des 18./19. Jhds. dann »päderastisch« bzw. »homosexuell«.
85,35 *Polizei*] Vgl. dazu K.V.s Brief Nr. 141 vom 24. 2. 1939 (Sämtliche Werke, Bd. 6, S. 134). Zur Zensur während der NS-Zeit vgl. Wulf, S. 17–138, und Breuer, S. 230–239.
85,36 *Schwarz Ferdl*] Anspielung auf Weiß Ferdl; s. o. 286.
85,36 *hab'ns sowieso dick*] Bayer.: können sie sowieso nicht ausstehen.
86,14 *Oktoberfest*] Vgl. 198 und 353 (150,19).
86,15 *Salvator*] Seit 1861 findet alljährlich im »Salvatorkeller« am Nockherberg zu Beginn der Fastenzeit ein feierlicher Starkbieranstich statt; s. Bauer/Graf/Münz, S. 225 f.
86,20 f. *weil man a nix anders mehr hört als wie d'Engländer*] Zur England-Propaganda der NS-Presse 1939/40 vgl. Maser, S. 233 f.
86,36 *Die alten Rittersleut*] S. Sämtliche Werke, Bd. 2, S. 148.
87,15 *mau*] Süddt.: dürftig.
88,5 *arisch*] Der ursprünglich sprachwissenschaftliche Begriff bezeichnete die indogermanischen Einwanderer in Persien und Indien. Durch den frz. Diplomaten und Schriftsteller Arthur Graf von Gobineau (geb. am 14. 7. 1816 in Ville d'Avray, gest. am 13. 10. 1882 in Turin) wurde er zum rassistischen Schlagwort umfunktioniert.
88,23 *z'schnulln*] Bayer.: zerlutschen (im Sinne von: ›kringeln‹?).
89,4 *Meckerer*] Die Propaganda der Kriegsjahre verhöhnte jede Kritik an der schlechten Versorgungslage als »Meckerei«; vgl. Gamm, S. 53 f., und Maser, S. 147 ff.
89,17 *Wenn Sie mich wieder mal wo zufällig treffen....*] K.V. verwendet hier und im folgenden (»Grüßen« ... »Handtasche« ... »Uhr«) Einfälle aus dem Stück, Rep. Nr. 52, »Theater in der Vorstadt« (Sämtliche Werke, Bd. 5).
90,36 *zwickt*] Bayer. (scherzhaft): stiehlt.
91,15 f. *Annemie Fischer*] S. o. 285 (75,27).
91,16 *Soubrette*] Vertreterin eines weiblichen Rollenfachs (die spitzbübische Kokette) in Operette und Singspiel, vor dem 19. Jhd. auch auf der Sprechbühne.
92,1 f. *z'ammgnagelten Schwartling*] Bayer.: zusammengenagelten Bretter (verwandt mit: ›schwer‹).
92,5 *Tepp*] Vgl. o. 266 (70,8).
92,23 *da ist Hopfen und Malz verloren*] Die bekannte Redensart ist seit dem 17. Jhd. nachweisbar.
92,24 *Dünnbier*] »Kriegsbier« mit geringerem Hopfen- und Malzanteil.
93,5 *feist*] In Rep. Nr. 82, »Valentins Jugendstreiche« (GW, S. 142, bzw. Sämtliche Werke, Bd. 7) schreibt K.V.: »Für mich geht die Schönheit einer Frau erst mit zwei Zentnern an.«
93,6 *wacheln*] Bayer.: schwabbeln.

93,7 *schworbat*] Bayer.: schwabblig.
93,10 *rumbretscht*] Bayer. (salopp): herumgehetzt.
93,12 *Boanfraß*] Bayer.: Knochenfraß.
93,26ff. *Sie sind doch kein Frosch / ... Doch! In einer Stund schon!*] Am Silvesterabend 1939 und im März 1940 trat K.V. in der Rolle des »Frosch« in der Operette »Die Fledermaus« im Gärtnerplatztheater auf; vgl. die Szene »Der Fragebogen« (vorliegender Band, S. 101).
93,31 *(Geht ab)*] Dieser Teil der Szenenfolge ist unterschrieben mit dem durchgestrichenen: »Geschrieben von Otto Zagler, Sänger. Mitglied des Karl Valentinischen Künstlerensemble in der Ritterspelunke zu München, Färbergraben 33/München im April, im Jahre der Überraschungen 1940«, darüber findet sich der Zusatz von Valentins Hand: »Text Raubritter Vorspiel: Sie sehn wie hier Figura zeigt«.
94,1 *Zu improvisierendes Singspiel*] Handschriftlicher Zusatz.
94,5ff. *Sie sehen, wie hier Figura zeigt ...*] S. das Couplet »Das kleine Gigerl!« (Sämtliche Werke, Bd. 2, S. 25).
95,26 *Prosa.*] Vielleicht der mit K.V. befreundete Kabarettautor, Conférencier und Theaterleiter Theo Prosel (geb. am 4. 5. 1889 in Wien, gest. am 12. 1. 1955 in München); vgl. Brief Nr. 216 (Sämtliche Werke, Bd. 6, S. 208f.).
96,20 *darenna*] Bayer.: zu Tode rennen.
96,22 *(versucht vergeblich die Posaune wieder in Stand zu bringen)*] Vgl. die Soloszene, Rep. Nr.21, »Ein Posaunensolo mit Posaunenbegleitung« (Sämtliche Werke, Bd. 1, S. 41).
96,26ff. *Potz Blitz und Element...*] Text des Couplets »Die fesche Mizzi«, dessen Verfasser noch nicht ermittelt wurde.
97,31 *»Ritter Unkenstein« (Repertoire 185)*] S. Sämtliche Werke, Bd. 5, u. Entstehung »Die Ahnfrau« (268).
97,33 *»Moritat von der Strassenbahn«*] S. »Moritat Margareta bei der Straßenbahn« (Sämtliche Werke, Bd. 2, S. 113).
97,35 *Ahnfrau erscheint*] S. die Szene »Die Ahnfrau« (vorliegender Band, S. 72).
98,1f. *Lautsprecher verkündet...*] S. o. »Auf in die Katakomben!« (289).
98,4 *Gugelmann*] S. o. 289.

Auf einem T^1 beigelegten Blatt findet sich die folgende handschriftliche Programmfolge für den zweiten Teil der Vorstellung: »(Hierauf.) Ritter – Unkenstein No.185 1 Akt/in 2 Aufzügen Dann Moritat (-Straßenbahn) (Frl Fischer) Otto Zagler (Lieder) Ahnfrau erscheint (spricht [...] Lautsprecher verkündet eine Mahnung an das Publikum, die Valentins Lachgewölbe besuchen wollen Der Gugelmann erscheint und es folgt die Führung durch die Lachgewölbe«.

Der Dreissigjaehrige Krieg

Textüberlieferung

T[1] Typoskript im Nachlaß, Theatermuseum Köln-Wahn: Repertoire Nr. 183; Mappe IX (Au 11750).

T[2] Typoskript im Nachlaß, Theatermuseum Köln-Wahn: Repertoire Nr. 195 c; Mappe IX (Au 11750).

T[3] Typoskript im Nachlaß, R. Piper Verlag, München: Repertoire Nr. 183.

T[4] Typoskript im Nachlaß, R. Piper Verlag, München: Repertoire Nr. 195[c].

T[5] Typoskript im Liesl-Karlstadt-Nachlaß, München: Repertoire Nr. 183.

T[6] Typoskript im Liesl-Karlstadt-Nachlaß, München: Repertoire Nr. 183.

Textgrundlage: T[1].

1. Variante: T[2].

Der 30jährige Krieg

VALENTIN: Ein Heldengedicht: *Der 30-jährige Krieg.*
(Zur Ansprache:) Krieg in Erinnerung – Urgrossvater, wenn er 300 Jahre früher auf die Welt gekommen wäre – Tempo früher drauf gehabt – gute Kanoniere – Kugeln – Kanoniere gut gezielt, aber schlecht getroffen – da war einmal ein Sturm auf zwei Türme – auf den Südturm und den Nordturm und da hat der Kanonier auf den Südturm gezielt und den Nordturm hat er getroffen. Wias ihn nach der Schlacht dann recht dableckt ham, hat er gsagt: Ja mein – bei dem Wind!
So Sie müssen mir jetzt da bei der Regie a bissl behilflich sein. Haben Sie weite Fluren oder weite Auen?

SCHM. Na.

VAL. Können ma a Trommel leihen?

SCHM. Ham mer.

VAL. Na – kan Hammer, sondern eine Trommel.

SCHM. Dös moan i ja.

VAL. Warum sagns nacher Hammer?

SCHM. Haben wir.

VAL. Ja, dös is was anders Sinds doh net so gschert. Mir ham doch auch norddeutsche Zuschauer *(Valentin probiert die auf der Bühne stehende grosse Trommel, anschliessend daran, die kleine Trommel, bei der er sagt)*: »Die kommt gar nicht in Frage. Hams net no a andere?«

Schm. Ja, vielleicht unsere kleine Feldtrommel?

Val. Dös is ganz wurscht – entweder a Feld – oder Wiesentrommel.

Schm. *(bringt kleine Feldtrommel)*

Val. *(probiert)* Die hat aso an trommelmässigen Klang.

Schm. Dös is ja a Trommel.

Val. A so – deswegen – kann schon sein. *(probiert wieder die ersten zwei Trommeln, wobei er bei der kleinen sagt).* »Die kommt nicht in Frage, Wissens die grosse Trommel wär scho recht, aber die ist wieder nicht zeitgemäss angestrichen. Es war einmal. Habens net no eine?[«]

Schm. Na – nehma mei alte.

Val. Is scho recht – der hau ich auch nauf. *(Schm. bringt eine ganz alte Trommel)* o mei – die war ja wirkliach schon beim 30 jähr. Krieg dabei – die ist ja ganz derfeit – da wärs mir schon lieber gwesen, die hättens mir net reinbracht.

Schm. Ja – dann haben wir nur unsere schöne Konzerttrommel.

Val. Schön brauchts nicht zu sein. D Hauptsach is, dass sie gut klingt. *(Schm. bringt die Trommel)* Ah – die is ja verbronzt. Wer hat denn die angebronzt *(schlägt darauf)* Na – dös is auch net s richtige. Habens keine solche wie bei der Wachparade? a Pauke – oder wia ma die heisst. *(Schm. bringt Pauke.)* Die is recht. *(schlägt sehr fest drauf – Publikum erschrickt)* Da brauchens net derschrecken, die wo *so* herkommen *(streckt seinen Arm nach der Seite aus)* machen nix – nur die von oben kommen. *(will alle Trommeln nocheinmal versuchen).* Jetzt kann i die nimmer probieren, weils so nah an der andern steht. Bleiben wir bei der Pauke. *(Nimmt Gedicht – setzt Zwicker auf und erklärt Schm. leise etwas.)* Nöt zuhörn – das ist privat – Sie können sich ruhig dazwischen unterhalten usw. *(zu Schm.)* Habens mich verstanden?

Schm. Ja.

Val. *(eindringlich)* Habens mich wirklich verstanden?

Schm. Ja natürlich!

Val. Ausschauen tuns nämlich, wie wenns mich nämlich net verstanden hätten. *(Schm. geht mit der Trommel)* Hallo – hallo!

Schm. Was ist denn?

Val. Sie sind ein schrecklicher Mensch. Was hab ich Ihnen denn gsagt. Sie sind ja zum Kotzen. Mit was wollens denn trommeln. Mit die Ohrwascheln vielleicht? *(Schm. kommt zurück und holt den Trommelschlegel, bezw. Val. hat den Schlegel in der Hand, zu Schm.)* Sind Sie am Kopf sehr empfindlich?

Schm. Ja – furchtbar.

Val. So – dann hau i Ihnen net nauf.

Schm. Was man nicht im Kopf hat – hat man in die Füss.

Val. Sie haben im Kopf nix und haben in die Füss nix. Redens net so viel, sondern tragens mehra.

SCHM. *(murmelt etwas vor sich hin)*

VAL. Murrens net – sinds froh – dass Sie in dieser schweren Zeit eine Beschäftigung haben – – hallo – gehns noch amal her!

SCHM. *(kommt mit Trommel nochmal zur Bühne vor)* Was is denn?

VAL. *(schaut die Trommel an)* Ja, dös is scho die richtige. *(Hebt die kleine Feldtrommel auf)* Ich hab gmeint, Sie haben die mitgenommen. *(Schmidt geht wieder zurück)* Also ganz naus in d Küch. *(zum Klavierspieler)* Gell, Sie tun a bisserl dramatisch untermalen. *(zu Schm.)* sinds draussen?

Der 30-jährige Krieg.
Aus grosser Zeit stammt mein Gedicht,
Ich nenn des Kaisers Namen nicht,
Auf weiten Fluren – auf weiten Auen,
Soweit die Augen konnten schauen,
War Kampf und Schlacht und Schlacht und Kampf
Mit Schwertgeklirr und Pulverdampf.
So ging das 30 Jahre lang – von Anfang an.
Doch jeder Anfang nimmt sein Ende
Und plötzlich kam des Schicksals Wende.
Von ferne dröhnt der letzte Schuss *(horcht – Trommelschlag)*
Der Krieg war aus – s war Friedensschluss.

SCHM. *(bringt die Trommel wieder)* Des is ja unglaublich wegen dem einen Schlag ....

VAL. Der Schuss war noch zu laut.

SCHM. Ach – dös verstehen Sie net. Dös is eben Regie.

2. Variante: T[5].

»Der 29jährige Krieg«

THEATERM.: *(hört das, kommt herein und unterbricht Valentin)* Falsch! Sie meinen den 30 jährigen[.]

VALENTIN: 30 Jahre?

THEATERM.: Selbstverständlich, das weiss doch jedes Kind.

VALENTIN: Na, ja, wegen dem einen Jahr, also gut – »der dreissigjährige Krieg« Herr Theatermeister!

THEATERM.: Jawohl!

VALENTIN: Bringen Sie mir eine Trommel.

THEATERM.: Einen Moment! *(bringt eine kleine Kindertrommel)*

VALENTIN: Nein! Sie haben mich unfalsch verstanden, eine grosse Trommel!

THEATERM.: Können Sie auch haben *(bringt eine grosse Trommel mit Schlegel.)*

VALENTIN: Die ist gut *(probiert mit dem Schlegel wie dieselbe klingt)*, die hat nicht den richtigen Ton, vielleicht ist eine andere da?

THEATERM.: Will mal nachsehen *(bringt wieder eine andere grosse Trommel)*

VALENTIN: Die ist vielleicht besser *(probiert wieder)* Jst auch nicht das richtige!

THEATERM.: *(bringt wieder eine)*

VALENTIN: Die könnte eventuell passen *(probiert wieder) der Ton ist etwas besser wie bei dieser (nun probiert Valentin die 3 Trommeln aus, aber er findet, dass keine den passenden Ton besitzt, den er braucht)*

THEATERM.: Ja wir haben nur noch eine ganz grosse[.]

VALENTIN: Die wäre recht[.]

THEATERM.: *(bringt eine Riesentrommel)*

VALENTIN: Die ist die Richtige – grossartig *(probiert dieselbe)* Ausgezeichnet! Stellen Sie diese grosse Trommel im Hintergrund auf, nehmen Sie den Schlegel und *(sagt dem Theatermeister leise etwas ins Ohr)*

THEATERM.: Jst gut – also Sie geben mir das Zeichen?

VALENTIN: Jawohl!

Aus grosser Zeit stammt mein Gedicht
Jch nenne des Kaisers Namen nicht
Jhr wisst es alle: vom Kampf zum Sieg
Es war der dreissigjährige Krieg.
Auf Deutschlands Fluren
Auf deutschen Auen,
So weit die Augen konnten schauen
War Kampf und Schlacht
Und Schlacht und Kampf
Mit Schwertgeklirr und Pulverdampf
So ging das 30 Jahre lang
Von Anfang an – von Anfang an
Doch jeder Anfang nimmt sein Ende
Und plötzlich kam des Schiksals Wende
Von Ferne dröhnt der letzte Schuss *(Bum)*
Der Krieg war aus
s' war Friedensschluss!

3. Variante: T[6].

Der Dreissigjährige Krieg

Solo Vortrag – v. K. Valentin – 1939

Ich kann mich noch gut erinnern an den dreissigjährigen Krieg – – – – – wie unser Lehrer immer davon erzählt hat in der Schul. – Ein Ur-Urgrossvater von mir, der wenn damals um 300 Jahre früher auf d'Welt kommen wär, der wär' noch dabei g'wesen. Ja, ja, damals! Da hat a Krieg noch lang dauert; die hab'n damals noch kein Tempo drauf g'habt. Zu einem Krieg, wo man früher 30 Jahre gekämpft hat, des macht man heute in drei Wochen. – – Früher hab'ns noch mit steinernen Kugeln g'schossen und die hab'n früher gute Kanoniere g'habt; die hab'n ausgezeichnet zielen können – bloss troffen hab'n's nix! Da hab'ns amal eine Festung bombardiert, mit zwei Türmen; auf'n Nordturm hab'ns zielt und an Südturm hab'ns troffen. Dann hab'ns den Kanonier ausg'lacht; na hat er sich verteidigt und hat g'sagt: »Bei dem starken Wind«! – Der dreissigjährige Krieg ist heute noch bei vielen in Erinnerung, besonders bei solchen, die schon dreissig Jahr mit einander verheirat'd sind! Ja! Also anlässlich dieser Rückblicke trage ich ihnen nun ein Heldengedicht vor, betitelt: *»Der dreissigjährige Krieg«*. – Verzeihung, eine kleine Vorbereitung ist nötig. Herr Theatermeister, kann ich eine Trommel haben?

HELDEN=GEDICHT

v. Karl Valentin – 1939

Aus grosser Zeit stammt mein Gedicht;
ich nenn' des Kaiser's Namen nicht.
Ihr wisst es alle: Vom Kampf zum Sieg
es war der dreissigjährige Krieg.
Auf weiten Fluren,
auf weiten Auen,
soweit die Augen konnten schauen
war Kampf und Schlacht
und Schlacht und Kampf;
mit Schwertgeklirr und Pulverdampf
so ging das dreissig Jahre lang
von Anfang an –
Doch jeder Anfang nimmt sein Ende
und plötzlich kam des Schicksal's Wende;

von Ferne dröhnt der letzte Schuss *(Bumm)*
der Krieg war aus,
s'war Friedensschluss.

Entstehung

Eine Fassung dieser »Ritterspelunken«-Szene findet sich bereits innerhalb der Variante T[3] der Szenenfolge »Das Philharmonische Orchester« (16. 10.–5. 12. 1939): s. o. 277 ff.; T[2], T[4] sind weitgehend damit identisch. Die erneute Thematisierung des (»Dreissigjährigen«) Krieges deutet allerdings auf eine Entstehung der vorliegenden Szene im Frühjahr 1940, als das öffentliche Bewußtsein begann, sich auf einen längeren Krieg einzustellen. Der Hinweis am Textende von T[1], T[3] auf das »Schutt wegräumen« ließe sogar eine präzise Datierung dieser Typoskripte auf den 5.6.1940 zu: der erste Tag, an dem Häuserschaden durch feindlichen Luftangriff in München entstand (s. Bauer 1987, S. 38), und gleichzeitig der letzte Tag der »Ritterspelunken«-Vorführungen; vgl. Entstehung »Die Ahnfrau« (268). T[6] trägt im Untertitel das Datum: 1939.

Stellenkommmentar

98,9 *Der Dreissigjaehrige Krieg*] Europäischer Krieg, der 1618 als Religionskampf begann und 1648 mit dem »Westfälischen Frieden«, d. h. einer Einigung zwischen den katholischen und protestantischen Staaten, den Landständen und Fürsten, den Reichsstädten und dem Kaiser, Habsburg und Frankreich endete; zu K. V.s komischer Geschichtsschreibung vgl. o. 229 (49,13 ff.).

98,17 *den letzten zwei Weltkriegen*] Die Anwendung des Terminus ›Weltkrieg‹ auf das aktuelle Kampfgeschehen ist bemerkenswert: Zwar hatte Hitler immer wieder beteuert, der [Erste] Weltkrieg würde nun erst zu Ende gefochten, doch vermied die Propaganda den Terminus wegen der Assoziation mit der Niederlage von 1918 und sprach zunächst lieber von »Blitzkriegen« bzw. ab 1943 vom »Totalen Krieg«.

98,23 f. *sondern nur 29 Jahre gedauert haben*] Gemeinhin wird der Anfang des Dreissigjährigen Krieges mit dem »Prager Fenstersturz« (23. 5. 1618) und sein Ende mit dem Westfälischen Frieden (24. 10. 1648) angesetzt.

99,32 ff. *Es tobte einst ein grosser Krieg...*] Vgl. Rep. Nr. 195 b), »Friedensschluss« (Sämtliche Werke, Bd. 2, S. 196).

100,8 ff. *Wenn Sie Schutt wegräumen, müssen Sie den ganzen Tag um 5 Mark arbeiten*] Die Schuttbeseitigung und Ruinensicherung nach Luftangriffen war Aufgabe der Wehrmacht und des paramilitärischen »Reichsarbeitsdienstes«; vgl. Bauer 1987, S. 32.

T[2]

294 *Der 30jährige Krieg*] Zusatz von fremder Hand.
294 *dableckt*] Bayer.: verspottet.

294 SCHM.] Zu Peter Schmid s. o. 284 (74,20).
294 *gschert*] S. o. 264 (66,29).
295 *derfeit*] Bayer.: verfault.
295 *Wachparade*] S. o. 287.
295 *Ohrwascheln*] S. o. 238.

T^6

298 *des macht man heute in drei Wochen*] Anspielung auf das »Blitzkrieg«-Konzept (Überraschender Angriff starker Panzerverbände mit massiver Luftunterstützung), mittels dessen die polnische Armee im September 1939 tatsächlich innerhalb eines knappen Monats geschlagen wurde. Geprägt wurde der Begriff des »Blitzkriegs« vermutlich von dem Rundfunkpolitiker Eugen Hadamovsky (geb. am 14. 12. 1904 in Berlin, gest. 1944 an der Ostfront).

298 *Auf weiten Fluren, / auf weiten Auen,*] Handschriftlich korrigiert, ursprünglich: »Auf Deutschlands Fluren, / auf deutschen Auen,«. Seitlich neben dem »Helden-Gedicht« findet sich der handschriftliche Zusatz: »Kommt nicht in Frage«.

Eine Hinrichtungsszene

Textüberlieferung

T^1 Typoskript im Nachlaß, Theatermuseum Köln-Wahn: Artikel-Manuskripte (Au 11 751).

T^2 Typoskript im Nachlaß, Theatermuseum Köln-Wahn: Artikel-Manuskripte (Au 11 751).

Textgrundlage: T^1.

Entstehung

Laut einer Anmerkung auf T^1 handelt es sich bei vorliegendem Text um eine Zugabe des »Ritterspelunken«-Programms, so daß von einer Entstehung in der Zeit zwischen dem 17. 7. 1939 und dem 5. 6. 1940 ausgegangen werden muß; vgl. Entstehung »Die Ahnfrau« (268).

Stellenkommentar

100,15 *Eine*] Fehlt in T^2.

100,16 *(Eine unveröffentlichte kleine Szenenskizze von Karl Valentin)*] T^2: »Originaltext v. Karl Valentin – bearbeitet v. Bertl Valentin-Böheim«.

100,19f. *[(]Diese sollte in Valentin's ehemaliger Ritterspelunke als da capo angehängt werden)*] Fehlt in T^2.

100,22 *Armensünderglöckleins*] Im MA wurde bei Hinrichtungen eine Glocke geläutet »für das Seelenheil des Armen Sünders«.

100,23f. *Die beiden Richter (vermummt) nehmen am Gerichtstisch Platz*] Die Anwesenheit des Richters bei der Vollstreckung der Todesstrafe ist zu allen Zeiten und in nahezu allen Kulturen üblich, nicht zuletzt zur moralischen Entlastung des Henkers, der aber in der Regel als einziger vermummt ist; vgl. Leder, S. 133 ff.

100,26 *Fallbeil*] Fallbeile gab es in England seit dem 16. Jhd., im Deutschland des MA hingegen war die Enthauptung durch Beil oder Schwert üblich, wobei im 15. Jhd. verstärkt die sog. ›Dille‹ oder ›Diele‹ zum Einsatz kam: Ein Brett, das zwischen zwei Pfosten auf und ab bewegt werden konnte und das an der Unterseite eine Eisenschneide hatte, worunter der Kopf des Verurteilten lag. Der Henker schlug dann mit einem schweren Schlegel auf das Brett und enthauptete so den Delinquenten.

100,28 ff. *(Dem blassgeschminkten ... die leisen Worte zu:)*] Diese Anweisung lautet in T^2: »Der Scharfrichter (oder die beiden Scharfrichtergehilfen) verbinden dem blassgeschminkten zitternden und angstvoll mit weit aufgerissenen Augen schauenden Deliquenten mit einer schwarzen Binde die Augen, schnallen ihn auf das Fallbeil, kippen ihn um – da spricht der Deliquent die leisen Worte zum Scharfrichter:«.

100,32 *ja*] Fehlt in T^2.

100,33 *amtseifrig dem*] T^2: »zum«.

100,34 *Hoher Gerichtshof!*] T^2: »Herr Richter, (oder Herr Oberstaatsanwalt)«.

100,35 *sagte mir soeben*] T^2: »sagt mir grad«.

100,36 *oder* RICHTER] Fehlt in T^2.

101,3 *Zeugen*] T^2: »Zuschauer«.

101,5 *deshalb*] Fehlt in T^2.

101,5 *die Richtstätte*] T^2: »den Gerichtssaal«.

101,6 *von seinen Augen*] T^2: »herunter«.

101,6 *befreit*] Fehlt in T^2.

Der Fragebogen

Textüberlieferung

T^1 Typoskript im Nachlaß, Theatermuseum Köln-Wahn: Repertoire Nr. 184; Mappe IX (Au 11750).

T^2 Typoskript im Nachlaß, R. Piper Verlag, München: Repertoire Nr. 184.

T^3 Typoskript im Liesl-Karlstadt-Nachlaß, München: Repertoire Nr. 184.

Textgrundlage: T^1.

Variante: T^3.

Fledermaus

Original Text v. Karl Valentin

RECHTSANW.: *(klopft)*
FROSCH: Herein!
RECHTSANW.: Ich kann nicht herein, es ist zugesperrt.
FROSCH: Ein Gefängnis muss zugesperrt sein, sonst laufat'n uns alle Leut 'rein.
RECHTSANW.: Lassen Sie mich doch hinein!
FROSCH: Haben Sie einen Ausweis?
RECHTSANW.: Nein!
FROSCH: Ohne Ausweis darf ich Sie nicht hineinlassen, da müssen Sie zuerst einen Fragebogen ausfüllen[.]
RECHTSANW.: Ich hab kein leeres Fragebogenformular[.]
FROSCH: Das leere Fragebogenformular bekommen Sie bei mir herin.
RECHTSANW.: Ja Sie lassen mich ja nicht hinein[.]
FROSCH: Ja ohne ausgefüllten Fragebogen darf ich Sie nicht hineinlassen.
RECHTSANW.: Zum Donnerwetter wie komm ich denn dann zu einem leeren Fragebogen wenn Sie mich nicht hineinlassen.
FROSCH: Sehr einfach, dann bring ich ihnen halt einen leeren Fragebogen hinaus. Einen Moment, nehmen Sie einstweilen Platz! *(bringt alles hinaus)* So da haben Sie den Bogen, Federhalter, Tinte, Tintendrücker, Lineal und jetzt füllen Sie den Bogen aus. Hier den Datum, wann Sie geboren, wo oft usw. und dann die Unterschrift und wenn Sie fertig sind, dann klopfen Sie mir *(geht wieder hinein und schlägt die Türe zu)*
RECHTSANW.: *(klopft nach 10 Sekunden wieder)*
FROSCH: *(macht Fenster auf und schreit verwundert hinaus)* Ja sind Sie denn schon fertig, das ist ja unmöglich.
RECHTSANW.: Ich kann ja nicht schreiben[.]
FROSCH: Als Rechtsanwalt können Sie nicht schreiben, dann machen Sie halt 3 Kreuzerln.
RECHTSANW.: Das kann ich nicht, ich kann doch nicht am Fussboden schreiben[.]
FROSCH: *(geht zu ihm hinaus und schreit ihn an):* Ja soll ich Ihnen vielleicht an Schreibtisch auch noch bringen?
RECHTSANW.: Sind Sie doch nicht so grib!
FROSCH: Ich bin Beamter!
RECHTSANW.: Was zittern Sie denn so?
FROSCH: Mich friets so[.]
RECHTSANW.: Warum friert es Sie?
FROSCH: Ach das verfluchte Jopaeis!

RECHTSANW.: Aber soviel ich weiss, war doch der alte Frosch immer besoffen, der hat immer Schnaps gesoffen[.]

FROSCH: Ja der hat halt noch oan g'habt. Ja was is jetzt mit dem Fragebogen?

RECHTSANW.: Ja wo soll ich denn schreiben?

FROSCH: Können Sie denn im Liegen nicht schreiben oder schreiben's auf meine Fussohlen. Hier, los! *(zeigt ihm die Fusssohle)* Aber machens mir die Stiefelsohl'n net dreckig.

RECHTSANW.: *(legt Papierbogen auf Fussohle)*

FROSCH: Nicht kitzeln! Schneller, schneller, sonst kriag ich an Krampf. Lassens d'U häuberln, d'Itüpferl und d' Komma weg, dass schneller geht. *(nimmt Fragebogen, liest)*

RECHTSANW.: *(geht heimlich hinter ihm in das Gefängnis hinein und schlägt die Türe zu)*

FROSCH: Jetzt hat er mich nausg'sperrt *(klopft an die Türe)*

RECHTSANW.: Herein!

FROSCH: Ich kann nicht hinein, es is ja zug'sperrt[.]

RECHTSANW.: *(schaut zum Guckerl hinaus)* Ein Gefängnis muss zugesperrt sein, sonst laufat'n ja alle Leut' rein[.]

FROSCH: Machen Sie auf, lassen Sie mich hinein!

RECHTSANW.: Ohne Ausweis darf ich niemand hineinlassen, Sie müssen zuerst einen Fragebogen ausfüllen.

FROSCH: Ich habe keinen leeren Fragebogen[.]

RECHTSANW.: Das leere Fragebogenformular bekommen Sie bei mir herin[.]

FROSCH: Ja zum Donnerwetter wie komm ich denn an das leere Formular wenn Sie mich nicht hineinlassen[.]

RECHTSANW.: Sehr einfach, ich bring Ihnen eins hinaus[.]

FROSCH: Jetzt bringt er mir eins heraus und ich geh schnellm hinein, dann is er wieder herauss' *(wartet an der Türe)*

RECHTSANW.: *(bringt aber den Bogen nicht sondern steckt ihn oben zum Guckerl heraus und sagt dazu)* Hier haben Sie den leeren Fragebogen *(macht Guckerl wieder zu)*

FROSCH: Nun hat er mich überlistet, aber ich werd ihn doch überlisten, ich brauch kein Guckerl und brauch keine Tür, ich lass das Gefängnis hochgehen, durch den Triumph der Technik *(eiserner Vorhang geht hoch, Frosch setzt sich auf die Bank[)])*

Entstehung

K.V. ist am 31.12.1939 und im März 1940 im Gärtnerplatztheater (Staatsoperette) als Gefängniswärter Frosch aufgetreten, einer Sprechrolle in Johann Strauß' (Sohn) Operette »Die Fledermaus« (1874), Libretto: Karl Haffner (Pseudonym für: Schlächter; geb. am 6.11.1804 in Königsberg/Pr., gest. am 29.2.1876 in Wien) und Richard Genée (geb. am 7.2.1823 in Danzig, gest. am 15.6.1895 in Baden bei Wien). Bei der Vorstellung am Silvesterabend 1939 handelte es sich um die Erstaufführung der Inszenierung durch den Intendanten des Theaters, Fritz Fischer (geb. am 16.7.1898 in Backnang, gest. am 9.2.1985 in München); vgl. Brief Nr. 151 (Sämtliche Werke, Bd. 6, S. 145), und Münz, S. 241.

Quellen
Die Operette erzählt die Geschichte des wegen Beamtenbeleidigung zu acht Tagen Gefängnis verurteilten Gabriel von Eisenstein, der auf einem Maskenball, ohne es zu wissen, mit seiner eigenen Frau flirtet. Deren Verehrer Alfred sitzt währendessen für ihn im Gefängnis, da er bei der Verhaftung für Eisenstein gehalten wurde. Der dritte Akt der Operette spielt nun in eben diesem Gefängnis, das zur Stätte der allgemeinen Auflösung und des gegenseitigen Verzeihens wird. Die Nebenrolle des ewig betrunkenen Gefängniswärters Frosch bietet vielfältige Möglichkeiten der Ausgestaltung und wurde deshalb auch von bedeutenden Schauspielern dargestellt (Hans Moser, Paul Hörbiger, Heinz Rühmann, Josef Meinrad, Otto Schenk, Helmut Lohner u.a.).

Stellenkommentar
101,13 *Der Fragebogen*] Darüber steht in K.V.s Handschrift: »bitte abschreiben, und mir wieder zuschicken.«
101,14 *Scenische Einlage zur Fledermaus*] Eine eigene Szene Frosch/Blind ist im Original-Libretto nicht vorgesehen. Da diese Einlage mit dem Öffnen des Eisernen Vorhangs endet, wurde sie vermutlich noch vor dem eigentlichen Beginn des dritten Aktes gespielt.
101,16 *Richard Nagy*] Nicht ermittelt. Darunter findet sich in T^1 der Zusatz: »(Alle Rechte vorbehalten.)«.
101,19 Bl.] Abkürzung für die Rolle des Rechtsanwalts Dr. Blind.
101,32 f. *Heutzutage muss man immer einen Fragebogen dabeihaben*] Nicht ungefährliche Anspielung auf die Ausforschungspraxis der NS-Verwaltung. So wurde etwa gemäß den Nürnberger Rassegesetzen (1935), je nach öffentlicher Stellung des Befragten, ein »kleiner« oder »großer Abstammungsnachweis« bzw. ein »Nachweis der nicht-jüdischen Abstammung« verlangt.
102,11 *das sind meine letzten 60 Punkte*] Anspielung auf das während des Krieges für den Erwerb von Textilien angewandte Punktesystem: für das Jahr 1940 standen einem Erwachsenen »100 Kleider-Punkte« in Form von Bezugsscheinen zur Verfügung, für drei Paar Strümpfe wurden z.B. je 5 Punkte, für das vierte Paar gleich 12 Punkte angerechnet; vgl. Abelshauser, S. 434 f., Preis, S. 142 ff., S. 160 ff., und Maser, S. 226.
102,24 *dann klopfens oder schreien sie mir*] Zusatz in der Handschrift Liesl Karlstadts(?): »Der Federhalter is in Ihre Nüstern«.

103,5 *Jopaeis*] Speiseeis der Firma Josef Pankoffer, München. Es ist ein Kuriosum, daß bis 1942 bei aller Verknappung andrer Genußmittel die Herstellung von Speiseeis weiterhin zugelassen wurde; vgl. Preis, S. 162.
103,15 *Dann schreibens auf meine Schuhsohlen*] Vgl. die Abb. in: Münz, S. 241.
103,23 ff. *(Klopft)... Herein...*] Die hier ansetzende Wiederholung des Szenenanfangs (wenn auch mit vertauschten Rollen) erinnert an das Stilmittel der Zirkularität im Absurden Theater; vgl. Gönner, S. 71–74.
104,17 *Frosch! Guten Morgen, gut geschlafen?*] K. V. verdreht hier den Sachverhalt des Original-Librettos, wo (III,3) Frosch, der seinen Rapport machen möchte, den Direktor schlafend antrifft.
104,23 *»Ueb immer Treu' und Redlichkeit«*] Lied mit einem Text von Ludwig Christoph Heinrich Hölty (geb. am 21. 12. 1748 in Mariensee bei Hannover, gest. am 1. 9. 1776 in Hannover), das nach der Melodie »Ein Mädchen oder Weibchen« aus Mozarts »Zauberflöte« (1791) gesungen wird.

T^3
302 *Fledermaus*] Handschriftlicher Zusatz.
302 *Original Text v. Karl Valentin*] Handschriftlicher Zusatz.

K. V. hat an diesen Einlagen zum dritten Akt der »Fledermaus« mehrmals gearbeitet und sie mit weiteren Einfällen angereichert. Diese werden hier wiedergegeben:

Neue Froschwitze

von Karl Valentin. 1940.

DIR. Frosch! In meinem Büro ist aus meiner Schublade ein Stück Toilettenseife gestohlen worden!
FROSCH. *(erstaunt)* – Naa!! So eine Gemeinheit!
DIR. Man weiss wer der Dieb ist!
FROSCH. *(verlegen)* – Soo?
DIR. Frosch, gib die Seife aus deiner Mütze!
FROSCH. *(zögernd) nimmt die Mütze ab gibt mit gesenktem Haupte die Seife dem Direktor[.]*
DIR, Warum hast du das gemacht?
FROSCH. Ich wollt sie nur meiner Frau zeigen, weil sie schon lange keine mehr gesehen hat.
DIR. Hast du nicht Angst dass du wegen dem Stückchen Seife ins Gefängniss kommst?

Frosch Nein[.]
Dir, Warum nicht?
Frosch Weil ich schon herin bin!

Frosch *(kommt auf den Dir. zu)* Herr Direktor, Sie wünschen?
Dir. Was willst du[?]
Frosch. Haben Sie mir michz gerufen?
Dir. Nicht dass ich wüsste.
Frosch Sie haben mir nicht gerufen?
Dir. Nein.
Frosch. Ja! Soll ich mir selbst gerufen haben? Dann rufens mir wenigstens jezt, damit ich net umsonst reingegangen bin.
Dir. Aber Frosch. Wenn du schon da bist, brauch ich dir doch nicht mehr zurufen!
Frosch. Ja, was soll ich denn dann jezt tun??
Dir. Wieder gehen!
Frosch Wenn's mich aber wieder brauchen, müssen Sie mir extra wieder rufen und jetzt wär ich schon da, da könnten Sie Ihnen das Rufen sparen!
Dir Frosch! Sei doch vernünftig wenn ich nichts brauche, dann rufe ich dir nicht und wenn ich dir nicht rufe dann brauchst du nicht zu kommen[.]
Frosch *(besinnend)* Ja, soll ich dann jetzt warten, bis sie mich brauchen?
Dir Nein, Frosch! du gehst jetzt und wenn ich dich brauche, dann rufe ich dir verstanden!
Frosch Ja, wenn ich mich aber täusche, wie jetzt und ich meine Sie hätten mir gerufen?
Dir Sehr einfach, dann kommst du nicht!
Frosch *(triumpfierend)* Das wollt ich wissen!!!!

Frosch Herr Direktor! Im Ding hinten *(Clo)* da is das Ding da *(zeigt dem Direktor. einen Porzelangriff Ziehen mit ein Stück Messingkettschen)* abgerissen, was soll ich denn da machen?
Dir. *(zornig)* Ja, solls ich vielleicht reparieren?
Frosch Aber Herr Direktor, das ist doch keine Arbeit für sie!
Dir. *(noch zorniger)* Schau dass du hinaus kommst?
Frosch *(Frosch geht ab und schwingt gleichzeitig die Kette mit dem Griff])]*

Frosch *(fängt an dem Gefängnisgitter eine Fliege mit der Hand, natürlich nur Imitatzion, denn man kann nicht alle Tage lebendige Fliegen auf demselben Platz hinsetzen).*
Dir. *(hat das gesehen und schreit erstaunt)* Ja, Frosch! Ich glaub gleich gar, du hast die Fliege gefressen?

FROSCH Für einen Frosch ist das sehr naheliegend[.]
DIR. Hoffentlich hats geschmekt?
FROSCH Voriges Jahr warns besser?
DIR Fliegen gibts immer! deine Ernährung ist sicher gestellt?

FROSCH Herr Direktor, der Gefangene auf Zimmer Nummer 36 lässt Bitten, ob sie ihm den Rest seiner Strafe schenken möchten nachdem er sich sehr gut aufgeführt hat.
DIR. Wie lange sitzt er denn schon?
FROSCH Ein Jahr?
DIR. Ein Jahr sitzt er schon? Und wie lang soll er noch sitzen?
FROSCH Der hat doch lebenslänglich?

Textüberlieferung
T[1] Typoskript im Nachlaß, Theatermuseum Köln-Wahn: Repertoire Nr. 184a; Mappe IX (Au 11750).
T[2] Typoskript im Nachlaß, R. Piper Verlag, München: Repertoire Nr. 184a.
T[3] Typoskript im Liesl-Karlstadt-Nachlaß, München: Repertoire Nr. 184[a].
Textgrundlage: T[1].

Das Mikrofon ist eingeschaltet

Textüberlieferung
T[1] Typoskript im Nachlaß, Theatermuseum Köln-Wahn: Repertoire Nr. 187; Mappe IX (Au 11750).
T[2] Typoskript im Nachlaß, R. Piper Verlag, München: Repertoire Nr. 187.
T[3] Typoskript im Liesl-Karlstadt-Nachlaß, München: Repertoire Nr. 187.
Textgrundlage: T[1].

Entstehung
Laut Untertitel: 1940.

Stellenkommentar
106,6f. *»Du kannst nicht treu sein«*] Schlager von Hans Otten (geb. am 10. 7. 1905 in Köln, gest. am 31. 10. 1942 ebda.) aus dem Jahre 1936.
106,12 SCHMID PETER] S. o. 284 (74,20).

Bringen Sie mir eine Waschgelegenheit

Textüberlieferung

T[1] Typoskript im Nachlaß, Theatermuseum Köln-Wahn: Repertoire Nr. 195; Mappe IX (Au 11750).

T[2] Typoskript im Nachlaß, R. Piper Verlag, München: Repertoire Nr. 195.

T[3] Typoskript im Liesl-Karlstadt-Nachlaß, München: Repertoire Nr. 195.

Textgrundlage: T[1].

Entstehung

Laut Untertitel von T[2], T[3]: 1940; vgl. »Das Philharmonische Orchester« (82,11 ff.).

Stellenkommentar

106,26 *Bringen Sie mir eine Waschgelegenheit*] T[2], T[3] haben noch den Untertitel: »Von Karl Valentin 1940.«

107,5 *Tell Ouverture*] Gemeint ist die Ouvertüre zur Oper »Wilhelm Tell« (1829) von Gioacchino Rossini.

107,7 *oder letzten Teil*] Handschriftlicher Zusatz, fehlt in T[2], T[3].

Eigene Witze über Kunstpfeifen

Textüberlieferung

T[1] Typoskript im Nachlaß, Theatermuseum Köln-Wahn: Repertoire Nr. 195a; Mappe IX (Au 11750).

T[2] Typoskript im Nachlaß, R. Piper Verlag, München: Repertoire Nr. 195[a].

Textgrundlage: T[1].

Entstehung

Aufgrund des Zusammenhangs mit dem vorigen Text und dem Hinweis in »Das Philharmonische Orchester« (82,11 ff.) kann für diese (fragmentarische?) Szene das Entstehungsjahr 1939/40 angenommen werden.

Stellenkommentar

107,13 *Eigene Witze über Kunstpfeifen*] Darüber steht der handschriftliche Zusatz: »da kappo von«.

107,16 *T.*] Vermutlich: »Theatermeister« (vgl. die vorige Szene).

107,33 f. *ich wasche meine Hände mit Unschuld*] Eine biblische Redewendung, sowohl im AT (Ps 26,6, und Ps 73,13), als auch im NT (Mt 27,24).

Moritaten-Saenger

Textüberlieferung

T[1] Typoskript im Nachlaß, Theatermuseum Köln-Wahn: Repertoire Nr. 204; Mappe X (Au 11750).

T[2] Typoskript im Nachlaß, R. Piper Verlag, München: Repertoire Nr. 204.

T[3] Typoskript im Liesl-Karlstadt-Nachlaß, München: Repertoire Nr. 204.

Textgrundlage: T[1].

Variante: T[3].

Valentin – So-lo als Drehorgelmann

(für grosse Bühne)

V: (kommt als Drehorgelmann mit einer grossen Drehorgel, welche auf einem kleinen Wägerl steht, auf die Bühne gefahren. Er hat einen dicken Mantel an, grossen Hut, hat Regenschirm dabei, ein kleines Klappsesserl, eine Pfeife usw.[)]

Er spricht am Anfang kein Wort, es wäre ja auch niemand da, mit dem er sprechen könnte. – Mit aller Umständlichkeit bereitet er nun sein Hofgastspiel vor. Der vierrädige Wagen aber wackelt, da ein Wagenrad etwas grösser ist. Er wählt einen anderen Platz, aber das Wägerl wackelt weiter. Er legt etwas unter, das macht Arbeit, denn er kann sich nicht recht bücken weil ihn sein dicker Mantel geniert. Er zieht densel[b]em aus, aber wohin soll er denselben hängen, auf einem freien Platz gibt es keine Kleiders[t]änder, er klappt den Sessel auseinander, legt den Mantel zusammen und legt denselben auf den Sessel, der Schirm soll auch noch seinen Platz bekommen, aber wo? Er setzt sich auf den Sessel und nun soll das Spiel beginnen, aber die Drehorgelkurbel fehlt – wurde dieselbe gestohlen oder vielleicht ist sie in dem Mantel – richtig sie steckt im Mantel, der da so schön zusammengelegt war, nun hat er sie aus dem Mantel geholt, den Mantel wieder zusammengelegt, auf den Sitz gelegt und nun könnte das Spiel beginnen, aber die Unterlage unter dem einen Rad ist wieder woanders, weil er das Wägerl etwas verschoben hat und das Wägerl wackelt wieder. Wieder muss er aufstehen und die Unterlage unter das Rad stecken; er muss sich wieder von seinem Sitz erheben, der Mantel fällt herunter u.sw.

Endlich könnte das Spiel beginnen, aber trotzdem die Kurbel gedreht

wird, ertönt kein Ton. Er lauscht umsonst, er dreht wieder, aber seine Orgel ist stumm. Ein Fluch »Himmel, Hermann Sappramment!« Er muss aufstehen, der Fehler muss an der Walze liegen. Der Deckel wird aufgeklappt, er schaut in das Innere der Melodienkiste – aber durch seinen grossen Hut welchen er während der Arbeit aufhat, bereitet er tiefen Schatten in der Kiste. Der Hut geniert, runter damit – wohin? gleich am Boden, hernach tritt er auf den Hut. Die dicke Joppe hindert auch, runter damit, ebenfalls die Weste, alles auf den Boden, man schwitzt schon, man ist nun entkleidet bis auf das schmutzige Hemd und die weite Hose, nun an die Arbeit, die beiden Arme hinein in das Innere der Drehorgel, aber im Finstern ist schwer zu hantieren, ein Streichholz genügt, wo ist die Streichholzschachtel? Vielleicht – – im Mantel – – oder in der Joppe? – – oder in der Weste? – – Alle Kleider liegen am Boden – wahrscheinlich im Mantel – 4 Taschen durchsucht, nicht drin, vielleicht in der Weste – 4 Taschen – nicht drin, dann in der Joppe – erste – zweite – dritte – vierte – fünfte Tasche – da sind die Streichhölzer, Gott sei Dank – man schüttelt, verflucht, die Schachtel ist leer. Der Verzweifelte arbeitet nun im Finstern, als alter Organist kennt man ja das Eingeweide seines Instruments genau – also raus mit der Walze – die tonangebenden Zäpfchen der Walze werden geprüft und gezählt, aber ohne Brille wird das nicht gut gehen, wo ist die Brille, wahrscheinlich in der Joppe, flugs die Brille aus der Joppe. Das Ausziehetui aus Pappe wird auseinandergezogen, aber leider zu schnell und die Brille fällt auf den Boden – Glück gehabt – nicht zerbrochen, aber schmutzig – mit Taschentuch wird die Brille geputzt, also wieder ein Zeitverlust, man wird zornig, die Brille ist entzwei. Also los ohne Brille, die Walze wird mit dem Taschentuch nur abgestaubt, wieder eingebettet in die Kiste, der Kasten zugeklappt – einmal an der Orgel gedreht – es hat nicht viel gefehlt, nur eine Kleinigkeit.
Sie war nur etwas verstaubt (Siehe Uhrmacher Handwerk)
Und nachdem man sich nun wieder angezogen hat, den Hut auf den Kopf – alles wieder in Ordnung – das Spiel kann beginnen. Vorher noch einen Schluck Alkohol – das schwarzblaue Taschentuch kommt noch schnell zur Verwendung, streicht den Bart zurecht, verschwindet wieder in der rechten Mantel Seitentasche und die ersten Quetschtöne »Waldeslu-u-u-st – Waldeslu-u-u-st« erfüllen den Hofraum.

Einen Schutzmann hat er damit angelockt »Das Musizieren ist hier verboten«. Nicht enttäuscht und nicht widerwillig verlässt er mit seiner Orgel den Platz und fährt weiter.

Entstehung
Aufgrund des Hinweises auf »die altn Rittersleut« muß diese Szene nach 1939 entstanden sein.

Stellenkommentar
108,18 *Moritaten-Saenger*] Das Wort ›Moritat‹ ist vermutlich durch gesangliche Dehnung von ›Mordtat‹ entstanden und bezeichnet die Lieder des »Bänkelsangs«, d. i. der Gesang der seit dem 17. Jhd. umherziehenden, Schauergeschichten verbreitenden Jahrmarktssänger. Diese standen meist auf einer Holzbank und zeigten mit einem Stab auf eine Bildertafel. Daneben entstand seit dem 18. Jhd. der Bänkelsang als Kunstform (Gottfried August Bürger, Heinrich Heine, Bertolt Brecht); vgl. Glasmeier, S. 34–38; zu K.V.s Moritaten s. a. Nachwort, in: Sämtliche Werke, Bd. 2, S. 413 f.; darüber findet sich in fremder Handschrift der Zusatz: »Der Drehorgelmann«.
108,22 *Zugharmonica*] Ziehharmonika.
108,27 *scheisskra[n]tik*] Bayer. (derb): sehr schlecht gelaunt.
108,32 *Malzschieber*] S. das Couplet, Rep. Nr. 77, »Malz-Schieber« (Sämtliche Werke, Bd. 2, S. 192).
108,36 *Luada*] Bayer.: Luder; bezeichnet ursprünglich eine Lockspeise (Jägersprache), in der Bedeutung ›Aas‹ wird es schließlich zum Schimpfwort.
109,3 *die altn Rittersleut*] S. das Couplet, Rep. Nr. 180, »Ja so war'ns die altn Rittersleut« (Sämtliche Werke, Bd. 2, S. 148).
109,4 *was ma für oane singa*] Bayer.: welche (Moritat) wir singen.

T[3]
309 *(kommt als Drehorgelmann mit einer grossen Drehorgel, ...*] Mit der nun folgenden Aneinanderreihung von Ungeschicklichkeiten greift K. V. auf die Grundidee der frühen Szene »Zither-Solo« (vorliegender Band, S. 13) zurück; vgl. Quellen »Zithersolo. Die Rasenbank« (187).
310 *das Spiel kann beginnen.*] Zusatz in Liesl Karlstadts Handschrift: »der bekannte Blechteller wird auf die Orgel gestellt«.
310 *Waldeslu-u-u-st*] S. o. 238 (54,8).

Auf der Entenjagd

Textüberlieferung
T[1] Typoskript im Nachlaß, Theatermuseum Köln-Wahn: Repertoire Nr. 230a; Mappe XI (Au 11750).
T[2] Typoskript im Liesl-Karlstadt-Nachlaß, München: Repertoire Nr. 230a.
Textgrundlage: T[1].

Entstehung
Um 1940; vielleicht dachte K. V. an eine Aufführung dieser »Circus-

Szene« im Zirkus Krone, wo er im November 1941 auftrat (s. »Der Zirkuskauf«, vorliegender Band, S. 120); vgl. das Filmmanuskript, Rep. Nr. 230, »Die Wildentenjagd« (Sämtliche Werke, Bd. 8).

Die Mutter

Textüberlieferung

T¹ Typoskript im Nachlaß, Theatermuseum Köln-Wahn: Repertoire Nr. 291; Mappe XIV (Au 11750).

T² Typoskript im Nachlaß, Theatermuseum Köln-Wahn: Repertoire Nr. 291; Mappe XIV (Au 11750).

T³ Typoskript im Nachlaß, R. Piper Verlag, München: Repertoire Nr. 291.

T⁴ Typoskript im Liesl-Karlstadt-Nachlaß, München: Repertoire Nr. 291.

Textgrundlage: T².

Entstehung

Laut Untertitel von T¹, T², T³, T⁴: 1940; vgl. die Schallplattenaufnahme vom 19. 11. 1940 (Berswordt, S. 308).

Quellen

S. »›Der Wilddieb‹ oder Die blutige Begegnung in der Höllenschlucht« (237).

Stellenkommentar

110,26 *Die Mutter*] In T¹ handschriftlicher Zusatz: »abgeändert«.

111,11 *I kenn Dir's an*] Bayer.: Ich sehe es Dir an.

111,34 Fanny: *Was is der Muatter passiert?*] Fehlt in T¹, in T⁴ handschriftlich zugefügt.

111,36 *Weg'n Deinem alten Zahn machst*] T¹: »Weg'n dem alten Hut – ah Zahn – will i sag'n, macht sie«. In T⁴ handschriftlich korrigiert in: »Weg'n deinem alten Zahn – Zahn – will i sag'n, macht sie«.

112,5 Fanny: *Ja Muatter, 80 Jahr wirst heuer alt!*] Fehlt in T¹, in T⁴ handschriftlich zugefügt.

112,6f. *verfluchten*] Fehlt in T¹, in T⁴ handschriftlich zugefügt.

Wer uns getraut

Textüberlieferung

T¹ Typoskript im Nachlaß, Theatermuseum Köln-Wahn: Repertoire Nr. 292; Mappe XIV (Au 11750).

T² Typoskript im Nachlaß, Theatermuseum Köln-Wahn: Repertoire Nr. 292; Mappe XIV (Au 11750).

T³ Typoskript im Nachlaß, R. Piper Verlag, München: Repertoire Nr. 292.
T⁴ Typoskript im Liesl-Karlstadt-Nachlaß, München: Repertoire Nr. 292.
Textgrundlage: T¹.

Entstehung
Laut Untertitel von T¹, T², T³: 1940; vgl. die Schallplattenaufnahme vom 3. 1. 1941 (Berswordt, S. 308).

Quellen
K.V. greift wiederholt zur komischen Musikparodie, die »als Karikierung modischer Stilauswüchse und als harmlos heitere Verspottung kompositorischer Mittelmäßigkeit« (MGG 10, Sp. 832) mindestens seit dem 16. Jhd. zu verzeichnen ist; vgl. die Couplets, Rep. Nr. 39, »Die vier Jahreszeiten« (Sämtliche Werke, Bd. 2, S. 96), Rep. Nr. 67, »Lorelei« (ebda., S. 99), Rep. Nr. 93, »Parodie auf den Lindenbaum« (ebda., S. 130). Ausdruck des »gespannten« Verhältnisses K.V.s zur klassischen Musik sind auch die Texte, Rep. Nr. 370, »Klassische Musik« (Sämtliche Werke, Bd. 4), und Rep. Nr. 401, »Dös is a Musi« (Sämtliche Werke, Bd. 7); vgl. Glasmeier, S. 39–53, und Nachwort, in: Sämtliche Werke, Bd. 2, S. 416–418.

Stellenkommentar
112,12 *Wer uns getraut*] Duett aus dem zweiten Akt der Operette »Der Zigeunerbaron« (1885) von Johann Strauß (Sohn), Libretto: Ignaz Schnitzer.
112,14 *Von Karl Valentin 1940*] T³: »Lustige Schallplatte. Idee von Karl Valentin. 1940«.

Schuhplatten Text [Alpensängerterzett]

Textüberlieferung
T¹ Typoskript im Nachlaß, Theatermuseum Köln-Wahn: Repertoire Nr. 50; Mappe II (Au 11750).
T² Typoskript im Nachlaß, Theatermuseum Köln-Wahn: Repertoire Nr. 50; Mappe II (Au 11750).
T³ Typoskript im Nachlaß, Theatermuseum Köln-Wahn: Repertoire Nr. 50a; Mappe II (Au 11750).
T⁴ Typoskript im Nachlaß, R. Piper Verlag, München: Repertoire Nr. 50.
T⁵ Typoskript im Liesl-Karlstadt-Nachlaß, München: Repertoire Nr. 50.
Textgrundlage: T³.

1. Variante: T¹.

Imitation einer bayerischen Gebirgs – Sänger – Truppe

Komisches Intermezzo von Karl Valentin 1912

PERSONEN: *Vater – Sohn – Tochter.*
Vater spielt Bandoneon – Sohn Zither – Tochter singt

CHOR: Grüss Gott, Grüss Gott mit hellem Klang,
Heil dem deutschen Lied und Sang.

VATER: Mei' Schatzerl hoasst Nannerl,
hat schneeweisse Zahnerl,
hat kohlschwarze Knia
aber g'sehng hab' i s' nia.

CHOR: Hat kohlschwarze Knia, aber g'sehng hat er 's nia. – *Jodler.*

VALENTIN: Du kimmst, Vater!

VATER: J woass scho'! *(singt)* Zwischen Bergen die voll Schnee, duljö
duljö, duljö, duljö, hoho,
liegt a himmelblauer See ..

VALENTIN: Der Vater is allaweil no' verschleimt!

CHOR: Almarausch, Almarausch, bist a schöns Bläämerl!
Almarausch, Almarausch, blüahst so schö' rot!

(Es klopft dreimal)

VALENTIN: Was schlagt denn da drauss auf dem Tannabaum *(Vater u. Karlst. singen nach)*
was hör i die ganze Nacht schrein *(Kikeriki)*
was muass denn dös nur für a Vogerl sei',
Dös kann doch koa Nachtigall sei.

VATER U. KARLST.: Na na, mei Bua, dös is koa Nachtigall
na na mei Bua, dös derfst net glaub'n.
A Nachtigall schlagt auf koan Tannabaum,
dö schlagt auf ara Haselnusstaud'n.

KARLST.: Und der Vater hat neulich der Dirn
A Birn aufig'worfa auf's Hirn,
Jetzt tuat der Dirn
's Hirn weh von der Birn.
Denn a so a Birn
g'! spürt ma auf der Stirn,
Drum wirft der Vater der Dirn
Koa oanzige Birn mehr auf's Hirn.
(Einlage) Foxtrott

VALENTIN: I bin a Steirer – Bua
i hab a Kernnatur –

VATER: A Hundsbua bist, dass d'as woasst!

VALENTIN: Wer is a Hundsbua? *(zieht das Messer)*

VATER: Schamst di net vor dein alten Vatern? Glei' spielst weiter!

VALENTIN: Alt bist net, aber schirrli'. Oan spiel i no', na mag i nimmer!

CHOR: Im schönen Isartal,
tönt munt'rer Büchsenknall,
In Tölz da is a Schiassats heut',
das freut uns allemal.
Drum packt's an Stutz'n an
Wer ziel'n und treff'n kann
Mit frischem Mut, an Strauss am Hut,
So liebt's das Schützenblut.
Frisch, flott und stramm im Takt,
Die G'schicht gleich angepackt,
D'Musikanten fesch voran,
Da blast a jeder was er kann,
Alles nur »Juhe« schreit,
vor lauter Lustbarkeit =
Duljö, duljö, duljö, duljö
Dös is a wahre Freud '!
/: ja, ja, ja, ja, dös is a Freud, *(3 +)* a Freud, das is a Freud
(finden keinen Schluss mehr)

VALENTIN: Als zweites kommt das schöne Lied »'s Edelweiss« – g'sungen von der Berger Vroni – unserer Tochter!

VATER: *Meiner* Tochter!

VALENTIN: Die g'hört scho' Dei', die nimmt Dir neamand!

KARLST: *(kommt mit Edelweiss)*

VATER: Stell' dich doch weiter vor!

KARLST: Was?

VALENTIN: Weiter vor stell'n sollst di'! – Möchst' s net hint im Rückgebäud singa?

KARLST: *(geht verkehrt vor)*

VALENTIN: Drah' di' do' um! – Möchst es net uns vorsinga? – Hast 's Bleamerl? *(zum Puplikum)* »s'Edelweiss![«]

Vorspiel:

VALENTIN: *(zu Karlstadt)* Höher – höher!

KARLST: *(singt zu hoch)* Wer nennt mir jene Blume, die allein – –

VALENTIN: Kimmst ja net nauf!

KARLST: So hoch kann i überhaupt net singa!

VALENTIN: Warum singst'n na so hoch?

KARLST: Weils ma's du anschaffst, grad hast g'sagt – höher – höher!

VALENTIN: Rindviech! I hab g'moant s'Bleamerl sollst höher 'naufheb'n! Also jetzt singst halt tiefer! *(zum Puplikum)* 's Edelweiss! tiefer[.]

KARLST: *(singt zu tief)* Wer nennt mir jene – –

VATER: *(haut sie auf den Arm – sie weint)* Hörst denn net, dass z'tief is?

VALENTIN: Jetzt bläckt er, der Socka! Sing's halt in der Mitt drinn! *(zum Puplikum)* 's Edelweiss in der Mitt'n!

KARLST: *(singt richtig)* Wer nennt mir jene Blume, die allein
auf steiler Alm erblüht im Sonnenschein.
Die schönste Zierde un'rer Alpenwelt,
Hoch droben einsam wächst vom Schnee erhellt!
(kann nicht mehr weiter – die anderen sagen ihr immer ein)
Die schönste Zierde unsrer Alpenwelt *(sie singt immer das Gleiche bis zum Schluss*
Vater und Valentin gehen ab)

KARLST: *(bleibt allein auf der Bühne und fängt die zweite Strophe an)* Der Hirtenknabe auf den – – a so, die spiel'n ja gar nimmer! *(Die beiden anderen kommen wieder herein und sagen):*

VALENTIN: Ja könna mir dös schmecka, dass du no a Stroph singst?

KARLST: Vom Edelweiss hab' i jedesmal zwei Stroph'n g'sungen.

VALENTIN: An Dreck, 's Edelweiss hat ja blos oa Stroph, ausser du singst die erste zwoamal!

KARLST: Aber der Vater hat's doch heut in da Früah beim Kaffee sogar g'sagt, dass i zwoa Strophen singa muass!

VALENTIN: Heit ham ma gar koan Kaffee g'habt, heit' ham ma Kakao g'habt. Jetzt tua nur grad amal 's Bleamerl runter, du halt'st as immer in da Hand – jetzt gehst naus und lasst dir vom Wirt zwoa Teller geb'n, dann gehst zum Sammeln!

KARLST: *(geht ganz langsam ab) (Schnadahüpfl)*

VALENTIN: *(zu Karlstadt)* Zum Christkindl kriagst Rollschlittschuah, dass'd schneller gehn kannst! *(zum Puplikum)* Während dem, dass unsere Vroni zum Sammeln geht, werden wir uns erlauben, Ihnen Klarinette Ländler vorz'blas'n von Bethoven *(fängt zu blasen an, pfeift dazu)*

KARLST: *(kommt mit den Tellern, stellt sich neben Valentin hin und schaut recht blöd)*

VALENTIN: *(will ihr sagen, sie soll zum Sammeln gehen, kann aber nicht sprechen, weil er bläst und deutet ihr an, mit der Klarinette, sie soll herum gehen. Als sie noch nicht versteht, schreit er):* Ja geh nur grad amal!

KARLST: *(geht zum sammeln)*

DIREKTOR: *(kommt herein)* Was woll'n Sie denn da? *(Zu Valentin)* Hörn's auf mit dem blasen *(Zu Karlstadt):* Was tun Sie denn mit dem Teller?

KARLST: Sammeln muass i!

DIREKTOR: Für was woll'n Sie denn da sammeln?

KARLST: Für den Kunstgesang wo mir ham!

DIREKTOR: Was? Kunstgesang? Dös is ja a Hundsgesang – und da woll'n Sie noch sammeln? Wer hat Ihnen denn dös erlaubt?

Karlst: Mei Vater hat's g'sagt!

Direktor: So! Wer ist denn Ihr Vater?

Karlstadt und Valentin *(deuten hin auf ihn)* Der da – der Aeltere!

Direktor: Und wer is denn der Dürre?

Karlst: Dös is mei Bruader!

Direktor: Also das ist gleich, im Hotel darf nicht gesammelt werden, das geht nicht. Da haben Sie einen Brief, den geben Sie Ihrem Vater und dann packen Sie zusammen und verlassen augenblicklich die Bühne.

Karlst: Ja, is schon recht[.]

Valentin: *(fängt gleich zum blasen an)*

Direktor: *(Schaut immer auf die Bühne und verbietet es)*

Valentin: Was hat denn der woll'n? Warum hat er denn so g'schimpft? – Ja red halt oder leg Buachstab'n daher, na setz i mir's selber z'samm!

Karlst: I hätt sammeln woll'n und dann is der 'reikemma und hat mir den Briaf geb'n[.]

Valentin: Dös wird halt der Briafträger g'wesen sei. Da Vater lies den Brief[.]

Vater: Ja i kann ihn net lesen, i hab meine Augenglasl'n net dabei – les'n doch du!

Valentin: Ja dös kann i net lesen, dös is mit der Dampfmaschin g'schriebn, les'n du, hast'n ja kriagt a[.]

Karlst: Sehr geehrte Alpensängertruppe »Gebirgsveilchen«!

Valentin: Dös is unser Firma!

Karlst: *(liest)* Nachdem Ihr Kunstgesang mir und dem werten Puplikum gar nicht gefällt, verlange ich, dass Sie binnen einer Minute die Bühne samt Instrumenten und Inventar verlassen.

Die Direktion

Valentin: Wia hoasst er?

Karlst: Direktion!

Valentin: *(zum Vater)* Da hast es jetzt mit dei'm feinen Varieté Theater, wär'n ma zum Mathäser ganga, hätt ma a guats G'schäft g'macht! Aber du kommst immer mit de feinen Leut daher, dö woll'n doch koa G'lampf'n und koan Schnarch hörn, die mög'n dort blos a Grammophon und und Harpfa hörn[.]

Karlst: Jetzt geh nur, sunst kummt er nomal daher!

Valentin: Ja lass'n nur kemma – aber desweg'n lass ma uns a koane grauen Haar wach'sn, weil mir scho' in andere Etablissermenta g'spielt ham als wia daherin in dera Boazn. – Sie san no amal froh wenn's solchene Volkssänger kriag'n, wia mir san! Sie san net auf uns an-g'wies'n, aber mir auf Eahna, das müssen's Eahna merka! – Geh weiter Vater, nimm's Gebirg, dann geh'n ma!

(alle ab)

2. Variante: T[5].

Jmitation einer bayerischen Gebirgs=Sänger=Truppe

Komisches Jntermezzo von Karl Valentin
1912 & 1925.

PERSONEN: *Vater – Sohn – Tochter und 1 Musiker.*

Valentin – Rückert und Musiker treten auf, Karlstadt läuft hinterher, stellt grosse Glocke auf den Boden, wenn Valentin annonciert. läutet sie hinein und während der Scene fällt sie immer wieder über die Glocke.

VALENTIN *läutet mit kleiner Glocke und sagt:* Zur Aufführung gelangt »Alpengesang« gesungen von der Familie Berger aus Lenggries.

CHOR: Grüss Gott, Grüss Gott mit hellem Klang,
Heil dem deutschen Lied und Sang.

VATER: Mei' Schatzerl hoasst Nannerl,
hat schneeweisse Zahnerl,
hat kohlschwarze Knia,
aber g'sehng hab ' i's nia.

CHOR: Hat kohlschwarze Knia,
aber g'sehng hat er's nia.
Jodler.

VALENTIN: Du kimmst Vater!

VATER: J woass scho'! *(singt)*
Zwischen Bergen die voll Schnee,
duljo, duljö, duljö, duljö, hoho,
liegt a himmelblauer See!

VALENTIN: Der Vater is allaweil no' verschleimt!

CHOR: Almarausch, Almarausch, bist a schöns Blüamerl!
Almarausch, Almarausch, blüast so schö' rot!

VALENTIN *singt weiss.* KARLSTADT: Der Almarausch blüaht doch rot – hast denn du no' nia an Almarausch g'habt?

VALENTIN: Na, aber an Salvatorrausch! *(Es klopft).*

VALENTIN: Was schlagt denn da drauss auf dem Tannabaum!
(Vater u. Lisl Karlstadt singen nach)
Was hör i'die ganze Nacht schrein?
Was muss denn dös für a Vogerl sein',
Dös kann doch koa Nachtigall sei'.

VATER U. KARLSTADT: Na, na, mei' Bua dös is koa Nachtigall
na, na mei' Bua dös derfst net glaub'n.
A Nachtigall schlagt auf koan Tannabaum,
dö schlagt auf ara Haselnusstau'n.

KARLST.: Und der Vater hat neulich der Dirn
A Birn aufigworfa auf's Hirn,
Jetzt tuat der Dirn
's Hirn weh von der Birn.
Denn a so a Birn
g'spürt ma auf der Stirn
Drum wirft der Vater der Dirn
koa oanzige Birn mehr auf's Hirn.

Musik spielt einen Ländlereingang – darauf den Tango »Darf ich um den nächsten Tango bitten«. Valentin u. Karlstadt tanzen Tango, dann küsst ihr Valentin die Hand und setzt sich wieder.

VATER: Schamt's euch net, mit eure moderna Tänz.
VALENTIN: J bin a Steyrer Bua
i hab a Kernnatur –
VATER: A Hundsbua bist, a moderner, das'st woasst!
VALENTIN: Wer is a Hundsbua? *(zieht das Messer)*
VATER: Schamst di net vor dein alten Vatern? Glei' spielst weiter!
VALENTIN: Alt bist net, aber schirrli '. Oan spiel i no', na mag i'nimmer.
CHOR: Jm schönen Jsartal
tönt muntrer Büchsenknall,
in Tölz da is a Schiassats heut'
des freut uns allemal.
Drum packt's an Stutz'n an,
wer ziel'n und treff'n kann
mit frischem Muat, an Strauss am Huat,
so liebt's das Schützenbluat.
Frisch, flott und stramm im Takt,
die G'schicht gleich angepackt,
d'Musikanten fesch voran
da blast a jeder was er kann,
alles nur »Juhe« schreit
vor lauter Lustbarkeit.
Duljö duljö duljö duljö
dös is a wahre Freud'!
:/: Ja, ja, ja, ja, dös is a Freud. *3mal* A Freud *3mal* a Freud.
Das is a Freud', – – *(findet keinen Schluss mehr).*

VALENTIN: Als Zweites kommt das schöne Lied »S' Edelweiss« g'sungen von der Berger Vroni – unserer Tochter!
VATER: *Meiner* Tochter!
VALENTIN: Die g'hört scho' dei', die nimmt dir neamand!
KARLSTADT: *(kommt mit Edelweiss)*

VATER: Stell' dich doch weiter vor!

KARLSTADT: Was?

VALENTIN: Weiter vor stell'n sollst di'! – Möchst's net hint im Rückgebäud singa?

KARLSTADT: *(Geht verkehrt vor)*

VORSPIEL:

VALENTIN: *(zu Karlstadt)* Höher, – höher!

KARLSTADT: *(singt zu hoch)* Wer nennt mir jene Blume, die allein – –

VALENTIN: Kimmst ja net 'nauf!

KARLSTADT: So hoch kann i überhaupt net singa!

VALENTIN: Warum singst na so hoch?

KARLSTADT: Weil'st ma's Du anschaffst, grad hast g'sagt – höher – höher!

VALENTIN: Rindviech! I hab' g'moant, 's Bleamerl sollst höher 'naufheb'n! Also, jetzt singst halt tiefer! *(zum Publikum):* »'s Edelweiss« tiefer!

KARLSTADT: *(singt zu tief)* Wer nennt mir jene – –

VATER: *(haut sie auf den Arm hinauf) (Sie weint)* Hörst denn net, dass's z'tief is?

VALENTIN: Jetzt bläckt er, der Socka! Sing's halt dann in der Mitt' drinn! *(zum Publikum)* »'s Edelweiss in der Mitt'n!«

KARLSTADT: *(singt richtig)*

Wer nennt mir jene Blume, die allein,
Auf steiler Alm erblüht im Sonnenschein,
Die schönste Zierde unserer Alpenwelt,
Hoch droben einsam wächst vom Schnee erhellt!
(kann nicht mehr weiter) – (die Andern sagen ihr immer ein)
Die schönste Zierde unserer Alpenwelt! *(sie singt immer das Gleiche bis z. Schluß)*

VATER U. VALENTIN: *(gehen ab)*

KARLSTADT: *(bleibt allein auf der Bühne und fängt die zweite Strophe zu singen an)*
Der Hirtenknabe auf den – – a so, die spieln ja gar nimmer!
(die beiden Andern kommen wieder herein und sagen):

VATER U. VALENTIN: Ja, könna mir dös schmecka, dass Du no' a Stroph singst?

KARLSTADT: Vom Edelweiss hab' i jedesmal zwei Stroph'n g'sungen.

VALENTIN: An Dreck, 's Edelweiss hat ja blos oa Stroph', ausser Du singst die erste zwoamal!

KARLSTADT: Aber der Vater hat's do' heut' in der Fruah beim Kaffee sogar g'sagt, dass i zwoa Stroph'n singa muass!

VALENTIN: Heit' ham ma gar koan Kaffee g'habt, heit' ham ma Kakao g'habt. Jetzt tua nur grad amal 's Bläamerl 'runter; da halt sie's immer in der Hand! – jetzt gehst 'naus und lasst Dir von Wirt zwoa Teller geb'n, dann gehst zum Sammeln!

KARLSTADT: *(geht ganz langsam ab)*

VALENTIN: *(zu Karlstadt):* Zum Christkindl kriagst Rollschlittschuah, dass'D' schneller gehn kannst! *(zum Publikum)* Währenddem dass unser Vroni zum Sammeln geht, werden wir uns erlauben, Ihnen Klarinett-Ländler vorz'blas'n von Beethoven! *(fängt zu blasen an, pfeift dazu)*

KARLSTADT: *(kommt mit den Tellern, stellt sich neben Valentin hin und schaut recht blöd)*

VALENTIN: *(will ihr sagen, sie soll zum Sammeln gehn, kann aber nicht sprechen, weil er bläst und deutet ihr an, mit der Klarinette, sie soll herumgehen. Als sie es noch nicht versteht, schreit er):* Ja, geh' nur grad amal!

KARLSTADT: *(geht zum Sammeln) (Der Direktor kommt herein)*

DIREKTOR: Was woll'n Sie denn da? *(zu Valentin):* Hörn's auf mit dem Blasen! *(zu Karlstadt):* Was tun Sie denn mit dem Teller?

KARLSTADT: Sammeln muass i!

DIREKTOR: Für was woll'n Sie denn da sammeln?

KARLSTADT: Für den Kunstgesang wo mir ham!

DIREKTOR: Was? Kunstgesang? Dös is ja a Hundsgesang! – Und da woll'n Sie noch sammeln? Wer hat Ihnen denn dös erlaubt?

KARLSTADT: Mei' Vater hat's g'sagt!

DIREKTOR: So! Wer is denn Ihr Vater?

KARLSTADT U. VALENTIN: *(deuten hin auf ihn)* Der da – der Aeltere!

DIREKTOR: Und wer is denn der Dürre?

KARLSTADT: Dös is mei' Bruader!

DIREKTOR: Also, das ist gleich, da im Hotel darf nicht gesammelt werden, das geht nicht. Da hab'n Sie einen Brief, den geb'n Sie Ihrem Vater und dann packen Sie zusammen und verlassen augenblicklich die Bühne!

KARLSTADT: Ja, is scho' recht!

VALENTIN: *(fängt gleich wieder zum Blasen an)*

DIREKTOR: *(schaut immer auf die Bühne und verbietet es)*

VALENTIN: Was hat denn der woll'n? Warum hat er denn so g'schimpft? – – Ja, red halt, – oder – leg Buachstab'n da her, na setz' i mir's selber z'samm!

KARLSTADT: I hätt' sammeln woll'n, und dann is der 'rei'komma und hat mir den Briaf geb'n!

VALENTIN: Dös wird halt der Briefträger g'wes'n sei'! Da! Vater, lies den Brief!

VATER: Ja, i kann ihn net lessen, i hab' meine Augenglasln net dabei – les'n doch Du!

VALENTIN: Ja, dös kann i net lesen, dös is mit der Dampfmaschin g'schrieb'n, les'n Du – hast'n ja kriagt a!

KARLSTADT: »Sehr geehrte Alpensängertruppe »Gebirgsveilchen«!

VALENTIN: Dös is unser Firma!

KARLSTADT: *(liest):* »Nachdem Ihr Kunstgesang mir und dem werten Publikum gar nicht gefällt, verlange ich, dass Sie binnen einer Minute die Bühne samt Instrumenten und Inventar verlassen.

Die Direktion:[«]

VALENTIN: Wia hoasst er?

KARLSTADT: Direktion!

VALENTIN: *(zum Vater):* Da hast as jetzt mit Dei'm feinen Varieté-Theater, wär'n ma zum Mathäser ganga, hätt' ma a guat's G'schäft g'macht! Aber Du kommst immer mit de feina Leut' daher; die woll'n dort koa Glampf'n und koan Schnarch hör'n, die mög'n dort blos an Grammophon und a Harpfa hör'n!

KARLSTADT: Jetzt geh nur, sunst kommt er nomal daher!

VALENTIN: Ja, lass'n nur kemma, – aber desweg'n lass'n ma uns a koane grau'n Haar wachsen, weil mir scho' in andere Etablisserments g'spielt ham als wia da herin in dera Boazn – Sie san no amal froh, wenn's solchane Volkssänger kriag'n, wia mir san! – Sie san net auf uns a'gwies'n, aber mir auf Eahna, dös müassens Eahna merka! – Geh' weiter, Vater, nimm's Gebirg, dann geh'n ma!

(alles ab)

Entstehung

Nach allgemeiner Auffassung (vgl. Münz [KVVD], S. 319, Glasmeier, S. 29) brachten K. V. und Liesl Karlstadt 1911 (nach Schulte 1982, S. 72: 1913; so auch die Datierung eines Szenenfotos in: Das Karl Valentin Buch, S. 67) im Hotel »Frankfurter Hof« (Schillerstraße 49) diese eher unter dem Namen »Alpensängerterzett« bekannte Szene als erste gemeinsame Produktion heraus. Bei den Typoskripten T[1], T[2], T[4] (laut Untertitel 1912 entstanden) scheint es sich um diese älteste Fassung zu handeln. T[5] trägt im Untertitel die Angabe »1912 & 1925«. Die Textgrundlage T[3] stellt die späteste überlieferte Fassung dar, sie ist laut Untertitel 1941 entstanden und verlegt die Szene in den Senderaum einer Rundfunkstation (vgl. »Das Mikrofon ist eingeschaltet«, vorliegender Band, S. 106).

Quellen

Diese Szene ist eine Parodie auf die anspruchslosen Auftritte der seit den siebziger Jahren des vorigen Jhds. populären »Tiroler« Sängergruppen, »deren Mitglieder allesamt aus den Vorstädten Münchens stammten und Tirol meist nie gesehen hatten« (Schulte 1982, S. 72). In München war u. a. die Tiroler Sängergesellschaft »Trinkl-Göbl« sehr erfolgreich, deren Darbietungen im wesentlichen aus Schuhplattlern und Jodelgesang mit Gitarre- und Zitherbegleitung bestanden; vgl. Lutz, S. 12 f., Pemsel, S. 97 ff., und Glasmeier, S. 29 f.

113,1 *Schuhplatten Text*] Handschriftlicher Zusatz. K.V. scheint den Titel mehrfach geändert zu haben, Köhl, S. 20, nennt noch die Varianten: »Alpenveilchenterzett« und »Tirolerterzett«.
113,6 *Bandoneon*] Von Heinrich Band (geb. 1821, gest. 1860) im Jahre 1846 entwickelte Ziehharmonika.
113,6f. *Sohn Zither*] Vgl. die Szene »Zithersolo. Die Rasenbank« (vorliegender Band, S. 13).
113,8f. *Grüss Gott, grüss Gott mit hellem Klang...*] Der bes. unter Männergesangsvereinen bekannte »Deutsche Sängergruß«, den Albert Methfessel (geb. am 6. 10. 1785 in Stadtilm, gest. am 23. 3. 1869 in Heckenbeck bei Braunschweig) auf einen Text von K. Müller von der Werra (keine Lebensdaten ermittelt) komponierte.
113,10ff. *Mei Schatzerl hoasst Nannerl...*] K.V. parodiert hier die traditionellen alpenländischen »Schnaderhüpfl«, volkstümliche, paarreimige Scherzverse, die meist mit einem Jodler schließen; diese sind vermutlich nach den »Schnitterhüpfln« benannt, früher nach der Ernte übliche Tänze mit Scherz- und Spottliedern; vgl. Werner, S. 151f.
113,18ff. *Zwischen Bergen die voll Schnee...*] Nicht ermittelt, mit ähnlichem Text sind freilich unzählige volkstümliche und »volkstümelnde« Lieder überliefert.
113,21 *allaweil*] Bayer.: immer (alle Weile).
113,22 *Almarausch, Almarausch, bist a schön's Bläamerl!*] Volkstümliches, mehrfach bearbeitetes Lied (um 1900) von Robert Frettensattel (keine Lebensdaten ermittelt).
113,22 *Bläamerl*] Bayer.: Blümchen.
113,25ff. *Was schlagt denn da drauss auf dem Tannabaum...*] Volkslied, das mit Varianten im ganzen deutschsprachigen Alpenraum gesungen wird.
113,33 *auf ara*] Bayer.: auf einer.
113,34ff. *Und der Vater hat neulich der Dirn...*] Vgl. das Couplet, Rep. Nr. 9, »Neue Neubayerische G'stanzl« (Sämtliche Werke, Bd. 2, S. 63f.).
114,6 *Foxtrott*] Um 1912 in den USA aufgekommener Gesellschaftstanz.
114,7 *I bin a Steirer-Bua.....*] »...und hab a Kernnatur«, Volkslied, das mit Varianten im ganzen deutschsprachigen Alpenraum gesungen wird.
114,9 *Glei hau i Dir d'Zither nauf*] Handschriftlicher Zusatz.
114,12 *schirrli*] Bayer.: häßlich.
114,15ff. *Im schönen Isartal... Frisch, flott und stramm im Takt, ... dös is a Freud*] K.V. zitiert mit geringen Abweichungen die erste und die dritte Strophe des »Tölzer Schützenmarsches« von Anton Krettner (geb. am 2. 3. 1849 in München, gest. am 27. 11. 1899 in Tölz). Ursprünglich handelt es sich um eine Komposition für Chor und Orchester, bei der Krettner 1883 einen eigenen Text vertonte. Als Marsch für Blechmusik wurde

das Werk zu einem der populärsten des Genres; vgl. den Dialog, Rep. Nr. 374, »Verstehst nix von der Politik« (Sämtliche Werke, Bd. 4).
114,17 *Schiassats*] Bayer.: Schießwettkampf.
114,19 *Stutz'n*] Kurzes einläufiges Jagdgewehr.
114,33 *»'s Edelweiss«*] Angekündigt wird das weiter unten zitierte Lied op. 38/1 »Das Edelweiß« von Moritz Peuschel (geb. am 6. 10. 1838 in Leipzig, gest. am 20. 1. 1892 ebda.).
115,17 *bläckt's*] Bayer.: heult sie (verwandt mit: ›blöken‹).
115,18 *'s Edelweiss, in der Mitt drin!*] Daneben findet sich der handschriftliche Zusatz: »C Dur«.
115,19 *Wer nennt mir jene Blume, die allein*] Daneben findet sich der handschriftliche Zusatz: »A Dur«.
115,26f. *boarische Landler*] Bayer.: bayerische Ländler (einfacher Tanz im Dreiertakt).
115,27 *As-Klarinette*] In ›As‹ gestimmte Klarinette (Normalstimmung: ›B‹ oder ›A‹).
116,1f. *Ihre Darbietungen sind für den Rundfunk nicht geeignet*] Ein Vorwurf, den sich K. V. mehrfach hat gefallen lassen müssen: s. die Schreiben des Reichssenders München vom 3. 2. 1943 (in: Münz, S. 273) und vom 16. 5. 1944 (ebda., S. 278), die Briefe des Reichssenders Berlin vom 15. 8. 1944 (ebda., S. 279) und vom 2. 3. 1945 (ebda., S. 285). Vgl. Valentins Brief Nr. 140 an den Reichssender Frankfurt/M. vom 7. 2. 1939, ferner seine Briefe Nr. 203, Nr. 212, Nr. 219 (Sämtliche Werke, Bd. 6).
116,11 *z' Deggendorf*] Bayer.: in Deggendorf, einem Ort am Rande des Bayerischen Waldes.
116,16 *Du hoist*] Vermutlich von: bayer. ›hoisn‹ = halsen, um den Hals fallen.

T^1

314 *Imitation einer bayerischen Gebirgs-Sänger-Truppe*] T^2, T^4: »Alpensängerterzett«.
314 *Vater spielt Bandoneon – Sohn Zither – Tochter singt*] Handschriftlicher Zusatz.
316 *Ja könna mir dös schmecka*] Bayer.: Ja können wir das riechen (ahnen).
317 *Mathäser*] »Mathäserbräu«, Münchner Traditions-Lokal (Bayerstraße 5), vor dem Ersten Weltkrieg angeblich der größte Bierausschank der Welt; vgl. Bauer/Graf/Münz, S. 147ff.
317 *koa G'lampf'n und koan Schnarch*] Bayer.: keine Gitarre und keine Ziehharmonika.
317 *Harpfa*] Bayer.: Harfe.
317 *Boazn*] Bayer.: einfache Gastwirtschaft (Beiz).

T[5]

318 *Jmitation einer bayerischen Gebirgs=Sänger=Truppe*] Durchgestrichen, daneben in der Handschrift Liesl Karlstadts: »Alpensänger Terzett 22 Minuten«.

318 *Rückert*] Der Volkssänger und Humorist Georg Rückert (geb. am 14. 9. 1878 in Nürnberg, gest. am 29. 2. 1932 in München) war mehrfach Mitglied in K. V.s Ensemble; vgl. Schulte 1982, S. 113 u. Abb. auf S. 131.

318 *annonciert*] kündigt an.

318 *»Alpengesang«*] Wohl fiktiver Titel.

318 *Lenggries*] Wintersportort in den Bayerischen Alpen.

318 *Salvatorrausch*] Rausch vom Salvatorbier, einem Starkbier, das in der Fastenzeit ausgeschenkt wird; vgl. o. 292 (86,15).

319 *»Darf ich um den nächsten Tango bitten«*] Populäres Tangolied von Willy Rosen (Pseudonym für: Rosenbaum; geb. am 18. 7. 1894 in Magdeburg) auf einen Text von Kurt Schwabach (geb. am 26. 2. 1898 in Berlin, gest. am 26. 10. 1966 in Hamburg).

322 *(alles ab)*] In der Handschrift Liesl Karlstadts folgt: »Jetzt könna ma z' Fuass nach Lenggries laffa, dann brauch ma in Holzkirchen net umsteign«.

Ferner sind folgende zwei Fassungen einer »Einlage« zum »Alpensängerterzett« überliefert:

Einlage!

VALENTIN. Jetzt kimmt a Portion Schnaderhüpfl von mir: Musiker, ziagt's o! – – – *(Vorspiel)*

GESANG. Auf d' Nacht, bei meim Deandl, da is mir so wohl,
drum seh i net ein, warum i runtergeh'n soll[.]

JODLER. Du – – dulli dulli jeh – – – dull dull jeh dull dull jeh[.]

ZWISCHENSPIEL. *und schnackeln oder Händepatschen*[.]

V. GESANG. Auf d' Nacht, bei mein Deandl, da is mir so wohl,
drum seh i net ein, warum i runtergeh'n soll[.]

JODLER. Du – – dulli dulli jeh – – – dull dull jeh dull dull jeh[.]

ZWISCHENSPIEL. *und schnackeln oder Händepatschen*[.]

V. GESANG. Auf d' Nacht, bei meinm Deandl, da fühl i mi wohl,
drum seh i net ein, warum i runtergeh'n soll[.]

JODLER. Du – – dulli dulli jeh – – – dull dull jeh dull dull jeh[.]

ZWISCHENSPIEL. *und schnackeln oder Händepatschen*[.]

V. GESANG. Auf d' Nacht, bei meim Deandl, da is mir so wohl,
drum seh[-]

K. Jetzt hörst aber auf, jetzt singat scho s' 4. mal desselbe Schnaderhüpfl, dös geht doch net[.]
V. I kann doch blos eins[.]
K. Die Rundfunkhörer können doch net immer das gleiche hören[.]
V. Warum net? – – – der Rundfunkansager sagt ja auch alle Tag das gleiche[.]
K. Wieso?
V. Alle Tag sagt er: Mit dem Gongschlag ist es jetzt genau ....
K. Geh, Du spinnst ja, blas jetzt Deine Klarinettlandler!

Textüberlieferung
T[1] Typoskript im Nachlaß, Theatermuseum Köln-Wahn: Repertoire Nr. 50; Mappe II (Au 11750).
T[2] Typoskript im Liesl-Karlstadt-Nachlaß, München: Repertoire Nr. 50.
Textgrundlage: T[1].

Variante: T[2].

Einlage zu Alpensängerterzett

SOHN: Als nächstes gelangt zum Vortrag a Portion alte Schnaderhüpfl
Vorspiel: Vater – Tochter und Sohn singen nur das *erste* und *letzte* Schnadahüpfl *zusammen.*

ALLE DREI: I) Und' s' Schnadahüpflsinga das hörn die Leut gern,
Drum könnas von uns jetzt glei mehrere hörn,
duuuh – duliöh – dull – dull – jöh – dull – dull – jöh[.]
SOHN: Auf da Alm bei mei'm Deandl, da is ma so wohl,
Drum sieg i net ei, warum i oba gehn soll[.]
ALLE: Duuuh – – *Jodler wie oben.*
VRONI: Und gestern und heunt, hat d'sunn so schö g'scheint,
hat no nia so schö g'scheint, als gestern und heunt.
ALLE: Duuuh – – *Jodler wie oben.*
VATER: Wenn zwoa beinad stehn, s'kummt no oana san Drei
Geht oana wieda furt, nacha san's wieda zwei[.]
ALLE: Duuuh – – *Jodler wie oben.*
SOHN: Auf da alm bei mein'm Deandl, da is ma so wohl,
Drum sieg i net ei, warum i oba gehn soll.
ALLE: Duuuh – – *Jodler wie oben.*
VRONI: Der Herr Lehrer hats rauskriagt, bei der letzten Konfrenz,

Dass dFrösch koane Haar ham und auch [k]oane Schwänz.

ALLE: Duuuh – – *Jodler wie oben.*

VATER: Gehst du zu an Krama, gibst 30 Pfennig aus,
Legst 50 Pfennig hin, dann kriegst 20 Pfennig raus.

ALLE: Duuuh – – *Jodler wie oben.*

SOHN: Auf da Alm bei mein'm Deandl, da is ma so wohl,
Drum sieg i net ei, warum i oba gehn soll.

SOHN: Duuuh ....

VATER: Nix Duuh!

VRONI: Geh, was hast denn? Jetzt singt a scho dreimal den gleichen Vers vom Deandl; dös geht doch net! Dös werd doch dene Leut z'fad!

SOHN: Wieso s'Dritte Mal? Dös war doch allweil a anders Deandl!

VATER: Singt's zua!

ALLE DREI: Und D-Schnadahüpfl san g'sunga und d'Schnadahüpfl san z'end,
Und hat's Ihna g'falln, na klatsch'ns in d'Händ.
Hierauf Jodler wie oben.

Entstehung
T^1 scheint als Einlage zur Szenen-Fassung T^3 (1941) verfaßt worden zu sein (Rundfunk!), T^2 gehört wohl zur Szenen-Fassung T^5 (1912/1925).

Stellenkommentar
325 *ziagt's o!*] Bayer.: fangt an!
325 *Auf d' Nacht*] Viermal in Liesl Karlstadts Handschrift korrigiert in: »Auf da Alm«.
325 *schnackeln*] Bayer.: leise knallen, klappen, schnalzen (mit der Zunge).

T^2
326 *Einlage zu Alpensängerterzett*] Handschriftlicher Zusatz.

Ferner liegt die folgende Requisitenliste vor:

Kiste Nr. 4 Gebirgssänger

1 Tisch (Nicht Eigentum)
2 Stühle " "
1 Schüssel " "

1 Zither
1 F = Klarinette

1 Gebirgsplakat
1 Edelweiss
1 Handglocke
1 Brief
1 Sacktuch
Zithernoten

– *Kostüm Valentin*
Graue Hose, Weste, Joppe, Halstuch, Hut Schuhe, Kravattenring.

Kostüm Karlstadt
Deandlgwand, kl. Schürze, Bergstiefel, Hut Schlips, Brosche, Ohrringe, Zöpfe, Haarnadeln, schwarze Strümpfe.

Kostüm Vater
Hut, Vollbart, Weste, Perücke, Joppe, Nase, Schuhe.

Kostüm Direktor
Smoking.

Textüberlieferung
T^1 Typoskript im Liesl-Karlstadt-Nachlaß, München: Repertoire Nr. 50.
Textgrundlage: T^1.

Der Bräutigam in Uniform

Textüberlieferung
T^1 Typoskript im Nachlaß, Theatermuseum Köln-Wahn: Repertoire Nr. 168; Mappe VIII (Au 11750).
T^2 Typoskript im Nachlaß, Theatermuseum Köln-Wahn: Repertoire Nr. 168; Mappe VIII (Au 11750).
T^3 Typoskript im Nachlaß, Theatermuseum Köln-Wahn: Repertoire Nr. 168a; Mappe VIII (Au 11750).
T^4 Typoskript im Nachlaß, R. Piper Verlag, München: Repertoire Nr. 168a.
T^5 Typoskript im Nachlaß, R. Piper Verlag, München: Repertoire Nr. 168.
T^6 Typoskript im Liesl-Karlstadt-Nachlaß, München: Repertoire Nr. 168a.

T^7 Typoskript im Liesl-Karlstadt-Nachlaß, München: Repertoire Nr. 168.
Textgrundlage: T^2.

1. Variante: T^3.

Der Geschmack der Liebe

(Von Karl Valentin Grundidee)

TOCHTER: O mei, o mei, i woass gar net, wia i's mein Vater beibringen soll. Auf dem Oktoberfest hab ich vorgestern eine Bekanntschaft gemacht und hab mich augenblicklich in den Mann so verliebt, der und sonst keiner soll mein Mann werden. Und ich hab mir selbst gestattet, meinen neuen Schatz heute zum Tee einzuladen und er hat mir auch telefoniert, dass er heute sicher kommt und sogar in Uniform kommt er, damit er mehr gleichsieht. No, mei Vater werd schaugn, aber wie bring ich's nur mein Vater bei, dass er mir die Einladung nicht abschlägt. Da wird's was habn – ah, i hörn scho komma, jetzt heissts schneidig sein.
VATER: *(kommt herein, legt Hut und Stock ab)*
TOCHTER: Grüss Di Gott, Vater!
VATER: War wer da?
TOCHTER: Nein, der kommt erst.
VATER: Wer kommt?
TOCHTER: Vater, bist Du heut guat aufglegt?
VATER: Nein, absolut nicht – ist die Zeitung schon da?
TOCHTER: Ja, da – also na bist Du heut net guat aufglegt, mehr schlecht eigentlich, dös is saudumm, aber ich werds eahm scho beibringa. Vater – sei nicht bös, am –
VATER: Dö Sätz, dö mit am angehn, konn i scho net leiden.
TOCHTER: Dös moan i net – am Oktoberfest hab ich nämlich vor 3 Tag einen Mann kennengelernt und den hab ich für heut nachmittag zum Tee eingeladen, da musst jetzt glei abräumen, dass ma herkönnen. *(wirft Zeitung und Dose hinunter)*
VATER: Gell, magst as scho aufhebn.
TOCHTER: I bin so frei.
VATER: Mei ganzer Schnupftabak is rausgfalln.
TOCHTER: Den brauchst ja net essen.
VATER: Aber schnupfa muass i dann den Dreck.
TOCHTER: Dös kummt ja bloss in d' Nasn und da is doch wurscht, was D' naufschnupfst. Also, gell, Vater, der kommt jetzt dann her zu uns[.]

VATER: So und da werd ich gar net gfragt?
TOCHTER: I frag Di ja grad.
VATER: Ja, jetzt weilstn scho eingladn hast.
TOCHTER: Hoffentlich hast Du nichts dagegen, denn der Mann will mich heiraten.
VATER: So, dös aa no!
TOCHTER: Ja, und wenn ma heutzutag endli amal oan kenna lernt, dann muass ma sich schon schicken, dass er oan net glei wieder auskummt.
VATER: So, auf der Oktoberwiesn hastn kenna glernt, dös kann auch kein Gscheiter sein.
TOCHTER: Gscheit braucht er ja schliesslich auch nicht sein, d' Hauptsach is, dass er fleissig ist und einen Beruf hat.
VATER: Was hat er denn für einen Beruf?
TOCHTER: Dös erratst Du nicht so schnell – aber da musst jetzt raten – dös gibt a Gaudi!
VATER: Is er ein Beamter?
TOCHTER: Nein!
VATER: Ein Geschäftsmann?
TOCHTER: Nein .... ja, i woass selber net genau.
VATER: Ein Doktor?
TOCHTER: Nein.
VATER: Ein Arzt?
TOCHTER: Nein, a Doktor is ja a Arzt.
VATER: Ein Pfarrer?
TOCHTER: Aba Vata, ein Pfarrer derf doch nicht heiraten, wenn er a möcht!
VATER: Stimmt ja – ein Metzgermeister?
TOCHTER: Aber Vata, a Metzgermeister tragt doch keinen Helm!
VATER: An Helm tragt er? Ja, na is er ja a Schutzmann.
TOCHTER: Na, a Schutzmann is nöt, dös hätt i ja glei gsagt.
VATER: Ach, vielleicht a Soldat?
TOCHTER: Nein!
VATER: Ah, jetzt hab ich's, a Feuerwehrmann!
TOCHTER: Was taat i mit an Feuerwehrmann, den konn i net braucha, bei uns brennts ja nia.
VATER: Geh, Du haltst mich zum Narrn. – Auf der Oktoberwiesn hastn kennaglernt und an Helm tragt er und a Soldat is er net und koa Feuerwehrmann und koa Schutzmann...
TOCHTER: Vater, Du zerbrichst Dir an Kopf umasunst, drum gib Dei Raten auf und wart, bis er kommt. Jetzt is 3/4 auf 3, er muass alle Augenblick komma; sei doch net so neugierig.
VATER: Da bin ich scho neugierig, was der is. Hat er einen schönen Beruf?
TOCHTER: Nein.

VATER: Was? Nein! Einen gefährlichen Beruf?
TOCHTER: Ja, mein Gott!
VATER: Kannst Du ihm bei seiner Arbeit behilflich sein?
TOCHTER: Um Gotteswillen, das ist ja ein Ding der Unmöglichkeit!
VATER: Ist's ein Einbrecher?
TOCHTER: Ein Einbrecher hat doch keinen Helm auf, dann tät man ja glei kenna, wenn der an eigenen Einbrecherhelm aufhätt'.
VATER: Ja so – kann er seinen Beruf auch im Freien ausführen?
TOCHTER: Nein!
VATER: Daheim?
TOCHTER: Nein, das ist ausgeschlossen.
VATER: Hat er a Werkstatt?
TOCHTER: Der hat doch koa Werkstatt, wenn er an Helm aufhat.
VATER: Jetzt kenn i mi nimmer aus, koa Werkstatt hat er, im Freien ist er nicht, an Helm hat er auf, Du kannst bei seiner Arbeit nicht dabei sein, der Mann muss schon eine ganz eigenartige Existenz haben.
TOCHTER: Stimmt! Jetzt kommst schon allmählich drauf – der hat wirklich a eigenartige Existenz. Ach, ich hör schon Schritte – er kommt – er kommt! Also, Vater, gell, dass Du 's weisst, in Uniform is er – an Helm hat er auf und auf der Oktoberwiesen hab ich ihn kennenglernt.
VATER: Da bin ich aber neugierig, was dös für a Kampl is.
TOCHTER: So, Liebling, jetzt komm rei – Vater, mein Bräutigam ist da.
(Ein Taucher in voller Uniform kommt herein)
VATER: Da Taucher von da Oktoberwiesen!
TOCHTER: *(umarmt ihn)*

2. Variante: T[1].

Der Bräutigam in Uniform

Von Karl Valentin 1941.

FRAU ROSTIG: Ja ja Herr Wimmer, mein heiliger Ernst, ich heirate wieder.
HERR WIMMER: Sie wollen noch einmal?
FRAU ROSTIG: Ja ich will noch einmal und zwar in 14 Tagen. Sie haben ja niemals etwas dergleichen getan, obwohl ich Ihnen schon oft zu verstehen gab, dass mir das Witwe sein zum Halse herauswächst.
HERR WIMMER: Ja, aber Frau Rostig, das habe ich niemals für Ernst genommen!
FRAU ROSTIG: Nun ja, es wäre ja jetzt auch zu spät, denn jetzt habe ich bereits einen Bräutigam und zwar einen ganz seltenen Bräutigam.

HERR WIMMER: Was? Einen seltenen Bräutigam?

FRAU ROSTIG: Ja, einen sehr seltenen.

HERR WIMMER: Sie machen mich aber neugierig!

FRAU ROSTIG: Wenn Sie den Beruf meines Bräutigams erraten, dann sind Sie nicht so dumm, wie ..... mancher aussieht. Vor 14 Tagen habe ich ihn kennengelernt und jetzt raten Sie einmal, was mein Bräutigam für einen Beruf hat.

HERR WIMMER: So, Sie haben ihn kennengelernt, na kann es kein G'scheiter sein!

FRAU ROSTIG: G'scheit braucht er ja schliesslich auch nicht sein, die Hauptsache ist, dass er fleissig ist und einen Beruf hat.

HERR WIMMER: Was hat er denn für einen Beruf?

FRAU ROSTIG: Das erraten Sie nicht, aber Sie müssen jetzt raten, das gibt eine Hetz!

HERR WIMMER: Ist er ein Beamter?

FRAU ROSTIG: Nein!

HERR WIMMER: Ein ... *(besinnt sich)* ein Geschäftsmann?

FRAU ROSTIG: Nein!

HERR WIMMER: Ein Doktor?

FRAU ROSTIG: Nein!

HERR WIMMER: Ein Arzt?

FRAU ROSTIG: Nein, ein Doktor ist ja ein Arzt.

HERR WIMMER: Ein Pfarrer?

FRAU ROSTIG: Aber Herr Wimmer, – ein Pfarrer darf doch nicht heiraten.

HERR WIMMER: Ja, das stimmt! ..... Oder ein Metzgermeister?

FRAU ROSTIG: Aber Herr Wimmer, ein Metzgermeister trägt doch keinen Helm!

HERR WIMMER: Einen Helm trägt er!? – – – Ja, dann ist er ein Schutzmann!

FRAU ROSTIG: Nein, ein Schutzmann ist er nicht, das hätte ich Ihnen doch gleich gesagt.

HERR WIMMER: Nun ja, dann ist er eben ein Soldat!

FRAU ROSTIG: Auch nein! Kein Soldat ist er auch nicht.

HERR WIMMER: Aaahhh! Ein Feuerwehrmann!

FRAU ROSTIG: Was tät ich denn mit einem Feuerwehrmann, den kann ich nicht brauchen; wo mein Mann beschäftigt ist, kann es niemals brennen!

HERR WIMMER: Gehn's Frau Rostig, Sie halten mich ja zum Narren. Hat er denn einen schönen Beruf?

FRAU ROSTIG: Nein.

HERR WIMMER: Was nein, einen gefährlichen Beruf?

FRAU ROSTIG: Mei, einen furchtbar g'fährlichen Beruf!

HERR WIMMER: Können Sie ihm bei seiner Arbeit behilflich sein?

FRAU ROSTIG: Um Gottes Willen, das ist ja ein Ding der Unmöglichkeit!
HERR WIMMER: Aaahhh! Jetzt weiss ich's; das ist ein Einbrecher!
FRAU ROSTIG: Ein Einbrecher hat doch keinen Helm auf.
HERR WIMMER: Ja so ....., kann er seinen Beruf auch im Freien ausführen?
FRAU ROSTIG: Unmöglich!
HERR WIMMER: Nur daheim?
FRAU ROSTIG: Ja, ganz ausgeschlossen!
HERR WIMMER: Ja hat er denn eine Werkstätte?
FRAU ROSTIG: Der kann doch keine Werkstätte haben, wenn er einen Helm auf hat.
HERR WIMMER: Jetzt kenn' ich mich gar nimmer aus! – Werkstätte hat er keine – im Freien arbeitet er nicht – einen Helm hat er auf – Sie können ihm bei seiner Arbeit nicht behilflich sein; – der Mann muss schon eine ganz eigenartige Existenz haben! – – – Ahhh! Jetzt weiss ich's, – – – ein Flugzeugpilot mit Sturzhelm, – also er arbeitet in der Luft!
FRAU ROSTIG: Nein, ein Flugzeugpilot ist er auch nicht!
HERR WIMMER: Um Himmelswillen, was hat dann der Mann für einen Beruf?
FRAU ROSTIG: Zerbrechen Sie sich nicht den Kopf, Sie erraten es doch nicht! Also, er trägt einen Helm und wenn er arbeitet, kann ich nie bei ihm sein. – Da schaun S' her, da ist seine Photographie!
HERR WIMMER: Aaaahhh! – Ein Taucher!

Entstehung
Laut Untertitel von T[1], T[5]: 1941. Es handelt sich dabei um eine anläßlich der Schallplattenaufnahme vom 10.2.1941 angefertigte Fassung (Berswordt, S. 309). T[3], T[4], T[6] nennt K.V.: »Grundidee«, T[2], T[7] stellt offenbar die ausgearbeitete Szenenfassung dar.

Stellenkommentar
117,5f. *= Karl Valentin ... = Liesl Karlstadt*] Fehlt in T[7].
117,7 *Bräutigam*] In T[7] Zusatz in der Handschrift Liesl Karlstadts: »- eventuell Bräutigam«.
117,10 *(zu Frau Rostig)*] Fehlt in T[7].
118,34 *3/4 auf 3*] T[7]: »3/4 auf 7 Uhr«.
119,29 *Kampl*] Kerl, Bursche.
119,33 *Der Taucher vom Volksfest!*] S. o. 198 (21,24).
119,34 F. ROSTIG: *(umarmt ihn)*] T[7]: »Rostig und Taucher umarmen sich«.

T[3]
328 *(Von Karl Valentin Grundidee)*] In T[4], T[6] folgt: »Personen:/Vater/Tochter/Liebhaber/spielt im Zimmer des Privatiers N.N.«

329 *Oktoberfest*] Vgl. 198 und 353 (150,19).
330 *koa Feuerwehrmann und koa Schutzmann* ...] T^4, T^6: »koa Schutzmann und koa Feuerwehrmann«.
331 *(umarmt ihn)*] In T^4, T^6 folgt: »Vorhang«.

T^1

332 *Hetz*] Bayer.: wildes Vergnügen.

Der Zirkuskauf

Textüberlieferung

T^1 Typoskript im Nachlaß, Theatermuseum Köln-Wahn: Repertoire Nr. 200b; Mappe X (Au 11750).
T^2 Typoskript im Nachlaß, Theatermuseum Köln-Wahn: Repertoire Nr. 200b; Mappe X (Au 11750).
T^3 Typoskript im Nachlaß, Theatermuseum Köln-Wahn: Repertoire Nr. 200b; Mappe X (Au 11750).
T^4 Typoskript im Nachlaß, R. Piper Verlag, München: Repertoire Nr. 200.
T^5 Typoskript im Liesl-Karlstadt-Nachlaß, München: Repertoire Nr. 200.

Textgrundlage: T^1.

Variante: T^5.

Cirkus-Kauf
v. K. Valentin 1941.

Herr Fritz Fischer und Karl Valentin betreten zusammen die Manege. H. Fischer spricht zu Valentin: »Wie Sie wissen besitze ich die Vollmacht von Herrn Karl Krone über den Verkauf dieses Zirkuses. An Hand dieses Kaufvertrages kann ich Ihnen die Details des Zirkuses leichter erklären.«

Kaufvertrag.

Der Zirkus Krone ist mit allem Comfort der Neuzeit und der Technik eingerichtet.

I) Die Stallungen für 120 Pferde und für wilde Tiere befinden sich an der Rückseite des Zirkuses.

----

2) Eine Restauration mit Erfrischungsraum und die Garderoben der Künstler befinden sich neben den beiden Haupteingängen.

H. Fischer steigt über den Zirkusraum und bittet H. Valentin auch hinüber zu steigen. Diesem scheint aber der Rand zu hoch – zieht seinen Meterstab aus der Tasche, misst die Höhe des Zirkusrandes, dann seine Beine und steigt dann hinüber.

---

3) 20 Scheinwerfer – eine Lautsprecheranlage – Artistengeräte in der Zirkuskuppel ist alles in dem Verkaufspreis des Zirkuses mit inbegriffen.

(*Valentin verliert immer seine Gummigalosche*)

VALENTIN *spricht zu H. Fischer*: »Aber in dem Kaufvertrag ist mir vieles nicht klar.«

FISCHER: Wieso?

VALENTIN: Da heisst's z. B. »Der Zirkus hat eine Höhe von 25 Meter.«

FISCHER: Na, ja, Das stimmt doch!

VALENTIN: Ach, das sind doch höchstens soundsoviel Meter! (*zieht den Meterstab aus der Tasche und will die Höhe abmessen – Spiel mit dem Meterstab und dem Bleistift*)

VALENTIN: Na, ja, kann sein! Ausserdem fehlt im Kaufvertrag wieviel Personen dass der Zirkus fast.

FISCHER: Da stehts doch: Der Zirkus fast fast 4000 Personen.

VALENTIN: Und wieviel Toiletten sind da?

FISCHER: 10 Stück. Fünf Herrn und fünf Damen Toiletten.

VALENTIN: 10 Stück Toiletten? Für 4000 Personen, das ist aber wenig! Wenn die 4000 Personen alle auf einmal hinausmüssten, das wär gar nicht auszudenken! ––– Dann fehlt auch im Kaufvertrag, mit was der Zirkus gepflastert ist!

FISCHER: In einem Zirkus gibts kein Pflaster, da gibts nur Sägespäne. (*hebt eine Hand voll Sägespäne auf und gibt sie Valentin. Valentin misst die Sägespäne mit dem Meterstab ab, gibt sie wieder an Fischer zurück; dieser wirft sie weg.*)

VALENTIN: Im Kaufvertrag steht aber nicht drin, wie lang der Zirkus ist!

FISCHER: Das brauchts auch gar nicht! Ein Zirkus kann ja nicht lang sein, denn jeder Zirkus ist rund.

VALENTIN: Wie lang dass der Zirkus.....

FISCHER: Ich sag Ihnen doch, ein Zirkus kann nicht lang sein, er ist immer rund.

VALENTIN: Sie verstehn mich nicht! Ich mein, wie lang der Zirkus schon auf diesem Platz steht.

FISCHER: Ach so! Ich glaub seit 1919.

VALENTIN: So alt? Dann steht auch nichts drin, ob der Zirkus versichert ist!

FISCHER: Freilich! Da stehts doch: »Der Zirkus ist gegen Diebstahl versichert.« Aber ich hab jetz keine Zeit mehr, wir müssen mit dem Programm weitermachen. Ueber den Preis sind wir uns ja schon einig! Der Zirkus kostet mit allem Drum und Dran – eine Million.

VALENTIN: Besetzt?

FISCHER: Was meinen Sie da?

VALENTIN: Mit Publikum.

FISCHER: Was heisst, mit Publikum? Ich kann Ihnen doch das Publikum nicht mitverkaufen.

VALENTIN: Ja ohne Publikum kauf ich doch keinen Zirkus; was tät ich denn mit einem Zirkus ohne Publikum? Ich will ja Geld verdienen!

FISCHER: Sie sind ja verrückt! Einen vollen Zirkus kauft doch niemand!

VALENTIN: Also ein leerer Zirkus kommt gar nicht in Frage. (*geht kopfschüttelnd und schimpfend ab. – Kopfschüttelnd geht auch H. Fischer*)

Zwischenspiel: H. Fischer schreit wie in den Proben üblich, das Zirkuspersonal an mit den Worten: Ruhe dahinten! Während dem ich dem Herrn einen Kaufvertrag erkläre haben Sie ruhig zu sein. Merken Sie sich das! Sonst werf ich sie hinaus!

(VALENTIN: *während Fischer so schreit misst er mit dem Meterstab die Breite seines Mundes ab.*)

Entstehung

Laut Untertitel von T[1], T[2], T[3], T[4]: November 1941. T[5] trägt das handschriftliche Datum »1941«. Diese Szene stellt einen Beitrag K.V.s zur »Winterhilfswerk«-Veranstaltung »Heiterkeit und Fröhlichkeit in der Manege« dar, die am 16. und 23. November 1941 im Münchner Zirkus Krone stattfand.

Quellen

Die im Werk K.V.s regelmäßig wiederkehrende Verkaufssituation (vgl. Quellen »Der billige Jakob« [202]) wird hier und in den thematisch ähnlichen Dialogen, Rep.Nr.200, »Wir kaufen den Reichssender«, und Rep.Nr. 200a, »Wir kaufen ein Hotel« (Sämtliche Werke, Bd. 4), ins Absurde gesteigert; zum Verhältnis von Zirkus und Volkssängertum vgl. Pemsel, S. 36f.

Stellenkommentar

120,3 *Für W.H.W. angefertigt*] Fehlt in T[3], T[4].

120,3 *W.H.W.*] ›WHW‹, Abk. für: »Winterhilfswerk«, eine im Krisenwinter 1931/32 durch private Wohlfahrtsverbände entstandene Hilfsorganisation, die Bedürftige mit Lebensmitteln und Heizmaterial versorgte. Ab 1933 unterstand das ›WHW‹ der »Nat.-soz. Volkswohlfahrt (NSV)«. Zu

seinen Aktivitäten gehörten Straßensammlungen, Verkauf von Heimarbeiten, Organisation von »freiwilligen« Lohn- und Gehaltsabzügen, monatlicher »Eintopfsonntag« u. ä.; vgl. Maser, S. 47 f., und Preis, S. 80.
120,5 ff. *Entschuldigen Sie, meine Herrn und Damen ... geht gleich wieder weiter.*] Diese Ansage fehlt in T^2, T^3, T^4.
120,9 *Fritz Fischer*] S. o. 304.
120,11 *Karl Krone*] Carl Krone (geb. am 21. 10. 1870 in Osnabrück, gest. am 4. 6. 1943 in Salzburg), Direktor des nach ihm benannten Zirkus. 1904 gründete er den »Circus Charles«, der ab 1914 »Circus Krone« hieß. 1919 eröffnete er für Vorstellungen im Winterhalbjahr ein festes Haus auf dem Münchner Marsfeld, das 4.000 Besucher faßte und in dessen Stallungen sich über 100 Pferde befanden. Krones Unternehmen wurde der größte Zirkus Europas. Das Münchner Haus diente schon früh der NS-Bewegung als Veranstaltungsort.
121,15 ff. *Während ich mit dem Herrn spreche und den Kaufvertrag erkläre! Sie haben ruhig zu sein, merken sie sich das!*] T^2, T^3, T^4: »Währenddem ich dem Herrn den Kaufvertrag erkläre, haben Sie ruhig zu sein. Merken Sie sich das!«
121,36 *schon*] Fehlt in T^2, T^3, T^4.

T^5
334 *Cirkus-Kauf*] Handschriftlicher Zusatz.
334 *v. K. Valentin 1941.*] Handschriftlicher Zusatz.
335 VALENTIN: *So alt?*] Handschriftlicher Zusatz.

Wie heisst der Notenwart?

Textüberlieferung
T^1 Typoskript im Nachlaß, Theatermuseum Köln-Wahn: Repertoire Nr. 205; Mappe X (Au 11750).
T^2 Typoskript im Nachlaß, Theatermuseum Köln-Wahn: Repertoire Nr. 305; Mappe XIV (Au 11750).
T^3 Typoskript im Nachlaß, Theatermuseum Köln-Wahn: Repertoire Nr. 305; Mappe XIV (Au 11750).
T^4 Typoskript im Nachlaß, R. Piper Verlag, München: Repertoire Nr. 205.
T^5 Typoskript im Nachlaß, R. Piper Verlag, München: Repertoire Nr. 305.
T^6 Typoskript im Liesl-Karlstadt-Nachlaß, München: Repertoire Nr. 205.
T^7 Typoskript im Liesl-Karlstadt-Nachlaß, München: Repertoire Nr. 305.

T^8 Typoskript aus dem Bestand des Rechtsvertreters der Erben Valentins, Rechtsanwalt Gunter Fette, München.
Textgrundlage: T^2.

Variante: T^8.

Komisches Musikentree

v. Karl Valentin.

(Alle Musiker sitzen auf der Bühne – Klavier, Bombardon, Schlagzeug etc. und stimmen ihre Instrumente – Tonleitern etc.)

VAL. Mein A stimmt nicht *(zum Trommler)* gib mir Du Dein a, dann geb ich Dir mein B.

SCHM: *(schlägt auf die grosse Trommel)*

VAL. Is̊ des a A.

SCHM. Ja.

VAL. A!! Des klingt aber heut gspassig. Was spiel mer denn heut? Wo sind denn die Noten?

ALLE: Wo sind denn die Noten?

VAL.: Ja ich hab keine Noten, ausser Banknoten.

ALLE: Ja ohne Noten können wir doch nicht spielen.

SCHM: Da sind ja die Noten *(verteilt die Noten – gibt jedem Musiker ein Notenblatt. Alle beginnen – furchtbare Musik – alles klingt durcheinander)*

VAL.: Hörts auf, das klingt ja katastrophal. Was hast denn Du gspielt[?]

PIAN. Stille Nacht, heilige Nacht.

VAL. *(z. Klarinettist)* und Du?

KLAR.: Tölzer Schützenmarsch.

VAL. *z. Trommler.* Und Du?

SCHM: Den Lohengrin.

VAL. Das *kann* ja nicht harmonieren, wenn jeder was anders spielt. Des is ja eine Schlamperei. So etwas kommt ja nicht einmal beim *viel*harmonischen Orchester vor. I sags ja, seit wir unseren Notenwart nicht mehr ham, den .... no ...... den .... na wie hat er denn gheissen?

SCHM. Der Gollinger Schorschl?

VAL. Gollinger hat er net ghoassen. Der Gollinger war ja so ein Grosser – der Ding war ja net gross, der ....

SCHM. Wer?

VAL. No, den wo ich halt mein.

SCHM. Ich weiss doch net, wen Du meinst.

VAL.: Ja um des handelt sichs doch, weil wir nicht wissen, wie der heisst.

SCHM: Ja *ich* weiss doch net wie er heisst.

VAL. Ja des weiss ich scho, dass Du des net weisst, wir wissens ja auch net.

SCHM: Ja wie könnt ma des jetzt wissen, wie der heisst.

VAL. J am sichersten wirds er selber wissen – mir schreiben ihm eine Postkarte. Lieber .... ja des geht ja auch net, weil wir ja net wissen wie er heisst.

PIAN. *(besinnt sich)* Hat er net Ott gheissen?

VAL. Na, na, Ott hat er net geheissen, so viel ich mich erinnere wars a ganz a kurzer Name.

PIAN: Ott is doch a kurzer Name.

VAL. A Ott is wieder zu kurz. Der hat so ähnlich gheissen, wie unserer früherer Pianist, wie der .... wie hat den unser Pianist gleich gheissen, der ...... des is doch zum Verzweifeln, jetzt fällt mir dem sei Name auch wieder net ein ... der ....

SCHM: A der Eisele.

VAL. Na, na, so hat er net gheissen, der hat keinen so metallenen Namen ghabt, im Gegenteil so an hölzernen Namen.

ALLE: *(schreien zugleich)* Holzinger hat er gheissen.

SCHM: Wer?

VAL. Der Holzinger. Gott sei Dank, dass ma wenigstens dem sein Namen gfunden ham, aber wie der Ding gheisssen hat – der Notenwart.

WIRT: *(schreit von hinten auf die Bühne)* So fangst doch endlich a mal mit der Musik an. Ich zahl Euch doch net, dass Ihr da droben eine Konferenz abhalts.

VAL. *(schreit zum Wirt hinunter)* Es handelt sich um den Namen von unserem früheren Notenwart. Der Name fällt uns nicht mehr ein.

WIRT: Des is doch wurscht, wie der gheissen hat.

VAL. Ja Ihnen, aber uns ist des net wurscht. Ihnen is auch schliesslich net wurscht, ob Sie Martin Wegmann oder Moritz Kohn heissen.

WIRT: Das Publikum will nicht Ihr Gepappel hören, sondern ein Konzert.

VAL. Also fang mer an. Blas mer ein auswendig. *(Marsch wird geblasen. Mitten unter dem Marsch hört Val. plötzlich zu blasen auf und schreit)*

VAL. Hörts auf, jetzt is mer eingfallen, wie der Notenwart gheissen hat. »Pfaffinger[«] hat er gheissen.

ALLE: Stimmt, Pfaffinger hat er gheissen. *(Alle blasen den Marsch zu Ende)*

VAL. *Als der Marsch zu Ende ist, stellt Val. seinen Bombardon weg, besinnt sich lange und sagt:* Na, na ich hab mich täuscht, Pfaffinger hat er auch net gheissen.

ALLE: Jawohl Pfaffinger hat er gheissen. Des wiss mer ganz bestimmt.

VAL. Sein Bruder hat Pfaffinger gheissen.

ALLE: *(lachen)* Sei Bruder!! Dann heisst er doch auch Pfaffinger, wenn sei Bruder Pfaffinger gheissen hat, dann hat er doch denselben Namen.

VAL. Na, des war ja sei Stiefbruder.

Entstehung
Laut Untertitel von T^1, T^2, T^3, T^4, T^5, T^6, T^7: 1941; vgl. die Schallplattenaufnahme vom 13.12.1941 (Berswordt, S. 309). T^8 scheint eine frühere Fassung zu sein, die Nennung von »Martin Wegmann«, »Schm[id]« und eines »Pianisten« deutet hin auf eine Aufführung in der »Ritterspelunke«, also zwischen dem 17.7.1939 und dem 5.6.1940.

Stellenkommentar
122,30 *Musiker stimmen ihre Instrumente*] In T^1 findet sich darüber der handschriftliche Zusatz: »Wirtschaftslärm«.
122,31 *Bombardonist*] Jemand, der Bombardon (Baßtuba) spielt.
122,32 *Herr Rot*] Vgl. o. 286.
123,3 *Mazurka*] Polnischer Nationaltanz im Dreivierteltakt.
123,4 *Galopp*] Schneller Tanz im Zweivierteltakt.
124,18 *Doppel-Adler-Marsch*] S. o. 289. In T^1 handschriftlich korrigiert, ursprünglich: »Von der Tann-Marsch«.

T^8
338 *Komisches Musikentree*] Darüber findet sich der handschriftliche Zusatz: »Pfaffinger der Notenwart«.
338 *Musikentree*] Eröffnendes Musikstück (bes. im Ballett).
338 SCHM] Vermutlich Peter Schmid, ein Partner K. V.s in der »Ritterspelunke«; s. o. 284 (74,20).
338 *Stille Nacht, heilige Nacht*] Weihnachtslied (1818) von Franz Xaver Gruber (geb. am 25.11.1787 in Unterweizberg/Oberösterreich, gest. am 7.6.1863 in Hallein/Salzburg) auf einen Text von Joseph Mohr (geb. am 11.12.1792 in Salzburg, gest. am 4.12.1848 in Wagrein/Salzburg).
338 *Tölzer Schützenmarsch*] S. o. 323 f. (114,15 ff.)
338 *Lohengrin*] Oper (1850) von Richard Wagner.
339 *Martin Wegmann*] Der Pächter der »Ritterspelunke« (keine Lebensdaten ermittelt); vgl. Schulte 1982, S. 187, S. 192.
339 *Moritz Kohn*] Der in den zwanziger Jahren renommierte Wiener Chemiker dieses Namens (geb. 1878 in Teschen/Schlesien) dürfte K. V., der hier wohl lediglich einen »typisch jüdischen« Namen wählen wollte, nicht bekannt gewesen sein; zum Antisemitismus der Volkssänger vgl. Pemsel, S. 129.

Valentin fährt Straßenbahn

Textüberlieferung
T^1 Typoskript im Nachlaß, Theatermuseum Köln-Wahn: Repertoire Nr. 307; Mappe XIV (Au 11750).
T^2 Typoskript im Nachlaß, Theatermuseum Köln-Wahn: Repertoire Nr. 307; Mappe XIV (Au 11750).

T^3 Typoskript im Nachlaß, Theatermuseum Köln-Wahn: Repertoire Nr. 307; Mappe XIV (Au 11750).
T^4 Typoskript im Nachlaß, R. Piper Verlag, München: Repertoire Nr. 307.
T^5 Typoskript im Liesl-Karlstadt-Nachlaß, München: Repertoire Nr. 307.
D^1 Münchener Feldpost (20. Ausgabe) vom 1.6.1943, S. 13.
Textgrundlage: D^1.

Entstehung
Laut Untertitel von T^1, T^2, T^3, T^4, T^5: 1941.

Stellenkommentar
125,1 *Valentin fährt Straßenbahn*] T^1, T^2, T^3, T^4, T^5 ergänzen: »Von Karl Valentin 1941. (Mit Strassenbahn-Geräuschen unterlegt).«
125,1 *Straßenbahn*] Bereits 1895 fuhr die elektrische Trambahn vom Färbergraben zum Isartalbahnhof, ab 1900 war in München das gesamte Trambahnnetz auf einer Strecke von 93 km elektrifiziert; die Trambahn ist wiederholt Thema K.V.s: vgl. das Couplet, Rep. Nr. 79, »Moritat Margareta bei der Straßenbahn« (Sämtliche Werke, Bd. 2, S. 113). Vgl. Krauss, S. 91 f., Angermair, S. 323 ff., und Hess.
125,27 f. *Ostbahnhof*] Ursprünglich als »Bahnhof Haidhausen« 1872–1876 nach Plänen von Friedrich Bürklein errichtet.
125,29 *Zirkus*] Vgl. o. 337 (120,11).
126,28 *Am Hintern?*] Fehlt in T^1, T^3, T^4, T^5. In T^2 handschriftlich zugefügt.
126,29 *Nein!*] Fehlt in T^1, T^3, T^4, T^5. In T^2 handschriftlich zugefügt.
126,32 f. *Na, i bin im hintern g'sessen und mei' Tochter im vordern*] In T^1, T^2 handschriftlich korrigiert, ursprünglich: »Na, i bin auf der Plattform g'standen und mei' Tochter war da herin im vordern«.

Im Uhrmacherladen

Textüberlieferung
T^1 Typoskript im Nachlaß, Theatermuseum Köln-Wahn: Repertoire Nr. 319; Mappe XV (Au 11750).
T^2 Typoskript im Nachlaß, Theatermuseum Köln-Wahn: Repertoire Nr. 319; Mappe XV (Au 11750).
T^3 Typoskript im Nachlaß, R. Piper Verlag, München: Repertoire Nr. 319.
T^4 Typoskript im Liesl-Karlstadt-Nachlaß, München: Repertoire Nr. 319.
Textgrundlage: T^1.

Entstehung
Laut Untertitel von T[1], T[2], T[3], T[4]: 1941.

Stellenkommentar
127,1 *Im Uhrmacherladen*] In T[4] findet sich darüber der handschriftliche Zusatz: »Herrn Dr. Cassimir«.
127,15 Pepperl] Bayer.: Josef (Koseform).
127,18 *weil er heut g'firmt wird*] Die Firmung stellt im katholischen Glauben ein an zehn- bis fünfzehnjährigen Kindern durch einen Bischof verabreichtes Sakrament dar, in dessen Mittelpunkt die rituelle Herbeirufung des Heiligen Geistes steht (zur Stärkung [lat. ›confirmatio‹] des Glaubens).
127,18f. *der Herr Firmpat' hat uns aufsitzen lassen.*] K. V. greift hier auf eine Idee zu seinem Stück, Rep. Nr. 121, »Der Firmling« von 1922 (Sämtliche Werke, Bd. 5) zurück. Auch dort heißt das Firmkind »Pepperl«.
128,13 *plärrt*] Bayer.: weint laut (von lat. ›plorare‹).
128,23 *Hundsbankert*] Bayer.: ›Bankert‹ = uneheliches (auf einer Bank gezeugtes) Kind.
128,24f. *a rechts Trumm Watsch'n*] Bayer.: eine große Ohrfeige.
128,28 *Deppata*] Bayer.: Blöder (Tappiger).
128,31 *Regulator*] Wanduhr mit Pendel.
128,31f. *a wild's G'wachs*] Bayer.: ein wilder, lebenslustiger Junge (wörtl.: Gewächs).

Eine Schlamperei

Textüberlieferung
H[1] Handschrift aus dem Bestand der Handschriftenabteilung der Stadtbibliothek München, Monacensia 1952/93.
T[1] Typoskript im Nachlaß, Theatermuseum Köln-Wahn: Repertoire Nr. 341; Mappe XVI (Au 11750).
T[2] Typoskript im Nachlaß, R. Piper Verlag, München: Repertoire Nr. 341.
T[3] Typoskript im Liesl-Karlstadt-Nachlaß, München: Repertoire Nr. 341.
Textgrundlage: T[1].

Entstehung
Laut Untertitel von H[1], T[1], T[2], T[3]: Oktober 1942.

Stellenkommentar
129,15 *Eine Schlamperei*] H[1]: »Eine Schlamperei ohne Gleichen«.
129,19 *im Jahre 1700*] Zu dieser Zeit war die »Ritterzeit« freilich längst vorbei. Zu K. V.s komischer Geschichtsschreibung vgl. o. 229 (49,13ff.).
129,19 *in einem Gefängnishof*] Vgl. die thematisch verwandte »Hinrichtungsszene« (vorliegender Band, S. 100). H[1], T[2], T[3] ergänzen: »Personen:

Der Fehmrichter = .../Der Deliquent = .../Der Scharfrichter = .../Der Scharfrichtergehilfe = ...«.

129,21 FEMRICHTER] Richter eines Femegerichtes, d.h. im MA: eines heimlichen, aber königlich legitimierten Sondergerichtes, das sich mit todeswürdigen Straftaten befaßte. Später bezeichnete man als »Femegerichte« geheime, aber illegale Gerichte zur Aburteilung von politischen oder Ehrenstreitigkeiten.

129,22 *herbei!*] H^1: »herein«.

129,24 *Richtpflock*] H^1: »Richtblock«.

129,29 *alleruntertänigst*] H^1: »untertänigst«.

129,36 *Jawohl!*] H^1: »Ja,«.

130,5 *leider*] Fehlt in H^1.

130,6 *Bitte!*] Fehlt in H^1.

130,8 *dass ich dem Tode ins Auge schaue*] H^1: »ich will dem Tode ins Auge schauen«.

130,13 *würden*] H^1, T^2, T^3: »werden«.

130,20f. *Befehl vollzogen! (Bindet ihm die Augen zu)*] H^1, T^2, T^3: »(Bindet ihm die Augen zu) – Befehl vollzogen!«

130,22ff. *(zum Scharfrichter, der von Anfang an ... Und walte Deines Amtes.*] In H^1 lautet diese Passage: »(zu Scharfrichter) Lege sein Haupt auf den Richtpflock – und wenn ich den Stab breche – so amte deines Waltes ä – so walte deines Amtes.«

130,24 *Und wenn das arme Sünderglöcklein ertönt...*] In T^2, T^3 ist vorangestellt: »Lege sein Haupt auf den Richtblock –«.

130,24 *das arme Sünderglöcklein*] S.o. 300 (100,22).

130,25 *den Stab breche*] Rechtsbrauch des MA: Der Richter hielt während der Verhandlung als äußeres Zeichen der Gerichtsmacht einen »Gerichtsstab« in der Hand, den er im Falle der Todesstrafe, unmittelbar vor der Hinrichtung über dem Kopf des Delinquenten zerbrach, was bedeutete, daß nun auch die Macht des Richters nicht mehr helfen konnte.

130,28f. *Es ist pietätlos von Ihnen, eine Sekunde vor Ihrem Tode noch zu lachen*] H^1: »Es ist pietätslos, 3 Sekunden vor seinem Tod noch zu lachen«.

130,33 *Trenne*] H^1: »Scharfrichter, trenne«.

131,1 *eilt hastig*] H^1: »springt schnell«.

131,2 *Das ist doch eine Schlamperei!*] In H^1, T^2, T^3 spricht der »Scharfrichter« diese Worte.

131,6 *eine furchtbare Schlamperei!*] H^1: »ein Saustall«.

131,8 *hineingetan*] H^1: »reingepackt«.

131,10f. *Wir haben schon zwei; aber das alte ist unmöglich. Das ist vollständig*] H^1: »Ach das alte, geht nicht mehr das ist ja vollständig«.

131,12f. *Das wär eine riskante Sache!*] Fehlt in H^1.

131,14 *(ungeduldig)*] Fehlt in H^1.

131,14 *jetzt*] Fehlt in H^1.
131,15 *von dem langen Kniegeln*] Bayer.: von dem langen Hinknien. Fehlt in H^1.
131,20 *Bin so frei!*] Fehlt in H^1.
131,26 *wirklich*] Fehlt in H^1.
131,31 *machen!*] H^1: »macha können.«
131,32 *der richtige*] H^1: »nur«.
131,35f. *weil das Beil nicht zu finden ist, so*] H^1: »weil wir das Beil nicht finden, dann«.
132,3 *ich schon amal*] Fehlt in H^1.
132,8 *dös wo die Hauptsach is von der Hinrichtung,*] Fehlt in H^1.
132,10 *Aber es gibt einen Ausweg!*] Fehlt in H^1.
132,13 *(sich besinnend)*] Fehlt in H^1.
132,16f. *niemanden etwas von der Schlamperei mit dem verlorenen Beil.*] H^1: »nix über die Schlamperei wegen dem Beil«.
132,18 *(besinnt sich)*] Fehlt in H^1.
132,19 *'s Maul halten!*] In H^1, T^2, T^3 folgt: »Ende«.

Gesangspotpouri aus alten Liedern

Textüberlieferung

T^1 Typoskript im Nachlaß, Theatermuseum Köln-Wahn: Repertoire Nr. 343; Mappe XVI (Au 11750).
T^2 Typoskript im Nachlaß, Theatermuseum Köln-Wahn: Repertoire Nr. 343; Mappe XVI (Au 11750).
T^3 Typoskript im Nachlaß, R. Piper Verlag, München: Repertoire Nr. 343.
T^4 Typoskript im Liesl-Karlstadt-Nachlaß, München: Repertoire Nr. 343.

Textgrundlage: T^1.

Entstehung

Laut Untertitel von T^1, T^2, T^3, T^4: Oktober 1942. Über eine Realisierung des Textes auf der Bühne oder im Rundfunk ist nichts überliefert. Das »Quodlibet« (humoristische Reihung verschiedenster Gedichte, z. B. bei Nestroy) ist zu dieser Zeit schon veraltet. Vgl. »Heinrich und Liese« (Sämtliche Werke, Bd. 2, S. 49).

Stellenkommentar

132,27 *Grüass Euch Gott, alle mit einander...*] Auftrittslied des Adam im ersten Akt der Operette »Der Vogelhändler« (1891) von Carl Zeller (geb. am 19. 6. 1842 in St. Peter in der Au/Niederösterr., gest. am 17. 8. 1898 in Baden bei Wien), Libretto: Moritz West und Ludwig Held.

132,30 LAMPL] Vielleicht der Sänger und Volksschauspieler Max Lampl (geb. am 6. 1. 1880 in Landsberg, gest. am 3. 5. 1946 in Miesbach).

132,30 *»Wenn ich ein Vöglein wär'...«*] Dt. Volkslied um 1800, der Text ist bei Johann Gottfried Herder (Volkslieder, Erster Teil, Erstes Buch, Nr. 12) unter dem Titel »Der Flug der Liebe« überliefert.

132,31 NEUMÜLLER] Georg Neumüller (Pseudonym für: Lindmüller; geb. am 24. 3. 1885 in Wien, gest. am 24. 6. 1953 in Murnau am Staffel-See), mit K. V. befreundeter Humorist und Singspieldirektor; vgl. die Briefe Nr. 6–11 und Nr. 208 (Sämtliche Werke, Bd. 6, S. 14ff. und S. 202).

132,33 *Fischer*] Vermutlich K. V.s Partnerin Annemarie Fischer; s. o. 285 (75,27).

133,1 *»In einem kühlen Grunde...«*] Lied (um 1814) von Friedrich Glück (geb. am 27. 9. 1797, nach anderen Quellen: 23. 9. 1793 in Oberensingen/Württ., gest. am 1. 10. 1840 in Schornbach/Württ.) auf ein Gedicht von Joseph von Eichendorff; vgl. die Schallplattenaufnahme vom 14. 6. 1928 (Berswordt, S. 304).

133,5 *Verzeihung,!*] T[4]: »Verzeichung!«.

133,9ff. *Also, mir persönlich ist dös ja ganz wurscht...*] K. V. zitiert fast wörtlich aus seinem um 1909 entstandenen Monolog, Rep. Nr. 38, »Riesenblödsinn« (Sämtliche Werke, Bd. 1, S. 35).

133,17 HÖSEL] Nicht ermittelt. In T[4] hier und an allen folgenden Stellen: »Hösl«.

133,17 *und der Himmel hängt voller Geigen*] Duett aus der Operette »Der liebe Augustin« (1912) von Leo Fall (geb. am 2. 2. 1873 in Olmütz/Mähren, gest. am 16. 9. 1925 in Wien), Libretto: Rudolf Bernauer und Ernst Welisch.

133,24 *KARDOWA*] Nicht ermittelt. In T[4] hier und an allen folgenden Stellen: »Cordova«.

133,24 *Färber*] Vielleicht der Bühnenschauspieler (Volkstheater München, Gärtnerplatztheater, Kammerspiele München) und Filmschauspieler Anton Färber (geb. am 20. 7. 1906 in Aßling/Oberbayern).

133,25f. *»Weisst Du wieviel Sternlein stehen...[«]*] Gedicht von Johann Wilhelm Hey (geb. am 26. 5. 1789 in Leina bei Gotha, gest. am 19. 5. 1854 in Ichtershausen bei Arnstadt), das nach einer alten Volksweise gesungen wird.

133,25 *Sternlein*] T[4]: »Sternstein«.

133,27f. *Astrologen*] T[4]: »Strologen«.

133,30f. *Wie vor 10 Jahr in der Rumpfordstrasse das grosse Explosionsunglück war*] Nicht ermittelt.

133,34 ALLE] In T[4] hier und an den folgenden Stellen in der Handschrift Liesl Karlstadts (?) korrigiert in: »N«.

134,7 *»Schlaf, Kindlein schlaf...[«]*] Wiegenlied von Johann Friedrich Reichardt (geb. am 25. 11. 1752 in Königsberg, gest. am 27. 6. 1814 in

Giebichenstein bei Halle an der Saale) nach einem Gedicht aus »Des Knaben Wunderhorn«.

134,13 ff. *»Und die Frau Wirtin hat auch einen Sohn ...«*] Die Tradition der »Frau-Wirtin-Lieder« geht zurück auf das rheinländische Lied vom »Wirtshaus an der Lahn«, das von einem unbekannten Verfasser vor 1838 gedichtet wurde und das in der Folge um zahlreiche, meist derb-erotische Strophen über »die Frau Wirtin« und deren »Töchter«, »Mägde« etc. erweitert wurde. In T^4 ist in der Handschrift Liesl Karlstadts vorangestellt: »sofort singen!«.

134,18 *Maggi*] Die Speisewürze des Julius Maggi wurde ab 1887 in Singen am Hohentwiel produziert.

134,23 ff. *»Ja, nur a Bier, nur a Bier ...[«]*] Humoristisches Lied von Carl Lorens (s. o. 224 [47,19]).

134,27 *Dünnbier*] S. o. 292 (92,24).

134,29 *24%ig*] Diese wohl übertriebene Angabe bezieht sich auf den sog. »Stammwürzegehalt« des Bieres, dem hier ca. 8% Alkohol entspräche (Doppelbockbier: 18–20% Stammwürze = ca. 6% Alkohol).

134,31 *Salvater*] Salvator (s. o. 325).

134,32 *»Wer weiss, ob wir den wiedersehn ...«*] Anspielung auf das Lied op.43 »Wer weiss, ob wir uns wiedersehn« von Paul Röhricht (geb. am 13. 11. 1867 in Grünberg/Schlesien, gest. am 17. 10. 1925 in Schreiberhau/Riesengebirge).

134,34 ff. *»Der Papst lebt herrlich in der Welt ...«*] Im 19. Jhd. verbreitetes Studentenlied auf einen Text von Christian Ludwig Noack (geb. am 19. 7. 1767 in Pinna bei Dresden) mit dem Titel »Papst und Sultan«.

135,1 LAMPL] T^4: »LAMPL/FRAU«.

135,1 *Papp*] wertloses Gerede.

135,13 ff. *»I muass wieder einmal in Grinzing sein ...«*] Walzerlied (1921) von Ralph Benatzky (geb. am 5. 6. 1884 in Mährisch-Budwitz, gest. am 16. 10. 1957 in Zürich).

135,19 *»Muss i denn, muss i denn ...[«]*] Schwäbisches Volkslied, das v. a. in der Bearbeitung durch August W. J. Rietz (geb. am 28. 12. 1812 in Berlin, gest. am 12. 9. 1877 in Dresden) populär wurde.

135,24 f. *»Alles neu – macht der Mai ...[«]*] Gedicht von Hermann Adam von Kamp (geb. am 15. 9. 1796 in Ruhrort, gest. am 26. 11. 1867 in Mülheim a. d. Ruhr), das nach einer alten Volksweise gesungen wird.

135,29 f. *»Ach wie ist's möglich dann – dass ich Dich lassen kann ...[«]*] Volkstümliches Lied (1827) von Friedrich Wilhelm Kücken (geb. am 26. 11. 1810 in Bleckede/Hannover, gest. am 3. 4. 1882 in Schwerin).

135,32 ff. *»Oh, wie wohl ist mir am Abend ...[«]*] Populärer Kanon von Karl Friedrich Schulz (geb. am 14. 11. 1784 in Wittmannsdorf/Niederlausitz, gest. am 28. 6. 1850).

136,2 f. *denn auf jeden Kirchturm ist nur mehr eine Glocke oben*] Am 14.3.1940 initiierte Göring eine große Metallsammlung, der auch viele Kirchenglocken zum Opfer fielen. Angeblich ergab diese Sammlung Rohstoff für die Vollbeschäftigung von sieben Hütten; vgl. Preis, S. 143.
136,4 *»Steh ich in finstrer Mitternacht...[«]*] Gedicht (»Treue Liebe«) von Wilhelm Hauff (geb. am 29.11. 1802 in Stuttgart, gest. am 28.11. 1827 ebda.), das u.a. von Friedrich Silcher (geb. am 27.6. 1789 in Schnait/Württ., gest. am 26.8. 1860 in Tübingen) vertont wurde.
136,7 *wegen*] Handschriftlicher Zusatz. Fehlt in T^4.
136,7 *die Stadt verfinstern*] Vgl. o. 291 (84,19).
136,10 *I hab amol a Räuscherl g'habt...*] Wienerlied (um 1900) von Karl Kappeller (geb. 1858 in Wien, gest. am 17.4.1918 ebda.).
136,17 *Da streiten sich die Leut herum...*] Der Anfang des sog. »Hobellieds« aus dem dritten Akt des Original-Zaubermärchens »Der Verschwender« (1834) von Ferdinand Raimund.
136,20 *Darum lasst uns das Leben noch geniesen...*] Nicht ermittelt.
136,22 ff. *(alle marschieren nun auf der Bühne herum ... der Gemütlichkeit.)* Dieser ganze Schlußteil ist in T^4 durchgestrichen, darüber steht in fremder Handschrift: »Schluss«.
136,24 ff. *»Ein Prosit – ein Prosit der Gemütlichkeit...[«]*] Musikalischer Trinkspruch (1901) von Georg Kunoth (geb. am 17.2. 1863 in Bremen, gest. am 9.9. 1927 in Wiesbaden).

Sind sie nicht der Herr Gabler?

Textüberlieferung

- T^1 Typoskript im Nachlaß, Theatermuseum Köln-Wahn: Repertoire Nr. 347; Mappe XVI (Au 11750).
- T^2 Typoskript im Nachlaß, Theatermuseum Köln-Wahn: Repertoire Nr. 347; Mappe XVI (Au 11750).
- T^3 Typoskript im Nachlaß, R. Piper Verlag, München: Repertoire Nr. 347.
- T^4 Typoskript im Liesl-Karlstadt-Nachlaß, München: Repertoire Nr. 347.

Textgrundlage: T^1.

Entstehung

Laut Untertitel von T^1, T^2, T^3, T^4: Mai 1943.

Stellenkommentar

137,1 *Sind sie nicht der Herr Gabler?*] Handschriftliche Eintragung auf ein freigelassenenes Feld. T^2, T^3: »Sind Sie der Herr Gabler?«. In T^4 ist in das gleiche freigelassene Feld handschriftlich eingetragen: »Der Herr Gabler«.

137,6f. *Personen: ... K. Valentin*] Fehlt in T^2, T^3.
137,9 *Vorhang geht auf*] Fehlt in T^2, T^3.
137,29 *Flitscherl*] Bayer.: Flittchen.
137,30 *aber*] Handschriftlicher Zusatz.
138,10 *zwei*] Fehlt in T^4.

Zeitgemässe Situation (Sicher ist Sicher)

Textüberlieferung
T^1 Typoskript im Nachlaß, Theatermuseum Köln-Wahn: Repertoire Nr. 349; Mappe XVI (Au 11750).
T^2 Typoskript im Nachlaß, Theatermuseum Köln-Wahn: Repertoire Nr. 349; Mappe XVI (Au 11750).
T^3 Typoskript im Nachlaß, R. Piper Verlag, München: Repertoire Nr. 349.
T^4 Typoskript im Liesl-Karlstadt-Nachlaß, München: Repertoire Nr. 349.
D^1 Münchener Feldpost (37. Ausgabe) vom 1. 11. 1944, S. 14.
Textgrundlage: D^1.

Entstehung
Laut Untertitel von T^2, T^3: Juni 1943.

Stellenkommentar
138,15 *Zeitgemässe Situation (Sicher ist Sicher)*] In D^1 wird die Szene lediglich mit dem Titel »Unsere Valentiniade« wiedergegeben, in T^1, T^4 lautet der Titel: »Zeitgemässe Situation«, darüber steht in T^1 handschriftlich: »Sicher ist Sicher«. In T^4 steht über dem Titel handschriftlich: »Ein Stück aus Deutschlands schwarzen Tagen – Im Zeichen des Luftkrieges«. T^1, T^4 haben den Untertitel: »von Karl Valentin«. T^2, T^3: »Sicher ist Sicher/ Komödie von Karl Valentin – Juni 43/(nur eine Idee)«. Darunter finden sich in T^2, T^3 noch die Angaben: »Ort der Handlung: Ein modernes Wohnzimmer/Zeit: Gegenwart«. – Alle drei Blätter von T^4 tragen den Stempelaufdruck: »Abgesetzt«.
138,18 *Manche Wohnungen bestehen tatsächlich zur Zeit*] T^2, T^3: »Das Wohnzimmer besteht«; vgl. Bauer 1987, S. 51f., und Preis, S. 160ff.
138,19 *Kleiderkasten*] Süddt.: Kleiderschrank.
138,21 *obengenannten*] T^2, T^3: »paar genannten«.
138,35 *Wenn du alles in den Koffer packst*] In T^1, T^2, T^3, T^4 ist vorangestellt: »Glaub ich !!!«.
138,35 *Keller*] In T^4 handschriftlich korrigiert in: »Luftschutzkeller«.
139,16 *Vilsbiburg*] Kleinstadt ca. 60 km nordöstlich von München. T^1, T^4: »Vilzbiburg«.
139,21 *Otterfing*] Kleiner Ort südlich von München.

140,14f. *wenn ich bitten darf*] T^2, T^3 ergänzen: », Herr Blümlein und Frau Blümlein«.
140,17 *Zugeherin*] Putzfrau.
140,18 *drin*] T^2, T^3: »nei getan«.
140,24ff. *die drei Pfund Bauernge ... Eine fromme Familie, der Herr Blümlein und die Frau Blümlein.*] Diese Passage lautet in T^2, T^3: »die drei Pfund Bauernge – ge – gebetbücher drinn./Hausm. (für sich): Dös is mir jetzt peinlich! Drei Pfund Gebetbücheln! Dös is a fromme Familie, der Herr Blümlein und die Frau Blümlein. (macht eine Essbewegung und zwinkert dabei mit einem Aug)«.
140,35 *fleißig*] T^2, T^3: »inzwischen«.
140,36 *öffnet sie und sagt*] T^2, T^3: »öffnet dieselbe mit den Worten«.
141,4 *und Zigaretten*] Fehlt in T^2, T^3.
141,6 *so wenig zum Raucha gibt!*] In T^2, T^3 folgt: »Ende. (Vorhang)«.

Familien Sorgen

Textüberlieferung
T^1 Typoskript im Nachlaß, Theatermuseum Köln-Wahn: Repertoire Nr. 350; Mappe XVI (Au 11750).
T^2 Typoskript im Nachlaß, Theatermuseum Köln-Wahn: Repertoire Nr. 350; Mappe XVI (Au 11750).
T^3 Typoskript im Nachlaß, R. Piper Verlag, München: Repertoire Nr. 350.
T^4 Typoskript im Liesl-Karlstadt-Nachlaß, München: Repertoire Nr. 350.
Textgrundlage: T^1.

Entstehung
Laut Untertitel von T^1, T^2, T^3, T^4: Juni 43.

Quellen
S. »›Der Wilddieb‹ oder die blutige Begegnung in der Höllenschlucht« (237). Darüber hinaus rückt die Aufgabe der Kohärenz in Sprache (der Streit um Nichts, der sinnlose Gebrauch feststehender Redewendungen) und Dramaturgie (das unmotivierte Kommen und Gehen der Personen) diese Szene in die Nähe des Absurden Theaters; vgl. Gönner, und Nachwort.

Stellenkommentar
141,12 *Familien Sorgen*] Handschriftliche Eintragung auf ein freigelassenes Feld.
142,25 *eingeweicht - aa -*] Fehlt in T^2, T^3.
143,23 *Sanitätsrat*] Alter, in Bayern seit Anfang der dreißiger Jahre wieder

verliehener ärztlicher Ehrentitel. Maschinenschriftlich korrigiert, ursprünglich: »Professor«.
144,5 *schreit ebenfalls den Vater an*] T^2, T^3: »schreit noch besser«.
144,6 *höher*] Maschinenschriftlich korrigiert, ursprünglich: »besser«.

Der Schneemann

Textüberlieferung

T^1 Typoskript im Nachlaß, Theatermuseum Köln-Wahn: Repertoire Nr. 366; Mappe XVII (Au 11750).
T^2 Typoskript im Nachlaß, Theatermuseum Köln-Wahn: Repertoire Nr. 366; Mappe XVII (Au 11750).
T^3 Typoskript im Nachlaß, R. Piper Verlag, München: Repertoire Nr. 366.
T^4 Typoskript im Liesl-Karlstadt-Nachlaß, München: Repertoire Nr. 366.
Textgrundlage: T^1.

Entstehung

Vermutlich 1944 zusammen mit der dritten Kasperl-Szene »Kasperl und der Kaminkehrer« (vorliegender Band, S. 148). Ein handschriftlicher Zusatz in T^1 deutet auf die (nicht realisierte) Absicht K. V.s, die Szene im Witzblatt »Der Simpl« zu veröffentlichen, das im Verlag von Willi Ernst Freitag von 1946 bis 1950 in München erschien.

Quellen

Die Kasperl-Komödien des Grafen Franz von Pocci (s. o. 203 [31,23]) dürfte K. V. schon als Kind kennengelernt haben; in Rep. Nr. 82, »Valentins Jugendstreiche« (GW, S. 148, bzw. Sämtliche Werke, Bd. 7) erinnert er sich: »Das Zuschauen im Kasperltheater auf der Auer Dult war ja sehr schön, aber noch lieber haben wir selbst gespielt.« Vgl. Schulte 1987, S. 77, und Valenta.

Stellenkommentar

144,21 *Der Schneemann*] Daneben findet sich die Zeichnung einer Heizsonne mit dem handschriftlichen Zusatz: »elektr. Heizsonne en miniature«.
144,22 *Kasperl-Spiel v. K. V.*] Handschriftlicher Zusatz, fehlt in T^2, T^3, T^4. – Darunter findet sich in T^1 der handschriftliche Zusatz: »Erstdruck für Freitag Verlag«.
145,16 *Namenstag*] Im katholischen Glauben der Gedenktag eines Heiligen, dessen Namen man trägt. Der katholische Kalender kennt im vorliegenden Falle zwei Gedenktage: 6. 1. (Tag der Hlg. Drei Könige, darunter: Kaspar) und 28. 12. (Tag des Hlg. Kaspar von Bufalo).

145,24 *dappiger*] Bayer.: blöder (tappiger).
145,36 *elektrische Heizsonne*] K. V. dürfte – was auch die Zeichnung neben dem Titel der Szene andeutet – an einen jener Ventilatoren mit Heizspiralen gedacht haben, die seit 1937 aus Amerika bekannt waren.
146,8 *Ende.*] Fehlt in T², T³.

Der Kohlenklau

Textüberlieferung
T¹ Typoskript im Nachlaß, Theatermuseum Köln-Wahn: Repertoire Nr. 367; Mappe XVII (Au 11750).
T² Typoskript im Nachlaß, Theatermuseum Köln-Wahn: Repertoire Nr. 367; Mappe XVII (Au 11750).
T³ Typoskript im Nachlaß, R. Piper Verlag, München: Repertoire Nr. 367.
T⁴ Typoskript im Liesl-Karlstadt-Nachlaß, München: Repertoire Nr. 367.
Textgrundlage: T¹.

Entstehung
Vermutlich 1944 zusammen mit der folgenden Kasperl-Szene.

Quellen
S. vorige Szene.

Stellenkommentar
146,13 *Der Kohlenklau*] Die schlechte Versorgungslage in dieser Zeit beschreibt anschaulich Preis, S. 160ff. Vgl. den Brief vom 5. 1. 1945 von Christian Weber (s. o. 264 [65,17]) an K. V., der sich mit der vergeblichen Bitte um Kohlen an Weber gewandt hatte (in: Münz, S. 284).
146,16f. *»Vor der Kaserne, vor dem grossen Tor...«*] Anfang des Liedes »Lili Marleen« (1915), Text und Melodie von Hans Leip (geb. am 22. 9. 1893 in Hamburg, gest. am 6. 6. 1983 in Fruthwilen/ Schweiz). In der Bearbeitung durch Norbert Schultze (geb. am 26. 1. 1911 in Braunschweig) und der Interpretation durch die Sängerin Lale Andersen (geb. am 23. 3. 1910 in Bremerhaven, gest. am 29. 8. 1972 in Wien) wurde das Lied ab 1939 über den Soldatensender Belgrad zum Welterfolg.
146,35 *es jung Saubuam*] T³: »es junge Saubangert'n«.
147,4 *schialigen*] Bayer.: häßlichen (wörtl.: schielenden).
147,16ff. KIN: *(schrein noch kräftiger) Kasperl, Kasperl! Der Kohlenklau ist da!*/KASP: *(Hört nicht und schläft weiter und schnarcht)*] Fehlt in T², T³.
147,31 *Wauau*] Vgl. bayer. ›Wuhwuh‹ = Kinderschreck.
147,34 *Schumann*] Nicht ermittelt.

Kasperl und der Kaminkehrer

Textüberlieferung

T[1] Typoskript im Nachlaß, Theatermuseum Köln-Wahn: Repertoire Nr. 367a; Mappe XVII (Au 11750).

Textgrundlage: T[1].

Entstehung

Laut Untertitel: 1944.

Quellen

S. »Der Schneemann« (350).

Stellenkommentar

148,34f. *Zigaretten und Fleischmarken*] Vgl. Preis, S. 160ff.

149,1 *allaweil*] Bayer.: immer (alle Weile).

149,3 *Hausbrot*] Bayer.: Schwarzbrot.

149,3 *greusliche Bier*] Gemeint ist das »Kriegs-« bzw. »Dünnbier«; vgl. o. 292 (92,24).

149,12 *Salvator*] S.o. 325.

149,20 *wir soll'n ja hart sein; hart wie Stein*] In der NS-Propaganda war »Härte« eine typische Charaktereigenschaft des deutschen Menschen; die bekannte Beschreibung »Flink wie Windhunde, zäh wie Leder, hart wie Kruppstahl« wandte Hitler erst auf seine frühen Parteifreunde, dann – gleichsam als Motto – auf die deutsche Jugend an; vgl. Berning, S. 99ff.

Oktoberfest

Textüberlieferung

T[1] Typoskript im Nachlaß, Theatermuseum Köln-Wahn: Repertoire Nr. 392; Mappe XVIII (Au 11750).

T[2] Typoskript im Nachlaß, Theatermuseum Köln-Wahn: Repertoire Nr. 392; Mappe XVIII (Au 11750).

T[3] Typoskript im Nachlaß, Theatermuseum Köln-Wahn: Repertoire Nr. 392; Mappe XVIII (Au 11750).

T[4] Typoskript im Nachlaß, R. Piper Verlag, München: Repertoire Nr. 392.

Textgrundlage: T[2].

Entstehung

Bei dieser und den folgenden Szenen handelt es sich um einen Beitrag Valentins zu einer Unterhaltungssendung von ›Radio München‹ mit dem Titel »Rund ums Oktoberfest«. Die Idee und die Leitung dieser Sendung, die auch Beiträge anderer Autoren enthielt, hatte Kurt Wilhelm, der zudem die Passagen der »Ausrufer« sprach. Nach Berswordt, S. 309, wurden am 17.10.1946 unter dem Titel »Wies'n-Bummel« die Szenen auf Band aufgenommen und mit Zwischentexten versehen am 19.10.1946 gesendet.

Quellen
S. »Beim Tiefsee-Taucher« (198). Die Szenen »Die Hellseherin«, »Wer schlägt den Luckas« und »Luftballonkatastrophe« finden sich abgewandelt im Stück, Rep.Nr. 166, »Er und Sie!« (Sämtliche Werke, Bd. 5) von 1932.

Stellenkommentar
150,19 *Oktoberfest*] Die Geschichte des Oktoberfestes beginnt mit einem Pferderennen, das anläßlich der Vermählung des bayerischen Kronprinzen, des späteren König Ludwig I., mit der Prinzessin Therese von Sachsen-Hildburghausen am 17.10.1810 (die Hochzeit war am 12.10.) auf der nach der Braut benannten Theresienwiese veranstaltet wurde. Aus der alljährlichen Wiederholung des um das Rennen veranstalteten Festes entwickelte sich das »Oktoberfest«. 1938 war das Oktoberfest noch als »Großdeutsches Volksfest« inszeniert worden, 1939–1945 mußte es kriegsbedingt ausfallen. Nach Ersatz-»Herbstfesten« 1946–1948 fand 1949 wieder das erste Oktoberfest statt; vgl. Das Oktoberfest, und Möhler.
150,20 *Text v. K. Valentin 1946*] Handschriftlicher Zusatz, fehlt in T^1. T^3, T^4: »Von Karl Valentin«.
150,23 *(Herr Wilhelm)*] Fehlt in T^3, T^4. Kurt Wilhelm (geb. am 8.3.1923 in München) war 1942/43 Schauspieler am Burgtheater und am Theater in der Josefstadt in Wien, 1943/44 Schauspieler, Dramaturg und Regieassistent in Stuttgart. 1944 war er noch Häftling der Gestapo, bevor er im Juni 1945 bei dem neugegründeten ›Radio München‹ Leiter der ›Abteilung Wort‹ und Regisseur wurde. Er leitete auch die 1946 entstandenen Sendungen, Rep.Nr.404, »Es dreht sich um Karl Valentin« (Sämtliche Werke, Bd. 4). Beim ›Bayerischen Rundfunk‹ war Kurt Wilhelm bis 1988 als Abteilungsleiter, Regisseur und Autor in Hörfunk und Fernsehen tätig.
150,33f. *»Alles kommt einmal wieder...«*] S. das Couplet, Rep.Nr. 213, »Habt nur Geduld« (Sämtliche Werke, Bd. 2, S. 169).
151,15f. *»Schunkelwalzer« der bei jedem Oktoberfest in jeder Bierbude gespielt wird*] In Rep.Nr.237, »Der leichtsinnige Kapellmeister« (Sämtliche Werke, Bd. 7) schreibt K.V.: »..., sogar der alte Schunkelwalzer sollte nicht fehlen, ›Denke Dir mein Liebchen‹ usw. und ähnlich [wie] beim Oktoberfest gröhlten alle mit...«; Dieser »alte Schunkelwalzer« stammt von dem Komponisten Ludolf Waldmann (geb. am 30.6.1840 in Hamburg, gest. am 7.2.1919 in Berlin). K.V. zitiert ihn auch in einer unten wiedergegebenen Skizze (360).
151,23 *Pradafahr'n*] Gemeint ist vermutlich Karussellfahren (mit Bezug auf die alte »Praterinsel« in München bzw. den Wiener Prater); vgl. Möhler, S. 127ff.

151,25 *Hypodrom zum Gabriel*] Carl Gabriel (s. o. 199 [23,14]) veranstaltete »sensationelle Völker-Schauen« auf dem Oktoberfest, wo er auch die ersten »halsbrecherischen« Karussells (1895 die »Hexenschaukel« und 1910 das »Teufelsrad«) präsentierte. 1908 stellte er die erste Achterbahn Deutschlands im Münchner Ausstellungspark auf (vgl. Das Oktoberfest, S. 366–369). Das »Hypodrom« war eine das erste Mal 1902 errichtete Kombination von Pferdereitbahn und Gaststätte; s. Das Oktoberfest, S. 335 f.
151,27 *dös is' was für mi.*] Fehlt in T^3, T^4.
152,1 *Ja, i glaub a?*] T^1, T^3, T^4: »Ja, ich glaub scho?«
152,9 ER: *Jetzt gehn ma zum Riesenrad*] Handschriftlicher Zusatz, fehlt in T^1, T^3, T^4.
152,9 f. *hierauf zum Riesenrad Karussel u. s.w.*] Handschriftlicher Zusatz, fehlt in T^3, T^4.

Menagerie

Textüberlieferung
T^1 Typoskript im Nachlaß, Theatermuseum Köln-Wahn: Repertoire Nr. 392 a; Mappe XVIII (Au 11750).
T^2 Typoskript im Nachlaß, Theatermuseum Köln-Wahn: Repertoire Nr. 392 a; Mappe XVIII (Au 11750).
T^3 Typoskript im Nachlaß, R. Piper Verlag, München: Repertoire Nr. 392 a.
Textgrundlage: T^1.

Entstehung
1946; s. »Oktoberfest« (352 f.).

Stellenkommentar
152,15 *Menagerie*] Tierschau. Seit 1879 trat auf dem Oktoberfest der »renomirte Thierbändiger« Wilhelm Böhme auf, in den neunziger Jahren des vorigen Jhds. sorgten »Heinrich Scholz's Große Menagerie« und die Menagerie »Nouwa Hawa« für Aufsehen. Dabei handelte es sich um große Tierschauen mit Elefanten, Löwen u. a. exotischen Tieren, die mittels Informationstafeln, die meist Texte aus »Brehm's Tierleben« enthielten, erklärt wurden; vgl. Das Oktoberfest, S. 343 f. u. S. 348.
152,33 *Sä*] Bayer.: Da schau! (Da hast du es!)
153,31 *Wuidant'n*] Bayer.: Wildente.
153,35 *»Pelikanol«*] Markenname für einen Klebstoff der »Pelikanwerke Günther Wagner, Hannover, gegr. 1838«.
154,2 *Brüllenschlangen.*] In T^1 folgt der handschriftliche Zusatz: »Gas?«.
154,6 *der… die Gans g'stohl'n hat*] Der Text des bekannten Kinderliedes

stammt von Ernst Anschütz (geb. 1780, gest. 1861), bei der Melodie handelt es sich um eine Volksweise.
154,11 *wo die kleinen Kinder bringt*] In der Antike war der Glaube verbreitet, flügge gewordene Störche würden ihre Eltern ernähren, so gilt der Storch seit alters her als Glücks- und Kinderbringer, dessen alljährliche Ankunft freudig begrüßt wird.

Die Hellseherin

Textüberlieferung
T[1] Typoskript im Nachlaß, Theatermuseum Köln-Wahn: Repertoire Nr. 392g; Mappe XVIII (Au 11750).
T[2] Typoskript im Nachlaß, Theatermuseum Köln-Wahn: Repertoire Nr. 392g; Mappe XVIII (Au 11750).
T[3] Typoskript im Nachlaß, R. Piper Verlag, München: Repertoire Nr. 392g.
Textgrundlage: T[1].

Entstehung
1946; s. »Oktoberfest« (352f.).

Stellenkommentar
154,35 *dablecka*] Bayer.: verspotten. In fremder Handschrift folgt in T[1] der Zusatz: »Gas«.
155,5 *Glückshafa*] S. die folgende Szene.
155,12 *dös g'freiert die*] Bayer.: das würde dich freuen. T[2], T[3]: »dös gfreit Di«.
155,15 *er hat die scho troffa.*] T[2], T[3] ergänzen: »da Schlag«.
155,18 *Paulskircha*] Neugotische Kirche am Rande der Theresienwiese, 1892–1906 durch Georg von Hauberrisser errichtet.
155,20 *Hockus Pockus*] Die pseudolateinische »Zauberformel« taucht das erste Mal in England zu Beginn des 17. Jhds. auf, zunächst als Bezeichnung für den Taschenspieler selbst.
155,22 *30*] T[2], T[3]: »20«.

Glükshafen

Textüberlieferung
T[1] Typoskript im Nachlaß, Theatermuseum Köln-Wahn: Repertoire Nr. 392b; Mappe XVIII (Au 11750).
T[2] Typoskript im Nachlaß, Theatermuseum Köln-Wahn: Repertoire Nr. 392b; Mappe XVIII (Au 11750).
T[3] Typoskript im Nachlaß, R. Piper Verlag, München: Repertoire Nr. 392b.
Textgrundlage: T[1].

Entstehung
1946; s. »Oktoberfest« (352 f.).

Stellenkommentar
155,30 *Glükshafen*] K.V. verwendet die alte Schreibweise für den »Glückshafen« (süddt. für: Glückstopf, Lostopf), eine seit 1816 auf dem Oktoberfest eingerichtete Losbude, in der zunächst die Produkte von Mädchenschulen (Strümpfe, Topflappen etc.), später auch andere Haushaltswaren zugunsten der Wohlfahrt verlost wurden; s. Das Oktoberfest, S. 204–212. In T^1 ist der Titel handschriftlich zugefügt. T^2, T^3: »Glückshafen«.
155,35 ER: *I bin neugierig, ob a Treffa dabei is!*] T^2, T^3 ergänzen: »Sie: Und i bin neugierig, ob ma's Gas zuagmacht ham.«
156,14f. *Regulator*] Wanduhr mit Pendel.
156,17 *Blumenvase*] T^2, T^3: »Gipsfigur – die Venus.«
156,18 *San ja gar koane Blumen drin is ja d'Vasn aloa*] T^2, T^3: »A Kokosnuss wär mir lieber«.
156,21 *eine Schachtel Camelia*] Markenname für Monatsbinden, die seit 1926 von der »Vereinigten Papierwerke A.-G., Nürnberg« produziert wurden. T^2, T^3: »ein Büstenhalter«.
156,23 *Eine Schnurbartbinde*] T^2, T^3: »Ein Packl ungebrauchter Zahnstocher«.
156,24 *was für die*] In T^2, T^3 maschinenschriftlich korrigiert in: »was für uns«.
156,27 *mehr Treffer, als wia Los*] Zusatz von Valentins Hand, dem in fremder Handschrift vorangestellt ist: »Er: A solches Glück – unter 5 Los ham ma 6 Treffer ghabt.« T^2, T^3: »A solches Glück – mehr Treffer als wia Los.«

Pferderennen auf der Oktoberwiese

Textüberlieferung
T^1 Typoskript im Nachlaß, Theatermuseum Köln-Wahn: Repertoire Nr. 392 c; Mappe XVIII (Au 11750).
T^2 Typoskript im Nachlaß, Theatermuseum Köln-Wahn: Repertoire Nr. 392 c; Mappe XVIII (Au 11750).
T^3 Typoskript im Nachlaß, R. Piper Verlag, München: Repertoire Nr. 392 c.
Textgrundlage: T^1.

Entstehung
1946; s. »Oktoberfest« (352 f.).

Stellenkommentar

157,1 *Pferderennen auf der Oktoberwiese*] Von 1810 bis 1913 war das Pferderennen ein fester Bestandteil des Oktoberfestes; vgl. Das Oktoberfest, S. 126–149, und Möhler, S. 60–79.

157,6 *Bavariaberg*] Standort der Bavaria (vgl. o. 266 [68,36]) am Rande der Theresienwiese.

157,13 *a ganz spinnat's Quax*] Bayer.: ein ganz verrückter Mensch (wörtl.: Gewächs).

157,36 *Jetzt geht's o!*] In T^1 folgt in fremder Handschrift: »Gas Moanst mir ham dahoam s' Gas zudraht? – Nein!«

158,1 *Wo san's n?*] T^2,T^3: »Wo isn das Feld?«

158,4 *amal dei Babb'n!*] Bayer.: einmal deinen Mund!

158,14 *Ah fein -*] T^2,T^3 ergänzen: »Pause«.

158,22 *mit dem Gas*] Handschriftlicher Zusatz.

Wer schlägt den Luckas

Textüberlieferung

T^1 Typoskript im Nachlaß, Theatermuseum Köln-Wahn: Repertoire Nr. 392d; Mappe XVIII (Au 11750).

T^2 Typoskript im Nachlaß, Theatermuseum Köln-Wahn: Repertoire Nr. 392d; Mappe XVIII (Au 11750).

Textgrundlage: T^1.

Entstehung

1946; s. »Oktoberfest« (352 f.).

Stellenkommentar

158,27 *Wer schlägt den Luckas*] Die älteste Darstellung eines »Schlaghammers« stammt aus dem Jahre 1882, die Bezeichnung bzw. Redensart »Hau den Lukas« ist seit Mitte des 19. Jhds. üblich.

158,36 *Schmoiz*] Bayer.: Schmalz (Kraft).

159,20 *Dünnbier*] Vgl. o. 292 (92,24).

159,28 *»Ein Prosit ein Prosit der Gemüatlichkeit...«*] S. o. 347 (136,24 ff.).

159,29 *»Eins zwei drei g'suffa«*] Gemeint ist vermutlich der Refrain »Oans-Zwoa-Gsuffa!« aus dem Stimmungslied »In München steht ein Hofbräuhaus«, das Wilhelm (»Wiga«) Gabriel (geb. am 8. 8. 1897 in Berlin, gest. am 21. 4. 1964 ebda.) 1936 komponierte.

159,33 ff. *Einige Episoden folgen noch ... ob mir zuhause das Gas abdraht ham*] Handschriftlicher Zusatz, fehlt in T^2.

Motorkesselfahrt

Textüberlieferung

T^1 Typoskript im Nachlaß, Theatermuseum Köln-Wahn: Repertoire Nr. 392 e; Mappe XVIII (Au 11750).

T^2 Typoskript im Nachlaß, Theatermuseum Köln-Wahn: Repertoire Nr. 392 e; Mappe XVIII (Au 11750).

T^3 Typoskript im Nachlaß, R. Piper Verlag, München: Repertoire Nr. 392[e].

Textgrundlage: T^3.

Entstehung

1946; s. »Oktoberfest« (352).

Stellenkommentar

160,1 *Motorkesselfahrt*] Carl Gabriel (s. o. 199 [23,14]) brachte 1930 »Gabriel und Ruprechts Amerikanische Steilwand Todesfahrt« auf das Oktoberfest: zwei Motorradfahrer, die mit 60–100 km/h an der senkrechten Wand im Inneren einer sog. »Trommel« im Kreis fuhren. 1931 zeigten die Schausteller Josef Ruprecht und Franz Grego »Die Auto-Todesfahrt im 100 km-Tempo«; zu dieser Truppe gehörte auch die später berühmt gewordene »Steilwand-Kitty« (Kitty Mathieu, geb. Müller; keine Lebensdaten ermittelt), die ab 1931 regelmäßig als Motorrad-Steilwandfahrerin auf dem Oktoberfest auftrat; s. Das Oktoberfest, S. 373.

160,18 *a Fräulein*] T^1: »a Frau, die Frau Kitty aus Hamburg«. T^2: »a Frau, die Kitty aus Hamburg«.

160,23 *G' des Fräulein*] T^1: »Frau Kitty«. T^2: »Sie«.

160,23 *Auspuff*] T^1, T^2: »Motorradauspuff«.

160,24 *das Fräulein den*] T^1, T^2: »die Frau den«.

160,25 *Das Frl.*] T^1, T^2: »Frau Kitty«.

160,29 f. *Oh selig – oh selig – ein Kind noch zu sein …*] S. o. 200.

161,7 *das Fräulein*] T^1, T^2: »die Frau«.

161,14 *sitzt sie auf*] T^1, T^2: »sitzt sie si nauf«.

161,15 *aufreibn*] Bayer.: starten.

161,15 *(Motorlärm)*] T^1, T^2 ergänzen: »Frau Kitty: Los!«

161,19 *damisch wern*] Bayer.: schwindlig (taumelig) werden.

161,21 *- Zueschaun*] Davor steht in T^3 durchgestrichen: »(Von dir werd's)«.

Luftballonkatastrophe

Textüberlieferung

T^1 Typoskript im Nachlaß, Theatermuseum Köln-Wahn: Repertoire Nr. 392 f; Mappe XVIII (Au 11750).

T[2] Typoskript im Nachlaß, Theatermuseum Köln-Wahn: Repertoire Nr. 392f; Mappe XVIII (Au 11750).
Textgrundlage: T[1].

Entstehung
1946; s. »Oktoberfest« (352).

Stellenkommentar
162,8 *so*] Handschriftlicher Zusatz.
162,8 *Glückshafaglump*] Bayer.: Wertloses Zeug vom Glückshafen (s. o. 356 [155,30]).
162,12 *i häng dann hi*] Bayer.: ich häng ihn dir hin.
162,14 *oiwei*] Bayer.: immer (alle Weile).
162,24f. *Jetzt is a frei! – Wie beneide ich diesen kleinen Luftballon*] Fehlt in T[2].

Riesenrad-Karussel

Textüberlieferung
T[1] Typoskript im Nachlaß, Theatermuseum Köln-Wahn: Repertoire Nr. 392h; Mappe XVIII (Au 11750).
T[2] Typoskript im Nachlaß, Theatermuseum Köln-Wahn: Repertoire Nr. 392h; Mappe XVIII (Au 11750).
T[3] Typoskript im Nachlaß, R. Piper Verlag, München: Repertoire Nr. 392h.
Textgrundlage: T[1].

Entstehung
1946; s. »Oktoberfest« (352).

Stellenkommentar
163,1 *Riesenrad-Karussel*] Vorläufer des Riesenrades waren um 1830 auf dem Oktoberfest zu sehen, wobei es sich lediglich um senkrechte Räder mit vier schaufelartigen Sitzen (»Russische Schaukel«; Abb. in: Möhler, S. 125) handelte. 1899 war eine motorbetriebene »Russische Riesen-Luft-Schaukel« mit neun Gondeln, in denen drei bis vier Leute Platz nehmen konnten, in Betrieb (Abb. in: Das Oktoberfest, S. 348). Für Aufsehen sorgte das 12 m hohe Riesenrad mit zwölf Gondeln und Orgelbegleitung, das 1925 von dem Schausteller Heinz Koppenhöfer präsentiert wurde (vgl. Das Oktoberfest, S. 377).
163,10 *(Karl Valentin)*] Fehlt in T[2], T[3].
163,18 *d'Ringlinie*] S. o. 253 (59,8).
163,21 *Schwantaler Höh*] S. o. 266 (68,36).
163,22 *ind Luft nauf*] Handschriftlicher Zusatz, fehlt in T[2], T[3].
163,24 *net no in der Luft*] T[2], T[3]: »nit no im Kreis«.

163,31 *Schallplatte*] Handschriftlicher Zusatz, fehlt in T^2, T^3.
163,32 *Jetzt gehts*] T^2, T^3: »Geht«.
163,33 *jetz gehts wieder –– hi – nunter*] Von fremder Hand vorangestellt: »Sie«.
163,33f. *da moant ma scho an Mogn hebts oam raus.*] Es folgt das Durchgestrichene: »Er: Geht scho wieder in d'Höh nauf – is dös a saudumms G'fühl/Sie: »Jetzt geht's wieder – hi-nunter, ma moant groad an Mogn hebts oam«.
163,35 *Oberpollinger*] 1905 eröffnetes Kaufhaus in der Neuhauser Straße.
164,7 *Da, nimm dei Handtascherl*] T^2, T^3: »In dei Handtasch'n nei«.
164,13 *Barbara*] Hier und im folgenden handschriftlich korrigiert, ursprünglich: »Fanny«.
164,22 *Pause*] Handschriftlicher Zusatz, fehlt in T^2, T^3.
165,2 *Steinhäger*] Wacholderbranntwein aus Steinhagen bei Gütersloh.
165,3 *am besten wär halt a Alkohol.*] T^2, T^3 ergänzen: »Sie: Oder a Dünnbier./Er: Pfui Teufel!«

Auf der Rückseite des ersten Blattes von T^1 findet sich außerdem folgende handschriftliche Skizze:

»verdeutlichen
Sie: Du geh Benedikt – setz di her
Kellner: Wer kriegt no a Wiesnmaß ?
Er: Daher – paßt? 1 M hier -
Kellner: 1 M
Er: Säh
Kellner: Dankschö
Musik spielt (Schunkelwalzer) Denke dir mein Liebchen was ich im Traum gesehn (dieses Stimmungslied singen viel hundert Gäste mit –«

Mir pressierts

Textüberlieferung
T^1 Typoskript im Nachlaß, Theatermuseum Köln-Wahn: Repertoire Nr. 392i; Mappe XVIII (Au 11750).
T^2 Typoskript im Nachlaß, Theatermuseum Köln-Wahn: Repertoire Nr. 392i; Mappe XVIII (Au 11750).
T^3 Typoskript im Nachlaß, R. Piper Verlag, München: Repertoire Nr. 392i.
Textgrundlage: T^1.

Entstehung
1946; s. »Oktoberfest« (352f.).

Stellenkommentar
165,8 *Mir pressierts*] Darüber der handschriftliche Zusatz: »Zu Fuß«.

Liliputaner auf der Oktoberwiese

Textüberlieferung
T[1] Typoskript im Nachlaß, Theatermuseum Köln-Wahn: Repertoire Nr. 392k; Mappe XVIII (Au 11750).
T[2] Typoskript im Nachlaß, Theatermuseum Köln-Wahn: Repertoire Nr. 392k; Mappe XVIII (Au 11750).
Textgrundlage: T[1].

Entstehung
1946; s. »Oktoberfest« (352f.).

Stellenkommentar
166,14 *Liliputaner*] Volkstümliche, auf Jonathan Swifts Roman »Gullivers Reisen« (1726; dt.: 1788) zurückgehende Bezeichnung für an Zwergwuchs leidende Menschen. Zwergwüchsigkeit ist fast immer hormonell bedingt, geht aber nicht zwangsläufig mit Unfruchtbarkeit einher. Auf dem Oktoberfest gehörten Liliputaner u.a. zum Programm des Schaustellers Paul Pötzsch, der seit der Jahrhundertwende in seinem »Muenchner Universum« neben anatomischen Wachsmodellen auch Riesen, Siamesische Zwillinge und Liliputaner vorführte. Der Schausteller Heinrich Schäfer präsentierte 1931–1961 »Schäfer's Märchenstadt«, eine von 40 Zwergwüchsigen bewohnte Miniatur-Stadt mit Rathaus, Postamt, Geschäften etc.; vgl. Das Oktoberfest, S. 370, S. 373, und Signor Saltarino, S. 50–58.
166,18 *(Liesl Karlstadt)*] Fehlt in T[2].
166,20 *(Karl Valentin)*] Fehlt in T[2].
166,22 *Ries'n... zwoameterzwanzge*] Vgl. Signor Saltarino, S. 40–49.
167,23 *übersehn*] Bayer.: verpaßt.

Beim Schichtl auf der Oktoberwies'n

Textüberlieferung
T[1] Typoskript im Nachlaß, Theatermuseum Köln-Wahn: Repertoire Nr. 392l; Mappe XVIII (Au 11750).
T[2] Typoskript im Nachlaß, Theatermuseum Köln-Wahn: Repertoire Nr. 392l; Mappe XVIII (Au 11750).
T[3] Typoskript im Nachlaß, R. Piper Verlag, München: Repertoire Nr. 392l.
Textgrundlage: T[1].

Entstehung
1946; s. »Oktoberfest« (352).

Stellenkommentar
167,30 *Schichtl*] Der Schausteller Michael August Schichtl (geb. am 22. 10. 1851 in München, gest. am 18. 2. 1911 ebda.) prägte mit seinem »Zaubertheater« von 1872 bis zu seinem Tode das Oktoberfest. Berühmt waren die »Paraden« vor dem Theater, bei denen Schichtl lauthals und spaßig das Programm und die neben ihm stehenden Artisten anpries. Mittelpunkt des Programms war eine »Enthauptung mittels Guillotine«, daneben fanden Geistererscheinungen, Zaubereien, Entfesselungen u. ä. statt. Das alles war begleitet von einer komischen Kapelle, die von einem »Tambourmajor Stopsel« (der Liliputaner Anton Stumpf) dirigiert wurde. Dieser wurde auch in einer Illusionsnummer als »lebende Kanonenkugel« von der Bühne auf die Galerie »geschossen«; vgl. Das Oktoberfest, S. 356–362. In seinen »Bilder berühmter Persönlichkeiten« (Rep. Nr. 164; Sämtliche Werke, Bd. 7) schreibt K. V. über Schichtl: »Über diesen Mann könnte man tagelang erzählen. Er war ein Volkshumorist I. Klasse. Die ihn nicht gekannt haben, sind zu bedauern und die ihn noch gehört und gesehen haben, können nur sagen: ›So ein Mann kommt nur alle 1000 Jahre zur Welt.‹« K. V. hat offenbar daran gedacht, in der vorliegenden Szene den Humoristen und Schauspieler Ludwig Schmid-Wildy (geb. am 3. 5. 1896 in Aachen, gest. am 30. 1. 1982 in Rosenheim) in der Rolle Schichtls einzusetzen, wie aus einem Brief Schmid-Wildys an Valentin vom 27. 10. 1946 (in: Münz, S. 302 f.) hervorgeht.
167,33 *(Karl Valentin)*] Fehlt in T^2.
168,6 *de scheene Johanna*] Gemeint ist die Tochter Wilhelmine (Künstlername: Johanna), die Schichtls Frau Eleonore Karl mit in die Ehe gebracht hatte; vgl. Das Oktoberfest, S. 356.
168,11 ff. *Schichtl begann seine Ansprache ... münchnerische hinein*] Handschriftlicher Zusatz, fehlt in T^2,T^3.
168,17 *Equilibristen*] Auch: Äquilibrist = Seiltänzer.
168,22 f. *Tölzer Schützenmarsch*] S. o. 323 (114,15 ff.).
168,28 *Prinzregententheater*] 1901 unter der Leitung des Architekten Max Littmann fertiggestelltes Opern- und Schauspielhaus (Prinzregentenstraße), das ursprünglich König Ludwig II. als Festspielhaus für Richard Wagner bauen lassen wollte.
168,33 *gscherte*] S. o. 264 (66,29).
168,33 *Rammel*] Schimpfwort von bayer. ›Rammerl‹ = Schmutz(rand).
168,34 *dafeilt'n*] Bayer.: verfaulten.
169,2 *Brotlad'n*] Süddt.: Brotkasten.
169,16 *Ohrwaschl'n*] S. o. 238.
169,19 *übersehgn*] Bayer.: verpaßt.

169,23 *Bienenhausmarsch*] Vermutlich das in der Vertonung durch Hugo Baschab (keine Lebensdaten ermittelt) zum Schlager gewordene Gedicht »Mein Herz ist wie ein Bienenhaus« (Titel: »Weisel«) von Karl Simrock (geb. am 28. 8. 1802 in Bonn, gest. am 18. 7. 1876 ebda.).
169,23 f. *begeben sich jetzt in das Theater und*] T^2,T^3 ergänzen: »die Vorstellung nimmt ihren Anfang.«
169,30 *du dich doch gforcht'n*] T^2: »doch du di g'forchtn«.
169,34 *z'wider war*] Bayer.: widerlich wäre.
169,36 *Bräurosl*] Bierzelt, das seit 1936 von der Familie Heide geführt wird; vgl. Das Oktoberfest, S. 263 f. u. S. 291 f.
169,36 *Wiesenmass*] Am unteren Rand des Blattes steht der handschriftliche Zusatz: »Bitte um Rücksendung des Textes. K. V.«

Menschenfresser

Textüberlieferung

T^1 Typoskript im Nachlaß, Theatermuseum Köln-Wahn: Repertoire Nr. 277; Mappe XIII (Au 11750).
T^2 Typoskript im Nachlaß, Theatermuseum Köln-Wahn: Repertoire Nr. 277; Mappe XIII (Au 11750).
T^3 Typoskript im Nachlaß, Theatermuseum Köln-Wahn: Repertoire Nr. 392 m; Mappe XVIII (Au 11750).
T^4 Typoskript im Nachlaß, R. Piper Verlag, München: Repertoire Nr. 277.
T^5 Typoskript im Nachlaß, R. Piper Verlag, München: Repertoire Nr. 392 m.
T^6 Typoskript im Liesl-Karlstadt-Nachlaß, München: Repertoire Nr. 277.

Textgrundlage: T^3.

Variante: T^1.

Menschenfresser

Von Karl Valentin 1939.

VALENTIN: (Ausrufer) Tam-Tam – Zur Kasse! Zur Kasse! Meine Damen und Herren! Versäumen Sie nicht die Sensation des Festplatzes! Echte Kannibalen, echte Menschenfresser zum ersten Male in Europa! Diese Kannibalen ernähren sich von Menschenfleisch! Zur Kasse! Zur Kasse! Soeben beginnt eine neue Vorstellung. Die Kapelle gibt das letzte Zeichen. Anfang, Anfang der Vorstellung. Nehmen Sie Platz, so meine

Herrschaften, bitte treten Sie ein! Hier ist der Eingang, nehmen Sie Platz in der Bude! – Meine Damen und Herren! Zu Beginn unserer Vorstellung sehen Sie hier echte Kannibalen aus dem Stamme der Aka-Aka; ihre Heimat ist im fernen Afrika. In der ersten Abteilung zeigen sie einen *Original-Kriegstanz*, Los! *(Schallplatte: Kriegstanz mit Negertrommel und Negergeschrei)*. In der zweiten Abteilung ein Kriegsgebet *(Schallplatte)*, in der dritten und letzten Abteilung: Die schaurige Kannibalenmahlzeit. Die Aka-Aka verzehren, wie Sie hier sehen, ein Stück – Pferdefleisch. *(Man hört das Schmatzen, zerbeissen und gronen)*.

MEHRERE ZUSCHAUER: Schwindel! – Betrug! –

KARLSTADT: Jawohl, das ist der grösste Schwindel da herin; diese Bude g'hört g'sperrt!

VALENTIN: Keine Aufregung, meine Herrschaften! Was soll da Schwindel sein?!

KARLSTADT: Das sind Vorspiegelungen falscher Tatsachen!

ALLE: Ganz richtig!

KARLSTADT: Vor der Bude haben Sie dem Publikum vorgemacht, es sind Kannibalen, die Menschenfleisch fressen, es sind garantiert echte Menschenfresser, und jetzt fressen die statt Menschenfleisch Pferdefleisch, haha, ja, hahaha *(Gelächter von Frau Joachim und alle anderen Zuschauer lachen und pfeifen)*.

VALENTIN: Keine Aufregung, meine Herrschaften! Von Schwindel kann hier keine Rede sein. Das sind garantiert echte Menschenfresser aus dem Stamme der Aka-Aka; sie fressen nur jetzt Pferdefleisch, weil wir kein Menschenfleisch haben. Oder??? – Ist vielleicht Jemand hier unter den Herrschaften, der sich fressen lässt??? *(Alle Zuschauer sind einen Moment stumm)*.

1. ZUSCHAUER: Ich nicht!
2. " Ich auch nicht!
3. " Kommt gar nicht in Frage!
4. " Zu sowas geb' ich mich nicht her!
5. " Das ist doch kein Verlangen!
6. " Dafür bin ich mir viel zu gut!
7. " Zuerst Eintritt bezahlen und sich dann fressen lassen, lächerlich!
8. " Alte! – Geh nauf, lass di fressen! I kriag scho wieder a Andere!

(Alle lachen! – – – Gelächter verschwindet allmählich).

Entstehung

T[1], T[2], T[4], T[6] sind laut Untertitel 1939 entstanden und stellen somit eine frühere Fassung der Szene dar, die am 25. 9. 1940 auch auf Schallplatte aufgenommen wurde (Berswordt, S. 308), worauf auch der Untertitel von

T⁴ hinweist. T³/T⁵ gehören zur 1946 entstandenen Szenenfolge Rep. Nr. 392; s. »Oktoberfest« (352).

Stellenkommentar
170,1 *Menschenfresser*] K. V. spielt hier auf die »Völkerschauen« an, mit denen der Schausteller Carl Gabriel (s. o. 199 [23,14]) ab 1901 auf dem Oktoberfest für Aufsehen sorgte. 1928 präsentierte Gabriel »Ca. 200 Männer, Weiber, Kinder. Afrikaner, Chinesen, Japaner, Tscherkessen, Die größte Völkerschau die bisher in Europa gezeigt wurde!« (s. Das Oktoberfest, S. 368). In Rep. Nr. 164, »Bilder berühmter Persönlichkeiten« (Sämtliche Werke, Bd. 7) schreibt K. V. über Gabriel: »Der König der Münchner Oktoberfeste. Motto: Er hat uns die wilden Völker nähergebracht.«
170,30 *kronen*] Bayer.: murren (graunzen).

T[1]
363 *Von Karl Valentin 1939.*] T[4]: »Schallplattentext von Karl Valentin 1939« mit der folgenden Anweisung: »Volksfestlärm – Karuselle in der Ferne etc.«
363 *Die Kapelle gibt das letzte Zeichen.*] T[4] ergänzt: »(Blechmusik-Schallplatte.)«.
364 *Frau Joachim*] Nicht ermittelt.

Onkel und Tante auf Besuch

Textüberlieferung
T[1] Typoskript im Nachlaß, Theatermuseum Köln-Wahn: Unvollendete Manuskripte/Exposés, (Au 11753).
Textgrundlage: T[1].

Entstehung
Laut Untertitel: 1940.

Stellenkommentar
175,17f. *Zauberkönig am Stachus*] Die Zauber- und Scherzartikelhandlung »Zauberkönig« wurde 1884 ursprünglich in der Maximilianstraße eröffnet. Später wurde das Geschäft an den Karlsplatz (Stachus) 24a verlegt.
175,32 *Schachterlteufel*] Scherzartikel in der Form einer Schachtel, bei deren Öffnung eine Schreckfigur an einer Feder herausschnellt.

Idee zu einem komischen Einakter.

Textüberlieferung
T[1] Typoskript im Nachlaß, Theatermuseum Köln-Wahn: Ideen und Notizen, (Au 11754).
Textgrundlage: T[1].

Entstehung
Hörgeräte, die »unsichtbar in den Ohrmuscheln zu tragen« sind, gibt es seit Mitte der dreißiger Jahre; aus dieser Zeit dürfte auch diese »Idee« stammen.

Eine lustige Gerichtsverhandlung

Textüberlieferung
T[1] Typoskript aus dem Bestand des Rechtsvertreters der Erben Valentins, Rechtsanwalt Gunter Fette, München.
Textgrundlage: T[1].

Entstehung
Vielleicht im Zusammenhang mit dem Stück, Rep. Nr. 169, »Ehescheidung vor Gericht« (Sämtliche Werke, Bd. 5) aus dem Jahre 1933.

Bibliographie

1. Werkausgaben und Dokumentensammlungen

Diese Publikationen folgen in chronologischer Reihe. Wenn im Kommentar Abkürzungen für sie verwendet wurden, sind sie den bibliographischen Angaben vorangestellt.

Original-Vorträge von Karl Valentin. Münchner Komiker (Selbstverlag), München um 1916 (Bestand Monacensia, Karl Valentin Musäum).

Karl Valentin, Allerlei Blödsinn, München um 1920.

Karl Valentin, Originalvorträge, München 1926.

Liesl Karlstadt, Original-Vorträge von Karl Valentin, München 1926.

Karl Valentin, Wie ich Volkssänger wurde. In: Bayerischer Hauskalender, München 1928, S. 128–130.

Karl Valentin und Liesl Karlstadt auf Homochord-Electro-Schallplatten. Ein lustiges Bilderbuch. Mit Beiträgen von Kurt Pinthus und Tim Klein, Berlin 1931.

Das Karl Valentin Buch = Das Karl Valentin Buch. Erstes und einziges Bilderbuch von Karl Valentin über ihn und Lisl Karlstadt. Mit Vorwort und ernsthafter Lebensbeschreibung und Bilderunterschriften von ihm selbst sowie zwei Aufsätzen von Tim Klein und Wilhelm Hausenstein, München 1932.

Valentin-Zeitung, hg. v. Karl Valentin u. Liesl Karlstadt, München (Selbstverlag der Herausgeber) 1935.

Karl Valentin, Brilliantfeuerwerk. Mit Zeichnungen von Karl Arnold, München 1938.

Valentiniaden. Ein buntes Durcheinander von Karl Valentin. Mit vielen lustigen Zeichnungen von Fr. Bilek, München 1941.

Karl Valentin's Lachkabinett. Acht Stegreifkomödien. Hg. v. Gerhard Pallmann, München 1950.

Karl Valentin, Der Knabe Karl. Jugendstreiche. Hg. v. Gerhard Pallmann, Berlin 1951.

Karl Valentins Panoptikum. Neun Stegreifkomödien. Hg. v. Gerhard Pallmann, München 1952.

Karl Valentin's Gesammelte Werke. Mit 28 Abbildungen, München 1972 (10. Aufl.; zuerst 1961).

Karl Valentin, Sturzflüge im Zuschauerraum. Der Gesammelten Werke anderer Teil. Hg. v. Michael Schulte. Mit einem Vorwort von Kurt Horwitz, München 1969.

Karl Valentin – Fundsachen I–IV. Hg. v. Münchner Filmzentrum – Freunde des Münchner Filmmuseums e.V., München 1976–1982.
K.V.s Filme = Karl Valentins Filme. Alle 29 Filme, 12 Fragmente, 344 Bilder, Texte, Filmographie. Hg. v. Michael Schulte und Peter Syr, München, Zürich 1978 (Neuausgabe 1989, mit einem Nachwort von Helmut Bachmaier).
Münz = Geschriebenes von und an Karl Valentin. Eine Materialiensammlung 1903 bis 1948. Hg. v. Erwin und Elisabeth Münz, München 1978.
Das Valentin-Buch. Von und über Karl Valentin in Texten und Bildern. Hg. v. Michael Schulte, München, Zürich 1984.
GW = Karl Valentin, Gesammelte Werke in einem Band. Hg. v. Michael Schulte, München 1990 (4.Aufl.; zuerst 1985).
Karl Valentin, Mögen hätt ich schon wollen, aber dürfen hab ich mich nicht getraut! Das Beste aus seinem Werk. Hg. und mit einem Nachwort v. Helmut Bachmaier, München, Zürich 1990.
KRlS = Kurzer Rede langer Sinn. Texte von und über Karl Valentin. Hg. v. Helmut Bachmaier, München, Zürich 1990.
Karl Valentin, Sämtliche Werke, Bd.6: Briefe. Hg. v. Gerhard Gönner, München 1991.
Karl Valentin, Sämtliche Werke, Bd. 1: Monologe und Soloszenen. Hg. v. Helmut Bachmaier u. Dieter Wöhrle, München 1992.
Karl Valentins Lach-Musäum. Mit einem »Interview auf dem Parnaß« hg.v. Horst Drescher, Leipzig 1992 (3.Aufl.).
Karl Valentin, Buchbinder Wanninger. Sprachclownerien und Grotesken. Hg.v. Helmut Bachmaier, Stuttgart 1993.
Karl Valentin. Eine Bildbiographie von Matthias Biskupek, Leipzig 1993.
Karl Valentin, Sämtliche Werke, Bd.2: Couplets. Hg. v. Helmut Bachmaier u. Stefan Henze, München 1994.

2. *Dokumentationen und Sekundärliteratur zum Kommentar*

2.1 *Zitierte Literatur*

Abelshauser = Werner Abelshauser, Anselm Faust und Dietmar Petzina (Hg.), Deutsche Sozialgeschichte 1914–1945. Ein historisches Lesebuch, München 1985.
Angermair = Elisabeth Angermair, München als süddeutsche Metropole – Die Organisation des Großstadtausbaus 1870–1914. In: Bauer 1992, a.a.O., S.307–335.
Bachmaier = Helmut Bachmaier, Kommentare zum Nachlaß. Textbestand

und Kommentierungsbeispiele der neuen kritischen Gesamtausgabe der Werke Karl Valentins. In: KRIS, a. a. O., S. 221–242.
Bachmaier 1994 = Karl Valentin, *Ich sag gar nix. Dös wird man doch noch sagen dürfen!* Politische Sketche. Hg. und mit einem Nachwort v. Helmut Bachmaier, München 1994.
Bauer 1987 = Richard Bauer, Fliegeralarm. Luftangriffe auf München 1940–1945, München 1987.
Bauer 1992 = Richard Bauer (Hg.), Geschichte der Stadt München, München 1992.
Bauer/Graf/Münz = Zu Gast im alten München. Erinnerungen an Hotels, Wirtschaften und Cafés. Eingeleitet und herausgegeben von Richard Bauer. Bearbeitet von Eva Maria Graf und Erwin Münz, München 1982.
Berning = Cornelia Berning, Vom »Abstammungsnachweis« zum »Zuchtwart«, Vokabular des Nationalsozialismus, Berlin 1964.
Berswordt = Eberhard von Berswordt, Discographie. In: KVVD, a. a. O., S. 302–310.
Bertl [Böheim] Valentin = Bertl [Böheim] Valentin, »Du bleibst da, und zwar sofort!«. Mein Vater Karl Valentin, München 1972 (2. Aufl.; zuerst 1971).
Breuer = Dieter Breuer, Geschichte der literarischen Zensur in Deutschland, Heidelberg 1982.
Das Karl Valentin Buch = Das Karl Valentin Buch. Erstes und einziges Bilderbuch von Karl Valentin über ihn und Liesl Karlstadt. Mit Vorwort und ernsthafter Lebensbeschreibung und Bilderunterschriften von ihm selbst sowie zwei Aufsätzen von Tim Klein und Wilhelm Hausenstein, München 1932.
Das Oktoberfest = Ausstellungskatalog. Das Oktoberfest. 175 Jahre Bayerischer Nationalrausch, München 1985.
Eugen Roth = Eugen Roth, Sämtliche Werke, Bd. 5, München, Wien 1977.
Faust = Manfred Faust, Schallplattentranskription als Vorarbeit zur Gesamtausgabe Valentins. In: KRIS, a. a. O., S 242–249.
Feldhütter = Wilfrid Feldhütter, Bauerntheater. Geschichte und Geschichten, Rosenheim 1979.
Fette = Gunter Fette, Karl Valentin und die Rechtslage. In: KRIS, a. a. O., S. 191–214.
Fischer = Otto Fischer (Hg.), Was der »Alte Peter« erzählt, Geschichte und Geschichten um die älteste Kirche Münchens, München 1987.
Gamm = Hans-Jochen Gamm, Der Flüsterwitz im Dritten Reich. Mündliche Dokumente zur Lage der Deutschen während des Nationalsozialismus, München, Zürich 1993 (Lizenzausgabe der Ausgabe München 1990, zuerst 1963).

Glasmeier = Michael Glasmeier, Karl Valentin. Der Komiker und die Künste, München, Wien 1987.
Glasmeier (KVVD) = Michael C. Glasmeier, Das Panoptikum der Künste/Die Geschichte des Valentin-Panoptikums/Rekonstruktion eines Katalogs des Valentin-Panoptikums. In: KVVD, a. a. O., S. 104–150.
Gönner = Gerhard Gönner, Destruktionen der Kohärenz – oder: »Warum tritt am Ende des Vortrags so plötzlich der Schluß ein?« – Karl Valentin und das Theater des Absurden. In: KRIS, a. a. O., S. 58–89.
Hess = Roman Hess, Auch der Zeitgeist fährt Straßenbahn. Tramspuren in Büchern. In: Librarium 23 (1980), S. 119–139.
Hollweck = Ludwig Hollweck, Was war wann in München. Von der Besiedlung der Münchner Gegend bis 1980 in Stichworten erzählt, München 1982 (3. Aufl.).
Köhl = Gudrun Köhl, Liesl Karlstadt, Unsterbliche Partnerin Karl Valentins, München 1980.
Krauss = Marita Krauss und Florian Beck (Hg.), Leben in München. Von der Jahrhundertwende bis 1933, München 1990.
KRlS = Kurzer Rede langer Sinn. Texte von und über Karl Valentin. Hg. v. Helmut Bachmaier, München, Zürich 1990.
Kühebacher = Egon Kühebacher (Hg.), Tiroler Volksschauspiel. Beiträge zur Theatergeschichte des Alpenraumes, Bozen 1976.
KVVD = Karl Valentin. Volkssänger? Dadaist? Ausstellungskatalog. Hg. v. Wolfgang Till, München 1982.
Leder = Karl Bruno Leder, Todesstrafe. Ursprung, Geschichte, Opfer, Wien, München 1980.
Lexikon des Mittelalters = Lexikon des Mittelalters, München, Zürich 1980ff.
Lutz = Die Münchner Volkssänger. Ein Erinnerungsbuch an die gute alte Zeit. Nach einer Sammlung von Erwin Münz bearbeitet von Joseph Maria Lutz, München 1956.
Maier = Lorenz Maier, Vom Markt zur Stadt. Herrschaftsinhaber und Führungsschichten 1158 bis 1294. In: Bauer 1992, a. a. O., S. 13–60.
Maser = Werner Maser, Das Regime. Alltag in Deutschland 1933–1945, Berlin 1990.
MGG 10 = Die Musik in Geschichte und Gegenwart (Bd. 10). Allgemeine Enzyklopädie der Musik. Hg. v. Friedrich Blume, München, Kassel, Basel und London 1989.
Möhler = Gerda Möhler, Das Münchner Oktoberfest. Vom bayerischen Landwirtschaftsfest zum größten Volksfest der Welt, München, Wien, Zürich 1981.
Münz = Geschriebenes von und an Karl Valentin. Eine Materialien-

sammlung 1903 bis 1948. Hg. v. Erwin und Elisabeth Münz, München 1978.
Münz (KVVD) = Erwin Münz, Karl Valentin 1882–1948. Stationen seines Lebens. In: KVVD, a. a. O., S. 311–360.
Nagler = Georg K. Nagler, Acht Tage in München. Wegweiser für Fremde und Einheimische, München 1863 (repr. München 1983).
Pemsel = Karl Valentin im Umfeld der Münchner Volkssängerbühnen und Varietés, München 1981.
Pemsel (KVVD) = Klaus Pemsel, Haben Sie Hörer? In: KVVD, a. a. O., S. 171–177.
Preis = Kurt Preis, München unterm Hakenkreuz. 1933–1945, München 1989.
Queri = Georg Queri (Hg.), Kraftbayrisch. Ein Wörterbuch der erotischen und skatologischen Redensarten der Altbayern. Mit Belegen aus dem Volkslied, der bäuerlichen Erzählung und dem Volkswitz, München 1912.
Röhrich = Lutz Röhrich, Lexikon der sprichwörtlichen Redensarten (2 Bde.), Bd. 1, Freiburg, Basel, Wien 1973.
Schmeller I = Johann Andreas Schmeller, Bayerisches Wörterbuch, Aalen 1961 (Neudruck der 2. Aufl. München 1872–77), Bd. I.
Schulte 1982 = Michael Schulte, Karl Valentin. Eine Biographie, Hamburg 1982.
Schulte 1987 = Michael Schulte, Karl Valentin (= rowohlts monographien 144), Reinbek bei Hamburg 1987 (zuerst 1968).
Signor Saltarino = Signor Saltarino, Fahrend Volk. Abnormitäten, Kuriositäten und interessante Vertreter der wandernden Künstlerwelt, Berlin 1978 (Neuausgabe der Ausgabe Leipzig 1895).
Valenta = Reinhart Valenta, Franz von Poccis Münchener Kulturrebellion. Alternatives Theater in der Zeit des bürgerlichen Realismus, München 1991.
Werner = Elyane Werner, Bayerisches Leben – bayerischer Brauch. Bilder und Berichte aus dem 19. Jahrhundert, Pfaffenhofen 1990.
Wöhrle = Dieter Wöhrle, Ein Juxmuseum für denkende Menschen – Karl Valentins Panoptikum. In: KRIS, a. a. O., S. 143–163.
Wulf = Joseph Wulf, Kultur im Dritten Reich. Bd. 4: Theater und Film im Dritten Reich. Eine Dokumentation, Frankfurt am Main, Berlin 1989 (Neuausgabe der Ausgabe 1982).

2.2 *Weitere Literatur zum Themenbereich*

Walter Abendroth, Brecht, Valentin und das Oktoberfest. In: Die Zeit, 25.9. 1959 (Neu in: Karl Valentin Fundsachen 4., a.a.O., S. 56f.)

Axel von Ambesser, Ist Valentin burgtheaterwürdig? In: Programmheft Burgtheater im Akademietheater, Wien Februar 1961 (Neu in: Karl Valentin Fundsachen 4., a.a.O., S. 81f.).

Lisa Appignanesi, Das Kabarett, Stuttgart 1976 (zu K.V.: S. 143ff.).

Hanns Arens, Unsterbliches München. Streifzüge durch 200 Jahre literarischen Lebens der Stadt, München, Esslingen 1968.

Rudolf Bach, Liesl Karlstadt. Kameradin, Partnerin, Meisterin. In: ders., Die Frau als Schauspielerin, Tübingen 1937, S. 79–88.

Helmut Bachmaier, Die Filme Karl Valentins. In: Karl Valentins Filme. Alle 29 Filme, 12 Fragmente, 344 Bilder, Texte, Filmographie. Hg. v. Michael Schulte und Peter Syr, München, Zürich 1989 (2. Aufl.), S. 215–220.

Ders., Nachwort zu: Karl Valentin, Mögen hätt ich schon wollen, aber dürfen hab ich mich nicht getraut! Das Beste aus seinem Werk. Hg. v. H. B., München, Zürich 1990, S. 159–169.

Curt Bauer, Stadtführer München, München 1989.

Richard Bauer/Eva Graf, Stadtvergleich. Münchener Ansichten. Photographien von einst und jetzt mit Neuaufnahmen von Thomas Koller, München 1985.

Bauten und Plätze in München. Ein Architekturführer. Hg. v. Oswald Hederer, München 1972.

Bayerland, 1967. (Darin enthalten: J. Keller, Valentin in der Ritterspelunke; W.L. Kristl, Der Recke Heinrich und die Liesl II.).

Bayerland, 1969. (Darin enthalten: L. Hollweck, Erinnerungen an K.V.; Hannes König, Der Genius des Unzulänglichen).

Bayerland, 1979. (Darin enthalten: G. Köhl, Glanz und Elend der Münchner Volkssänger; J. Goldner, Die Bühne im Wirtshaus).

Wolfgang Johannes Bekh, Mühlhiasl. Der Seher des Bayerischen Waldes. Deutung und Geheimnis, Pfaffenhofen 1992.

Eva Berthold/Norbert Matern, München im Bombenkrieg, Düsseldorf 1983.

Emil Karl Blümml/Gustav Gugitz, Alt-Wiener Thespiskarren. Die Frühzeit der Wiener Vorstadtbühnen, Wien 1925.

Curt Bois, Groteske spielen (1929). In: Karl Valentin Fundsachen 4., a.a.O., S. 73f.

Günter Bose/Erich Brinkmann, Circus. Geschichte und Ästhetik einer niederen Kunst, Berlin 1978.

Hans Brandenburg, München leuchtete, München 1953.

Thomas Brandlmeier, Filmkomiker. Die Errettung des Grotesken, Frankfurt am Main 1983 (über K.V. vgl. S. 150–170).

Klaus Budzinski, Die Muse mit der scharfen Zunge. Vom Cabaret zum Kabarett, München 1961.
Ders., Pfeffer ins Getriebe. So ist und wurde das Kabarett, München 1982 (Darin: Absurde Volkskomik. Karl Valentin, S. 85 ff.).
Denis Calandra, Karl Valentin and Bertolt Brecht. In: The Drama Review 18 (1974), S. 86–98.
Das Komische (= Poetik und Hermeneutik VII). Hg. v. Wolfgang Preisendanz und Rainer Warning, München 1976.
Die Münchner Moderne. Die literarische Szene in der »Kunststadt« um die Jahrhundertwende. Hg. v. Walter Schmitz, Stuttgart 1990.
Walter Diehl, Die Künstlerkneipe »Simplicissimus«. Geschichte eines Münchner Kabaretts 1903–1960, München 1989.
Die Zwanziger Jahre in München. Ausstellungskatalog des Münchner Stadtmuseums, München 1979.
Ria Endres, Abwege ins Leben. Eine Verwandlungskünstlerin: Liesl Karlstadt. In: Die Zeit 30 (1980).
Erich Engels, Philosophie am Mistbeet. Ein Karl-Valentin-Buch, München 1969.
Martin Esslin, Das Theater des Absurden (= rowohlts enzyklopädie 414), Reinbek bei Hamburg 1965.
Manfred Faust, Komische Unterhaltung. Ein Beitrag zu den Dialogen Karl Valentins. In: Dialoganalyse II. Referate der 2. Arbeitstagung Bochum 1988, hg. v. Edda Weigand u. Franz Hundsnurschner, Tübingen 1989, S. 131–145.
Anne-Marie Fischer-Grubinger, Mein Leben mit Karl Valentin, Rastatt 1982.
Carl Fritz, München als Industriestadt, Berlin 1913.
Klaus Gallas, München. Von der welfischen Gründung Heinrichs des Löwen bis zur Gegenwart. Kunst, Kultur, Geschichte, Köln 1979.
Manfred Geier, Der »Effekt Valentin«. Versuch über den sprachkritischen Blödsinn eines »gewesenen Kindes«. In: Zeitschrift für germanistische Linguistik 1 (1979), S. 2 ff.
Gerhard Gönner, Vom »Wahr-Lachen« der Moderne. Karl Valentins Semantik paradoxer Lebenswelten. In: Deutsche Zeitschrift für Philosophie 38 (1990) Heft 12, S. 1202–1210.
Klaus Gronenborn, Karl Valentin. Komiker und Medienhandwerker. In: Zelluloid 2 (1978) Heft 4, S. 21–30; Heft 5, S. 49–62; Heft 6, S. 50–52.
Ders., Kinokatastrophen. Die unterdrückte Filmgeschichte des Karl Valentin. In: Zelluloid 10 (1988) Heft 26, S. 5–66.
Frank Grube/Gerhard Richter, Alltag im Dritten Reich. So lebten die Deutschen 1933–1945, Hamburg 1982.
G'spassige Leut. Münchner Sonderlinge und Originale vom letzten Hofnarren bis zum Taubenmutterl. Hg. v. Hannes König, München 1977.

Eugen Gürster, Der Stegreifspieler Karl Valentin. In: Der Scheinwerfer (Essen), Dezember 1929 Heft 6/7.
Olaf Gulbransson, Es war einmal, München 1934.
Ders., Und so weiter, München 1954.
Christoph Hackelsberger, Ein Architekt sieht München, München 1981.
Axel Hauff, Die einverständigen Katastrophen des Karl Valentin, Berlin 1978 (Argument Studienhefte 21) (Nachdruck desselben Titels aus: Argument-Sonderband AS 3, 1976, S. 244–310).
Wilhelm Hausenstein, Die Masken des Münchner Komikers Karl Valentin, München 1948 (Neuausgabe München 1976).
Benjamin Henrichs, Ionesco und Karl Valentin im Münchner Residenztheater. In: Süddeutsche Zeitung, 16.12.1972.
Murray Hill, Thinking sideways. Language, Object an Karl Valentin. In: New German Studies 8 (1980), S. 129–147.
Ders., »Mit Original-Vorträgen, Soli und Gesang«. Some Notes on Karl Valentin. In: New German Studies 10 (1982), S. 83–105.
Ders., Karl Valentin in the Third Reich. No laughing Matter. In: German Life and Letters 37 (1983/84), S. 41–56.
Hans Hömberg/Ernst Hoferichter, Mein liebes München, Wien, Hannover 1966.
Alois Hönle, München. Wie es ißt, trinkt, lacht und weint, München, Nürnberg o.J. (ca.1921).
Rudolf Hösch, Kabarett von gestern. 1900–1933, Berlin 1967.
Ders., Kabarett von gestern und heute. 1933–1970, Berlin 1972.
Ernst Hoferichter, Bayrischer Jahrmarkt, München 1959.
Ders., Jahrmarkt meines Lebens, München 1963.
Ders., Vom Prinzregenten bis K. V., München 1966.
Hans Hoppe, Das Theater der Gegenstände (= Theater unserer Zeit 10), Bensberg-Frankenforst 1971, S. 29ff. (u.a.: Interpret. d. Szene »Die verhexten Notenständer«).
Effi Horn, Ahnengalerie der Volkssänger. In: Lebendiges München, a.a.O.
Im Dunst aus Bier, Rauch und Volk. Arbeit und Leben in München von 1840 bis 1945. Ein Lesebuch. Hg. v. Reinhard Bauer, Günther Gerstenberg, Wolfgang Peschel, München, Zürich 1989.
In München geboren, von München angezogen, nach München verschlagen. Geschichtswettbewerb 1989/90. Hg. v. d. Landeshauptstadt München, München 1991.
Wolfgang Jansen, Das Varieté. Die glanzvolle Geschichte einer unterhaltenden Kunst, Berlin 1990.
Hellmuth Karasek, Nestroys großer Nachfahr. In: Die Zeit, 10. 10. 1969.
Karl Valentin Fundsachen 1.–4. Redaktion Ulrich Kurowski und Thomas

Brandlmeier. Hg. v. Münchner Filmzentrum – Freunde des Münchner Filmmuseums e. V., München 1976 ff.
Marianne Kesting, Das epische Theater, Stuttgart 1959.
Heinar Kipphardt, Tingeltangel, Szenen von Karl Valentin. Programmhefte der Münchner Kammerspiele, Werkraumtheater 1971.
Kleinkunststücke. Bd. 1: Donnerwetter-tadellos. Kabarett zur Kaiserzeit 1900–1918; Bd. 2: Hoppla, wir leben. Kabarett einer gewissen Republik 1918–1933. Hg. v. Volker Kühn, Weinheim, Berlin 1987/88.
Eberhardt Klemm, Karl Valentin und die Musik. Zur 100. Wiederkehr seines Geburtstages am 4. Juni 1982. In: Kassette. Ein Almanach für Bühne, Podium und Manege 6 (1982), S. 21 ff.
Volker Klotz, Dramaturgie des Publikums, München 1976.
Der., Bürgerliches Lachtheater, München 1980.
Gudrun Köhl, Vom Papa Geis bis Karl Valentin (Schriftenreihe des Valentin-Volkssänger-Museums München: Bd. 1), München 1971.
Gudrun Köhl/Hannes König, Volkstheater in München (Schriftenreihe des Valentin-Musäums), München 1981.
Gudrun Köhl/Hannes König/Erich Ortenau, Karl Valentin in der Geschichte der Komiker (Schriftenreihe des Valentin-Musäums), München 1984.
Josef Koller, Das Wiener Volkssängertum in alter und neuer Zeit, Wien 1931.
Franz Peter Kothes, Die theatralische Revue in Berlin und Wien 1900–1938, Wilhelmshaven 1977.
Ludwig Krafft, Auf den Spuren von Karl Valentin. In: Au, Giesing, Haidhausen. 100 Jahre bei München (Festschrift), München 1954, S. 138 ff.
Arthur Kutscher, Der Theaterprofessor. Erinnerungen, München 1960.
Lebendiges München. Hg. v. Rolf Flügel, München 1958.
Norbert Lieb, München. Die Geschichte seiner Kunst, München 1988 (4. Aufl.).
Alfred Liede, Karl Valentin. In: A. L., Dichtung als Spiel. Studien zur Unsinnspoesie an den Grenzen der Sprache, Berlin 1963, Bd. 1, S. 141 ff.
Hans Mayer, Karl Valentin. In: Brecht und die Tradition, Pfullingen 1961, S. 27–29.
Karl Alexander von Müller, Unterm weissblauen Himmel, Stuttgart 1952.
München – »Hauptstadt der Bewegung«. Bayerns Metropole und der Nationalsozialismus. Hg. v. Richard Bauer u. a., München 1993.
München in alten Photographien. Album der Zeit von 1850–1914. Hg. v. Ludwig Hollweck, München 1972.
München meine Liebe. Geschichten und Gedichte über eine vielgerühmte Stadt. Hg. v. Fritz Fenzl, München 1990 (2. Aufl.).

München – Musenstadt mit Hinterhöfen. Die Prinzregentenzeit 1886 bis 1912. Hg. v. Friedrich Prinz und Marita Krauss, München 1988.
Carl Niessen, Karl Valentin und die Münchner Volkssänger (Ausstellungskatalog), München [1958].
Hans F. Nöhbauer, München. Eine Geschichte der Stadt und ihrer Bürger, München 1982.
Siegfried Obermeier, Münchens goldene Jahre, München 1976.
Rainer Otto/W. Rösler, Kabarettgeschichte, Berlin 1981.
Heidi Pataki, Krisenkasperl, Karl Valentins Leben und Filme. In: Neues Forum 24 (1977) Heft 288, S. 57–61.
Thomas Petzet, Einakter von Ionesco und Valentin im Residenztheater. In: Abendzeitung (München), 16. 12. 1972.
Joachim Petsch, Kunst im Dritten Reich. Architektur, Plastik, Malerei, Alltagsästhetik, Köln 1987 (2. Aufl.).
Manfred Pfister, Das Drama. Theorie und Analyse, München 1977.
Janusz Piekalkiewicz, Luftkrieg 1939–1945, München 1978.
Platzl. München 1906–1976, München 1976.
Theo Prosel, Freistadt Schwabing. Erinnerungen des Simplwirts, München 1951.
Helene Raff, So lang der Alte Peter ... Ein Alt-Münchner Stadt-Buch, München 1923.
Hans Reimann, Mein blaues Wunder. Lebensmosaik eines Humoristen, München 1959.
Otto Reutter, In fünfzig Jahren ist nicht alles vorbei, Darmstadt 1970.
Theo Riegler, Das Liesl Karlstadt Buch, München 1961.
Ders., Karl Valentins letzter Auftritt. In: Süddeutsche Zeitung, 31. 1. 1978.
Karl Riha, Gesangsclownerien. Glosse zu Karl Valentin. In: K. R., Moritat, Bänkelsong, Protestballade. Kabarett-Lyrik und engagiertes Lied in Deutschland, Königstein/Taunus 1979 (2. Aufl.), S. 88 ff.
Ders., Nachwort zu den Musikparodien und Musikclownerien Karl Valentins. In: Karl Valentin, Ich hätt geküsst die Spur von Deinem Tritt. Musikclownerien. Hg. v. K. R., München, Zürich 1988, S. 169–184.
Eugen Roth, München wie es war. Ein Erinnerungsbuch, Düsseldorf 1965.
Robert Eben Sackett, Popular Entertainment, Class and Politics in Munich 1900–1923, Cambridge, London 1982.
G. Schäble, Der Dramatiker Karl Valentin. In: Theater heute 13 (1972) Heft 2, S. 22 f.
Willi Schaeffers, Tingel Tangel. Aufgezeichnet von Erich Ebermayer, Hamburg 1959.
Peter Scher/Hermann Sinsheimer, Das Buch von München, München 1982.

Friedrich Scheu, Humor als Waffe. Politisches Kabarett in der ersten Republik, Wien [...] 1977.
Ludwig Schmid-Wildy, Allerhand Durcheinand. Autobiographische Verse. Platzl-Szenen, Rosenheim 1976.
Ludwig M. Schneider, Die populäre Kritik an Staat und Gesellschaft in München (1886–1914). Ein Beitrag zur Vorgeschichte der Münchner Revolution, München 1975.
Wilhelm von Schramm, Die Bücherkiste. Das literarische München 1919–1924, München, Wien 1979.
Helmut Schwimmer, Karl Valentin. Eine Analyse seines Werkes mit einem Curriculum und Modellen für den Deutschunterricht, München 1977.
60 Jahre Kolosseum. Festschrift, München 1937.
Armgard Seegers, Komik bei Karl Valentin. Die sozialen Mißverhältnisse des Kleinbürgers, Köln 1983.
Heino Seitler/Bertolt Lang, Die lustige Person im Wandel der Zeit, Wien 1981.
Rudolf Sieczynski, Altwiener Volkskomiker, Wien 1947.
Hermann Sinsheimer, Gelebt im Paradies. Erinnerungen und Bekenntnisse, München 1953.
Michael Skasa, Vorstadt-Brettel vorm Kopf. In: Süddeutsche Zeitung, 25.9.1973.
Karl Spengler, Münchner Straßenbummel, München 1960.
Ders., Es geschah in München, München 1962.
Ders., Hinter Münchner Haustüren, München 1964.
Ders., Unterm Münchner Himmel, München 1971.
Friedrich Tulzer, Karl Valentin und die Konstituenten seiner Komik, Stuttgart 1987.
Umsturz in München. Schriftsteller erzählen die Räterepublik. Hg. v. Herbert Kapfer, Carl-Ludwig Reichert, München 1988.
Karl Valentin. Mein komisches Wörterbuch. Hg. v. Dieter Wöhrle, München, Zürich 1986.
Valentin-Zeitung. Hg. v. Valentinisartorausstellungsturmausschuß mit Unterstützung des Freundeskreises der Münchner Volkssänger und Volksschauspieler. Nr. 00 bis 01. 1959 (München).
Klaus Völker, Das Phänomen des Grotesken im neueren deutschen Drama. In: Sinn oder Unsinn? Das Groteske im modernen Drama, Basel, Stuttgart 1962, S. 9–46.
Ders., Max Hermann-Neiße. Künstler, Kneipen, Kabaretts – Schlesien, Berlin, im Exil, Berlin 1991.
Vom Untergang des Abendlandes. Kabarett-Texte der zwanziger Jahre. Hg. v. Wolfgang U. Schütte, Berlin 1983.
Hans Wagner, 200 Jahre Münchner Theaterchronik 1750–1960, München 1967.

Was sag'n jetzt Sie zum Karl Valentin? Meinungen und Erinnerungen. Hg. v. Valentin-Musäum, München 1982.
Weimarer Republik. Hg. v. Kunstamt Kreuzberg und dem Institut für Theaterwissenschaft der Universität Köln, Berlin 1977.
Erich Weinert, Das Zwischenspiel. Deutsche Revue von 1918–1933. 2. Bd., Berlin 1956.
Andreas Welsch, Münchner Volksleben in Lied und Wort, 2. Aufl. München o. J. (Heft 5,6).
Benedikt Weyerer, München zu Fuß. 20 Stadtteilrundgänge durch Geschichte und Gegenwart. Mit Beiträgen von Michael Farin, Frieder Köllmayr, Brigitte Kohl, Klaus Pemsel und Franz Peter, Hamburg 1988.
Ekkehard Wiest, Gesellschaft und Wirtschaft in München 1830–1920, Pfaffenweiler 1991.
Dieter Wöhrle, Die komischen Zeiten des Herrn Valentin. Von der Rezeption zur Werkanalyse, Rheinfelden 1985.
Karl Kurt Wolter, Karl Valentin privat, München, Köln 1958.
Joseph Wulf, Kultur im Dritten Reich (5 Bde.), Frankfurt am Main, Berlin 1989.
Klaus Zeyringer, Die Komik Karl Valentins, Frankfurt am Main 1984.
G. Zivier/H. Kotschenreuther/V. Ludwig, Kabarett mit K. Fünfzig Jahre große Kleinkunst, Berlin 1974.

2.3 Hilfsmittel

Reinhold Aman, Bayrisch-österreichisches Schimpfwörterbuch. Lexikon der Schimpfwörter, München 1972.
Wolfgang Johannes Bekh, Richtiges Bayerisch. Ein Handbuch der bayerischen Hochsprache. Eine Streitschrift gegen Sprachverderber, München 1973.
Biographisches Lexikon zur Weimarer Republik. Hg. v. Wolfgang Benz u. Hermann Graml, München 1988.
Bosl Bayerische Biographie. 8000 Persönlichkeiten aus 15 Jahrhunderten. Hg. v. Karl Bosl, Regensburg 1983.
Bosl Bayerische Biographie. 1000 Persönlichkeiten aus 15 Jahrhunderten, Ergänzungsband. Hg. v. Karl Bosl, Regensburg 1988.
Das grosse Lexikon des Dritten Reiches. Hg. v. Christian Zentner u. Friedemann Bedürftig, München 1985.
Die Musik in Geschichte und Gegenwart (MGG). Allgemeine Enzyklopädie der Musik. Hg. v. Friedrich Blume, München, Kassel, Basel und London 1989.
Hofmeisters Jahresverzeichnis, Verzeichnis sämtlicher Musikalien [...],

die in Deutschland und in den deutschsprachigen Ländern erschienen sind, Leipzig 1845 ff. [wechselnde Titel und Herausgeberschaft].
Josef Ilmberger, Die bairische Fibel, München, Bern und Wien 1977.
Friedrich Kluge, Etymologisches Wörterbuch der deutschen Sprache, Berlin, New York 1989 (22. Aufl.).
Johann Lachner, 999 Worte Bayrisch (1930), München 1978.
Bertold Leimbach, Tondokumente der Kleinkunst und ihre Interpreten 1898–1945, Göttingen 1991.
Joseph Maria Lutz, Bayrisch wie es nicht im Wörterbuch steht, Frankfurt am Main 1969.
Lutz Mackensen, Zitate, Redensarten, Sprichwörter, Stuttgart 1973.
Ludwig Merkle, Bayerisch auf deutsch. Herkunft und Bedeutung bayerischer Wörter, München 1989 (4. Aufl.).
Ders., Bairische Grammatik, München 1993 (5. Aufl.).
Manfred Overesch/Friedrich Wilhelm Saal, Die Weimarer Republik. Eine Tageschronik der Politik, Wirtschaft, Kultur, Düsseldorf 1982.
Dies., Das III. Reich 1933–1939. Eine Tageschronik der Politik, Wirtschaft, Kultur, Düsseldorf 1982.
Manfred Overesch, Das III. Reich 1939–1945. Eine Tageschronik der Politik, Wirtschaft, Kultur, Düsseldorf 1983.
Ders., Das besetzte Deutschland 1945–1947. Eine Tageschronik der Politik, Wirtschaft, Kultur, Düsseldorf 1986.
Ders., Das besetzte Deutschland 1948–1949. Eine Tageschronik der Politik, Wirtschaft, Kultur, Düsseldorf 1986.
Polyglott-Sprachführer Bairisch, München 1987 (14. Aufl.).
Heinrich Raab, Deutsche Redewendungen. Von Abblitzen bis Zügel schießen lassen, Wiesbaden 1981.
Rudolf Reiser, Zwei Jahrtausende Bayern in Stichworten. Daten, Namen, Fakten, München 1988.
Franz Ringseis, Neues bayerisches Wörterbuch, Pfaffenhofen 1985.
Johann Andreas Schmeller, Bayerisches Wörterbuch, zwei Bände, Aalen 1961 (Neudruck der 2. Aufl. München 1872–77).
Anton Schwind, Bayrisch von A-Z. Ein Wörterbuch für Zugereiste, Pfaffenhofen 1968 (3. Aufl.).
Leo Sillner, Bairisch für Liebhaber, München 1969.
Erich Stockhorst, Fünftausend Köpfe. Wer war was im Dritten Reich, Velbert 1967.
Karl Weinhold, Bairische Grammatik, Wiesbaden 1968.
Gero von Wilpert, Sachwörterbuch der Literatur, Stuttgart 1979 (6. Aufl.).
Ders., Deutsches Dichterlexikon, Stuttgart 1988 (3. Aufl.).
Robert Wistrich, Wer war wer im Dritten Reich. Ein biographisches Lexikon, München 1983.
Ludwig Zehetner, Das bairische Dialektbuch, München 1985.

Nachwort

Karl Valentins Szenen

Valentins erste Szene »Zither-Solo. Die Rasenbank« (1905) ist kaum mehr als die Inszenierung eines Volkssänger-Monologs. Was sie aber deutlich von einem Text wie »Pilgerchor aus ›Tannhäuser‹« (um 1910)[1] unterscheidet, ist die zum Vor*spiel* gewordene Vorrede. *Spiel* meint aber mehr als nur das Geste gewordene Wort: Es meint den Stoß des sich selbst recht gebenden Solisten in die Dynamik eines lebendigen Handlungs- und Beziehungsgeflechts. In diesem sieht sich der »inszenierte Volkssänger« neben den rein sprachlichen oder dinglichen Widrigkeiten vor allem mit den Widrigkeiten des menschlichen Miteinanders konfrontiert. Als Vorlage dient dem Dramatiker Valentin – das hier Gesagte gilt in gleichem Maße auch für seine Stücke – die von ihm detailliert wahrgenommene Alltagswelt.

Diese wird im Verlauf des 20. Jahrhunderts immer mehr zum Thema von Kunst und Wissenschaft. Besonders die sich mit Georg Simmel (1858–1918) und Max Weber (1864–1920) neu formierende Soziologie nimmt sich dieser »vergessenen« Sphäre an. Die Soziologie des 20. Jahrhunderts ist vor allem eine *Soziologie des Alltags*. Innerhalb dieser konkurrieren im wesentlichen zwei Alltagsbegriffe: Zum einen der abwertende Alltagsbegriff der empirischen, »engagierten« Soziologie, die nach Möglichkeiten der Verbesserung des (»grauen« Arbeits-) Alltags fragt, zum anderen der wertfreie Alltagsbegriff der phänomenologischen Soziologie, die den Alltag als Garantie für die Erwartbarkeit der Lebensvollzüge im Bewußtsein des planenden Individuums interpretiert.[2] Dabei ist auch die Welt des »phänomenologischen« Alltags durchaus eine Sozialwelt, nämlich von sich ähnelnden und aufeinander reagierenden Bewußtseinsströmen. Diese begegnen sich in einem Kontinuum regelmäßig wiederkehrender Situationen, die ohne die erwartbare einvernehmliche *Verständigung* und *Zusammenarbeit* mit Mitmenschen nicht bewältigt werden können. Werden diese Erwartungen enttäuscht, dann liegt eine Störung im Bewußtsein der Miteinander-Sprechenden und -Handelnden vor, damit eine Gefahr für den Bestand der Gesellschaft wie für das Leben des einzelnen.[3]

Solche Enttäuschungen bereiten sich die auftretenden Personen in Valentins Szenen durchgängig. Das enttäuschte Alltagsbewußtsein ist das Generalthema dieser Texte, in denen Valentin die Strukturen der Sozialwelt gerade in der Statik des Störfalls transparent macht. Zwar entnimmt er das

Material der Darstellung dem empirischen Alltag, für die Zwecke seiner »komischen Soziologie« ist es aber von untergeordneter Bedeutung, ob es sich dabei um den Alltag eines Konzertgeigers, einer Schallplattenverkäuferin oder des Giesinger »Lumpenproletariats« handelt.

Dem Sprachsoziologen Bernhard Badura zufolge[4] sind es vor allem drei »Sprachbarrieren«, die von den Kommunikationspartnern immer wieder überwunden werden müssen: *Nichtverstehen*, *Mißverstehen* und *Urteilsdifferenzen.*

Nichtverstehen kann schlicht akustisch bedingt sein:

»VALENTIN: [...] (*Zum Diener:*) Hams keine Binde?
DIENER: (*bringt Tinte*)
VALENTIN: Eine Binde!!! – [...] (*Zum Diener:*) Hams keine E-Seite da? – Keine Nähseide, eine E-Seite! [...]«
(Ein verhängnisvolles Geigensolo)

Es ist aber oft auch die Folge einer Differenz der Zeichensysteme und liegt also vor, wenn die Kommunikationspartner über keine gemeinsame Sprache verfügen:

»SCHUTZMANN: [...] Was ist das Gegenteil von schwarz?
ER: Dunkel!«
(Allotria!)

Mißverstehen trennt die Kommunikationspartner, wenn sie mit gleichen Bedeutungsträgern unterschiedliche Bedeutungen verknüpfen:

»SCHAFFNER II: Der Schein is ja schon abg'rissen!
2. FRAU: Ja, i bin zuerst im hintern g'sessen!
SCHAFFNER II: Wo san S' g'sessen? Am Hintern?
2. FRAU: Nein! Im Hintern!
SCHAFFNER II: Im hintern *Wagen* meinen Sie, sonst könnt i ja meinen, am Hintern sind S' g'sessen!«
(Valentin fährt Straßenbahn)

Urteilsdifferenzen behindern die erfolgreiche Kommunikation, wenn die Kommunikationspartner die Sätze des jeweils anderen falsch klassifizieren, z. B. eine Hypothese für eine Behauptung nehmen:

»VERKÄUFERIN: Und dann machen wir auch Reparaturen.
VALENTIN: Bevor man schon einen kauft? Das muss ja ein gutes Fabrikat sein.«
(Jm Schallplattenladen)

Oder umgekehrt eine Behauptung für eine Hypothese:

»PORTIER: Wärns drei Minuten früher komma, hättens ihn noch erwischt.
FRAU: So, dann geh ich nochmal heim und komm drei Minuten früher.«
(Bahnhofszene)

Solche *Urteilsdifferenzen* sind oft die Folge einer unterschiedlichen Einschätzung der Kommunikations*situation*. Valentin hat unzählige derartige Fälle konstruiert. Als ein extremes Beispiel mag die Szene »Sind sie nicht der Herr Gabler?« gelten, wo aus der Fehleinschätzung der Identität des Gegenübers eine völlig unangebrachte Bloßstellung der eigenen »zerrütteten Familienverhältnisse« folgt, an denen der Hörer gar nicht interessiert ist.

Neben dem gestörten Miteinander-Sprechen inszeniert Karl Valentin auch und besonders das gestörte Miteinander-Handeln. Dieses »soziale Handeln« wird von Valentins Zeitgenossen, dem Alltagsphänomenologen und Soziologen Alfred Schütz (1899–1959) in vier Hauptgruppen unterschieden, die sich auch als indirekte Klassifikationen des Münchner Alltagssaboteurs nachweisen lassen: *wechselseitig unmittelbares* Handeln, *wechselseitig mittelbares* Handeln, *einseitig unmittelbares* Handeln und *einseitig mittelbares* Handeln.[5]
Wechselseitig unmittelbares Handeln liegt vor, wenn beide (wir wollen der Einfachheit halber nur von zwei Beteiligten ausgehen) Handlungspartner füreinander anwesend sind und aufeinander reagieren müssen, um ein gemeinsames Handlungsziel zu erreichen. Das mangelnde Aufeinander-Eingehen ist dabei die vorrangige Störung dieser Handlungsform:

»ALOIS GREININGER: Da geh her, Anni, tragn ma amal z'erst an Kleiderkastn obi, pack man hochkanti, dann geh i arschlings. – Hast'n zuag'sperrt, net daß unterm Trag'n d'Tür aufgeht?
FRAU GREININGER: Hab'n scho! –
ALOIS GREININGER: Ho ruck! (*Bums – Glasgeklirr. Türe ist aufgegangen und der Spiegel ist in Trümmer.*)«
(Umzug in Giesing)

Derartige Unstimmigkeiten sind häufig auf mangelnde Synchronisation der beteiligten Handlungen zurückzuführen; das mißlingende gemeinsame Musizieren (ein Lieblingsthema Karl Valentins) zeigt das Fehlen eines gemeinsamen Zeitbewußtseins besonders deutlich:

»ZAGLER: *(Begrüßt. Hinweis auf die vorzügliche Kapelle. Sieht auf die Uhr und entschuldigt sich, dass er seine Rede unterbrechen muß, aber Dienst ist Dienst. Zagler beginnt an der kleinen Trommel zu trommeln.[)]*
SCHMIED: *(Kommt gelassen herein und fragt erstaunt)*: Was machst den?

ZAGLER: Trommeln! Hört man das nicht?
SCHMIED: Das schon, aber jetzt schon und ganz allein!
ZAGLER: Schau mal auf Deine Uhr?
SCHMIED: (*Schaut auf die Uhr*) Jööö! Ja was is dees, höchste Zeit. Aber die andern sind auch noch net da!
ZAGLER: Das ist mir gleich. Ich fang an. Ich laß mir nichts nachsagn.«
(Volkssänger in der Ritterspelunke)

Beim *wechselseitig mittelbaren* Handeln sind die Handlungspartner füreinander abwesend, das Paradebeispiel dafür ist der Briefwechsel; dieser kann als kommunikativer Akt natürlich durch Nichtverstehen, Mißverstehen oder Urteilsdifferenzen gestört werden, eine ebenso große Bedrohung birgt aber die stark störanfällige und über weite Strecken sich den Handelnden entziehende Vermittlung selbst:

»VAL.: *spielt ein Bombardon.* – [...] *Da kommt plötzlich Schmid herein und übergibt Val. einen Brief mit den Worten, er soll ihn sofort lesen, die Dame wartet auf Antwort. Val. sagt,* die Dame soll warten, bis ich mit dem Solo fertig bin, [...] *Doch der Ueberbringer des Briefes meint, die Dame könne nicht länger warten, er soll sofort den Brief lesen. Val. liest den Brief* [...] *und spricht zu Schmid*: Die Dame soll mir heute um 12 Uhr nachts ganz bestimmt warten.
SCHMID: Wo?
VAL.: Das ist mir egal [.]«
(Das Philharmonische Orchester)

Mit *einseitig unmittelbarem* Handeln haben wir es zu tun, wenn die Handlungspartner zwar füreinander anwesend oder mindestens in gegenseitiger Reichweite sind, der Handelnde aber ein Interesse daran hat, daß der andere nichts von seiner Handlung bemerkt und keinesfalls darauf reagiert. Einseitig unmittelbar handelt etwa der Taschendieb oder der Chirurg am narkotisierten Patienten.
Gestört wird ein solches Handeln, wenn das Opfer die Heimlichkeit bemerkt, wobei die Komik noch gesteigert wird, wenn ihm dies nichts nützt:

»[...] KARLST: Sie da herin spuckts [.]
VALENT (*spuckt aus*) Karlst: *sieht die Schnur* .... Ahhhhhh jetzt hab ichs gsehn, gehns her, ich sag Jhnen was, können sie sich das denken, [wie das] geht mit dem Notenständer?
VALENT Ja, der hat vielleicht an Kunstdünger hingschmiert, und dadurch wachst der Ständer [.]
KARLST Nein, ein Schnürl hat er hinghängt, und da zieht er immer an, dadurch wird der Notenständer immer länger und kürzer.
VALENT Dem schneiden wir das Schnürl ab – (*Während der Zeit hat*

Theaterm[eister] den Ständer geholt, und eine[n] andern dafür hingestellt, beide haben nichts bemerkt, weil sie auf der Seite gestanden sind, ...)

KARLST Passens auf, da muss ein Schnürl liegen, obacht tretens nicht drauf, so ein kleines längliches Schnürl ists.

VALENT (*sieht das Schnürl am Notenständer – zieht an, Ständer schiesst und fällt herunter*).

Beide schreien auweh *und laufen ab*.«

(Das Clownduett oder die verrückten Notenständer)

Einseitig mittelbares Handeln ist eine Handlungsform, die erst in der modernen Gesellschaft volle Verbreitung erreichen konnte. Vor allem die aufkommenden Massenmedien Zeitung, Radio, Film ermöglichen ein Handeln, das von vornherein auf keine direkte Reaktion des über das Medium Angesprochenen wartet. Solches Handeln kann im wesentlichen auf zweifache Weise gestört werden, nämlich erstens durch einen Fehler im Vermittlungsmechanismus:

»DIREKTOR: (*Jm Mikrofonraum angekommen, in welchem der pfeifende Arbeiter hämmert, feilt und verschiedene Arbeitsgeräusche macht*) Ja sind sie denn wahnsinnig geworden! Schalten Sie doch das Mikrofon aus; man hört ja die ganzen Geräusche im Zuschauerraum, Sie sind doch das grösste Arschloch, das rumläuft! So schalten Sie doch aus! So schalten Sie doch aus! Sie Jdiot!«

(Das Mikrofon ist eingeschaltet)

Oder zweitens durch die unbeabsichtigte Auslösung einer Reaktion, wodurch das Handeln seine Einseitigkeit verliert, wieder stammt das Beispiel aus dem Rundfunkmilieu:

»VALENTIN: Als nächstes gelangt zur Aufführung: a Portion boarische Landler. (*Er bläst As-Klarinette, Vater begleitet mit der Guitarre usw. – Es ist ein tolles Gequietsche, aber der Direktor des Rundfunks macht ein Ende, stellt das Mikrophon ab und entschuldigt sich noch bei den Hörern*)

DIREKTOR: Verzeihen Sie, liebe Hörerinnen und Hörer, wir haben leider mit dieser Darbietung einen kleinen Missgriff gemacht. Wir unterbrechen jetzt unsere Sendung und in einigen Minuten geht unser Programm wieder weiter.«

(Schuhplatten Text [Alpensängerterzett])

Die Dramaturgie dieser Alltagssabotagen ist dabei gekennzeichnet durch Offenheit, Ingressivität und sequenzhafte Reihungen: Valentins Szenen finden – trotz Pointe – keinen »richtigen« Abschluß, wie sie auch keinen »richtigen« Anfang haben. Der Zuschauer rezipiert immer schon eine

laufende Sequenz vermeintlich alltäglich-vertrauter Situationen, die durch Störfälle der vorgeführten Art nicht selten zu Lebenskrisen der auftretenden Personen werden.
Geraten dem Dramatiker Valentin die sprachlichen und pragmatischen Störfälle zu irreparablen Sinndestruktionen und hoffnungslosen Orientierungsverlusten, dann rücken seine Szenen in erstaunliche Nähe zum Absurden Theater der fünfziger und sechziger Jahre.[6] So nimmt etwa die Szene »Familien Sorgen« (1943) mit ihrem gegenstandslosen Streit und dem unmotivierten Verschwinden der Personen bereits viel von einem absurden Familiendrama wie Eugène Ionescos (1909–1994) »Jakob oder der Gehorsam« (1950)[7] vorweg. Valentins »Bahnhofszene« (1925), »Eine fidele Münchner Stadtratssitzung« (vermutlich 1926) und »Allotria!« (1934) müssen zur Vorgeschichte des Absurden Theaters gerechnet werden, zu dessen Dramaturgie das Eindringen eines Uniformträgers (als eines Repräsentanten der Öffentlichkeit) in die Intimsphäre von Familie und Ehe wie auch die Preisgabe der zusammenhängenden Rede mittels einer sinnlosen Verknüpfung von Redensarten gehören.
Valentins inszenierte Alltagssabotagen bieten dem Zuschauer wenig Gelegenheit zum befreienden Lachen. Sie zwingen ihn vielmehr, die angeblichen Konstanten des »immer so weitergehenden« Alltagslebens, nämlich die sozial vermittelten und gültigen Konventionen des gemeinsamen Sprechens und Handelns und damit den vermeintlich sicheren Bestand des Sozialwesens (Ehe, Familie, Gemeinde, Staat), zu überdenken. Auch hierin liegt eine unübersehbare Verwandtschaft von Valentins Dramaturgie zu der des Absurden Theaters.

Die Stellung der Szenen im Gesamtwerk

Zwischen Karl Valentins erster Szene, dem »Zither-Solo« (1905), und dem »Oktoberfest«-Komplex von 1946 liegt fast der ganze Zeitraum seiner Karriere. So gibt die Liste der Szenen seine Entwicklung vom Volkssänger (»Zither-Solo«) zum Kabarettisten (»Das Clownduett...«; 1919), vom multimedial umgestaltenden Künstler (»Jm Schallplattenladen; 1928ff.) und Kellerkneipen-Humoristen (»Das Philharmonische Orchester« etc.; 1939/40) bis zum einsamen Verfasser absurder Dramatik (»Familien Sorgen«; 1943) und schließlich zum resonanzlosen Rundfunkautor (»Oktoberfest«) wieder.
Der entscheidende Wendepunkt dieser Entwicklung ist ohne Zweifel das letztlich glücklose, zeitlich mit dem Beginn des Zweiten Weltkriegs zusammenfallende »Ritterspelunken«-Unternehmen von 1939/40. Alles, was der Szenenautor Valentin danach verfaßt, ist vom lebendigen Theaterbe-

trieb losgelöst und wird entweder für die Schallplatte, für den Rundfunk, für gelegentliche Auftritte als »Überraschungsgast« in Operette (»Der Fragebogen«; 1939/40) und Zirkus (»Der Zirkuskauf«; 1941) oder nur »für die Schublade« produziert.

Gemessen an der Menge der Szenen erfolgt diese Zäsur erstaunlich früh: Die erste »Ritterspelunken«-Szene »Die Ahnfrau« (1939) ist gerade die 16. von insgesamt 55 Szenen (Varianten nicht mitgerechnet), so daß also nur das erste Drittel der überlieferten Szenen als Bühnenliteratur im engeren Sinne anzusehen ist. Die Produktionszeit dieses ersten Drittels umfaßt dabei einen Zeitraum von 33 Jahren, während die gesamten restlichen Szenen in nur sieben Jahren verfaßt wurden. Angesichts dieses merkwürdigen Verhältnisses scheint es, als ob in der Rezeptionsgeschichte eher das zeitintensivere Arbeiten belohnt worden sei, denn die berühmtesten Szenen Valentins stammen alle aus der Produktionsphase bis 1939.

Wie der Erste Weltkrieg zur entscheidenden Zäsur für die Entwicklung der Couplets wurde (vgl. Nachwort, in: Sämtliche Werke, Bd. 2), so lenkt nun der Zweite Weltkrieg das Schaffen des Szenenautors Valentin in eine neue, bühnenabgewandte Richtung. Diese wurde zunächst von der zunehmenden Unangebrachtheit komischer Szenen angesichts der erneuten Kriegsschrecken bestimmt[8], dann aber auch durch die Zerstörung Münchens durch feindliche Luftangriffe, denen auch ein Großteil der Bühnen zum Opfer fiel. Ohnehin war der Theaterbetrieb in München wie auch anderswo durch andauernden Fliegeralarm schwer beeinträchtigt, bis am 1.9.1944 schließlich die am Ende nur noch sporadisch bespielten Münchner Bühnen offiziell geschlossen wurden.

Von November 1941 (Winterhilfswerk-Veranstaltung im Zirkus Krone) bis Oktober 1947 (Auftritt mit Liesl Karlstadt in Pasing) tritt Valentin nicht auf. In der Bühnenabstinenz und der Zurückgezogenheit seines Planegger Hauses, in das er seit dem Winter 1942/43 vor den Luftangriffen geflohen war, geraten ihm einige Szenen in die Peripherie der Gattung. So sind selbst in einem bunten und gattungsübergreifenden Werk wie dem von Karl Valentin etwa die drei Kasperl-Szenen »Der Schneemann«, »Der Kohlenklau« und »Kasperl und der Kaminkehrer« (1944) Kuriositäten. Dennoch verweisen selbst diese – in der Tradition des Münchner Künstlers und Autors Franz von Pocci (1807–1876) verfaßten – Puppenspiele mit ihrer anarchistisch-antibürgerlichen Tendenz auf das Generalthema von Valentins Szenen, die mit ihrer komischen Alltagssoziologie neben den Sprachspielen der Dialoge im Zentrum seines Schaffens stehen.

Anmerkungen

1 Sämtliche Werke, Bd. 1, S. 22–24.

2 Als Vertreter einer empirischen Alltagssoziologie seien hier Henri Lefêbvre und Agnes Heller, als Vertreter einer phänomenologischen (»verstehenden«) Alltagssoziologie Alfred Schütz und Thomas Luckmann genannt.

3 Es sei hier nur auf die Analysen des Valentin-Zeitgenossen Alfred Schütz verwiesen, der in seinem Werk »Der sinnhafte Aufbau der sozialen Welt« (1932) in der Tradition Edmund Husserls, Max Webers und Henri Bergsons sehr detailliert die Alltagswelt des einzelnen als intersubjektiv konstituierte Sozialwelt aller interpretiert.

4 Bernhard Badura, Sprachbarrieren. Zur Soziologie der Kommunikation, Stuttgart-Bad Cannstadt 1973 (2. Aufl.), S. 161–184.

5 Vgl. Alfred Schütz/Thomas Luckmann, Strukturen der Lebenswelt, Bd. II, Frankfurt am Main 1990 (2. Aufl.), S. 101–131.

6 Vgl. zu diesem Komplex Gönner.

7 Eugène Ionesco, Werke, hg. von François Bondy und Irène Kuhn, Bd. 1, München 1985, S. 407–443.

8 Nach Lutz, S. 65, soll Valentin nach einem »Ritterspelunken«-Auftritt 1940, bei dem ihm ein verletzter Soldat im Publikum aufgefallen war, zu seinem Bühnenpartner Peter Schmid gesagt haben: »Schmide! Aufhören! Schluß da herinna! Draußen sterben d' Leut, und mir macha Krampf. Draußt verbluat a Soldat! Bestell morgen früh die Leut, zahl s' aus fürs ganze Monat und sperr dann den Laden zua!«

Danksagung

Die Herausgeber sind folgenden Personen und Institutionen zu besonderem Dank verpflichtet:

Stadt Augsburg (Stadtarchiv); Austria Tabak GmbH, Unterschleißheim; Stadt Bad Tölz (Stadtarchiv); Dr. Reinhard Bauer, München; Bayerischer Rundfunk (Unterhaltung-Wort), München; Bibliothek der Universität Augsburg; Bibliothek der Universität Konstanz; Dr. Florian Dering, München; Dr. Otto Fischer, Gräfelfing; Dr. Gerhard Gönner, Bietigheim; Klaus Gronenborn, Köln; Hessischer Rundfunk (Zentraler Schallplattenkatalog), Frankfurt am Main; Internationale Ludwigs-Apotheke, München; Kath. Stadtpfarramt St. Peter, München; Gudrun Köhl (Valentin-Musäum), München; Volker D. Laturell, München; Aubrey Miller, Karlsruhe; Dr. Gerda Möhler, München; Norddeutscher Rundfunk, Hamburg; Philips Hör-Systeme, Hamburg; Gemeinde Planegg; Reemtsma Cigarettenfabriken GmbH, Hamburg; Theatermuseum der Universität zu Köln, Porz-Wahn; Kurt Wilhelm, Straßlach.